—献给中国伟大的现代化进程—

从贫穷走向繁荣

解释中国增长奇迹的 A–C理论及其国际适用性

陈昌盛　杨光普　李承健　著

图书在版编目(CIP)数据

从贫穷走向繁荣:解释中国增长奇迹的 A-C 理论及其国际适用性/陈昌盛,杨光普,李承健著. —北京:商务印书馆,2021
ISBN 978-7-100-20466-8

Ⅰ.①从… Ⅱ.①陈…②杨…③李… Ⅲ.①中国经济—经济增长—研究 Ⅳ.①F124.1

中国版本图书馆 CIP 数据核字(2021)第 224014 号

从贫穷走向繁荣:
解释中国增长奇迹的 A-C 理论及其国际适用性
陈昌盛 杨光普 李承健 著

商 务 印 书 馆 出 版
(北京王府井大街 36 号 邮政编码 100710)
商 务 印 书 馆 发 行
北 京 冠 中 印 刷 厂 印 刷
ISBN 978-7-100-20466-8

2021 年 12 月第 1 版 开本 710×1000 1/16
2021 年 12 月北京第 1 次印刷 印张 29
定价:138.00 元

前　言

伟大的实践背后一定有精彩的故事。

近半个世纪来，中国快速从贫穷走向了繁荣，无疑是人类最伟大的实践之一。如何解释中国发展奇迹，中国为什么能持续做“对”，存不存在“中国模式”，在国内外的讨论长期不断，2008年金融危机以来尤盛。

然而，在解释“中国故事”时，国际上常常存在两种比较极端的倾向，一种是以“西方标准”作为标尺来衡量和评估中国的发展模式，另一种则是努力在中国经济发展的特殊性或异质性上做文章。

从第一种倾向出发，讨论中国故事就变成了中国发展是否符合西方模式问题，可称为“中国学生论”。这一论调认为根本就不存在所谓的“中国模式”，中国经济的发展成绩，正是中国学习西方搞市场经济，按照“华盛顿共识”搞改革的结果，没有什么新意，不存在所谓的“北京共识”。如果中国能成功，那就是“华盛顿共识”和西方发展模式的成功；如果中国不成功，那就是中国学习不到位，学艺不精，有待改进，也不能证明西方发展模式的失败。甚至有人据此提出“中国崩溃论”。他们认为到目前为止所有真正成功的发达国家，都是西方式或准西方式民主国家，无一例外。由此认定，非西方民主制度不可能获得持续经济繁荣。中国制度与所谓西方民主大相径庭，即便搞“国家资本主义”获得短暂的发展，中国自身制度与市场经济存在内在不自洽和不一致性，将转换为不适应和内部矛盾，最终必将走向崩溃。

从第二种倾向出发，讨论中国故事往往又变成了东方与西方模式的对立问题。首先以“中国例外论”的形式存在，认为中国的成功是独特的历史文化、特殊的政治制度和市场经济的结合，产生了特殊的意外发展绩效，这些因素别的国家不可能具备。其他国家不能学，也学不来，因为所谓“中国模式”只是一种极其特殊的东方例外，甚至是一种运气性巧合，对其他国家而言没有推广借鉴意义。在此逻辑下，进而提出“中国威胁论”“中西对立论”，认为中国的发展模式是国家资本主义与社会主义的结合，是市场经济与威权制度的结合，不符合西方传统，打破了西方规则，如果继续发展下去，必然挑战西方标准模式，威胁西方所谓的主流制度。“非我族类，其心必异”，以维护所谓西方秩序和国际规则为由，对“中国例外”必须打压遏制。

作为一个普通的中国人，作为因新中国成立尤其改革开放而改变命运的广大中国人民的一员，对以上两种观点，无论从情感上还是从理性上，都很难接受。

从情感上，追求美好生活是全人类的共同向往，也是全人类天赋的权利。西方发达国家过上了富足的生活，也应该允许包括中国在内的广大发展中国家过上富裕的生活，而且条条大路通罗马。中国人历来信奉和而不同，为达到彼岸，西方人“划船”过了河，也应该允许中国人“架桥”过河。至于中国人为什么没有选择划船，那是由中国自身实际决定的，也是中国人民的自由。而且为“过河”提供了一种新的可能，又有什么不好呢？历史从未终结，也不会终结[①]。多样性的世界会更美。

从理性上，西方发展模式和中国发展奇迹并非对立不相容，两种看似不同的制度背后应该还隐藏着更本质的因素。这也是本书研究的中心问题。早在 2010 年，国务院发展研究中心的团队对中国经济增速放缓的性质进行了研究，核心是回答经济增速放缓是周期性的还是趋势性的，高速增长期是否临近结束，中国是否会跌入“中等收入陷阱”。有幸的是，我从一开始就深度参与了这项研究，并负责总结那些经历高速增长后来落入“中等收入陷阱”国家的经验和教训。在研究过程中，为了跳出现有的理论框架限制，我花了大量时间阅读和整理历史文献，尤其是对欧洲经济史、美国经济史、拉美国家经济史、苏东国家和东亚国家经济发展史等进行了梳理。越是进入历史细节和事实，一种感觉就越强烈，那就是看似国家间千差万别，文化、制度和历史各有不同，但在经济发展特别是经济持续发展的背后，其实存在一些共性的因素和条件。

而这些条件中，有两条是最根本的，或者是最重要的。一是国家秩序是否稳定，全社会是否有达成共识、采取一致行动的能力；二是各类社会成员和经济要素是否能便利地参与经济活动过

① 20 世纪，随着苏联的解体，福山（2003）在《历史的终结及最后之人》中一度宣称，历史将终结于自由民主制，也就是说，作为一种普遍的政治合法性原则，西方自由民主这种观念已经没有替代方案。后来的事实证明，这种观点已经破产。

程。如果这两条都具备，经济就可能起飞并快速发展，而无论其背后是什么肤色的人种，信奉什么宗教，采取什么制度。

在此基础上，我尝试提出经济可进入性（Economic Accessibility）与政治治理黏合度（Political Governance Cohesion）的分析框架，即A–C理论[①]。其核心观点强调，黏合型政治治理与进入开放型经济制度结合，是推动一国经济走上繁荣之路，实现由穷到富的制度基础。其中，黏合型政治治理，通常是能形成和平稳定的社会秩序、有效达成共识，并推动集体行动的政治治理，与之相对应的则是冲突型政治治理。进入开放型经济制度是指能保证人们可以自愿参与经济活动机会的经济制度，与之相对应的是进入限制型经济制度。而根据占优政治集团的数量，政治治理又可分为多峰治理和单峰治理，进而形成多峰和解型、多峰冲突型、单峰无偏型、单峰有偏型四种政治治理形态。从结果看，多峰和解型治理和单峰无偏型治理，都属于黏合型政治治理，都有条件实现经济持续发展。而在多峰冲突型或单峰有偏型政治治理下，经济可进入性往往受限，经济发展很难获得持续的繁荣。从发展实际绩效看，经济能否获得持续增长，人民生活能否持续改善，与政治治理形态是多峰还是单峰无关，与是否是西方民主政治制度无关。

如果用这个框架来解释中国的发展历程，那正是由冲突型政治治理转向黏合型政治治理，由进入受限型经济转向进入开放型经济，形成单峰无偏型政治治理与进入开放型经济的良性互动，成就了中国40多年的高速增长，推动中国从贫穷逐步走向繁荣。即使把时间拓展到1911年辛亥革命以来的时期，也能得出一致性结论。后来，在多个学术论坛和国外访问演讲过程中，我就用

① 关于经济可进入性与政治治理黏合度（A–C理论）的细致讨论，请参见本书第一章。

这个框架来解释中国经济增长，并求教于很多专家学者，得到了不少积极的评价和回应。

受此激励，我开始尝试用这个框架去分析更多的国家，尤其是追赶型国家的经济发展，往往能得到崭新的启发。但是，这项研究需要收集的资料、挖掘的数据、整理的历史文献都是海量的，工作量很大，工作进展并不顺利。2015 年以后，随着李承健、杨光普、辛星、陈啸等几位年轻的博士逐步参与到这项研究工作中，进度得以有所加快，尤其是大量的历史数据处理和理论模型的完善[①]。回头一算，从开始提出研究框架、发表工作论文、不断交流讨论和修改，到目前能以一本专著的形式呈现在各位读者面前，已整整经历了 12 年时间。

在内容呈现形式上，除了提出 A–C 理论框架，并用其来解释中国经济发展奇迹外，我们还将此框架运用于对我国技术追赶进程、地方政府竞争、基础设施建设、产业园区发展、消除绝对贫困、中等收入人群壮大、对新生事物态度、中国式经济决策过程[②]等领域进行了分析。这些既与我国增长奇迹密切相关，也是中国发展经验引发国际社会广泛关注的地方。同时，为了探讨这一框架的国际适用性，我们用全球 209 个国家或地区发展数据对 A–C 理论进行了检验，并对新加坡、韩国、巴西、阿根廷等典型国家进行了长时间跨度的案例分析，总结了一些落入“中等收

---

① 2018 年，我们将该研究的核心理论成果在英国萨塞克斯大学（University of Sussex）发展研究院（Institute of Development Studies, IDS）以工作论文的形式第一次公开发布（Changsheng, Guangpu, Chengjian, and Xing, 2018）。

② 本书原稿曾有一章专门讨论中国中央政府的经济决策过程和特点，其本身也是中国能从贫穷走向繁荣的原因之一。正式出版时因内容涉及一些内部程序而未公开。

入陷阱”的教训，识别了实现持续经济追赶的重要条件。为了便于阅读，书稿中我们把大量相对枯燥的技术性推导和数学模型都拿掉了。

当然，中国崛起是影响21世纪世界格局最重要的变量，加上中国自身的超大规模性，这个由贫穷走向繁荣的过程，其实是一个复杂巨系统的历史性变迁。我们不敢奢望，我们的框架已经真正破译了中国发展奇迹背后的“密码”。但正如诺贝尔经济学奖获得者科斯所讲，“中国人的奋斗，就是世界的奋斗”。2020年，全球发达国家的人口是13亿左右，而中国的人口是14亿。近三百年以来，如何摆脱贫穷走向繁荣，如何实现工业化进而现代化，两个人口规模相当的人群在不同时期都进行了伟大探索。不能简单用前者的成功否定后者，也不能因后者走向成功的道路有所不同而否定前者，放到人类发展的更大视野看，二者应该是和而不同的，共同为人类生活的改善拓展了认知边界。

2021年是中国共产党成立100周年。中国人民正在这个世界最大政党的带领下，全面消除绝对贫困，战胜新冠肺炎疫情，高举全球化和多边主义旗帜，满怀信心地迈上现代化新征程。

事实本身会讲故事。我们坚信，等到中国真正成为发达国家、中国人民真正过上高收入共同富裕的生活、中华民族伟大复兴得以实现的那一天，中国成功的事实一定将是“中国故事”最好的和最有力的解释，中国发展经验的全球价值也将被更好地认识。

而这份跨越12年的初步研究成果，若能成为这个伟大故事的一种注解，那就是我们最大的荣幸了。

陈昌盛

2021年夏于北京

目　录

第十二章 阿根廷：从高速增长到泥足深陷

第十三章 巴西：工业化的发展与停滞

第十四章 避免“中等收入陷阱”的国际经验

第十五章 相对增速与经济持续追赶

图目录

表目录

第一章　解释经济增长：一个新框架

在经济增长理论中，有一个长期让人困惑的难题：同处一个地球，为什么有些国家能够走向富裕，而有些国家却难以摆脱贫穷的泥潭？以英美为代表的发达经济体，遵循西方经典经济发展模式，用了两个多世纪的时间，从贫困走向了繁荣，造就了10多亿人[①]的富足生活；与之迥然不同的是，同样拥有10多亿人的非洲大陆，从贫穷走向繁荣的道路却显得异常艰辛而曲折。不过，当我们把目光投向东亚时，会发现这片土地上演绎着不同的增长故事。除日本、韩国、新加坡等少数几个国家已经成功跻身发达国家行列之外，大多数东亚国家都处在从贫困走向繁荣的路上。当然，最为引人注目的成功案例非中国莫属。经过40多年

---

① 截至2018年底，被称为“发达国家俱乐部”的经合组织（OECD）所有成员国的总人口为13.01亿。

的持续努力，这个拥有14亿人口的国度累计已经使7亿人口成功脱贫，人均GDP超过1万美元，按购买力平价（PPP）计算人均GDP超过17000国际元，人民生活水平已经实现总体小康，并有望于2035年达到中等发达国家水平。

那么，到底是什么原因造成了这一局面呢？为什么不同国家的发展之路会如此迥异？为什么有些国家就是迟迟走不出“贫困的陷阱”？难道真的像一些学者所讲，有的国家注定是“没有希望之国”吗？穷国到底应该做些什么才能摆脱贫困、走向繁荣呢？发达国家、追赶型经济体以及中国的快速发展经历看起来很不同，但其背后到底有无共性因素可言，有无一些共性经验可供各国发展借鉴？

带着这些问题，我们深入对比研究了全球各经济体发展经历，在此基础上，我们试着提出一个新的分析框架来解释一个国家的经济增长，从经济制度和政治制度两个维度揭示经济增长背后更加本质的因素。我们认为，一个国家的经济发展取决于其经济可进入性和政治治理黏合度，以及二者之间的良性互动。穷国若想摆脱贫困走向富裕，就要尽可能地推动其政治治理走向黏合，并不断提高其经济可进入性。根据可进入性和黏合度的英文单词首字母，我们将该理论框架称为“A-C理论”。接下来，本章将展开讨论我们提出该理论框架的逻辑基础及其核心观点。

一、问题的缘起：寻找不同发展模式背后的共同因素

在经济学界有一个共识，制度是决定经济发展的一个关键因素。我们在梳理相关文献时发现，越来越多的研究人员和政策制定者已经认识到，政治制度和经济制度对经济增长的作用是关键性的。但是，在一些基本问题上，大家并未取得共识，甚至一个答案都没有。例如，虽然世界上大多数发达经济体多数都采用西

方式民主制度，但这种制度类型是否是实现繁荣的先决条件？如果是这样，为什么一些民主经济体仍然在与贫困作斗争，而有的经济体却在不同的制度安排下也实现了长期的快速增长？除了政治体制之外，是否存在更为基本的因素影响经济表现？如果存在，那它们是什么，它们又是如何与经济发展相互作用的呢？

该领域最初的主要研究着眼点是探索经济表现对政治制度的影响。在这个时期占据主要影响力的理论集中在了经济对政治的决定作用，20 世纪 90 年代亨廷顿等学者的研究是该理论的典型代表。亨廷顿（Huntington, 1991）在其著作《第三波：20 世纪后期民主化浪潮》一书中，深入分析了民主化产生的原因，提出经济发展、文化传统都与政治民主化有着很强的关系。虽然亨廷顿本人也认识到经济发展并不是民主化的充分条件，但是“经济发展的程度与民主之间存在相关性”。以这种“经济决定论”为代表，现代政治经济学领域通常都相信民主政治的发展与经济发展水平有着紧密的联系，经济发展水平越高，实现民主政治的可能性越大。西摩·马丁·李普塞特（1997）在《政治人：政治的社会基础》一书中指出：“不断发展的工业化、城市化、财富总量和教育水平，有利于民主制度的建立。”罗伯特·A. 达尔（Robert A. Dahl, 1999）也认为“资本主义经济所造成的特有的经济增长，对于发展和维持民主政治制度而言，都是非常有利的条件”。这种观点的核心思路在于，经济的增长能够推动中产阶级队伍的扩大，而“几乎在每一个国家，民主化最积极的支持者都是来自中产阶级”。与此同时，詹科夫等（Djankov et al., 2003）认为，人力资本水平的提高所带来的人均收入增长促成了制度的发展。格莱泽等（Glaeser et al., 2004）也强调，一国往往先通过人力资本与物质资本的积累来摆脱贫穷，在此前提下，一旦富裕起来，才有机会改善本国的制度水平。因此民主制度很有可能是经济增长的结果，而非原因（Barro, 2000）。以上的经济决定论观点强调了经济增长的基础性作用，认为经济的发展将为民主政治制度的出现和发展提供更好的基础和背景，但是这个答案并没有能够回答经济如何实现繁荣的主题，并没有真正解答什么决定了经济的持续发展、为什么不同国家经济表现上会有很大差异等核心问题。

为了解决在一定的生产要素禀赋之下，经济如何实现繁荣、如何实现持续发展等问题，越来越多的人开始关注制度的作用，进而形成了具有重要影响力的“制度决定论”。制度决定论的核心在于强调制度对于经济增长的重要作用。持这种观点的学者认为，制度的变迁在经济增长的过程中起到了决定性的作用，并且认为这是解释经济增长与经济衰落的核心因素。托马斯和诺斯（Thomas and North, 1976）在《西方世界的兴起》中，用制度变迁理论对欧洲经济史进行解释。他们认为，产权的确立及其对生产的激励是欧洲开启现代经济增长的关键因素，制度激励的关键是将一个人通过经济努力所获得的私人收益率与相应的社会收益率保持一致。这种观点首次将“制度”这一模糊的属性进行了明确。制度决定论的另一代表人物阿西莫格鲁（Acemoglu）将计量工具和博弈模型引入政治经济学研究中，深刻考察了不同制度下经济表现的差异。阿西莫格鲁等人（Acemoglu et al., 2001）首先观察了17世纪的欧洲殖民主义运动，认为同属于欧洲殖民地的国家经济水平之所以在当今呈现出巨大的差异，是殖民者在17—19世纪向这些国家移植了不同类型的制度及政策所致。在此基础上，阿西莫格鲁等人（Acemoglu et al., 2002）进一步扩大研究样本，论证了政治制度对前殖民地人均收入具有显著影响。为了证明政治制度决定论的普适性，阿西莫格鲁等人（Acemoglu et al., 2005）还将视角转移到西欧国家在16世纪后兴起原因的考察上，通过大量的统计资料和实证检验，他提出西欧国家的兴起与大西洋贸易带来的制度变迁有着重要的关系。关于制度决定论的影响机制，阿西莫格鲁和罗宾逊（Acemoglu and Robinson, 2000、2006）提出不同的政治制度通过影响技术引入的积极性而对经济增长产生影响。卡普兰（Kaplan, 2000）通过对制度转轨国家进行实证分析，发现由非民主国家转变为民主国家之后会出现经济效率的改善。罗德里克和瓦齐亚尔格（Rodrik and Wacziarg, 2005）认为，民主社会之所以能够实现经济增长，核心在于其能够实现更好的私有产权保护，降低市场的进入成本。2012 年，阿西莫格鲁和罗宾逊在其重要的著作《国家为什么失败》中详尽论述了近年来关于制度决定论的相关研究，并对其制度决定论进行了理论上的完善和整合，他们的主要观点为：经济制度和政治制度对经济增长有着重要的影响，包容性的政治制度和包容性的经济制度能够推动经济增长，攫取性的政治制度在长期无法维持包容性的经济制度，从而无法保持经济的高速增长。相比于经济决定论，制度决定论试图回答什么影响了经济增长这一命题，然而却没有能够回答为什么会有不同的制度产生。其中阿西莫格鲁和罗宾逊在《国家为什么失败》中提出“制度漂移”理论，将最初制度的形成解释为一个外生的和随机的过程。与此同时，从诺斯到阿西莫格鲁，无论是产权理论还是政治制度与经济制度影响理论，其制度的核心都落脚到了民主政治。他们认为，西方式民主政治制度能够更好地与市场经济匹配，从而提高资源的利用效率和配置效率，带来正向的激励作用，推动资本积累和技术进步。

然而在现实中，拉丁美洲的阿根廷、巴西等实行西方式民主制度的国家近年来经济表现疲软，深陷经济增长的陷阱。进入 21 世纪，伊拉克等中东国家在战后建立了民主制度，“茉莉花革命”之后诸如突尼斯、埃及、利比亚等阿拉伯国家推翻了原政权并成立民选政府，然而这些国家却在此后一直深陷政治斗争、政府腐败、武装冲突和恐怖袭击的泥潭，西方式的民主制度并没有给当地带来经济繁荣。相反的是，在东亚则出现了许多非西方民主制度下却保持快速增长的经济体。从历史上看，日本经济的高速发展起始于帝国时期明治天皇的维新诏令，韩国经济的腾飞之时尚未出现真正意义上的民主制度，中国台湾地区经济快速增长的时期还不存在真正意义上的“总统”大选，新加坡经济的起飞则恰好是李光耀所领导的人民行动党一党独支的时期，这些经济体在经济高速发展的阶段，并非实行所谓的西方民主制度。在第二次世界大战结束之前的近 100 年的时间中，日本的政治体制没有出现根本性的变化，而经济却保持着快速的发展；与此同时，新加坡的政治体制同样一直保持到今天。更值得关注的是，自 1978 年以来，中国作为世界上人口最多的国家，虽然未实行西方式的民主政治制度，却也在当前政治体制之下保持了 40 多年的高增长。这些不同于西方式民主政治制度的案例同样带来了长期的高速增长，说明在西方式的民主框架之外，制度对经济的作用可能有着其他更本质的机制，其对经济增长有着更基础性的影响。

为了从更深刻的角度探索制度对经济的作用，很多研究者开始探索更本质的原因。对此诺斯（North, 1981）认为社会准入制度对于一个国家的经济有重要影响。他区别了“自然国家”下的有限准入和“权力开放社会”开放准入秩序的概念，并提出了转变为开放准入秩序所需要的三个条件：对精英的法制；包括国家在内的永久性的、公共或私人的经营组织；对军队的统一政治控制。与此同时，还有一种观点认为“政治秩序”对经济具有重要影响。亨廷顿（Huntington, 1991）认为，政治稳定和政治秩序是经济发展和政治发展的重要背景，诺斯（North, 1989）在此基础上进一步提出了“有效国家”的观点，认为在政治稳定的基础上，“有效的经济组织是增长的关键，一个有效的经济组织的产生导致了西方的崛起”。

持有这种观点的还有福山（Fukuyama，2011），其早期的主要观点认为自由民主制度也许是“人类意识形态发展的终点”和“人类最后一种统治形式”，并因此构成了“历史的终结”说。然而近年来，福山自己也开始承认“有效国家”的重要性，真正的政治发展意味着在国家建设、法制和民主之间保持平衡：国家通过其对暴力的垄断促进经济增长，并通过官僚系统实现中立和自治。他认为，非洲国家的发展水平不足、意大利和埃及等国出现债务危机等等，与国家建设和国家能力的缺失有着极其重要的关系。当然，虽然战争、政治改革和民族认同都可以促进国家建设，但并不是说国家主导力越强这个国家就会发展得越好，法西斯主义就是一个典型的反例（Boduszyski and Pickard, 2013）。

以上这些观点跳出了对民主制度本身的讨论，从更深层的社会准入、政治稳定性探讨制度对经济的作用。但是这些理论并没有回答不同的制度之间是如何动态转化和相互影响的，同时对于制度的变迁是通过何种路径对经济产生影响的这一问题，尚未给出具有足够可信度的解释。

以中国为例，我们能够看到制度对经济有着十分深刻和本质的影响，而这种影响远非简单的民主制度能够解释。中国拥有全球最多的人口，经济总量排名世界第二，并且在非西方民主的政治制度下已经实现了40余年的经济高速增长，2020年人均GDP突破1万美元。因此，关于中国模式的研究也不断丰富，大家也越来越重视从制度角度寻找中国经济高速增长的解释。然而当前对于中国的制度与经济发展的关系，存在着两种大相径庭的声音。其中阿西莫格鲁和罗宾逊（Acemoglu and Robinson, 2012）认为，目前对中国经济奇迹的两种常见解读，“一种是这种成功依靠的是自由市场和新古典经济学，一种是其依赖于明智的国家干预”，两者都不能令人信服。他们认为制度基础是理解经济发展和增长的关键因素。他们将中国的政治制度定义为“攫取性政治制度”，认为在这种制度下经济难以实现持续长期增长。黄亚生（Huang, 2008）则认为所谓的“中国模式”并不存在，中国的发展得益于市场经济改革的方向，而政府强力主导的经济模式是不可持续的。福山（Fukuyama，2011）认为，中国的国家能力是支持经济发展的重要条件，但却会存在法治和民主的不足。

而对中国经济持乐观态度的观点则与之不同，林毅夫（2003、2008）提出，国家的发展战略决定了一国的制度安排，这些制度安排最终决定了经济绩效。姚洋（2009）提出了“无私政府”概念来解释中国模式，认为这样一个政府具有广泛的代表性，不是仅仅服务于特定的人口群体，而是将整个社会的长期福利放在首要位置，因而可以拒绝某些群体短期的需求。姚洋把这个政府的“中立性”归因于社会平等，但鉴于中国社会不平等的加剧，这一假设面临越来越多的挑战；同时在他的框架中，也没有涉及政府机构与经济发展之间相互作用的机制。黄少安（2000）提出，中国的市场化方向与政府的目标一致，因而在政府的大力推动下，中国实现了市场体制的全面转型。更进一步地，周黎安（2007）认为，中国经济之所以能够在长期内保持快速发展，与中国官员锦标赛式的选拔制度有关，在制度激励下，官员进行经济建设的积极性提高，从而推动了经济增长。这些观点虽然从制度层面提供了诸多启示，但是都没有能够明确政府决策行为、国家战略行为与制度之间的关系，并且同样没有阐述这种制度是如何形成和变化的。

为了填补文献中有关不同发展模式背后共性因素的研究空白，我们围绕制度对经济发展的影响机制进行更深一步的探讨。

我们认为，制度对经济增长的影响主要通过两个途径，首先是一个社会能够达成共识、采取统一行动的能力，第二是各类经济参与者能够顺利地参与各种经济活动，进入市场。为了确保这两个途径的顺畅，我们将进一步区分政治制度和经济制度类型，并界定“好的”制度需要满足的条件，这正是我们在下一节将讨论的影响经济增长表现的核心因素，即黏合型政治治理和进入开放型经济制度。

二、A–C 理论：一个基于制度视角的分析框架

在深入对比研究全球各经济体发展经历的基础上[①]，我们试着基于经济制度和政治制度两个维度提出一个全新的理论框架来解释一个国家的经济增长，即“可进入性–黏合度理论”（简称 A–C 理论）。在这个框架下，一国经济的发展主要取决于其政治治理黏合度与经济可进入性，以及二者之间的良性互动。其中，政治治理指国家运行中的政治权力的分配结构和运行机制，其核心内容是国家政策的设计、制定、实施过程中权力的配置[②]。经济制度主要指决定经济主体行动和激励的一系列制度安排，核心是人们自愿参与经济机会的可能性和便利程度。

具体而言，依据能否形成和平稳定的社会秩序、能否有效达成共识并实现集体行动，我们可以将政治治理分为“冲突型政治治理”和“黏合型政治治理”；依据不同人群能否便利公平地参

① 本书后面有专门的章节介绍我们对全球各经济体发展经历的深入对比研究，以及 A–C 理论的解释力和适用性。

② 贝斯利和佩尔松（Besley and Persson, 2009、2010、2011）等人曾经将类似的含义作为“国家能力”进行了深刻详尽的研究，这些研究关注的是国家能力带来的结果以及发生作用的机制，而我们在本书中提出的政治治理概念则更广义，更基础。

与到经济过程中，我们将经济制度分为“进入开放型经济”和“进入受限型经济”。基于这两个维度，我们可以将世界上多数国家大体分为这四种类型，落在图 1.1 的四个象限。黏合型政治治理、进入开放型经济制度有利于经济发展，具备这样政治治理和经济制度的国家更有可能成为富裕国家。换言之，穷国若想走向富裕，就要尽可能地推动政治治理走向黏合，不断提高经济可进入性。

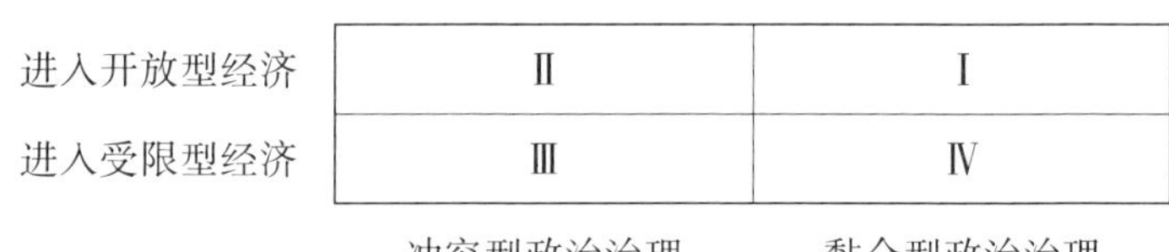

图 1.1　A-C 理论框架：一个基于制度视角的分析框架

（一）不同政治治理类型及其演进

1. 两种政治治理类型的特征

黏合型政治治理，指在特定政治权力分配结构下，能够维持社会稳定和秩序，能促进社会达成妥协和达成共识，并有效推动集体行动的政治治理形态。其主要具备以下部分或全部特征：（1）国家内部利益群体之间存在分歧或冲突，但可以找到达成共识或和解的有效途径和机制，能形成有效的集体行动；（2）社会不同群体之间不存在明显的剥夺和压榨；（3）政府能有效执行规则和政策，资源动员能力强；（4）重视发展，有创造和积累新财富的激励，有比较清晰和一致的中长期发展目标；（5）政府是“暴力合法垄断者”，而且公权力总体能得到公正运用。

冲突型政治治理，指在特定政治权力分配结构下，社会秩序得不到保障，难以促进社会达成妥协和达成共识，难以推动集体行动的政治治理形态。其主要具备以下部分或全部特征：（1）国家内部不同利益群体之间存在明显的冲突，建立在其基础上的社会组织间难以达成共识，很难采取共同行动；（2）存在一部分群体对另一部分群体压榨或剥夺的倾向；（3）政府执行能力不足，资源动员能力弱；（4）偏重对存量财富和收入进行分配，不重视创造和积累新财富，没有清晰一致的中长期发展目标；（5）政府并非“暴力合法垄断者”，或者公权力常常被滥用。

2. 政治治理类型的演进及其种类

政治治理是组织化的社会结构演进的结果。组织的最基本形态是利益集团，利益集团可以是由政党、宗教、民族、地区、文化、职业等等不同群体组织起来的，是组织化的人群。利益集团之间通过一定的政治程序进行的博弈、冲突、妥协、调整与兴灭，构成了一个社会基本的治理结构基础。在各利益集团冲突和竞争过程中，常常会形成多峰和解治理、多峰冲突治理、单峰无偏治理、单峰有偏治理四种亚类型，如图 1.2 所示。其中，多峰和解治理和单峰无偏治理属于黏合型政治治理，而多峰冲突治理和单峰有偏治理属于冲突型政治治理。

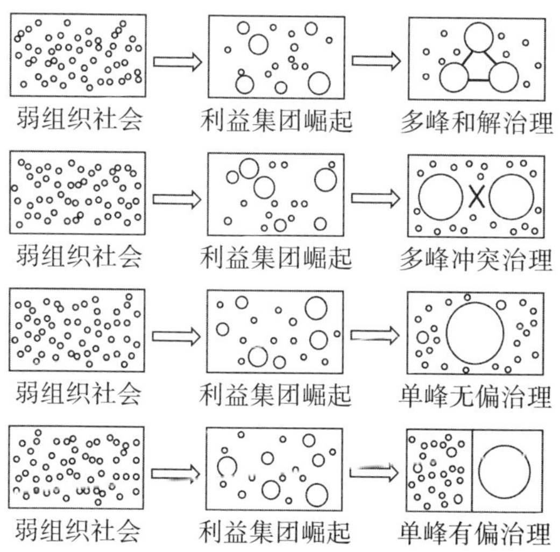

图 1.2　政治治理的演进及其四种形态

多峰政治治理（Multi-Peaked Political Governance）指的是在众多利益集团竞争过程中，少数利益集团最后胜出，但没有一个利益集团能形成压倒性优势，利益集团之间在能力和权力上暂时达成一种平衡的政治治理模式，也可以称为多元化政治治理。在多峰政治治理中，又主要会出现两种不同的状态。其一，多峰和解型政治治理（Compromised Multi-Peaked Political Governance）。这种状态下，胜出的两个或多个利益集团能找到一种和解、协商的有效机制（例如总统制或议会制等），并能够达成短期的共识，在不明显对某一利益集团形成压榨的形势下，能有效地采取集体行动并得以执行。其二，多峰冲突型政治治理（Conflicting Multi-Peaked Political Governance）。这种状态下，胜出的两个或多个利益集团，难以达成和解或共识，长期处于对抗和冲突状态，即便在短期中通过选举或强行镇压等方式，获取代表政府执行权力后，也会采取对竞争性利益集团的压制和榨取等政策安排。利益集团可能轮番取得短期相对优势，并轮番对相对劣势利益集团采取剥夺、榨取等措施，为下一轮冲突埋下种子，不断反馈循环。

单峰政治治理（Single-Peaked Political Governance）是指在众多利益集团竞争过程中，只有一个利益集团最后胜出，并形成对其他利益集团的压倒性优势，其他利益集团的组织能力不可能与之形成抗衡，进而形成一元化或单峰型政治治理。崛起的单峰组织在获取对国家权力控制后，其采取的行为和利益分配机制不同，又会形成两种完全不同的治理状态。其一是单峰无偏政治治理（Single-Peaked Unbiased Political Governance）。在这种状态下，取得绝对优势的利益集团对曾经与之竞争、冲突的利益集团采取宽容的态度，放弃狭隘的利益集团观和短期自身利益最大化，而是着眼中长期视角，平衡考虑其他利益集团的利益，努力改善经济发展绩效，以获取更多利益群体、更长时间的支持，并在组织上对其他利益集团采取开放政策。在政府的政策执行中，没有明显的利益群体偏见，而是从最大多数人群的利益出发。以一种无偏见的做法，弥合利益群体间的分化和冲突，从而进一步增进了自身在社会支持上的绝对优势和执政的合法性。其二是单峰有偏政治治理（Single-Peaked Biased Political Governance），在这种状态下，取得绝对优势的利益集团，对曾经与之竞争、冲突的利益集团采取复仇或报复的态度，从狭隘的利益集团出发，对其他利益集团采取非公正的剥夺和压榨，对社会财富和其他利益集团的财富采取剥夺式再分配，甚至是对其他组织采取镇压和消灭性行动。不但不能弥合利益集团之间的分歧，可能还会加大分歧和冲突，或者只是通过暂时的绝对优势将这种冲突压制住而已。

3. 黏合度：实现高质量政治治理的关键

一个国家是形成多峰政治治理，还是形成单峰政治治理，本质上是该国历史上形成的特定社会结构和长时间的社会演进过程综合作用的结果，其中有一定的偶然性，我们可以将视为外生决定。而多峰政治治理最终会演变为多峰和解型政治治理，还是多峰冲突型政治治理？单峰政治治理最终会演变为单峰无偏政治治理，还是单峰有偏政治治理？抑或是多峰与单峰之间相互转化？这些变化则是治理过程中政治集团（间）主动作为和自我选择的结果。这就直接涉及政治合法性和支持率、政治集团的长期利益贴现等诸多问题。

在西方政治领域中，通常用国家的合法性和权力执行者的合法性，作为衡量国家政治制度的一个重要标准。而合法性在社会契约和主权在民理论的支撑下，强调的是选民支持率。获取多数选民支持的政府和政治治理，就是合法的、正当的，反之则不合法、不正当。这是西方民主政治中的将“多数原则”等于“合法性”的最直接体现，强调程序的合法性。据此常用这一标准来否定单峰治理的合法性，特别是当单峰组织在竞争中胜出，而竞争方式并非投票选举时，他们认为这是没有合法性的。

而在现实中，一个政府的长期稳定执政往往来源于多维度的合法性支撑，仅嵌套程序合法性作为其根本治理准则，其施政过程以及政策设置往往是被动的、静态的以及固定的。首先，从制度层面讲，过分强调程序正义，实质是从政府—选民—政府的循环颠覆了民主政治的授权与被授权关系，执政合法性的概念被弱化成了形式主义以及教条主义。其次，程序合法性的政策嵌套带有局限性，其根本问题在于矫枉过正的程序正义会拖累一个政府的执政效率。新型冠状病毒在西方国家的大流行以及政府的防控失利便是其过度依赖程序合法性应对重大公共危机时产生政策滞后的真实写照。此外，通过操纵选民意志选出政治精英，最终将导致政治权力分布的不均衡以及阶层固化。因此，过分强调程序合法性下的政府执政带有天然的不稳定性。

通常来说，政府建政初期，民众对于政府带有部分原生的基于价值模式认同的政治信任。这种信任融入了其对于政绩、社会秩序以及国家长期稳定发展的期望，从而赋予政府执政合法性。但是，这种由意识形态以及原生政治信任赋予的合法性是动态变化的，政府需要利用其对政绩承诺的兑现以及意识形态与现实国情的有机黏合来维持其长期稳定执政。例如，牛顿和诺里斯（Newton and Norris, 1997）引入政府绩效模型解释西方国家政治信任的重要来源。赫瑟灵顿（Hetherington, 2005）的研究指出政府信任水平取决于民众是否认为政府绩效符合自身期待。约瑟夫·S. 奈等（2015）学者基于文化论和制度论视角，在《人们为什么不信任政府》中将绩效、整体经济的衰退等因素纳入美国政府信任度下降的主要原因。赵鼎新（2016）基于韦伯（Weber, 1962）对国家合法性来源的理解，纳入正交性和完备性两个特征，并提出绩效合法性是理想型体系下政治合法性来源的方式之一。一般来说，基于理性选择之下的量化考核是政府绩效解释的基础，即公众会基于自身利益的动态变化而增减政治信任。与此同时，能够持续令公众受益的政治实体往往会被赋予更长期与稳定的政治信任。

强调绩效合法性的中流砥柱地位，某种程度上正是儒家思想体系精髓的当代映射。正如德国哲学家雅斯贝尔斯（Jaspers, 1985）所强调，中国属于“天下格局”的帝国文明体系，相对于西方国家的制度建构，中国在数千年的发展中摸索出了一条适合自身处境、根植于社会文化体系且具有历史正确性的国家治理制度范式。作为世界文明轴心期的重要一环，中国不仅孕育出了灿烂的物质与精神财富，更为重要的是，制度化的儒学为中国的社会秩序与价值系统建构了有别于西方政治思想价值体系的、服务于中国社会与公众价值导向的政治制度与意识形态导向。

相对于西方以程序及选举为基础建构的程序合法性、政府—公众相互妥协以达成某种统治与被统治的契约式治理，儒家学派的国家治理范式强调的是以责任与道义为蓝本的国家治理合法性。正如钱穆（2011）认为，古代中国的政治范式是以义务责任为本位的君职政治。中国传统儒家政治思想所强调的社会“秩序”以及“责任”制在意识形态基础上督促并引导了政府将国家的发展、经济的繁荣以及民众的福祉作为执政方略的出发点与落脚点。

此外，制度化的儒家思想亦强调了在国家治理层面上政策政治治理黏合度的重要性。正如唐君毅（2005）认为，中国文化精神强调“融合贯通与一统”，帕森斯（Parsons, 1953）亦认为“整合”的社会学概念便是“社会的和谐与统一”。由此可见，传统儒家文化将政策政治治理黏合度以及公众与执政者之间的相互合作，同心同德精神亦视作理想化社会的范本。因此，制度性儒学思想的旺盛生命力与当代中国国家发展，以及实际国情的正确理解与改造，形成了动态关联以及历史映射。

当然，只强调绩效合法性也不是没有问题。根据韦伯理论架构，以绩效为合法性主要来源的政体，需要不断提出实现其对公众的政治承诺，以维持其长期执政的基础。这意味着随着经济发展目标的依次完成，公众对于其执政成绩的期待也将不断提高。如果政府缺乏必要的制度及意识形态支撑，其中长期政策规划以及政策设置输入端的设计流程将会不可避免地出现偏差。若政府过度依赖绩效作为执政基础，则中长期治理压力和政策容错率将会随之受到影响。根据奈特（Knight, 2014）关于发展型国家的论述，以政治绩效为主要导向的发展型国家，可能会催生一些共通性以及阶段性的问题。

因此，政府为了能够持续维护并加强其执政合法性，意识形态的影响也起着举足轻重的作用。事实上，对于是否能够获得长期执政合法性的讨论本质上是对程序合法性、绩效合法性以及意识形态合法性三者相互关系的调适，核心是看社会是否稳定，能否达成一致行动。

基于以上讨论，我们假定无论是多峰治理还是单峰治理，政治集团的目标函数都是为了争取更大的合法性和更多的民众支持，进而促进全社会一致行动和福利改善，但各自实现目标的途径可以不同。

在多峰治理下，一个政治集团可通过不切实际的承诺、政治联盟或者压迫对手等手段，以合法的程序获取执政权，然后利用执政在位优势，推动修改宪法和政治框架，甚至动用国家暴力机器，对竞争性政治集团进行打压，推行仅仅有利于本利益集团的政策，导致利益集团之间冲突加剧，社会稳定性下降，经济可进入性降低，经济发展进程受到影响。这样程序合法性与绩效合法性就出现了明显的冲突。另一种情况则可能相反，一个政治集团要争取执政，就需要最大可能争取更多人的支持或更多的选票，需要争取中间选民、推动政治集团的联盟、回应人民关切的承诺等，在现有政治框架内以获取合法性和支持率实现执政，并在执政期间努力在竞争性集团之间达成和解，采取有利于经济发展政策，改善经济运行绩效，使绝大多数人群（包括竞争性利益集团）都受益。这种情况下，程序合法和绩效合法就总体一致。现在 OECD 国家中，不少就属于后一种情形。

对于单峰政治治理而言，通过选票多少来认定其执政的合法性并没有很大的意义，相比较而言，其合法性更大程度上是通过单峰组织的行动、给更多的人民带来的实实在在的益处、使更多人的福利状况得到改善，进而赢得更多人的进一步支持而实现的。这是一种不同的合法性，是基于政治治理绩效的合法性。事情做得越好，让更多人的福利得到改善，其执政就能赢得更多人的支持。自私的目的并非一定要通过自私的行为来实现，自私的目的也可以通过无私的行为来实现。单峰利益集团知道，如果他采取自私和有偏的行为，当这种偏离度达到一定程度和临界时，其他利益竞争性的集团就可能在不满和反抗中出现，那么自身的占优地位将受到威胁。正如中国古代哲学家老子所言，“天长地久。天地所以能长且久者，以其不自生，故能长生。是以圣人后其身而身先，外其身而身存。非以其无私耶？故能成其私”（《道德经》第七章）。

同时，利益集团并不是一个长久不变的群体，经济社会的发展进程中，有人成功就有人失败，有人变富就有人变穷，利益群体和代表也是会相应调整变动，作为占优的利益集团要维持其占优地位，也必须考虑对这种变化的适应性。因此，在单峰治理下，占优利益集团如果有足够的远见和耐心，并考虑到其他竞争性集团出现的可能，其将会尽可能采取无偏的行为，努力改善发展绩效，以争取其长久的支持和绩效合法性，同时保持其自身组织的开放性，可以让新兴的精英和其他利益群体的代表进入占优集团，或者能通过占优集团表达自己的利益诉求。如果单峰治理下，执政集团没有耐心（贴现率很低）或者没有长久执政的信心，就很有可能滑向有偏治理，进而采取攫取或压榨的方式，剥夺其他人群的利益，牺牲国家的长远发展潜力，以使自己利益集团短期收益最大化。当然其付出的代价就是其他竞争性利益集团的崛起，并逐步丧失本集团在政治治理中的优势，或衰退到多峰冲突型状态。

因此，执政集团是否通过选举或者公投产生，实行的是多峰政治治理还是单峰政治治理，对经济发展绩效都不是决定性的，关键是看政治治理是否是黏合的。无论是通过选票比例确定的多峰和解型政治治理，还是基于绩效合法性并实施无偏制度的单峰无偏政治治理，只要有利于达成共识、促进集体行动、出台实施有利于经济发展的政策、提高经济机会的可进入性，最终才能推动一个国家从贫穷走向富裕。若一国初始治理结构是多峰治理，则需要努力实现多峰和解；若一国初始治理结构是单峰治理，则需要努力实现并保持无偏。其间，意识形态合法性往往需要服务于这一转变过程。

（二）不同经济制度及其机制

1. 两种经济制度及其特征

在我们的框架中，进入开放型经济主要指在决定经济主体行动和激励的一系列制度安排下，人们可以自愿并相对便利地参与各种经济机会。其主要具备以下全部或部分特征：（1）人可以自由迁徙，选择职业不受或很少受先天因素限制（民族、性别、地区、家庭等）；（2）国内统一市场，资金、货物、劳动等要素可自由流动配置，内部隐形壁垒基本消除，形成比较健全的全国交通网络；（3）创立企业相对容易，能相对自由地进入高成长领域，产权和合约得到比较好的保护；（4）可以参与全球分工，积极争取国际市场，对国际知识和技术等保持开放态度。总体而言，有利于开展经济活动，激励资本积累、市场开拓和技术投资。

进入受限型经济，主要指在决定经济主体行动和激励的一系列制度安排下，存在明显的制度障碍，人们难以自愿地参与各种经济机会。其主要具备以下全部或部分特征：（1）人们参与经济的机会不平等，部分人群被排除在经济活动之外，或者不被公正对待；（2）国内市场相对分割，要素流动受到明显阻碍，全国交通网络不健全；（3）设立企业困难或者不平等，难以进入高成长领域，产权和合约执行得不到保障；（4）不能或不愿参与国际分工，国际贸易或资本流动壁垒高。总体而言，对经济活动的开展存在各种限制和障碍，经济内在激励不足，资本积累和技术投资不足。

2. 经济可进入性及其机制

现代意义的经济增长与工业革命进程密切相关。对于如何解释这种增长的内在的机制，不同的历史阶段有不同的争论，越来越多的学者认为，是技术进步推动了生产率增长，进而推动经济增长（Kuznets，1966；Rosenberg，1982；Mokyr，1990）。新古典增长理论将增长主要归因于资本积累（Solow，1956），其受资本边际报酬递减规律影响，随着资本密集度的提高，经济增速理论上会逐步放缓，而这与美国、德国等发达国家一度出现的长期高速增长现象不符（Romer，1986）。为解决这个问题，新增长理论开始将人力资本和知识存量引入模型，通过公共知识的外部性、创新知识的外溢性、人力资本外部性等因素实现规模收益递增，这样一来，如果一个经济体在历史上进行的研发越多、知识存量越大，人力资本积累越多，则进行进一步研发的成本越低，有更好的研发回报，并推动经济持续增长（Romer, 1990; Helpman, Melitz, and Yeaple, 2004）。

然而新的问题出现了，既然存量知识和研究投入决定了技术进步，进而决定了经济增长，为什么引领研发投入的发达国家，还会出现生产率增速下降的问题呢，这就是所谓的研发“拥挤”问题。造成研发“拥挤”问题的关键因素是技术的扩散差异。正如霍尔（Hall, 2004）所说，创新与新技术对经济增长的贡献，很大程度上是由技术扩散的速度和范围决定的。也就是说，技术进步对经济增长的贡献，既体现在新技术被发明出来，更体现在该技术被使用和扩散的深度和广度，如果没有足够的扩散，新技术进步对增长的贡献就很难体现出来。

世界技术边界是世界所有国家的知识积累和共同扩展的结果。事实上，发展中国家的研发投入较少，主要是从发达国家的技术革新活动中受益。发达国家为了推动技术进步不得不进行创新，而发展中国家则可以通过追赶新技术而促进生产率提高（Helpman，2004；Caselli and Coleman，2000）。这样处在不同发展阶段的国家就会面临不同的技术进步机遇，其生产率增长速度也会明显不同。对于大多数后发国家，一个十分有利的条件是存在大量现成的技术（旧技术）可供吸收和应用，而不必去创造新技术。

富裕有时是一个绝对概念，而更多的时候它是一个相对概念。一个经济体要出现由贫穷到富裕的变化，就必须推动技术进步，使经济增长轨道超越原有的低增长路径，并维持一段足够长的经济相对高增长时期。现成的技术就在那里，能否有效吸收并得到快速的扩散，将决定后发国家发展绩效的差异。能否使技术的吸收和扩散顺利发生，经济可进入性所发挥的作用就显得尤为关键。

进入开放型的经济制度，主要包括外部可进入性、内部可进入性两个方面。外部可进入性主要表现经济对外开放，可以学习、获取国际先进技术、知识和经验，通过贸易、投资等渠道，积极参与国际分工和争取国际市场。内部可进入性主要表现为在各类人群中，每个个体都有参与经济发展的机会，可以自由迁徙、自由创业和择业，人群的横向和纵向流动都是开放的；在国内市场中，通过交通网络、税收制度安排等努力打破市场分割，建立全国统一市场，让各类生产要素可以自由配置，让全国各个地方、各类人群都有进入市场的机会。

进入开放型经济制度对于技术吸收和应用有着重要的影响，主要影响了技术的规模成本、配置效率和加速扩散效应（见图1.3）。首先，对外开放使得贫穷后发国家可以用较低的成本，直接从国际上模仿、学习、购买新技术。而能否克服模仿、学习、购买新技术的成本，使技术吸收成为一件有效益的事情，就需要技术的采用和扩散达到一定的规模，通过规模效应摊薄技术成本。（1）对后发国家而言，一个有利的条件是天然存在一个比自己内部市场更具购买力的巨大的外部市场。向国际开放，就是要充分利用国际现成的购买力，弥补内部市场之不足，以扩大出口品的生产规模，进而为进口技术和内含新技术的生产资料提供资金支持。（2）扩大对外出口规模将会为更多的人提供参与经济活动的机会，进而提高国内居民的收入，促进国内市场规模的扩大。这样一来，随着出口规模的扩大、进口能力增强和国内市场规模扩张，技术扩散、吸收的成本将不断降低。有大量证据表明，国际贸易和分工深化对加快新技术扩散发挥了重要作用，1925 年之后世界技术扩散的速度是 1925 年之前的三倍（Comin, Hobijn, and Rovito, 2008）。

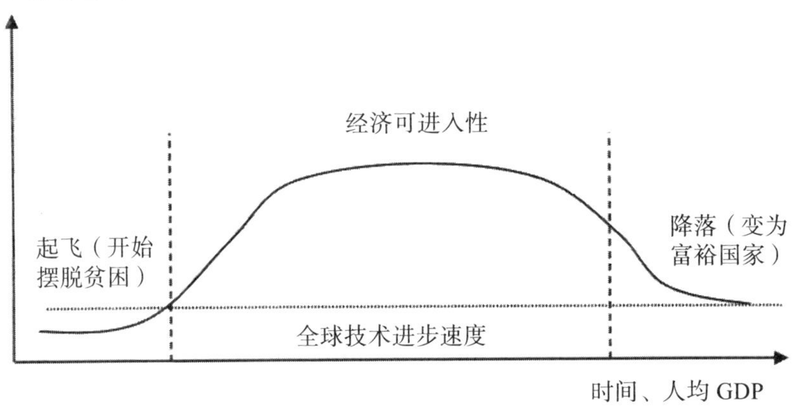

图 1.3　经济体由贫到富的增长路径

其次，扩大出口和进口规模有利于促进国内市场的竞争。那些能更高效吸收新技术的部门和企业将获取更高的利润。这使得新技术的吸收和应用可以在竞争状态下开展，资源配置的效率因此得到提高。而且，在统一市场条件下，各地区、各类人群对新技术都有吸收和应用的机会，通过地区间竞争，更多的人有接触新技术的可能，这有利于技术在国内的加速扩散。在竞争的压力之下,技术通过产业联系或上下游关系加速在企业间和产业间扩散。

另外，通过经济对外和对内的开放，特别是应用新技术的生产规模扩大,更多劳动力有机会直接参与新技术部门的生产活动，通过“干中学”机制，在正规教育之外，加快技术扩散。更重要的是，随着应用新技术的企业和产业部门的生产规模扩大，劳动力将呈现出更加明显的集聚效应，进而加速低收入国家城镇化的进程。随着城市的扩张，知识和技术的扩散速度也将进一步加速。

如图 1.4 所示，对于穷国（后发国家）而言，最有效的技术路径并非去拓展未知技术，做“从 0 到 1”的事，而是用已知的技术去生产已有产品，并尽可能地扩大自己的成本优势，选择做

“从 1 到 N”的事，且 N 的规模越大，则吸收和应用已知技术的成本就越低。生产已有产品的规模越大，就越能吸收更多的国内资源，并进一步将这些资源配置到吸收新技术的部门，吸引更多的劳动力到新部门就业，促进国内整体技术进步和国内市场规模的扩大。这将促进对外进入开放与对内进入开放的良性互动。

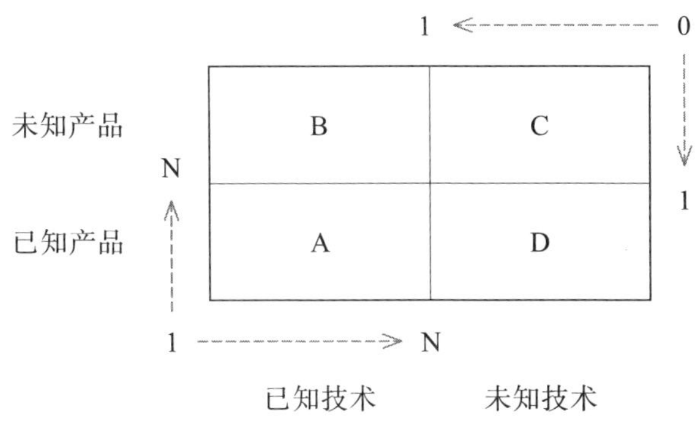

图 1.4　穷国变富的技术路径选择

进入开放型经济制度，就像通向经济繁荣的一道门，只有打开这道门，经济发展的故事才有望发生。因此，在一个经济体由贫到富的过程中，创造开门的条件就成为一个重要的前提。这就需要发挥政治治理的关键作用，需要在特定政治治理下，采取有效的集体行动来创设这道门，并使得这道门逐步打开，开启经济增长进程。通常情况下，开门过程是渐进的，并非门开得越大越好，因为开门就势必会引入风险和冲击，门开的速度和程度要以政治治理能够持续保持和解、社会秩序能够继续保持稳定为前提。开门之后取得一定的经济发展成效，将有利于在政治上进一步达成共识，减少进一步开门的阻力，争取进一步扩大经济可进入性。总的来说，对内部市场、人群的进入机会的大门打开得越早、越大，则效果越好；对外部市场的门则应渐进有序地打开，其间必须与应对开放风险的能力相适应。总结而言，经济走向繁荣，国家由穷到富的过程，就一个由进入受限型经济制度逐步向进入开放型制度演变的过程。

（三）政治治理与经济制度之间的互动

政治集团为了争取长期执政和利益集团收益最大化，会积极通过立法、政策调整等政治行动促进经济可进入性的进一步开放。经济可进入性的提高将促进整体经济发展绩效改善，使更多的人受益，进而提高在位执政集团的支持率和长期执政的可能性。

在多峰治理模式下，为争取更多选票、赢得更长时间执政，在位集团在捍卫本集团利益的同时，将努力争取中间选民（摇摆选民）使更多人获益，保证其政策能够得到更多人支持，这样一来在位者本身就具有打开经济可进入性的动力。经济可进入性的提高将促进市场竞争，并进一步导致不同利益集团的势力此消彼长，新的利益集团需要新的代言人表达诉求。通过政党的竞争，利益集团的诉求将在政治市场得到反映，经济市场与政治市场产生了联系，多峰和解治理与进入开放型经济制度实现了互动。

而在单峰治理模式下，若要实现无偏治理，需要满足四个条件：执政者长期执政的耐心、其他利益集团出现的潜在压力、民众对绩效合法性的要求、集团开放性、竞争性和自我革新性的要求。如果执政者有长期执政的耐心和信心，则未来收益的贴现系数会比较高；存在其他利益集团出现的可能性，则执政者不敢实行过度有偏的治理；民众对绩效的要求促使其努力实现整体利益最大化，以获取最广大人群的支持；集团开放性则保证了社会精英和新兴利益群体能够进入执政利益集团，或通过有效机制表达诉求；自我革新性则是集团有一种自我纠错动力和机制，当出现破坏无偏倾向时能及时采取纠正行动。因此，在单峰无偏治理模式之下，通过执政集团自身的开放性和竞争性，其他集团的利益诉求能够通过内部机制得到表达和反映，从而使得政治治理模式与经济的开放性和竞争性相协调。

多峰和解下的政治竞争，是政治市场竞争的外部化；单峰无偏下的集团开放，是政治市场竞争的内部化。外部竞争与内部竞争，究竟哪一种竞争有优势，取决于达成政治和解、促进一致行动的成本。谁的成本低，谁就更有利于促进经济发展。

基于 A-C 理论框架（图 1.1），我们可以将世界上多数国家大体归类到四种类型中的一种，即四个象限之一。黏合型政治治理和进入开放型经济更有利于经济发展，具备这样政治治理和经济制度的国家更可能成为富裕国家。国家要想由贫穷走向富裕，即经济要实现持续发展，需要满足以下几个重要条件：（1）在组织化程度上，有效组织起来的社会才具备经济持续发展的条件，一盘散沙或者无政府状态不可能保障经济持续发展。（2）在政治治理上，组织起来的社会要具备能够达成和解、形成和平稳定社会秩序、有采取集体行动的能力，从而形成黏合型政治治理，其中多峰和解型和单峰无偏型都属于黏合型政治治理，都存在促进经济发展的激励。（3）在经济制度上，国家应该采取进入开放型经济制度，至少应该逐步有序地排除经济要素和市场的进入障碍，开放的顺序和开放的进度取决于各国具体情况。（4）在政府与市场关系上，贫穷国家的市场很不完善，而市场自身不会自动完善，需要政府在创建市场、支持市场发展和维护市场秩序方面发挥关键作用。市场与政府不是替代关系，也不是相互简单地弥补“失灵”关系，市场规模越大、交易越复杂，其对政府能力的要求越高，对应的政府规模也就越大，政府与市场之间是相互促进的。持续的经济增长需要发展型政府和市场增进型政府（Market-Augmenting Government）。（5）在发展路径上，由于经济制度与政治治理之间的相互促进关系，优先提高经济可进入性可以为提升政治治理黏合度创造经济基础，走“Ⅲ→Ⅱ→Ⅰ”路径是一种选择；或者优先提高政治治理黏合度，然后推进经济制度变革，推动经济持续发展，走“Ⅲ→Ⅳ→Ⅰ”是另一种选择；而更多是推动建立黏合型政治治理与提升经济可进入性两项协调推进，相互促进中演化，并逐步向第一类型迈进，走“Ⅲ→Ⅱ/Ⅳ→Ⅰ”路径。

三、本章小结

为探索一个国家或经济体如何从贫困走向繁荣，本章提出了一个基于制度视角的理论分析框架，从经济制度和政治治理两个维度揭示经济增长背后更加本质的因素。我们认为，黏合型政治治理和进入开放型经济的结合，是一个国家从贫困走向繁荣的决定性因素。其中，如果一种政治治理可以构建稳定的社会秩序、能够达成社会共识、形成统一的集体行动，推动高效的政策执行，我们称之为“黏合型政治治理”；如果在一系列制度安排下，各类经济主体可以自愿并相对便利地参与各种经济机会，我们将其称为“进入开放型经济”。更进一步，我们根据一个国家占优的政治利益集团数量将政治治理形态分为多峰治理和单峰治理两大类，并根据不同治理形态下的结果细分为多峰和解治理、多峰冲突治理、单峰无偏治理和单峰有偏治理等四种情形。其中，多峰和解治理和单峰无偏治理均属于黏合型治理。在我们的框架下，一个经济体的政治治理模式是多峰还是单峰，其对经济持续发展并没有显著影响，而关键在于能否实现黏合的治理。换言之，多峰和解治理和单峰无偏治理都可以实现政治治理黏合，推动经济的持续发展；而多峰冲突治理或单峰有偏治理将难以实现经济的持续繁荣。

第二章　基于A－C理论对中国发展奇迹的解释

新中国成立以来，中国的发展进程出现了重大改变。尤其是改革开放以来，经济进入高速增长阶段，经济实力、综合国力稳步提升，人民生活水平实现前所未有的提升。1978—2020年，中国GDP从1495亿美元增加到14.7万亿美元，经济总量占全球比重已超过17%，稳居世界第二位。人均GDP也从156美元增加到超过10000美元，7亿多贫困人口实现全面脱贫，人民生活从解决温饱到实现全面小康。在这么短时间实现如此巨大的发展，不仅中国历史上没有过，世界历史上也没有过，可以说是创造了人类发展史上的奇迹。有关中国发展经验和模式的争论也从未停止。其中，一个引起很多争论的话题是：与西方发达国家相比，中国的发展经验和发展模式是不是一个特例？还是在本质上并没有什么差别？中国的发展经验和发展模式在其他欠发达国家有没有可借鉴性？一些人认为，中国的成功与西方发达国家所走过的路并无二致，可以用所有现有的理论解释。也有一些人认为，中国的发展是一种新的发展模式的成功，中国在很多方面取得的成果是现有理论所无法解释的。甚至有人指出，至今没有人能够完全解释为什么中国能在这么短时间内取得如此大的发展成就。

基于前文提出的 A-C 理论框架，我们认为，无论是发达经济体取得今天发展成就所遵循的西方经典发展模式，还是过去 40 多年指引 10 多亿中国人从贫困走向繁荣的“中国模式”，其背后的根本决定因素是相同的，即政治治理黏合度与经济可进入性。具体到中国的发展经验，我们认为，中国的发展经历了由冲突型政治治理向黏合型政治治理的转变，以及由进入受限型经济向进入开放型经济的转变，最终形成的单峰无偏政治治理与进入开放型经济的结合，成就了中国 40 多年来的高速增长，推动中国从贫穷逐步迈向繁荣。

一、政治治理：从多峰冲突走向单峰无偏

要理解中国政治治理的演变，需要一个略长一点的历史视角。数千年的王朝更迭和悠久的政治文化历史，促使中国人民不断探索国家兴衰的原因。在浩繁的历史文献中，诸子百家、正史野论、经学哲言等都对政治治理进行了深刻的思考与反思。与千年漫长的王朝历史相比，1911 年是中国在政治治理上的分水岭。“辛亥革命”标志着中国两千余年的君主专制制度彻底瓦解，中国作为“亚洲第一共和国”，率先在亚洲开始了前所未有的现代民主制度的尝试。中国的政治治理结束了帝国“家天下”模式，开启了走向民主共和的现代化政治治理模式探寻之路。然而，这是一个在深重的民族屈辱、残酷的政治斗争、深刻的历史教训中反复探寻和试错纠错的波澜壮阔的历程。回顾 1911 年以降的中国政治治理模式，在繁杂的历史变迁中能够清晰地看出两条主线，首先是

从多峰到单峰的不断聚合，同时是由冲突到黏合的艰难跋涉。在这两条主线之下，我们将 1911 年以来中国的政治治理模式分为以下五个阶段。

（一）单峰治理的瓦解与多峰冲突格局的形成（1911—1916 年）

自 1644 年清军入关以来，政治制度基本沿袭明制，建立了君主专制中央集权王朝。康熙时期彻底清理了国内藩镇并收复台湾，通过内朝系统和监察系统提高中央对地方控制效率，官僚系统对汉族士大夫开放，王朝进一步推行一系列促进经济发展的政策。在此背景之下，传统意义上的君主专制王朝形成，并在鸦片战争之前一直平稳维持。1840 年第一次鸦片战争爆发，以清政府的失败和《南京条约》签订为标志，英国等外国列强事实上在中国开始享有治外法权，半殖民地社会被迫开始，中国的国家主权和君主专制治理受到前所未有的挑战。而 1851 年开始的太平天国运动，对清王朝的统治进一步产生了沉重的打击，一方面作为一个独立的割据政权，太平天国前后持续了十余年之久，且太平天国影响范围广，鼎盛时期占据了清王朝的半壁江山，控制了王朝粮税充裕的长江流域，对专制王朝产生了激烈的冲击。为了平定内乱，清王朝允许地方实力派官僚进行团练，自行筹备地方武装，军队私人化态势加强，中央集权受到严重削弱。在随后的国内和国际战争中，官僚派系的经济实力、军事实力和政治实力不断扩大，形成了诸如曾国藩、李鸿章、张之洞、左宗棠、袁世凯等重要的实力官僚，这些实力官僚掌握了国家铁路、航运、钢铁、煤炭、军火机械、海军陆军等重要部门，君主专制和中央集权事实上受到了不断的削弱。1911 年辛亥革命后，清帝逊位，中国在经历了短暂的分裂和冲突之后，以南北议和的形式形成了统一的中华民国，此时的中华民国虽继承了清王朝的版图，但是实质上已经出现了大量的政治派系和地方军阀，此时君主专制时期社会架构基本瓦解，多峰治理的雏形已经具备。1911—1916年，袁世凯在内忧外患中艰难地维持着中华民国的表面统一，然而自“宋教仁案”之后，中国境内出现了“二次革命”“护国运动”等诸多局部战斗，革命党人在南京、广州成立国民政府，中华民国形式上的统一局面已经难以为继。1916年，袁世凯去世，北洋军阀分裂为直、奉、皖等诸多派系，自此统一的中央政府无论从形式上还是从实质上都分崩离析，军阀混战的时代接踵而至，多峰冲突的中国政治格局开始了。

（二）多峰冲突向多峰和解的艰难跋涉（1916—1945年）

1916年袁世凯去世，北洋军阀分裂。在北方以及长江流域，北洋军阀实际控制范围分裂成为直系、奉系、皖系等诸多军阀，同时山西、贵州、云南也被地方军阀所控制。在南方，则有国民党控制着广东。各种利益集团之间的冲突不断，其形式不仅限于政治斗争，局部的军事冲突也此起彼伏。1916—1926年，中国呈现出了典型的多峰冲突的社会形态，不同利益集团之间冲突不断，难以形成共识，更难以采取集体行动，上位的军阀势力竭尽全力打压在野势力，由此而诱发出了诸多政治、军事事件。在北京国民政府中，始终存在着以段祺瑞为首的亲日派与以黎元洪为首的亲美派的斗争，两派在诸多领域中有着不同的利益诉求，在关键问题上北京政府内部利益集团针锋相对，共同决策难以达成。在此期间，在中国的北方爆发了直皖战争、两次直奉战争，其中北京还出现了张勋复辟、曹锟贿选、冯玉祥北京政变等重大政治风波。与此同时，中国南方出现了护国战争、两次护法战争、粤系军阀与广州国民政府的战斗。在1926年改组后的国民党北伐之前，多方力量的角逐和冲突给社会经济带来了严重的伤害，多峰社会下的冲突特征十分明显。

在此期间，以中国共产党为代表的工农力量开始不断地崛起，在北伐战争前夕，孙中山先生提出了新三民主义，将“联俄，联共，扶助农工”作为新三民主义重要的内容进行宣传和贯彻，1924年国民党第一次代表大会中，国共第一次合作正式建立。1926年国民政府北伐战争打响，战况推进顺利，南方革命军在一年时间消灭了南方的孙传芳、吴佩孚等军阀，1927年4月18日在南京成立国民政府。1927年7月，宁汉合流，武汉国民政府与南京国民政府和平统一，1928年，国民革命军战胜奉系军阀，控制平津，奉系军阀退居关外。“皇姑屯”事件之后，奉系领袖张学良宣布“东北易帜”，接受三民主义并服从国民党。1930年，山西军阀阎锡山和西北军阀冯玉祥联合抵抗蒋介石，爆发了中原大战，战争以蒋介石最终的胜利告终，其统治地位得以确立。至此，国民政府形式上统一了中国，这种统一虽然在实质上没有改变地方军阀相对独立的特点，因此多峰的格局未能打破，但在南京政府的统筹之下，国内利益集团有了协商渠道，国民政府的实际动员能力扩大到了全国范围，多峰和解的初步形态暂时形成。

在多峰和解态势下，中国经济社会取得恢复性发展。1931—1936年，中国工业增长率平均每年9.3%，交通事业蓬勃发展，除电信、邮政外，新建铁路2万余公里，公路8万多公里。1927—1937年，民航空运开辟12条航线，总长1.5万多公里。科教事业蓬勃发展，1931—1937年，小学生人数增长了86%，大学生人数增长了94%。其间，银行业也呈现快速发展。1928—1931年仅上海一地，就新成立银行23家。全国28个重要银行的总资产，由1926年的13.91亿元增长到1931年的

25.69 亿元[①]。1935 年南京政府推出了根本性的币制改革方案，所有完粮纳税、公私款项、商业贸易，一律使用法币，不得再用现银和银元。从币制改革到 1937 年卢沟桥事变之前，国内物价稳定，货币供应增加，民众购买力上升，居民储蓄增加，用于工商业的投资大幅度增加，同时外汇率的稳定也促进了外贸，出口额迅速增加，外贸赤字迅速缩小，整个国民经济出现了欣欣向荣的势头。这一阶段，虽然国内无论在政治上、军事上还是经济上都存在诸多利益集团，但是国民政府实现了在一定共识基础上的集体行动，经济建设表现良好，冲突状况得到了极大的控制。中国社会呈现出了短暂的由多峰冲突向多峰和解演变的趋势。

抗日战争的爆发客观上对共识的形成产生了重要影响。首先，日本军队从东北南下，在进入长江流域之前尚未遇到严峻的挑战，所经之处毁灭了地方实力派的力量，客观上冲击了多峰格局。另一方面，在中国国内抵御外辱的呼声中，尤其是中国共产党推动下的抗日民族统一战线的建立，国内各个阶级、多方力量在救亡图存的感召之下空前团结。国共第二次合作、统一战线等联合抵御外敌的合作形式不断出现，虽然中国仍处战火，却在一致对外的国内形势之下向着社会内部的和解方向发展。1945 年国共两党举行重庆谈判，共同商议建立联合政府事宜。至此，自 1916 年单峰社会彻底瓦解、多峰冲突社会形成之后三十年，一个多峰和解的社会架构终于在饱经动荡、战火之后的中国呼之欲出。

---

① 数据来源：A. Feuerwerker (1983)。

（三）单峰治理的再次形成与无偏治理的努力（1945—1957年）

然而，中国并没有继续沿着多峰和解的道路走下去，“双十协定”很快被蒋介石撕毁，1946年6月开始，在河南、湖北等地出现剧烈的军事冲突，随后开始了全面的内战。共产党领导的解放军从起初的战略防守逐渐向战略进攻转变，在举世瞩目的三大战役中取得了决定性的胜利，进而统一了中国大陆。解放战争之后，共产党政权在大陆建立起来，中国自晚清以来的多峰格局结束，真正意义上统一、集权的中央人民政府成立。

随着中国共产党领导建立中华人民共和国中央人民政府，单峰治理模式成为政治治理的重要特点。新中国成立之后，中国共产党形成了党、政、军高度集中的治理模式，中国共产党在中央和地方政府、军队、其他组织机构设置了对应的党组织对其进行领导，在共产党内部也通过民主集中制度将决策进行集中。同时，基层社会结构也在随后的社会主义改造后发生重大调整，通过人民公社、生产队和基层党组织，共产党领导的政府统一动员能力达到共和国的每一个村庄。至此，中国共产党处于绝对领导权威的政治治理形成，单峰政治治理得以建立起来。

在单峰治理形成的同时，中国共产党也快速从有偏治理向无偏治理进行转变。建党之初，中国共产党以工农阶级为核心，将推翻地主和资产阶级政权作为目标，具有鲜明的革命对象针对性。随着国内形势的不断变化，共产党的具体做法也在不断调整，例如在长征之前，在中国南方的革命根据地中推行的是“打土豪，分田地”的纲领，而在解放战争期间，对于地主阶级则施行“减租减息”政策。可以看出，中国共产党在不断适应新形势的过程中，调整自身发展战略，注重团结各方力量、协调各方矛盾，为了实现当期目标而促进共识的形成。同时，共产党通过建立支部、设立政委等方式，将其影响直接传递到基层组织，形成了强大的动员能力。这一阶段的中国共产党呈现出了向无偏政党逐步过渡的特点。1949 年第一届全国人民政治协商会议召开后，这种无偏性表现得日益明显。《中国人民政治协商会议共同纲领》第一条规定："中华人民共和国为新民主主义即人民民主主义的国家，实行工人阶级领导的、以工农联盟为基础的、团结各民主阶级和国内各民族的人民民主专政，反对帝国主义、封建主义和官僚资本主义，为中国的独立、民主、和平、统一和富强而奋斗。"这一条款充分反映了中国共产党建设一个无偏治理之下的中国的愿景。

新中国政权稳定之后，中国开始推进"三大改造"，对农业、手工业、资本主义工商业中存在的私有制进行改革。通过内部的有效协商和合理安排，中国的"三大改造"采用农业合作化、资产赎买等温和的过渡政策，依托深入强大的动员能力，仅用了三年时间就彻底完成。1956 年中共八大提出："生产资料私有制的社会主义改造基本完成以后，国内的主要矛盾不再是工人阶级和资产阶级之间的矛盾，而是人民对于建立先进的工业国的要求同落后的农业国的现实之间的矛盾，是人民对于经济文化迅速发展的需要同当前经济文化不能满足人民需要的状况之间的矛盾。"经济建设取代阶级斗争，成为党和国家工作的重点。1957 年，中国第一个五年计划提前完成，完整的工业体系初步建立，国民经济高速发展。此时的中国在政治上有着民主协商和民主集中的包容性，执政党有着强大的动员能力，政府积极参与社会经济建设，有着明确的发展规划和目标，社会各个阶层之间歧视和剥夺被消除。该阶段中国共产党领导下的中华人民共和国已经基本形成单峰无偏治理的格局。

（四）单峰无偏发展过程中的曲折与挑战（1957—1978年）

中国单峰无偏的政治治理发展进程并不是一帆风顺的。1957年“反右”斗争开始，不久就出现了扩大化，“防范党内资产阶级复辟”逐渐成为工作的重点。“反右”斗争扩大化使得“阶级斗争为纲”成为政治工作的重点。“左”倾思想和做法愈演愈烈，并最终演变为后来的“文化大革命”。根据十一届三中全会后全面复查的结果，全国被打为“右派”的人在组织内受到了各种歧视，教育、就业等多个方面的机会被剥夺，甚至人身财产安全都受到威胁，其亲友子女也受到牵连。在“阶级斗争年年讲、月月讲、天天讲”的背景下，所谓的“阶级出身”成为划分斗争对象的重要标尺，对“人民”和“阶级敌人”采用截然不同的政策，国家立法、司法部门受到严重冲击，政府几近瘫痪，社会不同群体之间的冲突被严重放大，单峰无偏的政治治理遇到了曲折。此时，任何协商机制都变得孱弱无力，黏合治理受到严重挑战。十年内乱，全国上下遭受打击迫害和牵连的干部、群众达到一亿多人（叶剑英，1978）①。

“文化大革命”给国家发展和人民生活造成了严重的灾难。国民经济也受到了严重的伤害，李先念（1977）在全国计划会议上指出，“文革”十年仅国民收入就损失5000亿元，这个数字相当于新中国成立30年全部基本建设投资的80%，超过了新中国成立30年全国固定资产的总和②。另据华国锋在全国人大

---

① 叶剑英在1978年12月13日中央工作会议闭幕式上说：“包括受牵连的在内，受害的有上亿人，占全国人口的九分之一。这个教训是极其惨痛的。”

② 李先念在1977年12月全国计划会议上讲话时所引用的估算数据。

五届一次会议上所作的政府工作报告：由于“文革”的破坏，仅1974年到1976年，全国就“损失工业总产值一千亿元，钢产量二千八百万吨，财政收入四百亿元，整个国民经济几乎到了崩溃的边缘”（华国锋，1978）。新中国成立以来单峰无偏型政治治理形态的发展进程经历了曲折和挑战。

（五）单峰无偏治理的改善与强化（1978年以来）

1978年12月，十一届三中全会的召开标志着中国单峰无偏治理在经历了二十余年的挫折后又重新回到了快速发展阶段。十一届三中全会之后，党内在思想路线、政治路线、组织路线上进行了彻底的拨乱反正，对“反右”扩大化以来的冤假错案进行平反，党和国家的工作重心从阶级斗争转移到经济建设上来。在对上一个阶段的不断反思和分析之后，社会各界对中国社会存在的重大问题达成了共识，摒弃因政治歧视、缺乏协商等因素带来的偏离“无偏治理”的做法，将更加广泛的社会群体纳入国家发展的轨道中去。

首先，从党员数量和构成的历史变化看，中国共产党总体沿着更具开放性、更具广泛代表性这两个方向发展。在1921年中国共产党刚成立时，仅仅只有53名党员，到1949年新中国成立时发展到448.8万（孙应帅，2009），到2019年已经达到9191.4万。从人员构成看，建党初期以工人为主，1927年中国共产党人数已经发展到57967人，其中工人占50.8%，农民占18.7%，知识分子占19.1%，军人占3.1%，中小商人占0.5%，其他人员占7.8%。但随着1927大革命失败，中国共产党的工作重心转向农村，土地革命时期的党员构成主要是以农民为主体，在1928年召开中共六大的时候，在全部4万多名党员中，农民党员占比达到76.6%，而工人党员下降到10%，到1930年一度下降到仅占 1.6%。以后农民为主的结构一直延续到新中国成立。在抗日战争和解放战争期间，军人党员发展成为第二大党员人群，在 1949 年时一度达到 24%。新中国成立后，随着社会主义建设全面展开，工人党员的占比开始逐步回升，到 1956 年时达到 8.8%。在改革开放后，中国共产党的党员构成更趋多元化，知识分子、专业技术人员、私营企业主大量被吸收到党员队伍中来，一些新出现的经济组织和社会组织中的精英也被吸收到党员队伍之中。根据中共中央组织部（2020）的统计，截至 2019 年 12 月 31 日，在 9 191.4 万名党员中，工人占 7.0%，农民占 27.8%，企业主和职工占 26.7%，党政工作人员占 8.4%，退休人员占 20.5%，学生及其他职业的占 9.7%。其中，女党员占 27.9%，少数民族党员占 7.4%。在 468.1 万个党的基层组织中，非公有制企业建立的党组织占所有党组织的 41%，非公有制企业中超过 60% 已建立党组织。可以看到，中国共产党已从最初成立时仅代表某个特定阶级和特定群体的政党，逐步向代表社会广泛群体利益转变，政治治理的无偏特征日益明显。

第二，从执政理念的变化上，也能清晰地看到处于单峰治理中枢的中国共产党逐步向无偏方向的努力。以 1981 年《关于建国以来党的若干历史问题的决议》的通过为标志，中国共产党领导下的中国政府对“文革”期间政治治理问题进行全面纠正。1987 年召开的中共十三大，明确了社会主义初级阶段党的基本路线，即“领导和团结全国各族人民，以经济建设为中心，坚持四项基本原则，坚持改革开放，自力更生，艰苦创业，为把我国建设成为富强、民主、文明的社会主义现代化国家而奋斗”。进一步确立了向无偏发展的执政方向。1992 年邓小平在南方谈话时提出“三个有利于”，将“是否有利于发展社会主义社会的生产力、是否有利于增强社会主义国家的综合国力、是否有利于提高人民的生活水平”作为人们衡量一切工作是非得失的判断标准。“三个有利于”的提出打消了人们关于姓“资”姓“社”问题的质疑，将社会的关注点重新聚焦到经济建设，调动整个社会将更多的资源和力量投入社会主义建设中。2000 年江泽民在广东省考察工作时提出“三个代表”重要思想，即“中国共产党要始终代表中国先进生产力的发展要求，要始终代表中国先进文化的前进方向，要始终代表中国最广大人民的根本利益”。“三个代表”重要思想的提出进一步拓展了中国共产党的代表性，在更广阔的范围内团结了社会力量。2003 年，胡锦涛提出的“科学发展观”，进一步将“全面、协调、可持续”发展作为了重要目标，并将“以人为本”放在了核心地位，突出了共产党继续向无偏治理方向发展的理念。2012 年习近平总书记提出了“中国梦”，并将“中国梦”定义为“实现中华民族伟大复兴，就是中华民族近代以来最伟大梦想”，提出“中国梦首先是 14 亿中国人民的共同梦想”，进一步突出了人民在国家发展中的中心地位。

改革开放以来的党员构成和执政理念调整，表明中国共产党坚定地向单峰无偏治理模式迈进，而且这种无偏治理已经成为政治治理和社会的重要基础。其间，中国社会经济的快速发展历程，也印证了政治治理向无偏模式转变的重要作用。通过无偏治理，中国共产党将更多的社会力量和资源要素纳入经济发展进程中，广泛的群体都在改革中受益，使得共产党领导的中国政府得到更广大的群众支持，推动整个社会在重大决策中达成共识、促进集体行动，并为进一步深化改革积蓄力量。改革开放 40 多年的历程中，中国社会的包容性正在不断地扩大，政府的政策惠及越来越多的民众。随着社会经济的进一步发展，虽然国内不同群体的利益冲突仍然客观存在，但是在当前的政治体制之下，协商和解的机制能够顺畅发挥重要作用，中央政府能够高效推行共识达成和共同行动，有着强大和深入的动员能力。随着立法、司法工作的不断完善，党内监督、政府监督以及舆论监督的影响力不断扩大，社会不同群体之间的专政、压榨彻底消除，政府权力的运用越来越受到法律的规范和制约。2020 年，中国人均 GDP 超过 10 000 美元，按购买力平价（PPP）衡量则超过 17 000 国际元，正在从中等收入国家向高收入国家迈进。

纵观中国近百年的政治治理历程，可以清晰地看出两条脉络，其一，由多峰向单峰的不断演变；其二，由冲突向黏合的艰难探索。抛开历史环境的各种繁芜细节，中国从多峰走向单峰的演变趋势，可能与两千年来的政治文化传统和民族认同、对大一统的深刻向往有着重要关联，其中镌刻了鲜明的民族感情和家国情怀。不可否认，这一条脉络有着浓重的东方政治文明色彩，可能在世界范围内因民族、因国家而异。然而从冲突向黏合的探索，则更多包含了人类对于稳定秩序的渴望、对沟通的期盼，以及内心中对改造世界、创造美好生活的深切向往。这种对于和解社会的追寻闪耀着人文主义的光辉，应该是不同种族、不同地域、不同国家共通的价值取向。

二、经济制度：从进入受限型经济到进入开放型经济

除了政治上从冲突走向黏合之外，1911 年以来的中国在经济制度上也呈现出了从进入受限型经济到进入开放型经济转变的鲜明特点。从经济增长的结果看，如今的中国已经保持了几十年的经济高速增长，年均增速超过 9%，这种经济增长的结果与经济可进入性有着密切的关系。纵观中国一百余年的经济发展历程，我们能够清晰地看到经济可进入性的变化是如何影响中国经济表现的。

（一）进入受限型经济的形成与固化（1911—1949 年）

辛亥革命以来，中国不仅经历了政治架构的巨大转变，同时也经历了经济制度的艰难转型。在新中国成立之前的漫长时期中，在国内外多种复杂因素的综合影响下，中国经济逐渐走入了进入受限型的泥潭。从内部看，这一时期统一商品市场被严重分割，企业受战乱影响发展有限，劳动者的流动受军事战争等因素的干扰，资本市场监管乏力、秩序混乱、风险丛生；从外部看，在此期间中国经济被动开放，开放红利转化为经济红利困难重重，人民生活鲜有改善。内部和外部进入性受限的现状在这一时期受国内外环境的影响不断强化，成为新中国成立之前的漫长时期里中国经济艰难运行的基本面貌。

1. 国内政治经济秩序使得内部可进入性受限

第一，国内商品市场被分割。辛亥革命之后，国内经过了多次政治斗争和军事战争，即便在形式上出现过统一的局面，但是未能在实质上改变军阀林立的情况，商品跨区域之间的运输厘金沉重。与此同时，部分军阀为了防止中央政权的渗透，刻意制造多种制度上和基础设施上的壁垒，在基础设施建设方面采取不同规制，例如阎锡山在山西辖区内采用窄轨火车，提高交通运输的成本；省内仅能使用当地发行的“省钞”进行交易，不认可外地钞票。这导致了商品的生产流通有着很强的区域局限，全国统一的商品市场难以形成。

第二，劳动力进入经济生产受到限制。这一时期有多种因素影响了劳动进入经济生产活动。从需求方面看，该阶段国内企业数量有限且分布集中，用工需求量少且集中在大型城市，1912 年，仅华中区域工业产值便占全国总产值的 41.35%，而其中大部分集中于武汉、长沙等大型城市（管汉晖、刘冲、辛星，2020）。

对比1978年改革开放前夕，全国工业企业就业人数为7978万，而这一时期的1933年，全国所有工业企业就业人数仅为1923万人（管汉晖、刘冲、辛星，2020），对于劳动力的需求规模有限。从供给方面看，各地军阀将人口作为重要军事资源，限制外迁、征兵扩军的现象在各地都广泛存在，部分地区甚至出现了强制征兵、“抓壮丁”等现象，大量适龄劳动力没有进入生产环节。同时，这一时期大量劳动者的劳动技能和基本知识不足，一般劳动者的主要构成为破产自耕农或佃农（小科布尔，1988），难以进入城市重要的经济生产部门。在诸多因素的综合影响之下，劳动力难以顺利地进入合适的经济部门，大量劳动者由于客观原因被排除在了社会化大生产之外。

第三，资本市场秩序混乱。这一时期资本效率低下主要体现在四个方面。政治色彩浓厚为其一，以商业银行为主体的金融机构的正常运营受到政府的强烈干预，其决策很大程度上取决于当局政府内部的政治博弈，资本流向与市场实际需求脱节，地方性银行的管理也很大程度上受到地方政治局势波动的影响。例如1932年9月军阀王家烈控制了贵州省政府，原政治势力下的贵州银行行长马空凡便立即去职，由郑先辛接任（钱春祺，1944），商业银行治理实际上成为军阀斗争的延伸。区域垄断盘剥为其二，该阶段各地军阀纷纷在辖区内部设立区域性金融机构，并以区域性债券、省内钞票的形式在当地吸储，大量资本被用于军备拓展，债务违约、贬值停兑的现象屡见不鲜（张一凡，1948）。北洋时期，主政者一纸命令，即可发行区域性公债。整个北洋时期的地方政府借款一共78笔，计6200多万银元，“强借与公债更层出不穷”（徐义生，1962；中国史学会、中国社科院近代史研究所，1990），而资金也主要用于了军费和政务开支，债务违约、钞票贬值频发。南京国民政府时期，很多省份以地方名义自行发行公债，主要目的都是筹集军费，甚至有的省军政府擅自打出“中华民国”旗号，故意使地方债具有中央公债的色彩。市场主体规制混乱为其三，国民政府时期国内资本市场的主体繁多复杂，有代表政府的位于上海的特许银行以及大型商业银行和钱庄，有上海租界以及香港的外资金融机构，有独立自治的津京金融家组织，有受各地军阀直接控制的省市立商业银行，以及中国共产党领导下的苏区和解放区金融机构等等，不同的市场主体职能重叠，规制不统一，都在一定程度具有排他性，金融市场的效率受到很大影响。市场风险巨大为其四，由于社会经济不稳定、监管不严格，这一时期国内金融市场潜在风险较大，出现了诸如1916年中国银行停兑风波、1934年白银风潮等重大的风险事件，投机炒作盛行，出现了多次通货膨胀甚至超级通货膨胀事件。可以说，自辛亥革命至新中国成立之前，中国一直没有形成真正的资本市场，资本始终难以高效、顺利地服务于社会经济发展。总结而言，这一时期商品市场、劳动要素和资本要素都没良好地进入经济增长的环节，经济体的内部进入受限特征十分明显。

2. 经济主权的不完整性造成外部可进入性畸形发展

在正常情况之下，经济体对外开放是经济发展到一定阶段的主动选择，然而1911年至新中国成立前漫长的历史时期中，中国却长期处于被动开放的状态之中，当局政府迫于多方压力而签署的以开放为要求的不平等的条约，虽然客观上的确扩大了与国际市场接触的规模，但是这种基于不完整的经济主权之下的开放带来着诸多弊端。

首先，在国际贸易中话语权缺失。即便国内出现了具有竞争力的产品，也难以真正平等地与其他国际品牌竞争。例如在第一次世界大战期间，国内利用欧洲战争的时机迅速扩大了诸如纺织品、化工品的生产，然而一战结束之后，当局迫于其他战胜国的压力放弃了对部分民族企业的支持政策，本来有望成长起来的产业发展势头中断。

其次，产业布局失去主动权。被动开放的情况之下，本国对产业和地区的选择权削弱，外来经济体通过条约特权大量布局于矿业、铁路等核心产业，挤压国内竞争者，获取高额利润，而当局政府却难以对其进行有效管理。以开滦煤矿为例，开平矿被英人骗占后，袁世凯奏请创办滦州矿与其竞争，初定资本200万两，生产发展迅速，滦州矿的成立，对英占的开平矿造成了直接威胁。开平矿在英政府和国际财团的支持下，以政治和经济手段压迫滦州矿，使该矿难以维持。1912年1月双方达成协议，签订了“联合办理草合同”，成立了开滦矿务总局，但由于经营管理权掌握在英人手中，因此所谓联合，实质是兼并。

再次，开放政策难以转化为经济红利。该时期外来企业的进入虽然在客观上增加了就业，但在被动开放的背景下，当局政府在资源保护、劳动者保护、技术共享等领域谈判的话语权较低，大量劳动者从事低级体力工作，收入微薄，生产技术也难以通过企业合作和员工培训等方式向外扩散，开放政策无法惠及更多的群体，经济红利难以形成。因此，这一阶段虽然呈现出了表面上的开放格局，但是这种开放难以真正地成为驱动经济增长的因素，并没有能够从实质上提高外部可进入性，经济在低水平徘徊。

纵观1911—1949年中国经济增长的特点，我们发现中国经济无论在内部可进入性还是外部可进入性方面都明显受限，中国进入受限型经济的基本形态逐渐形成与固化，这一特征对中国经济增长产生了极其深刻的影响。

（二）经济可进入性的改善与挑战（1949—1978年）

新中国成立的意义并不仅仅是简单的政权更迭，中国共产党在政治制度、经济制度领域采取了一系列有别于其他政权的创新设计。如果从经济建设的角度审视中国 1949—1978 年所取得的历史成就，我们会发现这一时期中国经济道路出现了诸多新的特点：从国内看，新中国通过经济改革和基础设施建设，打破了国民政府时期各地军阀形成的区域性经济壁垒，通过强有力的社会动员开展了一系列社会运动和经济计划，为劳动力和资本进入生产领域开辟了更通畅的路径；从对外看，在冷战的大背景之下，中国通过积极主动的外交政策在不同时期为中国营造了相对稳定的外交环境，对外经济交往的规模虽然受到国内生产力和国际政治局势的影响，但是相比于新中国成立之前，中国在此阶段的对外经济政策有更强的自主性，这为中国改革开放之后对外开放格局的打开做好了铺垫。

内部可进入性的客观改善方面，新中国成立之后在全国范围内逐渐形成了强力且统一的行政组织，这构成了这一时期中国经济内部可进入性迅速改善的基础。

首先是国内大市场基础框架逐渐建立。1950 年 1 月，中共中央下达《关于在各级人民政府内设土改委员会和组织各级农协直接领导土改运动的指示》，开始在新解放区分批实行土改的准备工作，至 1952 年底，包括老解放区在内，已完成土地改革的农业人口占全国农业人口总数的 90% 以上。到 1953 年春，全国除新疆、西藏等少数民族地区以及台湾省外，普遍实行了土地改革。土地改革彻底改变了社会的财富分配，使全国 3 亿多农民无偿分得了约 7 亿亩土地和大批生产资料。1952 年下半年至 1956 年开展的“三大改造”，则将生产资料私有制转变为社会主义公有制，农业、手工业和资本主义工商业领域都实现了生产资料的重新分配。无论是新中国成立之初全国范围内的土地改革，还是 1956 年完成的“三大改造”，都将统一的经济组织推行到了全国大部分地区。至此，不同区域、不同民族、不同收入的劳动者都有了平等的收入分配起点，共同享有了平等的经济进入的机会。与此同时，1953—1957年“一五”计划任务提前完成，五年新增加固定资产460亿元，相当于1952年底全国固定资产原值的1.9倍，1957年工农业总产值达到1241亿元，比1952年增长67.8%，中国过去没有的一些工业，包括飞机、汽车、发电设备、重型机器、新式机床、精密仪表、电解铝、无缝钢管、合金钢、塑料、无线电等，从无到有地建设起来，从而改变了我国工业残缺不全的状况，增加了基础工业实力。“一五”计划的顺利完成强化了这一时期全国范围内基础设施建设，为后来的工业发展奠定了基础。虽然在计划经济体制之下不存在真正意义上的商品市场，但是这一时期的基础设施联通、区域协同调配却在客观上为统一的商品市场扫除了硬件上和认知上的阻碍。

第二，劳动要素的质和量都空前提高。长期以来，中国的男性是参与社会生产的主要队伍，而中国共产党自成立早期就将妇女解放作为重要的工作，提出“妇女解放是要伴着劳动解放进行的，只有无产阶级获得了政权，妇女们才能得到真正解放”。[①] 新中国成立后，中国共产党在全国范围内推动妇女解放运动，妇女获得了完整政治权利，国家通过立法形式对妇女劳动权利进行保障，妇女作为重要的劳动要素来源进入社会化生产的过程中。与此同时，新中国成立后开展的一系列的社会运动迅速提升了国民受教育的水平。早在1945年毛泽东在中共七大上就指出：“从80%的人口中扫除文盲，是新中国的一项重要工作。”1952年5月24日，我国开展大规模扫盲运动。与此同时，这一时期开启的义务教育工作也改善了劳动者的知识水平，1949年颁布的《共

① 1922年中国共产党第二次全国代表大会通过《关于妇女运动的决议》。

同纲领》中规定，在全国要“有计划、有步骤地实行普及义务教育”。1956年颁布的《全国农业发展纲要（草案）》内规定：“按照各地情况分别在5年内或者7年内普及小学义务教育。”基础教育的普及提高了劳动者的受教育水平，识字率的提高大大降低了劳动者的培训成本，更多劳动者能够参与到劳动生产过程中，同时也为国内高级人才的培养打下了重要基础。除此之外，医疗水平的提高对于改善劳动力质量有着重要的意义。新中国成立之初，医疗卫生整体情况恶劣，人均寿命不足40岁、传染病频发、新生儿死亡率高，1950年第一次全国卫生工作会议召开，确定了“面向工农兵、预防为主、团结中西医”的指导方针，提出在保证生产建设和国防建设的同时，面向农村、工矿，依靠群众，开展卫生保健工作。1965年，毛主席号召“把医疗卫生的工作重点放到农村去”。至此，全国城乡卫生医疗网基本形成，天花、霍乱、血吸虫病、疟疾、鼠疫等疾病，或被根除、或得到有效防治。全国范围内医疗条件的改善和人均寿命的提高，极大改善了我国劳动力的质量，使得更多的健康劳动力能够进入经济生产活动中。

第三，国家统筹资本流向。这一时期国内没有真正意义上的资本市场，国家成为主要的大型投资的主体，资本的投入方向由国家根据实际的政策目标决定。在国家的统一决策之下，曾经存在的资本市场风险此时不再出现。在国家主导资本投资方向的框架之下，这一时期以国家为中心集中力量办大事，创造了包括工业化体系初步建立、“两弹一星”、南京长江大桥等令人瞩目的经济建设成果。

然而，中国经济在这一时期出现内部可进入性的改善是特定政治经济体制之下带来的客观结果非主观动因。在计划经济的框架之下，随着这一时期经济建设工作不断深入，经济内部可进入性的进一步发展遇到了深刻的挑战：20世纪60年代开始的“三线建设”虽然在全国范围内推动了基础设施建设和工业体系的形成，但是客观上也促使各地形成了“小而全”的经济体系，并不断演化成区域性极强的“诸侯经济”；劳动要素的质和量都受到了国内自然灾害、政治运动的影响，户籍制度和票证制度的长期存在禁锢了劳动力的自由流动；单一的国家投资限制了资本的活力，造成了投资的低效和产业结构的轻重失衡，人民生活水平提高缓慢。总结而言，新中国成立至改革开放的三十年中，中国经济内部可进入性的确出现了改善，但在计划经济的基本框架之下，这种改善是被动的、客观的，是计划经济带来的结果，而非为了推动市场经济的发展做出的主观努力，这就注定了该阶段经济可进入性的改善难以长期持续，加之该阶段国内的经济建设经历了“大跃进”、“反右”扩大化、“文化大革命”等政治运动的影响，内部可进入性的进一步发展受到了阻碍和限制。

外部可进入性的环境优化方面，新中国成立以来，经济的外部可进入性展现出了新的特点，这种特点主要集中在两个层面，第一，新中国在政治上的独立使得其在对外经济政策的决策上有了自主性和独立性。1949 年春、夏之间，毛泽东先后提出了“另起炉灶”、“打扫干净屋子再请客”和“一边倒”三条外交方针，并逐渐形成了中国独立自主和平外交的基本政策，随着不平等条约被废除、其他国家在中国的经济特权被收回，中国抛去了国际经济活动的历史包袱，从根本上确保了能够以自身国家利益为中心地与其他国家开展经济活动。第二，通过多种方式与外部世界保持经济联系。新中国成立之初，中国通过“一边倒”的外交方针加入社会主义阵营，与苏联建立了良好的经济合作关系，迅速建立起了经贸往来，并且在国家建设层面得到了苏联在资金和技术上的大力支持。中国也积极维护与第三世界国家的关系，对周边国家进行经济援助和支持，在亚非国家中树立了良好的形象。

与此同时，中国政府也秉持开放的对外思路，在中苏交恶之后，更加关注与诸如美国、日本等重要经济体的交流，1972 年 2 月尼克松访华标志着中美关系正常化，1972 年 10 月中日政府发布《中日联合声明》，中日正式建交。纵观新中国成立以来至改革开放以前的中国对外经济，即使在冷战国际背景之下，中国政府也一直以国家根本利益为中心，与其他经济体保持良好关系，为进一步对外经济往来营造了良好的国际环境。

然而，这一时期虽然在政治和外交上为经济的对外开放尽可能地营造良好环境，但是对外经济发展的实际情况看，该阶段中国与世界其他经济体的联系仍然较弱。2006 年中国出口产品和服务总额占 GDP 的比重达到峰值 36.03%，而 1960 年，这一数据仅为 4.31%，即使在 1978 年改革开放前夕，这一比重也仅为 4.56%①。这是特定时代背景造成的，比如新中国成立历程和冷战的国际局面决定了中国在外交上“一边倒”地加入社会主义阵营；社会主义制度在中国的确立决定了对外经济往来以计划经济体制为基本框架，以社会主义阵营内部国家为主要对象；中苏关系恶化后外部环境短期一度陷入困难；国内政治运动的出现影响了这一时期党对经济建设的重视和国家发展的中心工作的偏离；亚洲新兴经济体的发展和繁荣抢占了国际产业分工布局的先机。这些因素影响了中国将对外经济发展的有利因素转化为真正的经济增长，难以真正实现外部经济可进入性水平的提高。

从上述分析中我们可以看到，1949—1978 年的中国经济相对于新中国成立之前呈现出了鲜明的特点，一方面在经济对内和对外可进入性层面都搭建了基础架构，内外部环境得到客观改善，另一方面这种改善都没有能够顺畅地转化为经济的长期持续的增

① 数据来源：2020 年世界银行全球发展指标（WDI2020）。

长动力。然而，不可否认这个时期是为中国经济增长做准备最为重要的阶段之一，首先，这一时期的中国从政治经济框架上实现了彻底的跨越，建成紧密联系、独立统一的黏合型政治治理架构；第二，该阶段经济建设让中国迅速形成了现代工业体系的框架，极大改善了中国基础设施的基本面貌；第三，妇女解放运动、扫盲运动、义务教育等大规模社会运动，快速提高了劳动力的规模和质量；第四，通过外交工作为中国营造了良好的外部环境。这些成就虽然在当期没有完全转化为经济的高速增长，但是却为下一个阶段经济可进入性水平的提高打下了硬件和软件的基础，为改革开放后中国经济的迅速发展创造了条件。

（三）经济可进入性开放模式的最终形成（1978 年至今）

改革开放以来，中国经济发展进入新的阶段，在国家对内和对外系列政策的支持之下，中国经济可进入性水平相较于之前的阶段有了空前提高，结合之前经济建设的基础、相对稳定的国际环境以及全球产业链转移良好机遇等多种因素，促成了这一时期经济的持续快速增长。其中，以下四个方面的改革对于经济可进入性制度框架的最终形成起到了尤为关键的作用。

1. 从人民公社到家庭联产承包责任制：经济对农民开放

新中国成立后，很快便以苏联为榜样，进行了社会主义改造，1957 年开始实施政社合一的集体经济体制。在这种体制下，实行国家垄断性质的农产品统购统销，农民没有任何生产的自主性。社员（农户）劳动与劳动报酬之间没有有效的激励机制，大多数地方都采取固定工分制。对年龄相仿、性别相同的劳动力，制订相同的工分标准，典型的“干多干少一个样，干好干坏一个样”，农民没有积极性，农业生产效率自然难以提升。另外，人民公社制度事实上促成了典型的城乡分割的二元社会结构，在户籍制度、粮票制度、口粮制度约束下，农民实际完全失去了自由支配自己财产和劳动的权利（吴敬琏，2002）。生产什么、生产多少、如何生产都由人民公社和生产队定。农民也没有迁徙的自由，到其他合作社、进城购物，甚至外出访友都需要介绍信，都需要村干部、公社干部批准。这种情况下，经济可进入性受到严重阻碍，农民既不能自由支配自己的劳动、也不能自主选择生产活动，甚至不能自由迁徙，被紧紧地束缚在特定的人民公社内部和集体土地上。

其实，在人民公社刚开始推行的时候，很多地方就已经看到了该制度的弊端，浙江、安徽、四川等地的一些农村就自发出现过“包产到户”、按农业产量计算社员报酬等做法。只是在“反右运动”和“反右”扩大化过程中，这些自发的解放生产力的做法都被制止了。直到“文化大革命”结束，1978 年的 11 月，安徽凤阳县小岗村农民，在被迫无奈的情况下再次冒险实行分田到户、“包产到户”，次年粮食就取得了极大的丰收。与以往不同，特别是 1978 年底中共十一届三中全会召开之后，政治风向发生了明显的改变，地方和中央的开明领导对此采取了一种支持的态度。此后，家庭联产承包责任制，俗称“大包干”就成了我国农村基本的经济制度，取消了生产队的统一经营和统一分配，“交够国家的、留足集体的，剩下全是自己的”。通过农村经济体制改革，实现从人民公社到家庭联产承包责任制转变，在保留了集体经济的同时，将生产、迁徙的自由还给农民。这极大释放了农民积极性，既实现了农业增收，大幅提高农业生产率，改善了农民生活，为保持农村社会整体稳定创造了条件，而且释放出大量的农业剩余劳动力，为这些人参与非农产业工作做好了准备。

2. 从“阶级剥削”到企业家精神：经济对企业家开放

为了缓解城市就业压力和到广大的农村去锻炼革命意志，“文化大革命”期间，响应毛泽东主席的号召，大量“知识青年到农村去，接受贫下中农的再教育”。通过中国城镇广大知识青年“上山下乡”，把城镇就业压力消散到了广大农村。在“文化大革命”结束后，大量下乡知识青年集中返城，累计近2000万人，没有产业支撑的城市面临巨大的就业压力，大量“待业青年”给社会稳定带来冲击，政府被迫逐步放开个人工商户和私营企业，让这些青年自谋出路，放弃了马克思书本挖掘出来的“雇工超过8人就是剥削”的可笑教条，使得市场经济开始在国有经济、集体经济的主导的边缘开始成长。正是当初被看不起、认为不光彩的一批创业青年，成长为中国最早的一批企业家。

与此同时，由于农村家庭联产承包责任制的推行，原来的人民公社解散，大量公社干部将原来的社队企业作为一个很好的安身之处选择（科斯，2013），在农村集体经济制度下的乡镇企业孕育而生。1978年在社队企业中工作的农民超过2800万人，占整个农村劳动力数量的9.5%。这些由社队企业转变而来的乡镇企业，与国有企业相比，具有一些先天的优势，它们没有得到政府足够重视，来自政府官僚控制的干预很少，也不纳入国家的工业生产计划，乡镇企业从一开始就根据市场需要进行生产，能够自主决定和支配利润。而且乡镇企业的职工都来自附近的农民，特别是家庭联产承包释放出来的劳动力，雇用和解雇职工十分灵活。诸如奖金、计件工资等以实际绩效确定薪酬的制度在乡镇企业中很早就被应用。另外，由于在长期执行重视重工业、轻视轻工业发展政策下，轻工业产品供给长期不足。基于自身资本和技术水平，乡镇企业一开始就瞄准轻工市场上的巨大缺口，按市场需求进行生产。这些因素促进了乡镇企业的快速发展，其在1996年顶峰时占国内生产总值的26%，占工业总产值56.1%，就业人数达到1.35亿（Naughton，2007）。

正如邓小平同志所说：“农村改革中，我们完全没有预料到的最大的收获，就是乡镇企业发展起来了，突然冒出搞多种行业，搞商品经济，搞各种小型企业，异军突起。这不是我们中央的功绩。”（邓小平，1993）而且这些乡镇企业后来超过 80% 都转变为民营经济。个体经济、私营经济和乡镇企业的意外快速成长，并非中国政府制度改革的有意设计，但政府对此总体采取了观察和开放的态度，其实就是许可了这种打开经济进入性的尝试，这些意外的发展促进了中国企业家精神的回归和壮大。其实，正是由于私人企业和乡镇企业呈现出巨大活力，进一步坚定了中国打开经济可进入性改革的决心和信心，伴随期间的国有企业“放权让利”改革，以及对大中专学生就业计划分配到自由择业的转变，都是增加经济制度可进入性的重要内容。

3. 从内向型经济转变为外向型经济：经济向国际市场开放

“文化大革命”结束后，冷战思维被打破，中国逐步打开了封闭已久的大门。1978 年中国多次派出了高级别的政府代表团，包含了 13 名副总理一级的干部出访了大约 20 次，累计共访问了近 50 个国家和地区，出访地包括东欧、日本、中国香港和西欧等地，大大拓展了中国人的眼界。其中，以谷牧副总理为团长的 5 月 2 日至 6 月 6 日的西欧考察团影响最大。谷牧考察团提交给中央的考察报告提出，更大规模地引进国外技术设备，要有灵活的支付方式；在外贸体制上，应给地方、各部以一定的权力；必须进行科技为主导的工业革命；加强技术交流，尽可能多派留学生到国外学习等重要建议。这份考察报告得到了叶剑英、聂荣臻等老同志以及邓小平的支持。傅高义（Vogel, 2011）将 1978 年中国政府高层出访的历史地位，类比为日本明治维新前期“岩仓使团”1871 年的出访。这些密集的对外考察，最重要的作用是让中国决策层看到了中国发展与外部的巨大差距，看到了学习西方现代化管理的巨大潜力，看到了中国加快开放的紧迫性。中国政府在1978年9月召开的“四化建设务虚会”结束时宣布，中国不能再维持封闭的经济，充分利用当前的有利条件，引进外国技术、设备、资本和管理经验，加快发展，推动中国进入对外开放的新时期。随后1979年1月国务院同意设立“蛇口工业区”，7月中共中央、国务院联合发文正式批准设立“经济特区”，1980年8月全国人民代表大会常务委员会第十五次会议批准施行《广东省经济特区条例》等，中国国际市场开放的大门迅速打开。通过对外开放，创办经济特区、增加出口、吸引外资，以实现国际现成的技术与国内生产要素联结、国内生产与国际市场联结。这种面向国际广阔市场的生产活动，创造了更多的城市就业机会，吸纳了农业释放出来的劳动力，使得大量人口进一步向城镇集聚。而且，这种出口某种程度上是为了进口的出口，大量出口创汇，使得有资金用于支持吸收更先进的国外技术。在贸易形态上，往往表现为出口低端消费品、原材料和初级加工品，进口含有比国内技术更先进的生产资料。这一过程中，进口对生产率和技术进步的作用十分突出。劳伦斯（Lawrence, 1999）在研究日本、韩国和美国经验时发现，这些国家也存在类似的情况。

总结而言，这一开放的过程发挥了五个重要的作用，加速了技术吸收和扩散、维持了贸易的大致平衡、学习了参与国际市场的经验和知识、促进了人口聚集、推动了国内内部市场的成长。另外，企业家通过参与国际化的生产管理，劳动者通过参与生产过程，通过“干中学”的机制，中国企业家精神和现代产业工人得以快速成长。

4. 从分割市场到统一市场：经济对国内市场开放

在计划经济下，总体是“全国一盘棋”，经济运行按照国家统一计划进行。但是由于信息的不完备，中央计划低效问题十分突出，管得过多过死，经济缺乏效率。所以，即使在计划经济时期，中国关于集权和分权的实践就在不断尝试，但常常出现“一收就死，一放就乱”的两难境地。在“文化大革命”结束后，通过深刻反思高度计划经济的弊端，中国政府又一次开始了权力分散的改革。其中主要有两个维度，一是行政性分权，即将行政决策权下放到地方政府；二是经济性分权，即将经济活动决策权下放给生产单位或企业（Schurmann，1966；吴敬琏，1991）。分权化取向确实有效调动了地方和企业的积极性，也释放出了强大的活力。

然而基于20世纪60年代到70年代“三线建设”，中国形成了分散化的、相对独立单元的、自成体系的工业基础，与此同时，在改革中政府采取了“财政包干制”和国有企业放权让利等制度。在这一系列分权过程中，地方保护主义开始滋生蔓延。到20世纪80年中期，中国经济发展一度出现地区相互封锁、市场分割，地方政府对本地企业和经济行为进行行政保护，对外地企业、产品等采取征收附加许可费和额外税收等方式设置准入门槛，形成了所谓的“诸侯经济”，严重影响了全国统一市场的形成。

为了解决市场分割问题，中央政府采取了一系列改革，同时考虑到继续调动地方积极性，中央政府也进行了各种战略妥协。其中代表性的制度安排诸如建立全国性联通的基础设施网络，建立以分税制为基础的财政体制，形成以经济发展为核心指标的地方官员晋升考核体系等。中国老百姓说“要想富、先修路”，当时中国交通设施状况问题明显：交通运输工具种类繁杂，汽车、拖拉机、自行车、畜力车、行人混行；公路沿线穿越城镇较多，人口稠密，穿行干扰严重；公路和铁路交道口多，运输效率低，交通事故频发等。在这种背景下，中国在20世纪80年代提出了发展高速公路的战略，并采取了特许经营、BOT等多种融资创新的方式。1988年上海至嘉定高速公路建成通车，结束了中国大陆没有高速公路的历史；1990年“神州第一路”沈大高速公路全线建成通车；1992 年制定并开始实施“五纵七横”的国家高速公路计划。到 2020 年，中国高速公路总里程已经超过 16 万公里。30 多年来中国高速公路建设实现了从无到有、从慢到快、从点到网、从弱到强的巨大转变。

其他铁路、通信、能源方面的基础设施也经历了类似的发展进程。大量研究研究表明，基础设施及网络的建设，对当地经济增长具有明显的正贡献，具有明显的正溢出效应（刘冲、周黎安，2014；张学良等，2012），而且对降低制造业成本有明显的直接贡献。分税制改革，通过税收返还政策维持了地方政府部分既得利益（增值税和消费税每增长 1%，中央财政对地方的税收返还增长 0.3%），并明确转移支付规则，赢得相对贫困省份的认可，通过主要税种（VAT 及后来企业所得税）共享达成了中央与地方的利益一致性。分税制改革不仅大大增强了中央政府税收集中能力和地区财力平衡能力，还大致厘清了中央与地方政府之间的财权与事权职责，为清理预算外收入、规范地方壁垒性收费奠定了基础，并进一步强化了地区间的竞争机制。而在地方官员晋升锦标赛中（周黎安，2007），经济增长成为中央政府考核的核心依据，政府官员为了发展本地经济，进一步在完善基础设施、改善营商环境、吸引投资项目上展开竞争。通过地方间竞争学习，官员升迁或调动，成功地方的经验很快会传递到其他地区。

通过统一的税制安排、地方竞争中的外溢效应以及中央政府的权威，中国突破了市场分割，统一市场逐步建立，各地区都有了参与经济的机会，国内市场经济可进入性的大门被打开。诚然，中国统一市场的形成是一个渐进的过程，到目前为止地方保护主义仍然或多或少地存在，劳动力市场、金融市场的分割依然还比较明显，进一步促进市场统一还有很大的潜力和空间。

中国经济快速增长的过程，也是中国经济可进入性不断打开的过程。经济可进入性的开放还呈现出“滚雪球效应”，即可进入性打开一点，就有人会明显受益，进而会要求进一步打开，使得有更多的人受益。这样经济可进入性的大门就会越开越大。其中，在打开经济可进入大门的过程中，还进一步促进了法治（Rule of Law）建设①。发展带来更多发展问题，在黏合治理下发展中的问题又推动改革不断深入，这将贯穿中国经济由贫穷到富裕的转变的整个过程。

三、单峰无偏治理与可进入性开放经济的互动

如果仅仅从一个维度看，并不容易看到辛亥革命以来一个多世纪中国的发展背后的根本性因素。但是，当我们把一百多年来中国政治治理形态的演变历程、经济可进入性的开放历程及人均 GDP 等指标放在一起时，答案就跃然纸上了 —— 经济的高速增长与政治治理黏合度、经济可进入性以及二者之间的良性互动是密不可分的（见图 2.1，各指标的构建和数据来源参考本书附录 1）。例如，1916—1926 年，中国经济可进入性是显著提高的，但由于各大军阀的冲突与混战，这个时期的政治治理黏合度则是相对较低的，结果就是这个时期的中国经济并没有怎么增长。比这十年更糟糕的是 1931—1949 年，由于战火连绵，中国经济可进入性下降到了历史最低水平，人均 GDP 累计下降 20% 多。与之形成鲜明对比的则是 1949—1957 年以及改革开放以来，在这两个时期，政治治理黏合度与经济可进入性相比于其他时期都处

① 一个典型的例子，为了推进对外开放，积极吸引外资，中国早在 1979 年第五届全国人民代表大会第二次会议上，就通过了《中华人民共和国中外合资经营企业法》，而《中华人民共和国公司法》则在第八届全国人大常务委员会第五次会议于 1993 年 12 月 29 日才通过，自 1994 年 7 月 1 日起施行。

于高位，且两者之间都有比较好的互动，并最终转化为良好的发展绩效。

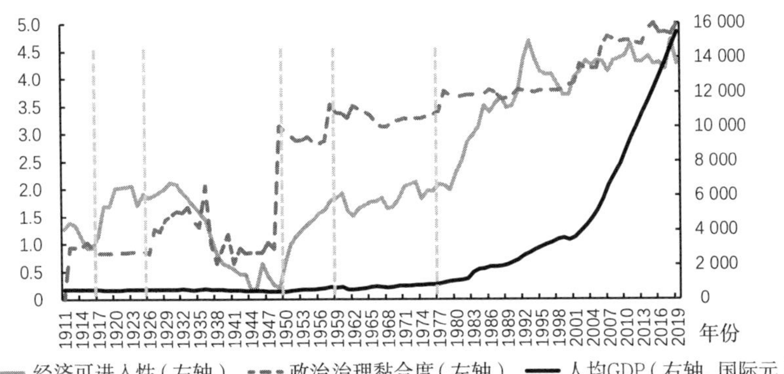

图 2.1　辛亥革命以来中国经济可进入性、政治治理黏合度与人均 GDP

注：图中数据为笔者根据多个历史数据来源整理，具体指标构成及原始数据参见本书附录 1 和附录 2。

改革开放以来 40 多年中国经济的高速增长一直被视为人类发展史上的一个奇迹。尽管很多学者对此还有不同的看法，但通过上文在 A-C 理论框架下对中国政治治理形态演变和经济可进入性情况的回顾，可以发现，中国从贫穷走向繁荣的道路并非一帆风顺的，更不是一蹴而就的。中国在经历了由冲突型政治治理向黏合型政治治理的转变，以及由进入受限型经济向进入开放型经济的转变之后，最终形成了单峰无偏政治治理与进入开放型经济的结合。正是这一组合的良性互动成就了中国 40 多年来的高速增长。

在中国的改革开放进程中，中央政府不同阶段的发展战略都一直强调要处理好“发展、改革与稳定”三者之间的关系，保持三者之间的平衡。这看似只是个“政治口号”，其实反映的正好是其政治治理与经济制度之间的一种互动关系。

在 A-C 理论框架下，稳定强调的是维持社会秩序，避免社会动荡，并尽可能达成共识，以推进集体行动。改革强调的是降低和消除经济社会发展的障碍，打开对内、对外的经济可进入性，给更多人机会，提高效率，发展生产力，其本质是解决问题。发展强调的是做大增量，做大经济规模，降低单位成本，促进技术和知识扩散，使更多的人获取和分享发展收益，发展的过程同时也是一个发现和产生新的问题的过程，为进一步的改革打下了基础。

中国政府反复重申“发展是第一要务，改革是根本出路，稳定是基础和前提”。实质是只有取得发展的成效，让更多的人获得发展的好处，才会赢得更多的支持，有利于对新的政策和改革形成共识，并进一步提升了执政党的单峰地位。这既是实现绩效合法性的机制，也是达成社会和解和共识的渠道，即“用发展方法解决发展中的问题”。改革作为根本出路，强调的是回应发展中的新问题和新期待，只有突破制度的阻碍、创造更多的机会、促进更有效的竞争，才能争取更大的发展。经济可进入性越高，经济发展的潜力就越大。稳定是基础和前提，如果没有稳定的环境和社会秩序，就不可能达成有效的社会共识，改革就不可能推进，发展就不会发生，同时，改革和发展取得的成效，使大多数人收益改善，会进一步增进社会稳定。在发展进程中，正是由于努力实现这三者的互动和平衡，才产生了中国“总能使事情做对的”的奇迹。

不仅如此，在中国的政治治理与经济制度间的互动中，还有一些鲜明的中国特点需要特别关注。

首先，相互促进的政府与市场的关系。由于中国的改革进程始于计划经济，在市场化改革进程中，并非政府一放权改革就能够成功，事实上，政府在创设市场和促进市场发展等过程中都发挥了关键作用。政府与市场是相互促进而非相互补充，不是简单的“市场做不了的政府做，政府做不了的市场来做”。在由人际关系范围的市场向非人际关系范围的市场转变、由地方性小市场向全国性大市场转变的过程中，政府都发挥了重要的推动作用。同时，政府与市场的边界始终随着经济社会发展的实际情况进行动态调整，而非拘泥于政府规模的大小的无意义的讨论，一方面，政府在不断减少对市场直接干预，另一方面，随着市场交易复杂化，政府在规制市场、服务市场的过程中，也在拓展职能。整个过程中政府职能有进也有退。

其二，制度改革中的“双轨制”。双轨制有三种表现形式，一是渐进性改革，不动存量，放开增量，进行边缘革命，在此基础上个体经济、乡镇企业等新兴的机构和组织不断的出现和发展；二是经济特区和工业园区，让特定区域的经济参与者能够享受不一样的制度政策；三是改革试点，改革先在很小的范围内尝试，成功则推广，失败则放弃。这样做的好处，就是为了尽可能地减少改革的阻力（包括利益上的和意识形态上的），把风险控制在较小范围，用局部的成绩和成效争取对改革的支持。这是单峰治理下达成共识，形成集体行动的一种现实策略。增量改革、特区的实验，使改革的好处显现，使人民大众甚至反对者也得到实实在在的利益，进而凝聚共识，推动进一步的市场化改革。

其三，政党力量深入最基层与政府强动员能力。中国共产党深入每个村庄、村小组、居委会、各类组织和众多企业，有强大的动员能力，中央的一项指令，可以在很短时间内层层下达到全国每一个角落，并通过高效的官僚体系得到执行。新中国的一个重大特点是国家政权的动员力超过中国历史上的任何一个王朝，彻底突破了中国历史上“皇权不下县”局面。而且政府利用土地、征税以及国有金融体系等，充分发挥其储蓄动员能力，并将储蓄积极转化为投资。

其四，强大的中央政府与竞争性地方政府。中央权威下的地方政府竞争，巧妙地实现了市场统一与政府竞争的激励相容，形成了地方锦标赛机制。而在竞争中，为吸引资金和项目，地方政府加大改善基础设施、营商环境，增强当地与交通干线和枢纽的连接性，增强了地方管理经验的快速溢出和传播，客观上也加快了全国统一市场建设进程。

四、A-C 理论对中国经济增长解释力的进一步检验

为进一步验证政治治理黏合度、经济可进入性对中国经济增长的作用，我们基于 1911—2019 年的相关数据，并依托多元线性回归对上文的结论进行了验证。除了图 2.1 中的三个指标外，我们还计算了人均 GDP 增速，并引入了政治集中度指标、领土面积、国内人口等多个变量作为控制变量。

基准模型构建如下：

$$GDP\ per_t = \beta_0 + \beta_1 access_t + \beta_2 cohension_t + \beta_3 peak_t + X_t + \varepsilon_t$$

其中，$GDP\ per_t$ 表示 t 年以 1990 年美元不变价值计的人均 GDP 增长率。$access_t$ 表示 t 年当年的经济可进入性指标，$cohension_t$ 表示 t 年当年的政治黏合度指标，$peak_t$ 表示 t 年当年的政治集中度指标。X_t 表示 t 年当年的其他控制变量，诸如领土面积、国内人口等，ε_t 为 t 年的随机项。对基准模型的 OLS 估计结果见表 2.1。

从表 2.1 我们可以发现，经济可进入性和政治黏合度的系数均显著为正，而政治集中度的系数则不显著。随着控制变量的不断增加，这种正向的显著性同样稳健。从模型（3）中我们进一步探索可知，经济可进入性每增加 1 单位，当年人均 GDP 增速会增加 3.14 个百分点，政治黏合度每增加 1 单位，当年人均 GDP 增速会增加 1.66 个百分点。由于经济可进入性和政治黏合

度本身都经过了同样的标准化处理过程，我们可以发现，纵览辛亥革命以来的中国经济增长，从平均角度上看，经济可进入性的贡献是政治治理黏合度的贡献的 2 倍左右。

表 2.1　对基准模型的 OLS 估计结果

变量	人均 GDP 增速		
	模型（1）	模型（2）	模型（3）
经济可进入性	1.929*** （0.343）	1.904*** （0.348）	3.143*** （0.430）
政治治理黏合度	0.676* （0.373）	0.820* （0.458）	1.657*** （0.464）
政治集中度	−0.222 （0.447）	−0.387 （0.541）	−0.364 （0.498）
国土面积		√	√
人口数量			√
常数项	−3.429** （1.680）	−7.546 （7.722）	−2.205 （7.223）
观测值	104	104	104
R 平方	0.595	0.596	0.660

注：*** 代表 p<0.01，** 代表 p<0.05，* 代表 p<0.1。

结合中国百年经济发展历程，上述结果总体是符合史实直观的。1911 年以来，中国的经济增长与对外开放密不可分，无论这种对外开放是主动的还是被动的，但客观上的确在很长的历史区间内形成了逐渐对外开放的格局，对外开放规模的扩大提高了可进入性指标的质量。与此同时，除去 1937—1949 年这十多年战争期间，国内的政权和政治势力都重视基础设施建设和工业化建设，无论这种重视是为了经济体的发展还是出于政治需要和备战要求，客观上都促进了国内现代化市场雏形的形成，带来了内部可进入性的提高，进而从另一个层面提高了可进入性指标质量。

相比而言，中国在1949年之前的相当长的时间内，中央政府的力量始终有限，统一决策难度重重，统一行动很难形成。新中国成立之后形成了具有广泛权威的中央政府，政治治理黏合度的贡献显著改善。

考虑到过去一个多世纪中国政治经济的复杂性，也为了更清晰理解经济可进入性、政治治理黏合度、政治集中度在不同时期对中国经济增长的作用，我们分不同时期对上述结论进行进一步的分析验证。

具体而言，我们将辛亥革命以来的中国历史分为三个时期，分别为1911—1949年、1949—1978年和1978年至今。这三个时期中国社会经济环境有着显著的不同，1949年之前，中国没有实现真正意义上的和平和统一，且国内始终存在各种规模的战争；1949—1978年是计划经济体制之下的中国经济；1978年之后中国改革开放，社会主义市场经济不断确立。从表2.2中的回归结果我们可以看到，在各个时期，政治集中度系数均不显著（其中，改革开放至今国内政治集中度的指标稳定无变化，在实证结果中没有显示），而在其他不同的时期，经济可进入性和政治黏合度对于人均GDP有着不同的贡献。

表2.2　分阶段验证的OLS估计结果

变量	人均GDP增速			
	（1911—2019年）	（1911—1949年）	（1949—1978年）	（1978—2019年）
经济可进入性	1.931*** （0.344）	1.910** （0.794）	1.671 （1.441）	3.001*** （0.561）
政治治理黏合度	0.710* （0.376）	0.326 （0.588）	3.609** （1.725）	2.282** （0.872）
政治集中度	−0.209 （0.448）	−0.311 （0.554）	0.407 （2.145）	—

（续表）

变量	人均 GDP 增速			
	（1911—2019 年）	（1911—1949 年）	（1949—1978 年）	（1978—2019 年）
控制变量	√	√	√	√
常数项	−3.536** （1.689）	−2.482 （2.132）	−11.81* （6.789）	−15.49*** （2.959）
观测值	103	37	28	40
R 平方	0.596	0.173	0.323	0.687

注：*** 代表 p<0.01，** 代表 p<0.05，* 代表 p<0.1。

在 1911—1949 年，经济可进入性的系数为 1.93，显著为正，而与此同时政治治理黏合度却不显著。这一结果与史实是一致的。该时期内，无论是北洋政府还是后来的南京国民政府，受外国不平等条约或国内政治联盟影响，国内市场保持开放，基础设施仍在建设，工业化进程依旧在不断推进，对外和对内可进入性的提高成为这一时期经济增长的主要动力。而此时国内的中央政府的统治力量有限，地方依旧受到军阀势力影响，削弱了中央财政力度以及相关政策在全国范围内的执行力，加之国内战乱频发，政府的统治架构受到战乱的反复打击，因此政治治理黏合度在这一时期没有呈现出对经济增长显著的贡献。

在 1949—1978 年，政治黏合度指标的系数显著为正，而经济可进入性指标虽然为正，但是不再显著。我们可以从这一时期新中国经济建设的实际情况理解这一结果。在这一时期内，新中国迅速完成了“三大改造”，迅速形成了公有制为主体的计划经济体制，并且在第一个五年计划中集中力量快速建立起了完整的工业体系基础。在计划体制经济之下，国家“集中力量办大事”的工作特征十分明显，无论在经济建设领域，还是在这一时期的社会运动领域，国家的强大动员能力都呈现出了极高的工作效率，这种情况之下，较高的政治黏合度成为经济增长的重要动力，从实证结果看，此时政治黏合度指标的系数达到3.61，也从侧面论证了这一观点。但与此同时，这一阶段却面临着复杂的国际形势，冷战逐渐拉开帷幕和中国的“一边倒”影响了中国经济的开放水平，以户籍制度为代表的人员管理模式和区域性票证制度为代表的商品管理模式降低了经济的内部可进入性。多种因素共同作用降低了经济可进入性对这一时期经济增长的贡献。

自1978年改革开放以来的结果显示，这一时期的回归结果有两个特点，第一，经济可进入性与政治治理黏合度都显著为正，说明这一时期的两大要素对于经济增长同时发挥重要作用。第二，两大指标的系数大小接近，经济可进入性指标系数为3.00，经济黏合度指标系数为2.82，说明两者对于这一时期中国经济增长都有着突出的贡献。改革开放以来中国社会经济领域发生了重大变革，正如前文所述，一方面通过对外开放加快了中国融入全球经济体系的进程，通过内部的农业农村改革、社会管理制度改革、国有企业改革、基础设施建设、产业园区开辟等举措提高了经济可进入性；另一方面通过改善政府治理水平、优化决策流程、调整税制、加强思想文明建设等途径提高了政治黏合度，而且经济发展的绩效，使得人民生活明显改善，进一步提高了人民对政治治理的拥护和支持，进而促进政治治理黏合度的改善。这两方面的综合作用使得这一时期经济可进入性和经济黏合度得到了改善，进而共同促进了中国经济在这一时期的增长。

总结来讲，以上实证检验至少给我们提供了以下两个方面的结论。一方面，我们进一步确认了经济可进入性和政治治理黏合度是推动百年来中国经济增长的重要动力，再次验证了A–C理论对中国增长经验的解释力。另一方面，我们发现了经济可进入性和政治治理黏合度在中国经济发展的不同阶段发挥着不同的作用，其对经济增长的贡献与社会经济环境密切相关且动态变化。这两方面结论不仅加深了我们对中国发展历程的理解，同时也对未来中国如何继续保持经济增长提供了启示。

第三章　技术追赶与生产率提升

在新古典增长理论框架下，经济增长从根本上源自于生产要素的投入和生产率的提高。随着发展水平的提升和经济结构的变化，要素投入的增速会相对放缓，其对经济增长的贡献自然会相应下降，经济的持续增长更多依赖于生产率的持续提升，换言之就是要物尽其用、人尽其才，资本、土地、人才等生产要素使用效率要持续提高，尤其是全要素生产率要不断提升。低收入国家经济追赶的过程，一定程度上就表现为对前沿国家的技术追赶，对绝对生产率差距的填补。那么，在 A-C 理论框架下，一个国家由贫穷到繁荣的过程，在其生产率追赶上呈现什么样的变化轨迹和结构特征呢？其与政治治理和经济制度间是什么关系？这正是本章要回答的问题。首先，我们从理论层面讨论生产率与经济可进入性、政治治理黏合度之间的关系，基于 A-C 理论重新解释生产率对经济增长的作用；然后，基于各国的历史数据，我们检验了生产率与经济可进入性、政治治理黏合度之间的理论关系；在此基础上，我们进一步讨论了近年来我国全要素生产率增速放缓与分化的原因；最后，我们基于 A-C 理论描绘出了推动我国全要素生产率持续提高的路径。

一、经济可进入性、政治治理黏合度与生产率

（一）生产率的内涵与外延

通俗地讲，一个经济体的生产率就是生产要素在整个经济体中的使用效率：给定一定数量的要素投入，产出越多就说明该经济体的生产率越高。在单一要素投入、单一产品产出的情形下，生产率可以直接表示为该要素的“投入产出比（产出 / 投入）”。比如，“劳动生产率”作为最常用和最简洁的生产率度量指标，其实就是将劳动作为唯一的投入要素。不过，在现实中，要素投入的种类显然不止劳动一种，仅使用劳动的投入产出比来衡量一个经济体的生产率难免会有偏差。为更好度量生产率，有必要测度所有能够观测到的要素投入组合的产出效率，于是便有了全要素生产率这一概念（Hulten，2000；Coelli et al.，2005；Syverson，2011）。

根据 Solow（1957）对一个经济体生产函数的经典设定——同时引入了希克斯中型和规模报酬不变，我们可以将一个经济体的在 t 年的产出 Y_t 视为当年年初投入生产的资本存量 K_t 和劳动力数量 L_t 的一个函数，即

$$Y_t = A_t (K_t)^{\alpha} (L_t)^{1-\alpha}$$

其中，A_t 代表的是未被测度到的其他因素，比如技术条件、制度环境等，在经济计量中，A_t 对经济增长的贡献又被称为“索洛剩余”或“索罗残差”。

基于这一设定，我们可以分别定义全要素生产率和单一生产要素生产率，包括劳动生产率及资本生产率[①]。

劳动生产率（Productivity of Labor）：单位劳动的产出量，即

$$\frac{Y_t}{L_t}=A_t\left(\frac{K_t}{L_t}\right)^{\alpha}$$

资本生产率（Productivity of Capital）：单位资本的产出量，即

$$\frac{Y_t}{K_t}=A_t\left(\frac{K_t}{L_t}\right)^{(\alpha-1)}$$

全要素生产率（Total Factor Productivity，TFP）：不能归因于有形生产要素的那些因素的生产率[②]，即生产函数中的 A_t。

不仅如此，我们还可以将一个经济体的经济增长分解为劳动要素投入的增长、资本要素投入的增长和全要素生产率的增长，即

$$\frac{\Delta Y_t}{Y_t}=\frac{\Delta A_t}{A_t}+\alpha\frac{\Delta K_t}{K_t}+(1-\alpha)\frac{\Delta L_t}{L_t}$$

基于上文对生产函数的设定以及对生产率的定义，这里有几点需要重点说明：

第一，就测算的难易程度而言，劳动生产率是最容易测算的，劳动区别质量，则劳动生产率也不易轻易测度。正如如何测度“人力资本”时的困难。因为“劳动投入”的测算要比“资本投入”的测算容易很多——为了准确地核算经济生产中的“资本投入”，不仅需要对“存量资本”数量进行测算，还需要设定不同年限存量资本的生产能力如何随时间推移而变化，即年限效率模式；此

---

① OECD（2001）用不同的章节分别对产出、劳动投入、资本投入的测算进行了详细说明。

② 在早期的研究中，全要素生产率增长很多时候被等同于技术进步。应该说，技术进步确实是提高全要素生产率的一个重要的、直接的源泉，但绝非唯一因素，这一点在近期的研究中已经被认可。

外，还需要设定不同年份资本的退役方式，估算资本服务价格。[①]

第二，全要素生产率并非所有要素的生产率，“全”的意思是经济增长中不能归因于可观测的生产要素的那部分。由于不可观察或识别的因素众多，加上概念上的差异以及度量上的误差，直接比较全要素生产率的数值大小并没有太大的意义。在实践中，人们通常通过构建全要素生产率指数进行比较。

第三，全要素生产率增长率——产出增长率扣除资本要素投入和劳动要素投入的增长率之后的余值——只能用来衡量除去所有可观测的生产要素以外的生产率的增长。由于这些不可观测的因素中通常包括技术进步、制度环境等，因此，人们也常用全要素生产率的增长率来衡量效率改善、技术进步的程度。此外，就同一个经济体而言，如果改变其生产函数中生产要素类型的数量，那么放入生产函数中的要素类型越多，全要素生产率的增长对经济增长的贡献就会显得越小。

第四，根据上文对单一要素生产率的定义，劳动生产率和资本生产率的提升，实际上都是技术进步和资本深化的双重结果，只是资本深化对劳动生产率的提升是正的贡献，而对资本生产率的提升是负的贡献，即

$$\frac{\Delta(Y_t/L_t)}{Y_t/L_t}=\frac{\Delta A_t}{A_t}+\alpha\frac{\Delta(K_t/L_t)}{K_t/L_t}$$

$$\frac{\Delta(Y_t/K_t)}{Y_t/K_t}=\frac{\Delta A_t}{A_t}-(1-\alpha)\frac{\Delta(K_t/L_t)}{K_t/L_t}$$

那么，如何理解全要素生产率的提高呢？我们可以分别从微观层面和产业层面来回答这一宏观层面的问题。从微观层面来

---

① 鉴于“资本投入”在增长核算中的重要性以及“资本服务”测算过程的复杂性，OECD（2009）专门以手册形式对“资本投入”的测算进行规范。

看，技术进步 —— 以同样的投入生产出更多的产出，或者以更少的投入获得同样的产出 —— 毫无疑问是微观主体（厂商）生产率水平提升或者说全要素生产率增长的主要动力源泉之一，而经济体内微观主体的普遍技术进步毫无疑问会带来宏观层面上全要素生产率的提高。从产业层面来看，除了普遍的技术进步外，产业结构转换也能够带来全要素生产率的提升。比如说，将资本、劳动等要素从生产率水平较低的部门更多引导到生产率较高的部门，最终在宏观层面上表现出投入产出效率的提升，即全要素生产率的增长。马塞尔（Massell, 1961）将索洛模型和增长核算拓展到产业部门，进而将一个经济体的宏观全要素生产率增长率进一步分解为各部门加权的全要素生产率增长率、资本要素在部门间流动带来的结构变化和劳动要素在部门间流动带来的结构变化 —— 前者衡量的是该经济体整体的技术进步，属于技术效应，后两者衡量的是经济体内部的结构转换，属于结构效应，即

$$\frac{\Delta A_t}{A_t}=\underbrace{\varphi_1}_{\text{技术效应}}+\underbrace{\varphi_2+\varphi_3}_{\text{结构效应}}$$

其中，φ_1 从产业层面大致反映了各行业自身的技术变化情况是经济体内部各行业技术进步的加权值，代表的是宏观全要素生产率增长的技术效应。φ_2、φ_3 分别反映了资本要素和劳动要素在各行业间的流动和转移情况，即要素资源配置的结构变化情况；当 φ_2 为正时表明更多份额的资本要素被配置到边际产出相对较高（或者说效率更高）的行业，当 φ_2 为负时则表明更多份额的资本要素被配置到边际产出相对较低的行业；同理，当 φ_3 为正时表明更多份额的劳动要素被配置到劳动边际产出相对较高的行业，当 φ_3 为负时则表明更多份额的劳动要素被配置到边际产出相对较低的部门。不妨将 φ_2、φ_3 分别称为“资本要素结构效应”和“劳动要素结构效应”，$\varphi_2+\varphi_3$ 代表了宏观全要素生产率

增长的整体结构效应，是资本要素和劳动要素重新配置后的共同结果。[①]

（二）经济可进入性与生产率的关系

在 A-C 理论框架下，无论是单一要素的生产率还是全要素生产率，经济可进入性的提高都意味着生产率会得到提高。

首先，经济可进入性的提高可以表现为妨碍生产要素流动的壁垒或限制的减少，生产要素可以更自由地流动。根据定义，经济可进入性的提高往往意味着妨碍各类生产要素流动的壁垒更少，各类资源可以更快更便利地流动，且成本也更低。这通常会有两种情形，一种情形是一些流动受限制的要素资源原本可能是闲置的，当其流动限制被打破时，这些闲置的资源可以被利用起来，本身就意味着要素生产率的提高；另一种情形是一些要素资源因各种壁垒无法实现跨地区、跨行业、跨企业的流动，当流动限制被打破后，要素会自然地流向生产率比较高的地区、行业或企业，因为较高的生产率对应的是较高的要素报酬，一旦这种资源的重新配置成为现实，也就意味着生产率的整体提升。

其次，经济可进入性的提高意味着市场的可竞争性或竞争程度会提高，进而为创新和技术进步提供更好的土壤。竞争是市场机制的灵魂。经济可进入性的提高往往意味着进入或退出市场的门槛降低，市场竞争或变得更加激烈，或者市场将变得“更可竞争”。在激烈的竞争中，企业难以获得超额利润；这就意味着，要想在竞争中继续获取超额利润，企业就必须通过改善管理、持

① 马塞尔（Massell, 1961）将美国宏观经济细分为 19 个产业部门，进而对 20 世纪 50 年美国宏观 TFP 增长进行分解；结果表明，技术效应大约贡献 2/3，结构效应大约贡献了剩余的 1/3。

续创新和技术进步取得新的竞争优势，要么降低成本，要么创造新的技术门槛，为市场提供更便宜、更高质量、更多功能的产品与服务。如果一个经济体的可进入性持续提高，市场的竞争度持续提高，这个经济体中的市场主体就会有越来越多的研发创新投入，知识存量和人力资本积累就会越来越多，进行进一步研发的成本也会越来越低，从而推动经济持续增长。

再次，经济可进入性的提高还可以表现为技术扩散速度的加快。一般来讲，技术进步对经济增长的贡献，既体现在新技术被发明出来，更体现在该技术被使用和扩散的深度和广度，如果没有足够的扩散，新技术进步对增长的贡献就很难体现出来。在现实中，为了鼓励创新和技术进步，多数国家对新技术的知识产权都是有保护的。但从宏观层面来讲，如果一项新技术无法快速在市场上扩散，就很难转化为整个行业生产率的提升。一个理想的机制，应该既能够为创新主体提供足够的激励，又能够使新技术等创新成果更快、更高效转化为更高的生产率。当然，如何设计这样的机制来平衡这种微观上的激励与宏观上的技术扩散是另一个话题。市场可进入性的提高意味着新技术的吸收和应用可以在竞争状态下开展。在统一市场条件下，各地区、各类人群对新技术都有吸收和应用的机会，通过地区间竞争，更多的人有接触新技术的可能，这有利于技术在国内的加速扩散。在竞争的压力之下,技术通过产业联系或上下游关系加速在企业间和产业间扩散。在开放条件下，外部可进入性的提高不仅意味着产品多样性的增加，而且还意味着贫穷后发国家可以用较低的成本，直接从国际上模仿、学习、购买新技术。此外，资本的进入往往会伴随着大量现成技术、管理经验的转移与外溢，这一点对欠发达国家而言尤为难能可贵。

最后，经济可进入性的提高，尤其是外部可进入性的提高，还意味着市场规模的增大。从发达国家的经验来看，一个经济体要实现发展的“起飞”，必须达到一定的市场规模，通过规模效应摊薄各种成本。对后发国家而言，一个有利的条件是天然存在一个比自己内部市场更具购买力的巨大的外部市场。提高经济的外部可进入性，就是要向国际市场开放，更好地参与国际分工。通过对外开放，一个经济体可以发挥其比较优势和资源禀赋优势，利用国际现成的购买力，弥补内部市场之不足，以扩大出口品的生产规模，从而为更多的人提供参与经济活动的机会，带动相关产业部门的发展，提高国内居民的收入，促进国内市场规模的扩大。这样一来，随着出口规模的扩大、进口能力增强和国内市场规模扩张，技术扩散、吸收的成本将不断降低，无论是单一要素的生产率还是全要素生产率，都会得到提高。更重要的是，随着应用新技术的企业和产业部门的生产规模扩大，劳动力将呈现出更加明显的集聚效应，进而加速低收入国家城镇化的进程。此外，扩大出口和进口规模还有利于促进国内市场的竞争。

（三）政治治理黏合度与生产率的关系

类似地，在 A-C 理论框架下，较高的政治治理黏合度意味着经济运行的摩擦少、制度成本低，有助于全要素生产率的提高。根据定义，在政治治理黏合度较高的情况下，不同利益群体之间的分歧或冲突较少，相互达成妥协、达成共识的难度较低，社会秩序较为稳定，全社会的交易成本较低，政府能有效地执行规则和政策，经济运行中的摩擦少、浪费少、扭曲少，反映在效率上就是全要素生产率较高。正如诺斯、亨廷顿等人所指出的，政治稳定和政治秩序是经济发展和政治发展的重要背景，在政治稳定的基础上，“有效的经济组织是增长的关键，一个有效的经济组织的产生导致了西方的崛起”。在多峰和解的政治治理形态下，一个政治集团要争取执政，就需要最大可能争取更多人的支持，并在执政期间努力在相互竞争的政治集团之间达成和解，采取有利于经济发展的政策，改善经济运行绩效，使绝大多数人群都受益。在单峰无偏的政治治理形态下，占优利益集团需要有足够的远见和耐心，尽可能采取无偏的行为，努力改善发展绩效，给更多的人民带来的实实在在的益处、使更多人的福利状况得到改善，以争取其长久的支持和提高绩效合法性。可见，无论在多峰的政治治理形态下还是在单峰无偏的政治治理形态下，政治集团为了争取长期执政和利益集团收益最大化，会积极采取经济友好型的行动或政策，会积极通过立法、改革、政策调整等政治行动促进经济可进入性的提高，客观上都有利于全要素生产率的提高。

（四）A-C 理论框架下的生产率演进与经济增长

在以上讨论中，我们通过剖析经济可进入性、政治治理黏合度与生产率之间的理论关系，进一步深化了 A-C 理论对经济增长的解释。结合第一章对 A-C 理论的讨论，我们用图 3.1 对这一系列理论关系做一个小结。

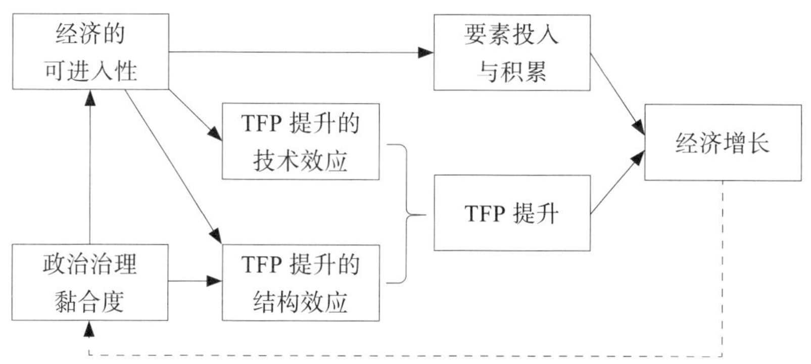

图 3.1　经济可进入性、政治治理黏合度、全要素生产率与经济增长

更进一步，我们还可以从动态视角看经济可进入性、政治治理黏合度、全要素生产率与经济增长的关系。在一个经济封闭、政治秩序混乱的国家，由于经济运行中的摩擦较多、制度成本较高、技术创新较少、资本积累较慢，其全要素生产率不大可能有较显著的增长，且大概率低于全世界平均增速。由于某种原因，该国的经济可进入性或政治治理黏合度（或二者同时）开始有所提高，于是我们可以预见该国的全要素生产率增速和经济增速有望随之上升。全要素生产率提高意味着工资水平和投资回报率的上升，这激励劳动力、资本等要素的持续投入，如果在这一进程中经济可进入性能够持续提高,那么这将有利于比较优势的发挥、资本的积累、技术的扩散和经济规模的扩大，从而进一步促进全要素生产率的提升。同时，政治治理黏合度的提高意味着经济运行的交易成本或制度成本下降，也会有利于资源的优化配置，最终表现在全要素生产率的持续提高。不仅如此，整体经济发展绩效的改善，将使更多的人受益，进而提高在位执政集团的支持率和长期执政的可能性，有助于提高政治治理黏合度。只要这种良性互动不被打破，全要素生产率的增长可以一直持续到这种红利释放完毕——比较优势不再明显、规模报酬开始下降、要素驱动不再有效、学习成本不再低廉、技术水平更加接近世界前沿等等。到这个时候，全要素生产率的增长速度将会出现明显下降。在经济可进入性、政治治理黏合度没有明显滑坡的前提下，该国全要素生产率将逐渐向全球平均水平靠拢。这一动态过程如图 3.2 所示。

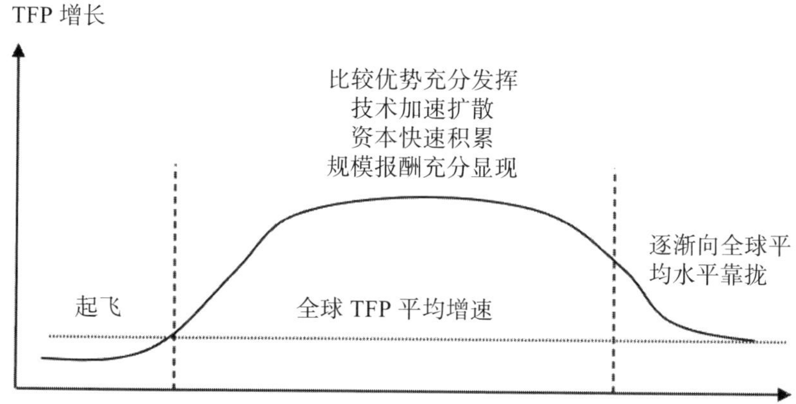

图 3.2　全要素生产率随经济可进入性、政治治理黏合度提高的动态演进

二、全要素生产率与 A-C 理论关键指标的演变

自 1960 年以来，全球有 101 个经济体达到中等收入国家水平。但在过去的 50 余年中，其中仅有 13 个经济体成功进入高收入社会，而大多数国家在经历一段高速增长后，却长期停留在中等收入水平，有的国家经济增长出现长期停滞，甚至出现绝对水平的下降（世界银行和国务院发展研究中心联合课题组，2013）。世界银行和亚洲开发银行将这种现象称为“中等收入陷阱”。导致这种现象发生的原因有很多，但我们的研究发现，背后一个共同原因就是这些陷入“中等收入陷阱”的经济体出现了全要素生产率的持续下降[①]。在本节，我们将基于全要素生产率这一效率指标，结合经济可进入性与政治治理黏合度的动态演变，揭示不同国家经济增长波动背后的共同因素。

① 后文专门围绕日本与墨西哥及韩国与菲律宾做了一个案例分析，对比研究了这两组经济体在生产率及经济表现上的分化。

（一）A-C 理论下改革开放以来中国经济全要素生产率的演变

改革开放 40 多年来，中国经济可进入性和政治治理的黏合度都得到了很大提升，中国经济的全要素生产率也将近翻了一番，与世界主要发达经济体的全要素生产率差距明显缩小。1978—2016 年，我国全要素生产率年均增长为 3.5% 左右，对我国经济增长的贡献平均为 36%。参考蔡跃洲等（2017），我们对改革开放以来中国经济的全要素生产率增速按照技术效应、结构效应两大部分进行了分解，并将其细分至 17 个行业。其中，结构效应又可进一步分解为资本要素结构转换效应和劳动要素结构转换效应。在此分解基础上，我们可以计算出技术效应、结构效应对全要素生产率增长的贡献度，并将其分解到三次产业，具体见表 3.1。

根据表 3.1 所示技术效应、结构效应贡献度情况，我们初步可以做出以下判断：

第一，改革开放以来，总体来说各行业普遍的技术进步是全要素生产率增长的主要源泉。1978—2016 年，技术效应对全要素生产率增长的平均贡献度高达 83.7%，而结构效应的平均贡献度仅为 16.3%。当然，分阶段来看，两种效应贡献度的大小存在较大波动。从三次产业来看，在大多数时间段，三次产业的技术效应贡献度都显著为正，其中，第三产业在每个时间段的贡献度都显著为正。而结构效应方面，第一产业在 20 世纪 80 年代中期以后都表现为较为显著的负向贡献，第三产业则表现出较为显著且平稳的正向贡献；而第二产业在大多数时期中表现为正向贡献。

表 3.1　各阶段三次产业层面的宏观 TFP 增长贡献度分解（1978—2016 年）

（%）

	1978—1980 年	1980—1985 年	1985—1990 年	1990—1995 年	1995—2000 年	2000—2005 年	2005—2010 年	2010—2016 年	1978—2016 年
技术效应	***57.2***	***89.9***	***117.0***	***86.8***	***117.7***	***82.1***	***72.1***	***40.7***	***83.7***
其中：第一产业	−57.6	8.8	−47.2	23.3	3.3	23.7	21.8	47.5	14.2
第二产业	76.7	21.2	73.6	45.2	82.3	28.9	18.5	−29.4	34.5
第三产业	38.1	59.8	90.6	18.4	32.1	29.5	31.7	22.6	35.0
结构效应	***42.8***	***10.1***	***−17.0***	***13.2***	***−17.7***	***17.9***	***27.9***	***59.3***	***16.3***
其中：第一产业	40.9	13.5	−16.0	−22.1	−21.4	−23.7	−28.7	−52.5	−15.5
第二产业	2.3	1.3	−11.3	16.7	−21.8	22.5	37.1	88.2	17.4
第三产业	−0.4	−4.7	10.4	18.5	25.5	19.0	19.5	23.5	14.5
资本要素结构效应	***5.1***	***1.9***	***28.3***	***5.8***	***−9.1***	***9.1***	***20.8***	***22.6***	***8.8***
其中：第一产业	−34.6	−15.9	−72.6	−11.3	−30.5	−11.8	−18.5	−26.7	−18.9
第二产业	24.9	10.9	59.4	9.9	17.7	15.1	29.2	32.6	18.4
第三产业	14.8	6.9	41.5	7.1	3.7	5.8	10.2	16.7	9.3
劳动要素结构效应	***38.5***	***8.3***	***−40.6***	***7.4***	***−7.8***	***9.1***	***7.9***	***37.6***	***7.0***
其中：第一产业	75.1	29.5	56.6	−10.8	9.1	−11.8	−10.2	−25.8	3.4
第二产业	−21.8	−9.6	−66.0	6.8	−38.7	7.4	8.4	56.1	−1.0
第三产业	−14.8	−11.6	−31.1	11.4	21.8	13.6	9.6	7.2	4.7

注:（1）以测算分解的各因素带动宏观 GDP 增长（百分点）为基础数据，根据“各因素带动的宏观 GDP 增长（百分点）”相对于“宏观 TFP 增长带动的 GDP 增长（百分点）”的比例计算而得；（2）由于分部门小数点进位原因，资本要素、劳动要素贡献度之和与结构效应贡献度间存在细微误差。

第二，改革开放初期，结构效应对全要素生产率增长的贡献总体更为突出。1978—1980 年的贡献度高达 42.8%，其中第一产业劳动要素结构效应的贡献尤为突出；而同期技术效应的贡献则主要来自第二产业、第三产业。背后的原因可能在于，农村改革的率先全面实施，极大提高了农民的劳动积极性，其直接表现是每个农民的个人劳动工时大幅增加，最终转化为正的劳动要素结构效应[①]。而同期对外开放引进国外先进技术和设备、学习管理经验，有力地推动了工业、服务业的发展。

第三，1985 年以后，技术效应对全要素生产率增长的贡献占据绝对主导。这种趋势在 2001 年加入世贸组织后仍在持续。其中，1985—1990 年和 1995—2000 年两个阶段技术效应的平均贡献率分别高达 117.0% 和 117.7%，1990—1995 年和 2000—2005 年的贡献度也分别高达 86.8% 和 82.1%。20 世纪 80 年代中期以后，中国的对外开放不断扩大，改革重点也由农村转向城市、由农业转向工业，中国与欧美国家之间巨大技术落差带来的后发优势由此得到更为充分的发挥。分产业来看，三次产业基本都呈现较为明显的技术效应。结构效应方面，第一产业的结构效应贡献度始终为负、第二产业基本为正、第三产业则全部显著为正，说明要素资源更多地配置到第二产业、第三产业中。上述结果符合中国工业化全面推进过程中第二产业、第三产业快速发展的基本事实。

第四，2000 年以后，技术效应对全要素生产率增长的贡献

---

① 根据相关理论，资本要素结构效应和劳动要素结构效应可分别简化为：$\varphi_2 \approx (1-\beta)\sum_i \frac{f_i^K}{f^K} \cdot \dot{S}_l^K$，$\varphi_3 \approx \beta\sum_i \frac{f_i^L}{f^L} \cdot \dot{S}_l^L$。改革开放初期，农民个人劳动工时的延长带来第一产业劳动投入要素份额的相对增加，即 $\dot{S}_l^L > 0$，这意味着 φ_3 肯定为正。而在资本要素投入方面，农业份额显然是下降的，即 $\dot{S}_l^K < 0$，资本要素结构效应应该为负，而我们的测算结果也印证了这一点。

度呈现出较为明显的下降趋势，结构效应的贡献度则呈大幅提升态势。分产业来看，无论是技术效应贡献度的下降，还是结构效应贡献度的上升，很大程度都是由第二产业所引起的；而第三产业无论是技术效应还是结构效应都保持着较为显著且平稳的贡献度。一个可能的解释在于，经过近二十多年的对外开放后，中国与美欧发达经济体之间的技术落差大幅缩小，通过引进扩散方式取得整体技术进步的难度增加，但是由于工业化和城市化的持续推进，更多要素资源配置到效率更高的第二产业、第三产业，最终得以继续维持较高的全要素生产率增长速度。

第五，2008 年国际金融危机爆发后，技术效应对全要素生产率增长的贡献度急剧下滑，结构效应对全要素生产率增长的贡献度逐步占据主导地位，突出表现为第二产业技术效应的显著负向贡献和结构效应的大幅正向贡献。2010—2016 年，结构效应对全要素生产率增长的平均贡献度为 59.3%；而来自第二产业的技术效应和结构效应平均贡献度分别为−29.4% 和 88.2%；分年度测算结果显示，2011—2013 年这三年的结构效应贡献度均超过 100%，分别为 138.2%、108.6% 和 134.4%。这说明全社会生产要素的配置扭曲，最终表现为技术效应贡献度的下降和结构效应贡献度的提高；不过该趋势在 2014 年以后有所好转。

（二）基于日本—墨西哥及韩国—菲律宾的比较与启示

在基于 A-C 理论对世界各国进行对比研究时，我们发现了两组很有意思也很能说明问题的国家，分别是日本和墨西哥、韩国和菲律宾。它们在 20 世纪中叶的增长水平类似，但墨西哥与菲律宾这两个经济体在 20 世纪中后期都先后经历了经济增长的失速和全要素生产率的下降，日本与墨西哥、韩国与菲律宾在生产率指标及经济表现上都出现了非常明显的分化，而在这些分化的背后，其实是不同国家在经济可进入性和政治治理黏合度上的分化。

以日本与墨西哥的对比为例，如图 3.3 所示，我们可以看到 1950—1972 年，日本的 TFP 维持了长达二十年的高速增长，与此同时，其资本生产率也保持了长达二十年的高水平，而墨西哥的 TFP 增速则明显慢很多，且其资本生产率在长达六十年的时间里几乎不变。伴随着 TFP 和资本生产率的分化，日本的劳动生产率也于 1980 年左右超过墨西哥。

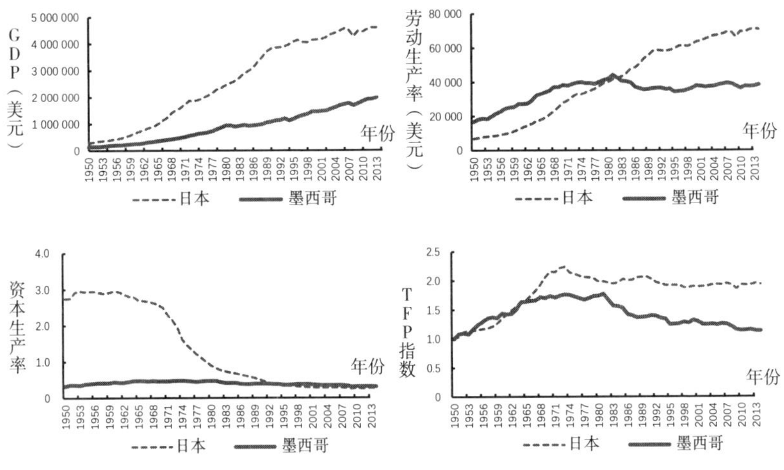

图 3.3　日本与墨西哥的经济表现对比（1950—2014 年）

数据来源：Penn World Table version 9.0 及笔者自己计算，其中两个国家的 TFP 指数均调整为 1950 年 = 1。

日本之所以能够实现 TFP 的持续增长并将资本产出率长时期维持在高水平，一方面是因为高速增长时期尤其是高速增长后期产业结构升级和技术水平升级；二是针对转型时期劳动生产率放缓的突出矛盾，采取了一些相对有效的应对措施。

一是促进制造业结构升级，加快产业竞争优势接续。日本高速增长过程中，资源和原材料型的重工业地位逐步下降，而技术更加密集的重工业，例如装备工业，比重则持续快速提升，逐步成为日本制造业的主体，并居于全球领先地位。“1960 年到 1973 年美国制造业生产指数增长 99%，这正是第二次世界大战之后的工业增长的全盛时期。而日本制造业同一时间却增长 362%，其中机械工业增长 612%，高于整个制造业平均水平。”（吉川弘之，1998）在制造业快速发展的同时，制造业内部结构快速升级，机械金属工业的比重持续提高。“日本制造业产业构成的特点是快速地向以机械金属工业为中心的结构转变。在 1971 年机械金属工业占制造业从业者人数的 38%，到 1990 年达到 45%。”（吉川弘之，1998）特别值得指出的是，日本在长期积累的装备工业技术基础上，大力发展电子技术，并实施机电一体化，取得了显著成效。数控机械的产品质量和竞争力迅速跻身全球一流水平。

二是鼓励技术和管理水平升级。高速增长向中速增长转折开始、石油危机爆发之后，日本继续实施了一系列旨在提升技术水平的政策，主要包括几个方面。一是对防止公害的设备投资，给予加速折旧优惠。通产省 1972—1973 年修改税制时规定，对防止公害的设施（如污水处理设备、煤烟处理设备等），除享受一般折旧外，在第一年度内还可以扣除相当于所获得收益一半的特别折旧。1972 年对金属矿业、炼铁、炼钢、石油精炼业等建立公害防止准备金制度，允许这些行业的企业将收入的 0.3%—0.6% 作为公害防止准备金留存下来。二是为鼓励新产业发展提供需求侧补贴。如为了鼓励电子计算机产业发展，规定企业购买的高性能计算机的折旧率从 20% 提高到 25%。三是鼓励节能投资和替代能源的投资。1978 年规定节能设备扣除购进价格 25% 的特别折旧（陈共和、宋兴义，2007）。四是鼓励企业实施了以节约能源消费、压缩负债、节约劳动力等削减成本手段为核心的“减量化经营”（滨野洁等，2010）。

三是对所谓“结构性萧条”的产业退出给予帮助。石油危机和日元升值的冲击，导致许多原来作为高速增长主导产业的高耗能和需要大量进口原材料的重化工业，如钢铁、造船、石油化学等，变成了所谓“结构性萧条行业”，难以通过一般性的景气振兴方案和短期的生产、价格调整等来改善企业经营状况，或者即使情况暂时有所好转，在中长期内由于产能明显过剩也将导致供求失衡。从1977年开始，日本政府开始酝酿实施“综合经济对策”，其中一个重要方面是，针对结构性衰退行业采取比较系统的应对措施。基本的宗旨是有效削减产能，同时尽可能减少对就业和社会稳定的冲击。1978年日本国会通过《特定萧条产业安定临时措施法案》。按照该法案，到1979年3月，共有10个行业成为该法的适用行业。该法规定特定萧条产业处置程序是，主管大臣先规定为相关行业制定“安定基本计划”，明确企业为处理过剩设备所应该采取的行动的标准；当单靠企业无法实施“安定基本计划”时，主管大臣可启动程序，由多方面采取共同行动；设立特定萧条产业信用基金，为企业实施安定基本计划消除过剩设备提供贷款担保（日本《通商产业省通商产业政策史》编纂委员会，1997）。通产省这时继续发挥作用，在这些产业中形成卡特尔，以分配需要削减的市场份额，确定需要重新培训或者领取退休金的雇员数量（查默斯·约翰逊，2010）。

就韩国与菲律宾的对比而言，如图3.4所示，1950—1975年，菲律宾与韩国的GDP规模相当，但从70年代中期之后二者发展出现了显著分化。尤其是从1975年左右，韩国的资本产出率也出现明显下降，二者增长的绩效差异主要表现为TFP和劳动生产率的差异。从1970年左右开始，两国在TFP上的分化逐渐显现出来，到2010年的时候，韩国的TFP指数翻了一倍还多，但是在这将近40年时间里，菲律宾的TFP非但没有上升，反而出现了比较明显的下降。对比两国的劳动生产率，1975 年之前，两国的劳动生产率相差不大，但是 1975 年之后，韩国的劳动生产率迅速增长，截至目前，韩国的劳动生产率已经达到菲律宾的6倍左右。

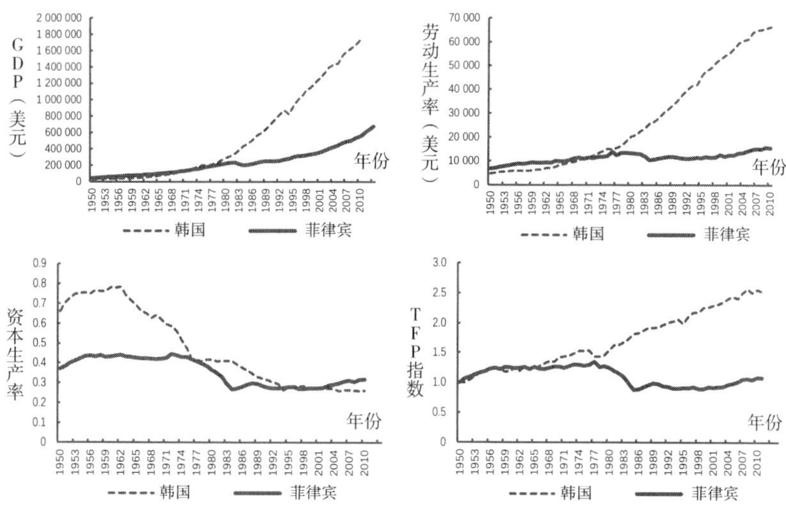

图 3.4　韩国与菲律宾的经济表现对比（1950—2014 年）

数据来源：Penn World Table version 9.0 及笔者自己计算，其中两个国家的 TFP 指数均调整为 1950 年 = 1。

韩国之所以能够实现 TFP 的持续增长，也得益于多方面的改革和政策措施：

一是放松管制，加快推进国有企业私营化。为了放松行政管制，促进市场经济发展，政府对现有规章制度进行细致的审查，1998 年末中央政府部门的 11125 件规章制度中 5430 件（占 48.8%）被废除，2411 件（占 21.7%）得到改善。1999 年又集中进行审查，废除了 503 件，改善了 570 件。1998 年 7—8 月，政府决定对 26 个公共机构的 11 个进行私营化。在金大中任内，有 8 家国企实现了私营化。在私营化的同时，政府清退了国有企业的剩余劳动力，清退率为 24.8%。政府对国有企业和政府出资机构的经营机制也进行了改革,建立责任与效益为主的经营机制,实行经营公开制、年薪制、经理经营合同制等新的管理措施。

二是完善社会安全网的同时，建立更加灵活的劳动市场。韩国以前的医疗保险按地区、工作单位等分别运营,1998年10月—2000年7月逐渐实现了合并，推动了医药分离；1999年4月国民养老保险扩大到城市所有居民；2000年政府出台了覆盖所有人群的最低生活保障制度。此外，在亚洲金融危机前，韩国劳动力市场过于僵硬，多数企业存在类似终身雇佣现象。工会势力较强,工资涨幅经常超过劳动生产率。金融危机之后,为了配套金融、企业和公共部门改革，必须要改革劳动雇佣制度，提高劳动力市场弹性。1998年1月成立了劳资政委员会，制定了结构改革和分担困难的社会协议。1997年以前的劳动法虽然允许解雇员工，但限制很多。1998年2月在IMF的督促下，政府修改了劳动法，放宽了解雇条件，增强了劳动力市场的流动性，促进了企业和金融机构的重组和调整。1998年7月将劳动派遣制合法化。

三是加大信息化和科技创新能力建设力度。金大中政府认为高速宽带网是建设信息社会的基础设施，1999年政府开始进行大规模投入。截至2001年末韩国互联网普及率高达17.16%，位居OECD成员国第一位，超过美国。2000年底，韩国政府以信息高速公路开通为契机，开始推进电子政府建设，制定了《信息化促进基本法》《电子署名法》《电子政府法》等。韩国研发投入也明显增加，研发投入占GDP比例由1998年的2.34%上升到2003年的2.63%。21世纪以来，手机、汽车、半导体、数码家电、影视创意、特种船舶等一大批新兴产业快速成长，韩国产业结构不断优化升级。

三、经济可进入性、政治治理黏合度与全要素生产率的统计关联

当然，上面两组国家只是比较有代表性的案例。接下来，我们将基于本书所用的数据库[①]以及最新版的佩恩表（Penn World Table version 9.0）来检验经济可进入性、政治治理黏合度与全要素生产率的统计关联性。

我们采用一个简单的模型设置，此处的被解释变量为全要素生产率增速，核心解释变量只有经济可进入性和政治治理黏合度两个指标。同时，考虑到全要素生产率增速的自相关性以及该指标与经济体所处发展阶段之间的密切相关性，我们将发展阶段和全要素生产率增速的滞后项作为控制变量一并放在模型中。我们分别估计了混合横截面模型、随机效应面板模型和固定效应面板模型。从 Hausman 检验结果看，随机效应模型和固定效应模型的系数间并不存在显著的系统性差异。如表 3.2 所示，政治治理黏合度的系数则显著为正，说明政治治理黏合度的提升对 TFP 的增长有显著正向作用；而经济可进入性的系数尽管并不显著，但该系数在多数情况下都为正。之所以会出现这样的结果，一个可能的原因是样本中有近一半的国家 TFP 增速数据是缺失的，并且这些国家普遍是欠发达国家，其 TFP 增速和经济可进入性均较低。此外，全要素生产率增速的自相关性是非常显著的，且全要素生产率增速与发展阶段之间的负相关性也是非常显著的。

---

① 有关数据库的说明详见附录 1。

表 3.2　不同模型设定的估计结果

变量	TFP 增速（y_{it}）					
	Pool (1)	Pool (2)	RE (1)	FE (1)	RE (2)	FE (2)
经济可进入性	0.026 (0.27)	0.076 (0.83)	−0.026 (0.18)	−0.101 (0.53)	0.076 (0.83)	0.002 (0.01)
政治治理黏合度	0.528*** (4.98)	0.372*** (3.67)	0.649*** (3.82)	0.612** (2.22)	0.372*** (3.67)	0.449 (1.62)
经济发展阶段	−0.455*** (8.59)	−0.32*** (6.28)	−0.541*** (5.98)	−0.806*** (4.94)	−0.32*** (6.28)	−0.725*** (4.39)
TFP 增速滞后项 y_{it-1}		0.328*** (17.53)			0.328*** (17.53)	0.19*** (9.66)
常数项	0.373* (1.82)	0.028 (0.14)	0.432 (1.16)	1.492* (1.71)	0.028 (0.14)	1.264 (1.44)
样本量	2636	2471	2636	2636	2471	2471
国家数量	118	118	118	118	118	118
Hausman 检验	—		无显著性系统差异		有显著性系统差异	

注：（1）考虑到 TFP 增速中的异常值可能对回归结果有较大的干扰，我们在回归分析时仅保留了 TFP 增速在［−10%, 10%］之间的样本；（2）括号中的数字为估计值的标准差；（3）*** 代表 p<0.01，** 代表 p<0.05，* 代表 p<0.1；（4）Pool 对应混合横截面，RE 对应随机效应，FE 对应固定效应。

四、近年来我国全要素生产率增速放缓与分化的原因①

2008 年国际金融危机以来，我国全要素生产率增速出现了

① 本节及第四节部分内容最早被国务院发展研究中心、财政部与世界银行集团 2019 年联合出版的《创新中国：培育中国经济增长新动能》一书所吸收，后以“以提升全要素生产率为重点培育中国经济增长新动能”为题发表在《中国经济时报》上（2019 年 9 月 18 日第 5 版整版）。

明显下降。2002—2007 年，我国 TFP 年均增速 5%，而 2008 年以后年均仅增长 1.5% 左右，增速降幅约 3.5 个百分点。初步测算，增长阶段转换因素可解释约 2.0—2.5 个百分点，主要是因为随着中国发展阶段的提升，总体技术水平与前沿的差距缩小，技术追赶的空间收窄，追赶难度也在不断提升；周期性因素可解释约 0.3—0.5 个百分点，主要发达经济体同期也出现类似幅度的 TFP 增速下降；剩余的大约 0.7—1.2 个百分点，主要由行业间、行业内、地区间资源错配以及技术扩散受阻所致。从国际经验看，弥补这一部分增速缺口，将是我国提高全要素生产率的主战场。

（一）阶段性原因

历史经验表明，随着经济发展水平提高，TFP 增速将出现规律性放缓。如图 3.5 所示，当人均 GDP 达到 10 000 国际元后，TFP 会逐步从较高增速降至较低增速，与中速增长相适应的增速大致在 2% 左右。比较成功的追赶型经济体，如日本和韩国，在类似发展阶段 TFP 增速均明显下了一个台阶，而且随着人均 GDP 提高，增速还会进一步下降。对比不同经济体劳动生产率追赶的经验和教训，能否实现从高速增长向中高速增长的顺利过渡，关键在于是否能够持续提高 TFP。如果一个经济体的 TFP 增长失速，最终将面临债务高企，投资回报下降，资产泡沫、汇率贬值等冲击，经济将难以稳定在中高速增长水平。

（二）周期性原因

TFP 的核算，对资本存量变动很敏感，具有明显顺周期性。通常经济景气时期，TFP 增长较快，反之亦然。从国际上看，各国的 TFP 增速都有明显的波动周期特征，研判 TFP 不能仅看短期数量的变化，重点是要分析阶段性变化，把握其增长态势。

1978 年以来，我国大体上经历三轮比较大的周期，最近一个周期大体上和国际金融危机之后主要经济体的周期波动同步。2008 年以后，主要经济体的增速均有所放缓，其间，美国、日本和欧元区主要经济体的 TFP 增长均有不同程度放缓，平均放缓程度为 0.5 个百分点。由于我国已经深度融入全球化，加之经济周期大体同步，粗略估计，2008 年以来我国 TFP 增速下滑，周期性因素贡献了 0.3—0.5 个百分点。

（三）结构性原因

从微观层面看，我国 TFP 增速放缓与分化还与以下几个结构性因素有关。

一是缺乏竞争的行业 TFP 增速总体较低。如图 3.6 所示，1980—2013 年，TFP 增速最低的是石油开采和加工，平均增速低于−5%，属于垄断行业；其次是水、燃气、电力的生产供应，平均增速在 2% 以下，属于存在行政准入限制行业；食品、服装、家具等消费品制造业和金属加工、农副产品、塑料制品等初级产品制造业，平均增速在 2%—5%；计算机通信设备、仪器仪表制造、专用设备制造、医药制造等高新技术产业的 TFP 增长较快，平均增速在 5%—10%。可见，在自然垄断和准入限制比较严的部门，缺乏有效竞争机制，高生产率企业进入存在壁垒，低生产率企业缺乏退出机制，行业内资源难以有效整合，TFP 提升受到明显制约。

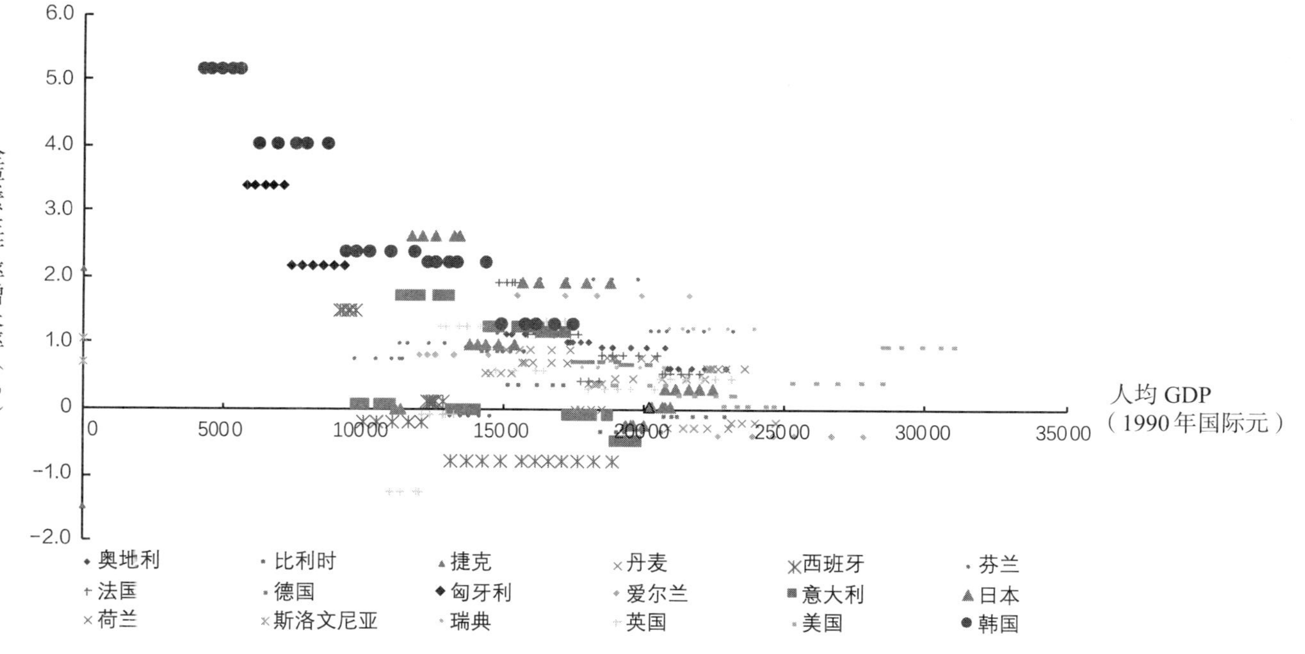

图 3.5　部分国家全要素生产率增长率

数据来源：基于 Penn World Table version 9.0 数据库计算得到。

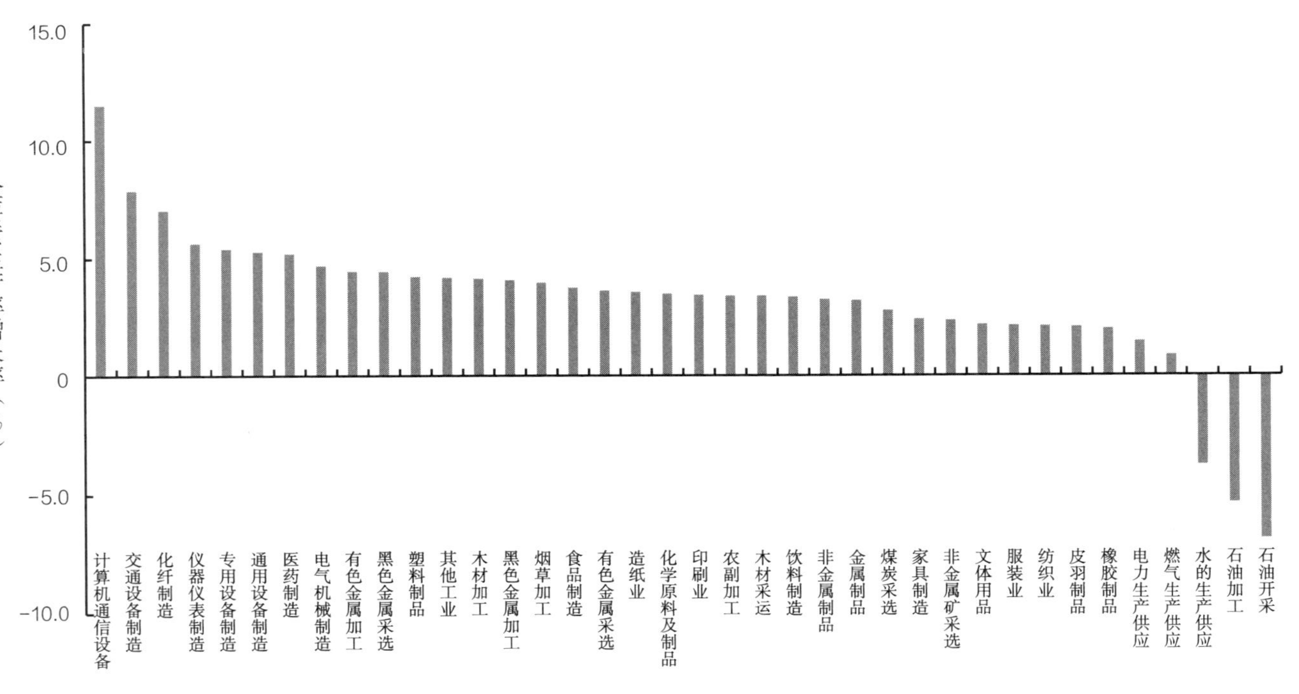

图 3.6　第二产业细分行业全要素生产率增长情况（1980—2013 年）

数据来源：作者计算得到。

二是部分行业内要素流动和再配置对 TFP 净提升作用明显减弱甚至消失。对于某一个行业而言，高生产率企业进入、低生产率企业退出和企业间要素流动是生产率提高的重要来源，但近年来部分行业内部要素流动和再配置对 TFP 的贡献明显减弱甚至消失。以制造业为例，将 TFP 增速分解为企业间要素流动、新企业加入、旧企业退出和现有企业效率提升等四方面的贡献，结果发现，1998—2007 年我国制造业 TFP 提升主要是新企业加入和现有企业效率提升带来的；而在 2007—2013 年，新企业加入的贡献几乎消失，其原因是新加入者减少或多数新加入企业的生产率在行业平均水平之下。特别是大量低效和无效的僵尸企业的存在，占有大量经济资源而不产生效益，严重拖累了效率提升的步伐。

三是先进技术和管理方式的扩散减缓。近年来，全球 TFP 增长都有所放缓，行业间和行业内不同企业之间的差距却在明显拉大。同时，OECD（2015）的研究显示，全球前沿企业的 TFP 仍保持了较快增长，但大量其他企业的 TFP 增速则明显放缓。这说明，除了技术进步放缓外，前沿企业的技术向其他企业扩散的速度也在放缓。与传统工业不同，现代技术和管理方式的传播更多带有服务化性质，不可编码的知识往往在一个较小的范围内交流，外部模仿和复制的难度更大，这一定程度上能够解释部分行业尤其是开放程度不足的领域，国内前沿与全球前沿仍存在明显差距。同时，由于知识产权保护执行不到位，企业转型升级不确定性上升，技术拓展的步伐也就相应放缓。

四是大量低效投资拉低 TFP。我国的人均资本存量总体上与前沿经济体有差距，仍然需要保持一定的资本积累速度。但在地方和国企广泛存在预算软约束和道德风险的情况下，国际金融危机之后，部分领域过度投资、造成产能过剩的现象十分突出。研究表明，地方政府直接或通过国有企业间接投资，多数投向生产率较低的行业，拉低了投资效率，加剧了产能过剩和债务风险。更重要的是，地方政府和国有企业占用大量资源，一定程度上也挤占了高效率部门的空间，导致资金、土地等资源出现严重错配，拉低了整体的 TFP。

五、A-C 理论下提升全要素生产率的路径

从历史经验看，全要素生产率短暂的下降并不可怕，关键是要识别出制约我国全要素生产率提升的因素，加快改革创新步伐，加大开放力度，采取针对性改革措施，持续提高我国经济的可进入性，保持政治治理的无偏，持续提高政治治理黏合度，努力提高资源再配置效率，加快技术研发与扩散进程，重拾全要素生产率增长轨道，努力使我国经济维持在中高速增长平台，持续推进高质量发展。

针对伴随发展阶段提高出现的 TFP 增速下降，应以重建激励机制、增加各行业的研发投入、提升各行业自身的技术水平等为重点，解决创新激励不足、技术进步不快、人力资本不够、产品附加值不高等问题，促进新技术新产业新模式与传统产业融合发展。针对伴随经济周期波动出现的 TFP 增速下降，应以提升货币政策、财政政策、预期管理等宏观政策质量、加强政策协调等为重点，降低经济波动的频率和幅度，强化宏观政策的逆周期性，避免经济大起大落。针对结构性因素导致的 TFP 增速下降，要以纠正资源错配、资源配置效率为重点，继续深化供给侧结构性改革，完善制度环境，着力解决我国经济运行中普遍存在的准入壁垒、退出不畅、要素流动限制、价格信号传递受阻等问题，促进进入与有效退出并重，实现前沿拓展与技术扩散并重，缩小

行业内、所有制间、行业间、地区间、国际与国内的生产率差距。

一是完善创新激励机制，加强知识产权保护，促进技术前沿拓展。重塑知识型劳动力激励机制，激发科研人员创造力，加快科研成果转化和应用。加大产学研用协同发展力度，加大传统部门对数字经济的适应能力。强化知识产权保护，提高对侵权行为的惩戒力度和执行力度，鼓励合法有偿的知识产权交易和使用。顺应城市化规律，加快落实各项与非户籍常住人口落户相关的政策，发挥人才的聚集效应，提升知识密度，促进理念的碰撞和知识的溢出。鼓励大学的多元化发展，丰富人才结构，提升人力资本质量。加大职业培训力度，鼓励终身学习机制，促进劳动力技能与时俱进。

二是提升宏观政策质量，加强政策协调，强化逆周期性，降低经济波动幅度，保持经济平稳增长。要适时转变财政政策思路，由“减税与增支并重”转变为“减税的同时兼顾财政支出结构调整”，由“高税率、低征收率”转变为“低税率、高征收率”，加强加大对财政补贴政策的评估，减少一些领域低效率的财政补贴，提升财政政策的质量。提高中央银行的独立性和货币政策的透明度，着力解决货币政策传导机制不畅问题，处理好货币政策调整与“去杠杆”工作之间的关系，把握好宏观审慎与微观监管之间的关系。降低央行与市场之间、央行与央行之间的沟通成本，进而降低协调成本。加快构建制度化的预期管理体系，充分开发和利用各种预期管理工具，跟踪市场预期变化，明确预期管理的主体和市场沟通主渠道，及时做好政策调整和市场沟通工作，提升预期管理工作的质量，降低政策的执行成本。同时，加强宏观政策的国内协调和国际协调，把握不同政策的最佳窗口期，合理搭配不同的政策，以达到最优的宏观调控目标。

三是进一步强化竞争政策的基础性地位，降低市场准入与退出门槛，提高经济的对内可进入性，深化价格改革，促进要素流动，理顺价格机制，提升资源配置效率。全面实施市场准入负面清单制度，放宽行业准入限制，逐步放开军工、电力、民航、电信、石油、供销、农垦、铁路等行业的准入限制，清除各类隐性进入壁垒，降低行业或者行业内部分环节的准入门槛，允许民间和境外资本进入，鼓励各类企业参与竞争。以资源能源产品、公用事业和公共服务价格改革为重点，进一步深化垄断行业的价格改革，尤其是电力、石油天然气、铁路、公路等行业的价格改革，进一步理顺价格机制。能够放开的竞争性领域和环节价格，稳步放开由市场调节；保留政府定价的，建立健全成本监审规则和定价机制，推进科学定价。对涉嫌价格垄断行为及时启动反垄断调查，依法查处达成实施价格垄断协议、滥用市场支配地位等行为，纠正滥用行政权力排除限制竞争的规定和做法。尽快启动修改《公司法》《破产法》《上市公司重大资产重组管理办法》《劳动法》《失业保险条例》等有关资产处置、债务清偿等方面的法律法规，降低企业退出门槛，尤其是减少低效产能和僵尸企业退出障碍，为企业破产清算、重组并购、注销退出、劳动力再就业、其他生产要素的重新配置创造更加便利的制度条件。

四是进一步打破市场分割，缩小行业间地区间效率差异。以完善劳动就业法律制度为抓手，打破城乡、地域、行业分割和身份、性别歧视，依法保障平等就业；着力破除城乡二元结构制约，完善农村产权制度，推进城乡要素平等交换和公共资源均衡配置，让广大农民平等参与现代化进程、共同分享现代化成果。促进城市和农村的要素资源双向流动，提高农业生产规模化经营程度，提升农业生产综合效率。完善行业监管，增加对新技术、新模式与传统部门融合的包容度，促进先进技术和管理经验跨行业流动，激发传统行业焕发新活力。进一步加强统一市场建设，促进区域间分工合作，减少重复建设和恶性竞争，压缩低效率企业存在空间。

五是深化对外开放，提高经济的对外可进入性，加快国际技术扩散，缩小与前沿国家生产率差距。通过实施《外商投资法》，进一步放宽外商投资准入，灵活处理外资企业基层党组织的设立与管理，进一步扩大开放，特别是信息、金融、文化、教育、体育、医疗等服务业的开放，提高贸易和投资便利化水平，促进国际和国内要素有序自由流动、资源高效配置、市场深度融合，实现以开放促竞争，不断提升我国经济运行的整体效率。坚持真实和审慎原则的前提下，鼓励国内企业走出去，尽可能参与全球价值链分工，努力提升全球价值链位势，推动我国产品和技术向全球中高端迈进。

第四章　地方政府竞争与一致性行动

改革开放 40 多年来，中国经济发展取得举世瞩目的成绩，地方政府在其中发挥了巨大作用。对地方政府而言，其主要激励机制来自行政和经济两个方面。其中，促进经济增长是完成政绩考核和扩大财力的主要途径，所以各级政府都致力于加快经济发展。尽管不同时期的激励机制不尽相同，但地方政府间的竞争从未停止，甚至一度存在过度竞争的情况，特别是随着改革开放推进，地方政府获得了更多经济建设自主权，财税体制改革更是激发了地方政府活力，地方政府在推动全国统一市场的形成与完善、经济可进入性的不断提高等方面，发挥了重要作用。尽管人为制造市场壁垒的情况仍时有发生，但总体而言，我国地方政府行为保持了与中央政府决策的一致性，能够采取共同行动、形成政策合力，推动政策的落地和一系列问题的解决，集中体现在我国政治治理黏合度的持续提高，从而推动我国经济实现了长期持续的高速增长。

一、地方政府间关系的形成与演进

新中国成立以来，地方政府间关系可以划分为三个大的阶段，包括计划经济时期、改革开放初期、市场经济时期三个阶段，每个阶段都具有鲜明的特征，这与所处阶段的经济体制和财政体制密切相关。

（一）计划经济时期地方政府间的关系

新中国成立初期，我国设置了大区政府来管理所辖省份的经济、政治、文化等工作，大区政府具有一定的自主权，可根据本地区的实际情况指导各省工作，当时起到了一定积极作用。但由于后来出现了一些问题，1954 年 6 月中央取消了大区制度，改为直接领导各省。但中央的高度集权大大削弱了地方的独立性，影响到了地方经济建设的积极性，地方政府的作用没有很好发挥出来。正如毛泽东同志在 1956 年 4 月 25 日政治局扩大会议上所做《论十大关系》报告中讲的："应该在巩固中央统一领导的前提下，扩大一点地方的权力，给地方更多的独立性，让地方办更多的事情。这对我们建设强大的社会主义国家比较有利。"所以，在 1958 年和 1960 年对全国区域又做了重新划分，但中央的"条条"已经深入地方政府中，"条条专政"的中央领导地方体制下，地方政府的主要职责是执行中央决策，一个结果就是地方政府缺乏独立自主发展经济的意愿和空间。

与此同时，全国财政统收统支制度抑制了地方政府积极性。地方政府仅作为中央政府的代理机构，执行财政收入和支出任务，没有财政自主权。根据 1950 年《关于统一国家财政经济工作的决定》，除批准征收的地方税以外，所有关税、盐税、货物税、工商税的一切收入，均归中央人民政府财政部统一调度使用。同时，各级国有企业基本将利润全部上缴，构成了财政收入的大头。在支出方面，财力分配上实行平均主义，均由中央统一调配。这一阶段，地方政府和各类国有企业都是在中央统一计划下行事，缺乏发展壮大地方经济的激励机制。

在中央集权的行政体制和统收统支的财政体制下，地方政府独立自主发展经济的空间很小，也缺乏相应激励机制，地方政府在经济层面的直接竞争较弱，更多体现为争取中央资源层面的竞争，地方政府努力争取上级政府的物资分配和财政支出向本地倾斜。

（二）改革开放初期地方政府间的关系

改革开放初期，中央逐步在政策和体制方面做出积极调整。在政治层面，中央高度集权的政治体制逐渐解冻，授予或下放了本该属于地方政府而被中央“条条”所掌控的权力，包括行政自主权和决策权。党的十一届三中全会指出，要采取措施充分发挥中央部门、地方、企业和劳动者个人四个方面的主动性、积极性和创造性。1978 年开始，中央逐步向地方政府和国有企业“放权让利”，给予地方政府一定行政自主权和决策权，地方政府参与经济建设的独立性和自主性不断提高。

与此同时，财政领域也逐步改变了原有的统收统支制度，在先后实行“利改税”和“拨改贷”后，1987 年开始在各领域全面推行承包经营责任制，地方对中央承包，企业对国家承包，家庭对集体承包，承包主体只需交足承包额，剩余部分都可以自留并自主分配。在财政体制方面，从中央的统筹统管到“分灶吃饭”的财政包干，明确了中央和地方的财政关系，进而地方政府获得了一定自主权，极大地激发了地方政府和国有企业的发展热情。

随着“分权”不断深入，地方政府独立的经济利益意识逐渐增强，地方政府间的竞争也开始加剧，地区间对资源和市场的争夺愈演愈烈。此时的地方政府不仅直接参与到微观经济活动中，也会竞相采取地方保护主义做法，人为制造跨地区、跨市场的进出壁垒。不仅省际之间如此，甚至省内、地市内的不同区域、不同部门之间都存在“圈地盘、争老大、抢资源”的情况。这种以邻为壑的地方保护就是学术界通常所讲的“诸侯经济”。

这一时期，为遏制地区间的恶性竞争，协调地区间合作与发展，国家出台了一系列相关政策。1980 年，国务院出台了《关于推动经济联合的暂行规定》，旨在推动各种形式的联合体发展；1984 年，《中共中央关于经济体制改革的决定》明确指出，“对外要开放，国内各地区之间更要相互开放”。1986 年 3 月，《国务院关于进一步推进横向经济联合若干问题的规定》第一次提出：“横向经济联合是经济体制改革的重要内容，是发展社会生产力的要求，它促进了资源开发和资金的合理使用，促进了商品流通和社会主义统一市场的形成，促进了技术的进步和人才的合理交流，促进了经济结构和地区布局的合理化。”1990 年，国务院又出台《关于打破地区间市场封锁，进一步搞活商品流通的通知》，明确要求“各地区、各部门自觉制止和纠正地区封锁的错误做法”。

（三）市场经济时期地方政府间的关系

1992 年，党的十四大正式提出要建立社会主义市场经济体制。1994 年正式开启了宏观经济体制改革，旨在建立与社会主义市场经济相适应的宏观调控体制框架。其中，分税制改革进一步捋顺了中央与地方间的财政关系，为地方政府扩大自身的可支配财力提供了激励。与此同时，我国逐步改革并确立了与发展社会主义市场经济相适应的干部考核机制。尽管整个考核体系是以

“德能勤绩廉”为基准的，但在实践中往往更多用经济指标来考核干部，尤其是对地方主官的考核，一度形成了较为明显的“唯GDP论”激励导向。在“唯GDP论”的导向下，招商引资一度成为各级地方政府的一项重点工作。为了吸引外资，地方政府在很多方面做了大胆尝试和积极探索。虽然在此过程中也出现了重复建设、随意减免税收、地方保护等问题，但总体上还是极大地激发了地方政府发展经济的自主性和能动性，有力地促进了地方经济发展。

这一时期，地方政府间的竞争也出现了一些新变化。最为突出的是，为了竞相吸引资金和项目，地方政府加大改善当地基础设施和营商环境，增强当地与交通干线和枢纽的连接性，加快了地方管理经验的溢出和传播，客观也上加快了全国统一市场的形成。不过，地方政府间的恶性竞争也变得更加普遍。例如，为了吸引外资，地方政府在中央实行的对外资企业“三减两免”政策外，又进一步扩大政策范围和延长政策时限，破坏了全国统一的税制，牺牲了国家财政收入，甚至出现了一些不规范、不遵循经济规律的做法，一定程度上造成了资源浪费和效率低下。最近几年来，地方政府间的激烈竞争还有了一些新的变化，“同质化”和低端行业竞争明显，各地追求完备工业体系建设，工业结构趋同程度上升。以西南某省为例，20个市州中18个都有自己的新能源汽车品牌，并动用大量财政资源进行扶持。

为了促进各地间的合作竞争，加快在全国范围形成统一市场，中央政府进一步出台了一系列相关政策。1993年，中共中央出台《关于建立社会主义市场经济体制若干问题的决定》，进一步规范了区域经济合作。2001年4月，国务院发布《关于禁止在市场经济活动中实行地区封锁的规定》。2003年10月，中共十六届三中全会通过的《关于完善社会主义市场经济体制若干问题的决定》强调，要“统筹区域发展”，“形成促进区域经济协调发展的机制”。2021 年全国两会通过的《中华人民共和国国民经济和社会发展第十四个五年规划和二〇三五年远景目标纲要》进一步强调，要“加快构建国内统一大市场，对标国际先进规则和最佳实践优化市场环境，促进不同地区和行业标准、规则、政策协调统一，有效破除地方保护、行业垄断和市场分割”。中央的这些做法无疑为促进地方政府间形成有序的竞争合作关系起了积极作用。

从以上三个时期地方政府间关系的演变过程可以看出，随着改革开放的推进和社会主义市场经济体制的建立健全，地方政府在发展经济方面的积极性不断得到释放，虽然这个过程中出现过甚至目前仍然存在一些地方保护和恶性竞争，但总体上地方政府间的竞争被控制在合理范围之内，且对资源配置效率的提高发挥着积极作用，统一市场加快形成，人口流动、资金流动、商品流动更加自由便利，我国经济的整体可进入性持续提高。同时，各级地方政府始终与中央政府的决策保持一致，保证了我国改革开放以来政治治理黏合度的持续提高。

二、全国性基础设施逐步形成

一个国家的基础设施对其经济可进入性的重要性不言而喻。随着全国性基础设施的逐步建成，人员流动更加便捷，技术扩散更加高效，地区间经济往来也更加便利，全国统一市场的形成步伐不断加快，企业也因此可以不断扩大其经营范围和规模，经济的规模优势不断显现。基于省际面板数据的计量分析结果显示，铁路和公路里程的不断增加对地方经济持续增长提供了有力支撑。在全国性基础设施逐步形成的过程，各级政府发挥了很重要的作用，特别是全国性铁路和公路建设离不开中央政府的支持——中央政府通过中长期规划和财权支配，建立有效的基础设施央地合作和融资机制，使得基础设施建设得到资金支持，特别是弥补了地方政府间激烈竞争背景下全国性基础设施供给不足的问题，推动了我国统一市场的形成。

（一）如何看待基础设施

基础设施应与经济发展水平相适应。经济发展阶段是一条从低收入的农业经济一直到高收入的后工业化经济的连续谱系（林毅夫，2012），在任何一个阶段都有不同的产业结构，产业结构伴随经济发展不断升级，对基础设施也会提出相应的改善需求。农业经济基本实现自给自足，很少进行大规模贸易，对基础设施要求较低。工业化经济强调规模效应和专业分工，不同地区将不得不进行大规模的贸易往来，这对道路等基础设施就提出了越来越高的要求，只有基础设施达到了基本要求，才能进一步推动产业分工，基础设施建设将成为经济发展的必要条件，不适应的基础设施将制约经济长期发展。同时，经济发展为基础设施改进提供了必要的物质基础，两者是相辅相成的。随着经济发展水平不断提升，产业规模越做越大，产品从地方走向全国乃至世界，就会对全国性基础设施甚至全球性基础设施提出更高要求。

政府特别是中央政府需要在基础设施建设中发挥积极作用。按照公共经济学理论，具有外部性的产品难以通过市场自发调节实现最优供给，需要政府在其中发挥一定作用，增加具有正外部性产品的供给，减少具有负外部性产品的供给。显然，基础设施是具有很强正外部性的公共产品，仅依靠私人或企业提供，无法建设充足的基础设施，需要政府通过征税等方式来提供更多基础设施。同理，地方政府对辖区内的基础设施更加重视，而对区域性或全国性的基础设施供给意愿明显不足，这就需要中央政府发挥更大作用。对中央政府和地方政府的财权影响最大的无非是财政税收体制，那么财税体制改革直接影响中央政府和地方政府的资金能力和办事能力，进而就会影响地方性和全国性基础设施的建设水平。所以，随着经济发展对全国性基础设施提出更高要求，政府应该掌握一定财权并用于加强基础设施建设，特别是中央政府应该掌握一定财权，用于建设地方政府投资意愿或投资能力不足的区域性或全国性基础设施。

基础设施包括有形的和无形的基础设施。有形的基础设施包括铁路、公路、机场、电信、电网、水利等，无形的基础设施包括产权制度、信用体系、营商环境、竞争政策等。有形的和无形的基础设施都应该与经济发展水平相适应。随着经济发展，对基础设施的要求越来越高，同时经济发展也为基础设施建设提供了基本条件，两者相互促进，不断推进工业化进程，否则，基础设施建设滞后将阻碍经济发展进程。在本章中，重点讨论有形的基础设施，即铁路和公路，铁路和公路的建设是人员流动和物资往来的必要途径，良好的基础设施有利于加快要素流动和提高资源配置效率，是形成全国统一市场的必备条件。但是，地方政府只专注于辖区内基础设施建设，造成跨地区基础设施投资不足，而中央政府所希望的是基础设施互联互通，为实现地方政府行为与中央决策目标相一致，中央政府发挥了重要作用。

（二）财税体制改革与基础设施融资机制

地方政府在全国性基础设施建设中的缺位，要求中央政府补位，即需要投入大量中央财政资金。1994 年财税体制改革为中央政府以及地方政府提供了财力保障，中央投资地方配套和土地出让制度，也为基础设施投资建立有效的融资机制和资金保障，随后我国铁路和公路建设里程快速增长,实现了地区间互联互通,为全国统一市场形成提供了物质基础。

1994 年财税体制改革扩大了各级政府财权。改革开放后,财政领域经历了一系列改革,在改变原有统收统支制度后,又实行"利改税"和"拨改贷"政策,特别是 1987 年推行了承包制,中央与地方承包,国家与企业承包,交够承包额后全部自留,这极大地激发地方政府和企业的发展热情。但是,由此导致财政收入占 GDP 的比重、中央财政收入占总财政收入的比重快速下降。从图 4.1 可知,国家财政收入占 GDP 比重由 1978 年的 30.8% 一直下降至 1994 年的 10.7%,1993 年中央财政收入占全部财政收入的 22.0%。1994 年的财税体制改革改变了"两个比重"持续下降的局面,国家财政收入占比逐步恢复,2015 年回升至 22.1%,此后有所下降,2020 年为 18.0%;1994 年以后中央财政收入占全部财政收入的比重始终保持在 45% 以上。可见,1994 年财税体制改革使得各级政府财权逐渐恢复,特别是中央政府获得更多财权,这项改革为地方性和全国性基础设施建设提供了坚实的资金来源保障。

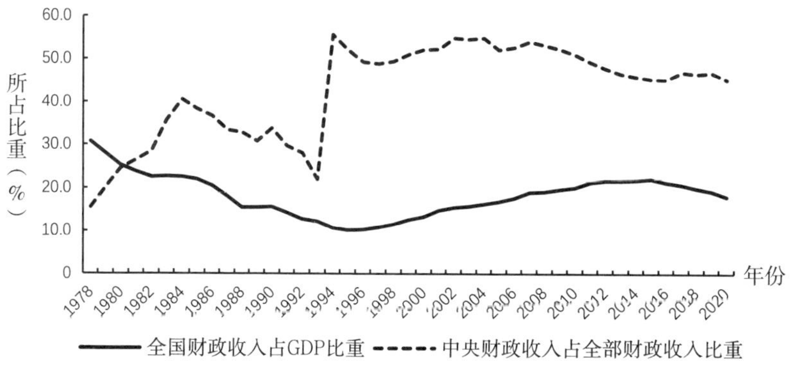

图 4.1　国家财政收入结构

数据来源:WIND。

公路和铁路建设资金大量来自政府及相关国有企业。针对《国家公路网规划（2013—2030年）》，交通运输部副部长接受媒体采访时指出："考虑到普通国道和国家高速公路服务属性的差异，如果普通国道建设资金的70%由中央资金补助，剩余部分由省级财政等其他资金安排；国家高速公路建设资金的30%由中央车购税资金补助，其余部分利用社会资金，则完成国家公路网建设大约共需国家投入资金2.3万亿元。"（冯其予，2013）这一规模约占全部资金的49%。铁路建设与此类似，中央政府和相关地方政府共同出资，并部分利用其他融资方式，通过未来收益予以偿还。因此，基础设施的建设和维护离不开政府的积极作用。

土地出让金制度为地方政府提供大量资金来源。中国实行土地的社会主义公有制，城市市区的土地属于国家所有。农村和城市郊区的土地，除由法律规定属于国家所有的以外，属于农民集体所有。这就奠定了国家能够通过其对土地的所有权，进行宏观经济管理的基础和最基本条件。因为国家对土地拥有所有权，在征地拆迁方面具有法律依据，相比于土地私有，征用土地的难度相对要小，征用土地的成本相对要低。同时，土地管理具有长期发展规划，有计划地向市场供应土地，而且周边具有完善的生产生活配套，土地的商业价值较高，除土地成本、附着物补偿、安置补助等成本费用外，政府仍可结存较高的土地出让收入。因此，政府有激励也有能力进行土地征迁和出让，既可推动地区经济发展，也可获得客观的土地出让金收入。1990年6月，颁布《城镇国有土地使用权出让和转让暂行条例》，土地出让金制度正式确立。土地出让金制度改革的全面展开及重点培育房地产市场，促进了城镇土地市场和土地交易范围的扩展，土地出让金在地方政府收入中占据了较高比重，成为除税收收入以外地方政府最大的收入来源。其中大量资金都被地方政府用于基础设施建设和履行其他政府职能，土地出让金成为地方财政支出的重要来源，一般称之为“土地财政”。

国家发行长期建设债券用于补充基础设施建设资金。发行国债是基础设施建设的资金来源之一，不仅是中央层面，也包括地方层面。例如，1998 年 8 月，财政部向四大国有银行定向发行 10 年期国债，同时由银行配套相应的贷款专门用于基础设施建设和企业技术改造，并由项目投资收益用于还款，主要用于农林水利、交通通信、城市基础设施、城乡电网改造、国家直属储备粮库和经济适用房六方面的建设。再如，2009 年为解决中央扩大内需投资项目地方政府配套资金不足问题，中央采取了代理发行地方政府债券的办法，并明确规定了用途。

要求地方配套资金是加大地方投资基础设施力度的有效机制。地方配套资金是指中央财政或省级财政对下级财政下达资金立项时，要求下级财政必须进行配套相应比例的资金，区别地方性、区域性、全国性项目以及地方财力情况配套比例要求有所不同，从而比较有效地实现了中央政府加强全国性基础设施建设的目标。地方政府配套资金筹集渠道包括，地方各级政府一般预算资金，地方各级政府土地出让收益等各类政府性基金，中央财政代理发行的地方政府债券资金，利用政府融资平台通过市场机制筹措的资金等。当然，地方配套资金在执行中也存在一些地方配套资金不足等问题。

1994 年以后铁路和公路建设进程明显加快。从图 4.2 可以看出，1994 年以后我国铁路和公路建设逐步加快，其中既有财税体制改革后各级政府财政能力增强的因素，也受益于政府重视基础设施建设并建立了各种有效的融资机制。公路和铁路建设都得到了各级政府的高度重视，里程数量几乎是齐头并进。1978—1993 年，公路里程（不含村道，下同）由 89.02 万公里增加到

108.35 万公里，年均增加 1.29 万公里，而 1994—2020 年，公路里程由 111.78 万公里增加到 271.57 万公里，年均增加 6.15 万公里，年均增幅约为以前一段时间的 5 倍。1978—1993 年，铁路营业里程由 5.17 万公里增加到 5.86 万公里，年均增加 0.046 万公里，而 1994—2020 年，公路里程由 5.90 万公里增加到 14.60 万公里，年均增加 0.335 万公里，年均增幅约为以前一段时间的 7 倍。可见，1994 年以后铁路和公路建设进程明显加快。

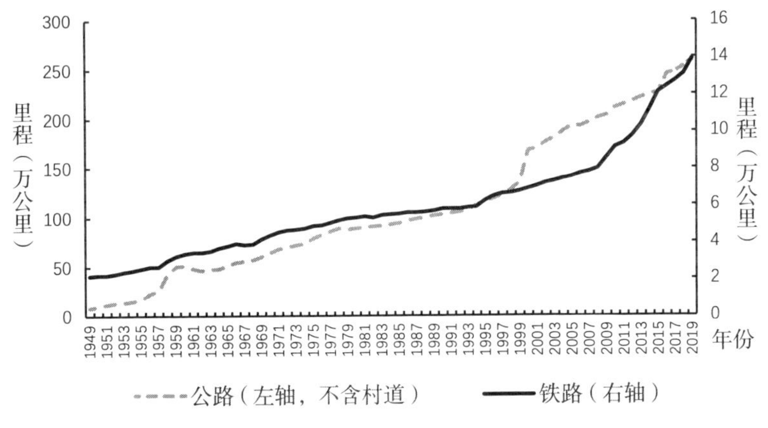

图 4.2　公路和铁路里程

数据来源：2004 年以前来自 WIND，2005—2012 年来自《公路水路交通运输行业发展统计公报》，2013 年以后来自《交通运输行业发展统计公报》。

实证分析显示，基础设施建设与财税体制改革密切相关。为分析财税体制改革和经济实力对铁路和公路投资的影响，因变量选择每年的铁路或公路里程增加数量，即各省每年的新增里程公里数；自变量选择各省区市的历年 GDP 实际值，即剔除价格因素；设计虚拟变量代表财税体制改革，即 1993 年以前为 0，1994 年以后为 1。分别用铁路或公路里程增加数量，对各省区市的历年 GDP 实际值和财税体制改革虚拟变量进行回归分析，回归结果如下所示，虚拟变量的系数十分显著，说明 1994 年财税体制改革后基础设施建设确实有所加快。同时，基础设施建设跟各地的经济实力相关度也很高，经济总量越大的地区，新增基础设施数量越大。

（三）基础设施建设对经济增长具有重要意义

基础设施对经济增长的影响主要分两个渠道，一个是基础设施投资本身对经济增长的拉动作用，另一个是存量基础设施对经济增长的促进作用。两种效应相互交织，我们构建计量模型分别对两种效应进行了评估。

基础设施投资对经济增长的拉动作用。过去 40 年，中国经济增长属于投资驱动型，投资是经济增长的主要动力，而基础设施投资是其中一个重要部分。在基础设施投资中，公路和铁路投资又占较大的比例。例如，2003—2014 年，道路运输业固定资产投资年均增长 19.0%，铁路运输业固定资产投资年均增长 24.4%。据估计，1 000 公里的高速公路建设需要约 100 万吨的钢材、900 万吨水泥、80 万吨沥青，同时需要大量大型机械设备和工人劳动力。基础设施建设也是地方政府拉动经济的重要手段之一。大规模基础设施投资直接拉动经济增长，同时带动相关产业发展并解决大量就业。在考察基础设施建设对于提高经济效率的贡献时，需要扣除基础设施建设本身对经济增长的直接贡献。

更重要的在于基础设施对经济效率的提升。一是运输效率。缩短城市间货物运输的时间，降低货物运输成本，使一个地区居民消费的可及范围进一步扩大，加快了货物流动速度，增加消费种类和便利，释放了部分消费潜力。二是规模效应。货物运输的范围愈发广阔，使得企业可以扩大生产规模，进一步发挥比较优势，将更多的产品销往全省乃至全国，获得更大的规模效应。不同地区之间将依据比较优势，专注于某些产业实行规模化生产，极大地提高了生产效率。三是要素流动。交通便利促进资本和人的跨区域流动，带动资源在全国范围内重新配置，提升配置效率，同时也带动技术扩散，提高全要素生产率。

实证分析结果显示两种效应都十分显著。为分析铁路和公路建设对经济增长的影响，因变量选择各省每年的GDP实际值，自变量选择各省份的历年铁路或公路里程的增加量，即考察铁路或公路投资对经济总量的直接拉动作用；添加铁路或公路里程的滞后项，即考察存量基础设施对经济效益的影响。回归结果显示，铁路或公路里程的滞后项系数十分显著，说明基础设施对提高经济效率和促进经济增长具有显著作用。同时，基础设施增量与经济总量相关度也很高，说明基础设施投资对经济增长具有直接贡献。

三、人口流动更加自由

与其他因素不同，地方政府在人口管理方面的主动权相对较低，更多地是按照中央统一政策执行，通过对人口迁出的许可和对人口迁入的落户政策来调节人口流动。中央政府的历次人口管理政策都对人口流动产生了较大影响，改革开放以后人口流动逐步增多，特别是2005年以后加快建设城乡统一的劳动力市场等一系列政策措施出台后，全国性人口流动更加自由，人口流动规模明显扩大。人口流动更加频繁后，人口逐步向城市特别是东部沿海城市集聚，为重要产业发展提供了大量低成本劳动力，推动地区间产业分工，有效打破了地方壁垒。从省际面板数据计量回归的结果看，几次重要的人口管理政策改变，有效解除了政策对人口流动的行政限制，顺应了市场经济发展潮流，加快了全国劳动力统一市场形成，大量人口流动也为经济发展提供了源源不断的动力。

（一）如何看待人口流动

人口流动应与经济发展水平相适应。我国经济从最初的农业经济占比最高，再发展轻工业和重工业成为主导产业，再到服务业逐步壮大成为第一大产业，产业结构伴随经济发展不断升级，对劳动力的需求也在不断发生改变。农业经济基本实现自给自足，农民可以自行耕种，很少进行大规模劳动力雇用，对人口流动要求较低。工业经济特别是早期的轻工业对劳动力提出了大量需求，工业部门的就业收入也远高于农业部门，经济发展对劳动力提出了需求，农业生产的剩余劳动力也具有迁徙的愿望，这对国家人口管理政策提出了强烈的放宽要求，只有政策上允许人口自由流动，以及为流动人口提供必需的生活保障，这种人口流动才能合法合规成规模地开展。同时，大量人口流动为产业发展提供了低成本劳动力，干中学也培养了大批产业工人，为进一步产业升级提供了后备力量，特别是随着义务教育、高等教育、职业教育的普及，我国劳动力人力资本大幅提升，共同推动经济发展。可见，人口流动是经济持续发展的重要动力和必要条件。

政府在人口流动中扮演着重要角色。新中国成立以来，我国的户籍管理制度大致可划分为三个阶段，1958 年以前基本属于自由迁徙阶段，1958—1978 年对人口迁徙进行了严格控制，1978 年以后人口流动逐步放开。1950 年，我国开始启动户籍制度，1951 年公安部正式颁布《城市户口管理暂行条例》，这是新中国成立后最早的一个户籍法规，从而基本统一了全国城市的户口登记制度，1953 年在第一次全国人口普查的基础上，大部分农村建立起了户口登记制度。针对人口迁徙，1954 年的《中华人民共和国宪法》明确规定公民有“迁徙和居住的自由”。但是，随着大量农村人口流入城市，国家对人口流动进行了管理和限制，特别是 1958 年颁布的《中华人民共和国户口登记条例》，对人口自由流动进行严格限制，区分“农业户口”和“非农业户口”两种不同户籍，1975 年的宪法更是取消了有关迁徙自由的规定。[①②] 随着改革开放持续推进，社会主义市场经济逐步确立，对人口迁徙和居住的政策又逐步放开，包括允许农民自理口粮进集镇落户[③]，农业户口转非农业户口[④]，对就业和购房者办理城镇常住户口等[⑤]，再到后来放开小城镇常住户口办理。目前，一些大城市对户籍仍执行严格管理制度，但也对流动人口实行工作证制度等政策。由此可见，为促进劳动力统一市场形成和经济发展，政府政策对于人口迁徙和居住发挥了关键和积极作用。

流动人口主要指常住人口与户籍人口之间的差额。流动人口可能会有多种定义，比如，与常住人口相对应的，仅在某一地区停留不超过 6 个月的人口。本文所指的流动人口，是指某一地区常住人口中扣除户籍人口后剩余部分，主要是外来人口，既包括在当地常住但未获得户籍的人口，也包括在当地暂时居住的人口。对于一个地区，流动人口既可能为负也可能为正，如果常住人口大于户籍人口说明该地人口净流入，反之说明该地人口净流出。对于全国而言，全部常住人口之和应该等于全部户籍人口之和。当前，一线城市和部分二线城市都是大量人口净流入，例如，北京、上海、深圳以及一些省会城市，人口净流出的省份主要是一

① 参考百度百科。

② 1977 年 11 月，国务院批转公安部《关于处理户口迁移的规定》。

③ 1984 年 10 月，国务院发布《关于农民进入集镇落户问题的通知》。

④ 1997 年 6 月，国务院批转公安部《小城镇户籍管理制度改革试点方案和关于完善农村户籍管理制度的意见》。

⑤ 1998 年 7 月，国务院批转公安部《关于解决当前户口管理工作中几个突出问题的意见》。

些人口大省和一些中西部经济发展相对滞后的省份。

（二）人口迁徙与经济参与度

户籍制度对于人口流动具有重要影响，特别是很多公共服务与户籍相关，例如教育、医疗、社保等重要社会资源，所以历次户籍制度改革都对人口迁徙产生了深远影响，特别是2005年以来大幅放宽城市落户政策后，人口流动明显加速，流动人口规模大幅扩张，户籍制度与人口流动之间具有显著相关性。

1977年恢复高考拓展了求学进城的通道。1977年恢复了停止10年的全国高等院校招生考试，以统一考试、择优录取的方式选拔人才上大学，招生对象包括工人、农民、上山下乡青年、复员军人、干部和应届高中毕业生等。1977年冬季，570多万人参加了恢复高考后的首次考试，1978年高考报名人数超过600万人，两届学生分别在1978年春季和秋季入学，相隔仅差半年。高考制度的恢复，使中国的人才培养重新步入了健康发展的轨道。越来越多的高等院校毕业生和大中专毕业生留在城市工作，这不仅改变了几代人的命运，也加速了人才流动，为城市建设和全国经济发展奠定了良好的人才基础。

非公经济迅速发展推动农村劳动力向城市流动。1992年，邓小平南方谈话掀起了中国经济改革的又一个高潮，进一步加大改革开放力度，非公经济迎来快速发展期，对劳动力提出了巨大需求。此时，农村存在大量闲置劳动力，随着城市粮食供应制度的取消，农村劳动力加快向城市流动，解决了城市廉价劳动力问题，农民工在干中学过程中成长为产业工人，推动实现了城镇化和产业化。这一时期，中央政府强调要根据城市发展需求合理引导农村劳动力进城务工，但是地方政府往往限制农村劳动力进城，对外来务工人员存在歧视性政策。

2005年以后加快建设城乡统一的劳动力市场政策陆续出台。2005年4月4日，国务院发布《关于2005年深化经济体制改革的意见》（国发〔2005〕9号），明确要求加快建设城乡统一的劳动力市场。进一步改革劳动就业管理制度，清理对农民进城务工的不合理限制政策和乱收费，取消各种对农村劳动力就业的歧视性规定。进一步改革户籍管理制度，促进农村富余劳动力合理有序转移。选择部分具备条件的城市开展城乡一体化劳动力市场的试点工作。作为上述《意见》的落实政策，2006年1月31日，国务院发布《国务院关于解决农民工问题的若干意见》（国发〔2006〕5号），要求进一步做好农民转移就业服务工作。各级人民政府要把促进农村富余劳动力转移就业作为重要任务。要建立健全县乡公共就业服务网络，为农民转移就业提供服务。并且要求高度重视农民工社会保障工作，农民工纳入工伤保险范围，抓紧解决农民工大病医疗保障问题，探索适合农民工特点的养老保险办法。而且要切实为农民工提供相关公共服务，把农民工纳入城市公共服务体系，保障农民工子女平等接受义务教育，加强农民工疾病预防控制和适龄儿童免疫工作，多渠道改善农民工居住条件。这一轮户籍制度改革对人口迁徙落户条件大幅放宽，并在各类配套措施方面给予了极大支持，从实践效果看，切实起到促进人口流动的效果。

2005年以后流动人口规模显著增加。将各省的常住人口数减去户籍人口数获得流动人口数，并将人口净流入省份的流动人口数求和，可以得到全国整体流动人口规模。加总人口净流入省份的净流入人口数量，可以得到图4.3，从图中可以看出，2008年开始流动人口规模快速增加，截至2019年底，这些人口净流入省份的流动人口规模已经超过6000万人。1987—2005年，流动人口规模由395.68万人增加到3351.26万人，年均增加164.20

万人，2005 年前后流动人口规模增长速度有所放缓，2009 年开始流动人口再次快速增加，2019 年流动人口规模增加到 6224.53 万人。实际上，人口普查数据显示全国流动人口规模远超过上述方法计算得到的规模。2020 年第七次全国人口普查显示，全国跨市流动人口为 37582 万人，与 2010 年相比增长 69.73%，其中跨省流动人口为 12484 万人，我国流动人口规模快速扩大。2005 年以后户籍管理制度和人口流动政策逐步放开，大量人口涌入经济发达省份，例如广东、上海、北京、浙江等地。而人口净流出省份主要集中在河南、贵州、四川、安徽、广西等。

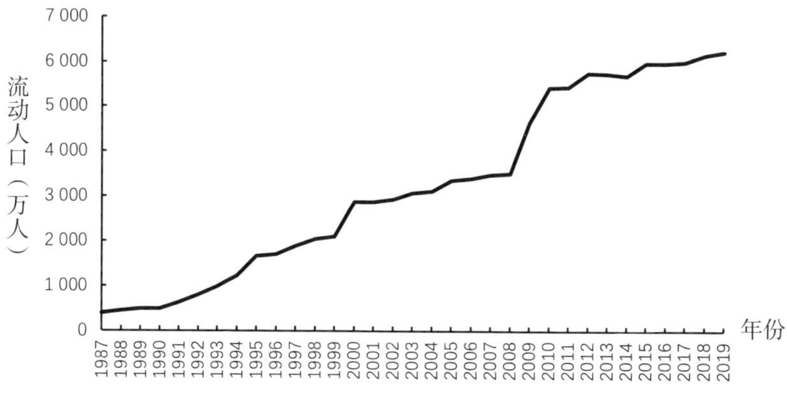

图 4.3　人口净流入省份流动人口总数

数据来源：WIND；经作者计算得到。

实证分析结果显示，户籍管理制度改革对人口流动影响显著。因变量选择各省每年的流动人口数量，即各省每年的常住人口数与户籍人口数的差额；自变量选择各省区市的历年人均 GDP；设计虚拟变量代表户籍制度改革，即 2004 年以前为 0，2005 年以后为 1；增加虚拟变量与人均 GDP 的交叉项。用流动人口数量，对各省区市的历年人均 GDP、户籍制度改革虚拟变量以及两者的交叉项进行回归分析。回归结果显示，虚拟变量和虚拟变量与人均 GDP 交叉项的系数都十分显著，说明 2005 年户籍制度改革对人口流动确实产生了较大影响。户籍制度改革的综合影响下，人口流入流出平衡点的人均 GDP 水平约为 4.8 万元，人均 GDP 水平在此之上则更容易吸引人口净流入，人均 GDP 水平在此之下则更可能造成人口净流出。

（三）人口流动与经济增长

人口流动对经济增长的影响主要分两个渠道，一个是存量流动人口本身对经济增长的推动作用，另一个是新增流动人口对经济增长的促进作用。两种效应相互交织，我们将构建计量模型分别对两种效应进行评估。

新增流动人口对经济增长的拉动作用。过去 40 年，中国的产业发展主要是劳动密集型产业，农村剩余劳动力由农村向城市工业转移，构成经济增长的重要动力，外来人口更是对东部沿海地区发展做出了重要贡献。近年来，各地更是展开了人口争夺战，特别是具备一定技能的高素质人才，成为各地人才竞争的焦点。随着我国经济迈向高质量发展，人才成为未来地方经济发展的核心资源，这就足以说明新增人口对于经济发展的重要性。

更重要的在于存量流动人口对经济增长的持续贡献。大量流动人口进入城市后已经成为常住人口，构成这些城市人口不可或缺的一部分。这些流动人口分布在各行各业，并且长期以来积累了重要的人力资本，一直为当地经济发展做贡献。而且，这些人口具有一定机动性，如果某些地区经济发展潜力下降，他们更容易选择跨地区流动，进入生产效率更高的地区或部门，这对于提高资源配置效率具有重要意义。

实证分析结果显示两种效应都较为显著。为分析人口流动对经济增长的影响，因变量选择各省份每年的人均 GDP；自变量选择各省区市的流动人口的增加量，即考察新增流动人口对经济总量的影响；添加流动人口的滞后项，即考察存量流动人口对经济效益的影响。回归结果显示，流动人口的滞后项系数十分显著，说明存量流动人口确实对经济增长具有促进作用。同时，新增流动人口与经济总量相关度也很高，流动人口增量越大的地区，经济发展水平越高。需要注意的是，流动人口增量的系数主要反映了人口流入对经济增长的直接贡献，而流动人口存量的系数主要反映了原有流动人口在经济发展中发挥的重要作用。

四、打破地区贸易壁垒

中央政府历次关于打破地方贸易壁垒的举措中，2001 年的《国务院关于禁止在市场经济中实行地区封锁的规定》（国务院令第 303 号）最为严厉，加之后续的一些配套政策，切实为打破地区封锁起到了一定作用。此后，地方采取的封锁行为有所收敛，地区间商品流动增多，地区间产品竞争加剧，竞争力强的商品市场份额逐步扩大。从省际面板数据计量回归的结果看，2001 年禁止地区封锁的禁令确实约束了地区封锁行为，有效解除了地方行政干预对商品流动的种种限制，顺应了市场经济发展潮流，加快了全国商品统一市场形成，地区间分工也更加普遍，地区间发挥比较优势也为经济发展提供了重要动力。

（一）如何看待地区封锁

地区封锁的产生与经济体制有关。地方封锁是指地方政府滥用行政权力，对本地企业和外地企业实行差别待遇，或者对本地企业的不正当竞争行为视而不见，从而阻止外地产品乃至资本进入本地市场，以保护本地企业的发展。一是财税体制，分税制使得地方政府努力扩大本地经济规模，特别是增值税在出厂环节征收，即便一个企业利润较差不能缴纳所得税，仍然可以缴纳可观的增值税，导致地方政府有动力保护本地企业的生产和发展，排斥外来商品挤占市场。二是干部考核体制，“唯 GDP 论英雄”的政绩考核制度激励地方干部努力扩大本地的经济规模，维护本地企业的利益，同时也可以扩大本地就业，提高当地经济发展水平和居民生活水平。三是行政管理体制，很长一段时期地方行政管理部门都是由地方政府管理，其行为受到地方政府的影响，变成地方封锁的行政手段，而不是市场统一的维护者，所以后来陆续实施各类行政管理部门的省级以下垂直管理。四是司法体制，司法机构的设置以及人员配备是属地化的，这为地方政府干预司法和执法，从司法上保护分割市场的行为创造了条件，即便是垂直管理的行政管理部门对地方企业不正当竞争行为做出行政处罚，在向司法机关复议时，也会出现维护地方企业利益的判决。

以往地区封锁现象较为普遍。例如，啤酒行业地区封锁十分严重。1997 年，全国啤酒总产量达到了 1866.5 万吨，基本各地政府都有自己扶持的啤酒品牌，全国共有 500 多家啤酒企业，但是年产量没有超过 100 万吨的企业，即便是一些知名品牌在全国市场占有率也较低。啤酒行业市场分割的一个重要原因在于地方保护，因为啤酒企业历来是地方的利税大户，为了维护自身的利益，地方政府通过设置各种有形或无形的进入障碍，如设置质量检测标准和各种税费，提高外地啤酒企业的销售成本，甚至通过明令禁止外地啤酒在本地的销售等手段，限制外地品牌进入本地销售（李杰、孙群燕，2004）。

地区封锁限制资源配置效率。由于早期地方具有品类相对齐全的工业，例如毛纺厂、糖厂、奶粉厂、啤酒厂等，地区封锁限制了地区间产品竞争，使得各地的产品种类较多，但生产规模比较有限。因此，地区封锁影响资源配置效率主要有几个方面。一是难以实现规模效应。各地企业生产仅供当地居民消费，人口数量有限，无法扩大生产规模，由于工业企业具有很强的规模效应，随着生产规模扩大，单位产量成本也会随之下降，那么地区封锁就抑制了通过扩大规模降低成本。二是难以发挥比较优势。由于各地的资源禀赋各异，产业积累不同，工人技术存在差异，不同地区会有各自的优势行业，地区封锁导致一个地区无法专注优势行业扩大生产，而是将资源平铺在各行业之间，比较优势难以发挥。三是缺乏有效竞争。由于地方保护存在，企业缺乏忧患意识和竞争意识，缺乏改进工艺、提升质量的动力，导致产品质量长期难以提升，生产成本较高。四是难以满足群众需要。当地居民选择外地商品的可获得性很差，或者获取成本很高，只能选择本地产品，对于居民而言，地区封锁导致居民福利下降。

（二）打破地区封锁与促进商品流动

地方保护主义一直存在，地区壁垒和封锁难以打破，尽管中央政府三令五申，但“诸侯经济”依然盛行，中央政府采取诸多举措，例如采用省级以下垂直管理，避免地方政府行政干预，包括质检、工商、物价等方面，随着各项举措实施，地区封锁有所缓解，全国统一市场加快形成，尽管当前全国统一市场还存在较多壁垒，但地方保护得到明显遏制。

2001 年以后各项打破地区封锁的政策发挥实效。2001 年 4 月 21 日，国务院发布《关于禁止在市场经济活动中实行地区封锁的规定》（国务院令第 303 号），明确要求地方各级人民政府及其所属部门不得违反法律、行政法规和国务院的规定，实行下列地区封锁行为：（1）以任何方式限定、变相限定单位或者个人只能经营、购买、使用本地生产的产品或者只能接受本地企业、指定企业、其他经济组织或者个人提供的服务；（2）在道路、车站、港口、航空港或者本行政区域边界设置关卡，阻碍外地产品进入或者本地产品运出；（3）对外地产品或者服务设定歧视性收费项目、规定歧视性价格，或者实行歧视性收费标准；（4）对外地产品或者服务采取与本地同类产品或者服务不同的技术要求、检验标准，或者对外地产品或者服务采取重复检验、重复认证等歧视性技术措施，限制外地产品或者服务进入本地市场；（5）采取专门针对外地产品或者服务的专营、专卖、审批、许可等手段，实行歧视性待遇，限制外地产品或者服务进入本地市场；（6）通过设定歧视性资质要求、评审标准或者不依法发布信息等方式限制或者排斥外地企业、其他经济组织或者个人参加本地的招投标活动；（7）以采取同本地企业、其他经济组织或者个人不平等的待遇等方式，限制或者排斥外地企业、其他经济组织或者个人在本地投资或者设立分支机构，或者对外地企业、其他经济组织或者个人在本地的投资或者设立的分支机构实行歧视性待遇，侵害其合法权益；（8）实行地区封锁的其他行为。

地区封锁得到遏制后商品流动明显加快。仍以啤酒为例，2001 年知名品牌啤酒产量明显增加。经过长期竞争，啤酒行业形成了一些全国性或区域性知名品牌，例如，青岛啤酒、燕京啤酒、雪花啤酒、哈尔滨啤酒、珠江啤酒，以及金威啤酒、雪津啤酒、重庆啤酒、百惠啤酒等，这些啤酒企业总部主要集中在山东、北京、黑龙江、广东、河南、重庆、福建、湖南等地，同时一些全国性知名品牌也在消费地设厂生产啤酒，总体看，这些地区生产的啤酒销量较大，推广程度较高。近些年，我国啤酒行业市场集中度进一步提高，如图 4.4 所示，前五名所占市场份额从 2017 年的 75.6%，上升到 2020 年的 92%。啤酒在地区间流动的难度下降，知名品牌在 2001 年以后，特别是 2007 年以后产量明显增加，这与这些品牌在区域或全国推广密切相关，从侧面也反映出地区封锁有所减弱。

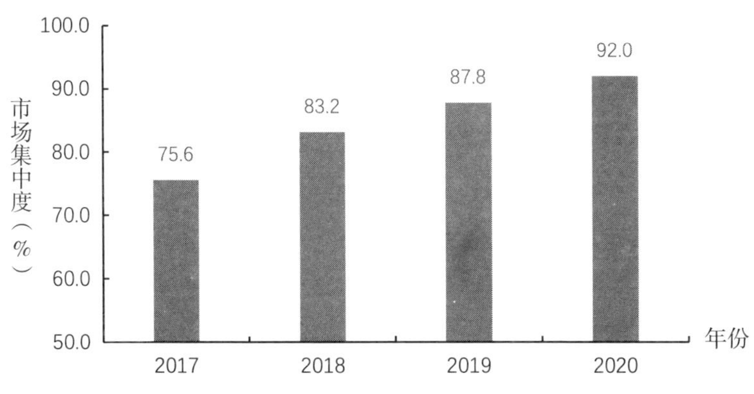

图 4.4　啤酒行业市场集中度

数据来源：中国酒业协会、前瞻产业研究院整理。

实证分析结果显示，打破地区封锁政策对啤酒销售影响显著。因变量选择各省每年的啤酒产量，自变量选择各省区市的历年 GDP 和人口数；增加类别变量，知名啤酒企业所在地为 1，其他地区为 0；设计虚拟变量代表打破地区封锁政策，即 2001 年以前为 0，2001 年以后为 1；增加虚拟变量与 GDP、人口数和类别变量的交叉项。回归结果显示，虚拟变量的系数十分显著，虚拟变量与类别交叉项的系数也十分显著，对于知名啤酒品牌所在省份两者合并系数为正，而对于其他省份两者合并系数为负，说明将这一时间段划分两段，在 2001 年以后这些知名品牌所在省份产量明显增加，而其他省份产量相对减少，说明啤酒在不同省份间流动性增加，品牌集中度有所提升。

五、政府间关系与经济增长

通过完善的机制设计，我国政府间形成了有效的竞争合作关系，实现了中央与地方政府的决策一致性，政治治理黏合度和经济可进入性不断提高，使得经济保持了长期高速增长。地方政府竞争达到促进政治治理黏合度和经济可进入性的作用，总结起来，主要体现在以下几个方面。

（一）提高中央政府统筹能力，增强各级政府行为一致性

地方政府面临行政和经济两方面主要激励机制，行政方面上级政府通过对下级政府的绩效考核决定着地方政府官员的职位变动与升迁，经济方面上级政府通过对下级政府的税收返还、转移支付和奖补资金等决定着地方政府的财政资金资源。通过完善优化地方政府的激励机制，可以提高中央政府的话语权，增强中央政府的宏观调控能力。通过加强干部管理、优化干部任免机制等完善了行政激励机制，通过分税制改革等增强了政府特别是中央政府的调控能力，从而提升地方政府对中央政府决策的执行力度，各级政府决策一致性提高，进而增强了政治治理黏合度。

（二）打破“地方封锁”，建设全国统一市场

起初的地方竞争存在严重的“地方封锁”现象，各地纷纷建立小而全的产业体系，地区间经贸交流水平较低，严重影响了经济生产效率。国家在行政体制上建立垂直管理体系，质检、工商、物价、税务、司法等领域都加强了上级政府对下级政府的领导，极大降低了地方政府的行政干预。通过大规模的全国性区域性基础设施建设，实现了全国互联互通。通过恢复高考完善求学机制、农民工向城市产业转移、完善户籍管理制度等，实现了人口的自由迁徙。通过放宽市场准入，鼓励市场经济发展和自由贸易，实现了商品的自由流动。通过重构经济社会管理体制机制，促进了规则框架下的地方政府有效竞争，政府间的冲突矛盾和恶性竞争得以遏制，政府治理黏合度随之提高，同时经济对内开放度极大提高。

（三）鼓励地方试点，经验快速复制推广

在地方竞争过程中，中央政府对地方政府经济建设鼓励包容，地方政府发挥主观能动性，对于新兴事物的发展开展了一批又一批试点工作，其中出现大量的成功案例、积累了宝贵经验，这些做法和经验通过地方交流学习等方式快速向全国普及。这些在地方经济建设中表现突出的政府官员，一般都会得以重用，被委以重任，调任上级政府或其他地方开展工作，他们会将其管理经验带到更多地方。通过开展定点帮扶和对口支援等形式，在人员、资金、技术等方面，发达地区给欠发达地区大力支持，帮助这些地区实现生产力快速提升。由于有效的经验复制推广，各地区对经济发展模式和经济绩效的认同度比较高，更容易在全国范围内达成共识，从而提高了政治治理黏合度，在这个过程中，经济建设步伐也得以加快。

（四）要素充分自由流动，形成全国产业分工

随着“地方封锁”被打破，人员、资金、技术可以自由流动，各种要素在寻求自身收益最大化的过程中，各类要素开始向要素回报率较高的地区汇聚，这些地区的比较优势得以体现，各地区形成了不同的产业集群，规模经济效应逐步体现，全国形成了你中有我、我中有你的产业分工合作格局，全国统一市场逐步形成。随着新产品、新技术、新模式的不断涌现，企业之间、地区之间的分工更加精细化，企业生产经营更加专业化、规模化，在全球市场上的竞争力进一步提升，更有利于深入融入全球产业链价值链，外部市场与内部市场形成良性互动，经济对内、对外开放度持续提高。

（五）形成正向竞争导向，地方营商环境持续优化

目前，我国经济正处于迈向高质量发展的重要时期，地方经济的发展和转型升级更多地要吸引专业技术人才，各地政府都高度重视改善企业经营环境，持续推进“放管服”改革，大力推进减税降费，营商环境持续改善，政府与企业关系不断优化。政府高度重视改善人民福祉，教育、医疗、养老等公共服务水平稳步提升。这些都进一步增强了政治治理黏合度，同时地方竞争更是促进了资源的优化配置，提高资源配置效率，促进技术进步和技术扩散，提高了全要素生产率和经济增速。

第五章　产业园区支撑制造大国

改革开放40多年来，产业园区在政策试点、制度创新、产业成长与升级、创造就业与税收、打造经济增长点、带动区域经济发展等方面发挥了重要作用。一方面，产业园区突破现有体制和政策框架，在吸引外资、开拓市场、创新管理体制等方面先行先试，对外发挥着开放窗口的职能，对内发挥着集聚资本、劳动力、技术等生产要素的平台职能，显著提高了我国经济对内对外的可进入性；另一方面，产业园区发展经验的总结与推广，带动了更多地区、更多行业的发展，支撑了重要产业的成长与升级，在更大范围内凝聚了改革开放的共识，提高了经济可进入性，使得各项政策的制定与落实以及政治治理更加黏合，对中国经济增长做出了重要贡献。

一、产业园区在中国的出现与发展

产业园区经济是中国经济发展过程中比较有特色的一种模式。其主要的特点在于将生产要素以及相关政策在一定区域和一定时间内进行高效集中，培育该区域特定的经济职能和支柱产业，带动和引领更多领域、更大范围的发展。早在改革开放初期，中国政府就提出了以经济开发区为基础的园区经济发展框架，自此打开了中国现代园区经济发展的先河。通过定点试验、部分推广、全国普及的阶段性发展，园区经济凭借其高效率、正外部性、强针对性等优势，在中国经济增长中扮演了非常重要的角色。经过 40 多年的发展，已经形成了具有中国特色的园区搭建和管理范式。截至 2020 年 10 月，国内已经成立了 475 家国家级产业园区，其中经济技术开发区 219 家，高新技术产业开发区 169 家，出口加工区 57 家，边境经济合作区 17 家，保税区 13 家。[①] 这些园区已经成为国民经济发展的一个重要支撑和新的增长点，成为国家发展中的创新高地、产业高地、人才高地。以高新区为例，2019 年我国 169 家国家高新区实现生产总值 12.2 万亿元，占全国国内生产总值的 12.3%；上缴税费 1.9 万亿元，占全国税收收入的 11.8%；国家高新区的企业研发支出为 8 259 亿元，占全国企业总投入的半壁江山；国家高新区发明专利的授权量占全国的 37.5%，PCT 国际专利申请量占全国的 44.7%；每 1 万从业人员

---

① 数据来源：国家级工业园区名单（2020 年 10 月版），中华人民共和国商务部网站，http://www.mofcom.gov.cn/xglj/kaifaqu.shtml。

拥有有效发明专利 388 件，是全国平均水平的 11.3 倍。[①]

（一）中国引入产业园区经济的时代背景

产业园区经济在中国的发展有着特殊的时代背景，并且由生根发芽到遍地开花经历了一个相当曲折的过程。一定意义上讲，园区经济在中国的发展是特定历史环境的产物。

20 世纪 50 年代以来，全球经济呈现出新的态势。从经济趋势看，战后科技革命蓬勃发展，在美国的西南海岸，大量的半导体相关行业开始聚集，诸如斯坦福等著名高校也开始依托校园力量为青年创业者搭建相关的创业平台和基础设施，形成诸多的产业园区，高新技术产业开始大量聚集，微电子产业飞速发展，在开放、创新、容错的基本理念之下，逐步成长为全球首屈一指的科技中心，惠普、英特尔、思科、甲骨文、苹果、英伟达等大型公司在此成长，成为战后美国经济的重要增长极。与此同时，美国 128 公路高技术带、北卡罗来纳三角研究园，英国的剑桥科技园、苏格兰高科技区等园区如雨后春笋般不断出现，高新技术与产业园区结合成为新时期重要的经济发展模式，这都给刚刚步入改革开放的中国提供了重要的启示。除此之外，以日本筑波科技城、韩国大田科学院、新加坡裕廊工业区、中国台湾新竹科学园为代表的重要产业园区相继出现，并在 20 世纪 70 年代飞速发展。新一轮的产业园区带动之下，日本成长为全球第二大经济，亚洲“四小龙”迅速腾飞，周边经济体通过产业园区的带动实现了经

① 数据来源：2020 年 7 月 23 日国务院政策例行吹风会，中华人民共和国中央人民政府门户网站，http://www.gov.cn/xinwen/2020-07/23/content_5529625.htm。

济的迅速发展，不断出现的成功案例给中国提供了很好的经验（王肇嘉，2014）。

20世纪80年代初期，全球信息化浪潮风起云涌，关于世界各地高科技产业园区的相关信息以及理论著作不断的传入国内，诸如《第三次浪潮》《大趋势：改变我们生活的十个新方向》《后工业社会的来临》等一批海外著作被介绍引入中国，给中国的思想界提供了新的视角，并引发了广泛的讨论。1983年开始，中国思想界针对高新技术产业究竟是技术革命还是产业革命展开了大讨论。一种观点认为高新技术实际上是一种产业结构和社会结构变化的体现，而非简单的生产技术的革命。另一种观点则认为这种所谓的产业革命其实并不存在，不过是资本主义的自我美化。1983年10月9日，时任国务院总理赵紫阳在中南海召开座谈会，发表题为《应当注意研究世界新的技术革命和我们的对策》的讲话，其中就谈及了奈斯比特的著作《大趋势》[1]。1983—1985年，相关部门组织了若干场专家论证，讨论如何应对新技术革命的挑战，前后参与讨论的专家超过2000人，并确定了抓住高新技术革命契机的思路。1984年6月国家科委《关于迎接新技术革命挑战和机遇的对策》的报告呈送国务院，明确提出要制定新技术园区和企业孵化器的政策，要大胆实践。这为产业园区政策的诞生打开了大门。1986年11月，中国"高技术研究发展计划"正式实施，与此相配套的是高新基础产业开发区试点的成立。

---

① 更多细节可参考柳红（2010）。

（二）产业园区在中国的发展历程

从 1979 年中国第一家产业园区 —— 蛇口工业区建立至今，中国产业园区已走过了 40 多年的历史。根据新设立产业园区数量、产业园区管理机制演变及产业园区所发挥的作用等，可大致将产业园区的发展历程分为五个阶段，分别为初始探索阶段（1979—1983 年）、逐步培育阶段（1984—1991 年）、快速成长阶段（1992—2002 年）、稳定发展阶段（2002—2008 年）和创新升级阶段（2009 年至今）。

1. 初始探索阶段（1979—1983 年）。1979 年，蛇口工业区的成立拉开了我国产业园区建设的序幕。该阶段的产业园区发展处于探索期，发展过程中大体以中央政策指导为主，鼓励地方试点、快速探索。在管理模式上，产业园区以政策优惠和程序简化为两条主线，通过企业准入、关税优惠等领域的相关政策，建立吸引外资、鼓励创业的外向型经济开发区。以蛇口工业区为例，其定位是通过发展劳动密集型产业带动中国外向型经济的发展，这与中国当时的国情及在国际市场的比较优势相符。同时，蛇口工业区大胆尝试员工奖励制度，提出“时间就是金钱，效率就是生命”，成为企业打破“铁饭碗”的先行者，在政策创新、体制机制创新方面真正做到了先行先试。同时，蛇口工业区创新性地允许民营企业发展，使得许多大型民营企业得以由此生根发芽，例如华为、万科、平安都是从蛇口工业区发展起来的。1981 年，国务院召开了广东、福建两省的工作会议，提出十条重要意见，为产业园区的进一步明确了方向，也成了日后机制改革的参考蓝本。

2. 逐步培育阶段（1984—1991 年）。这个阶段，以我国在沿海地区设立 14 个经济开发区和 27 个高新技术产业开发区为标志[①]，东部沿海省份、直辖市的产业园区相继起步，每个省市建立了2—4个产业园区不等，甚至中西部省份也开始建立自己的第一个产业园区，全国产业园区发展的第二梯队逐步形成。在这个阶段，产业园区仍以劳动密集型产业为主，产业结构相对单一，但国家在地方立法、土地划拨、优惠政策方面给予大量支持。例如，1985年出台的《广州经济技术开发区暂行条例》，对外商投资企业在国务院相关规定的基础上给予了更多的优惠。同时，各园区积极学习、大胆尝试，围绕招商引资大力开展软硬件设施建设。此时的园区管理制度也出现一定的突破。以中关村科技园区为例，1988年5月，国务院批准成立我国第一家高新区——北京市新技术产业开发试验区，即中关村科技园区的前身。中关村科技园区管理委员会作为北京市政府派出机构对园区实行统一领导和管理。此外，在土地使用方面，上海虹桥率先实行土地批租

---

① 首批14个经济技术开发区于1984—1988年先后获批复成立，分别为秦皇岛经济技术开发区、宁波经济技术开发区、青岛经济技术开发区、烟台经济技术开发区、大连经济技术开发区、湛江经济技术开发区、天津经济技术开发区、南通经济技术开发区、连云港经济技术开发区、广州经济技术开发区、福州经济技术开发区、虹桥经济技术开发区、闵行经济技术开发区和漕河泾新兴技术开发区。首批27个高新技术产业开发区于1991年3月获批复成立，分别为中关村科技园区、武汉东湖新技术开发区（光谷）、南京高新技术产业开发区、沈阳高新技术产业开发区、天津新技术产业园区、西安高新技术产业开发区、成都高新技术产业开发区、威海火炬高技术产业开发区、中山火炬高技术产业开发区、长春高新技术产业开发区、哈尔滨高新技术产业开发区、长沙高新技术产业开发区、福州高新技术产业开发区、广州高新技术产业开发区、合肥高新技术产业开发区、重庆高新技术产业开发区、杭州高新技术产业开发区、桂林高新技术产业开发区、郑州高新技术产业开发区、兰州高新技术产业开发区、石家庄高新技术产业开发区、济南高新技术产业开发区、上海高新技术产业开发区、大连高新技术产业开发区、深圳高新技术产业开发区、厦门火炬高技术产业开发区、海南国际科技工业园。

制度，广州开发区进行了第一块工业用地出让。在权限下放方面，大连开发区于 1986 年调整了一系列扩大企业用人自主权、简化办事程序的机制。截至 1991 年，14 个国家级经开区共实现工业产值 145.94 亿元，税收 7.90 亿元，出口 11.4 亿美元，合同利用外资额 8.14 亿美元，实际利用外资 3.61 亿美元。截至 1991 年底，累计利用外资 13.74 亿美元。其中 1985—1991 年，14 个国家级经开区 GDP、工业增加值、出口以及实际利用外资的平均增幅为 133%、32.4%、75.5%、43.1%。1991 年，27 个国家级高新区实现营业总收入 87 亿元，工业总产值 71 亿元，出口创汇 1.8 亿美元（同济大学发展研究院，2014）。

3. 快速成长阶段（1992—2002 年）。邓小平第二次南方谈话后，我国改革开放事业开启新阶段，产业园区的发展明显提速，与产业园区相关的制度建设和立法规范不断完善。1991 年，国家层面出台了第一部产业园区有关的规范性文件——《国家高新技术产业开发区若干政策的暂行规定》，各地加快根据国家相关法律、法规制定出台产业园区管理条例，明确产业园区定位、发展目标和改革试验。该阶段内，16 个省市先后共出台了 22 份产业园区相关的法律规范性文件，相比过去十年有了大幅提升。同时，政府将园区的经营管理权进一步下放给园区管理机构，园区有更多的自主权进行市场化经营，并在外资引进、土地开发、产业聚链等方面机制进行优化，产业开始逐渐由劳动密集型产业向资本密集型产业转变，不同园区的主导产业在更加多元化的同时也开始沿着产业链上下游延伸，各种配套设施及服务业随之建立起来。例如，苏州工业园创新性实施小分队、多批次“敲门招商”，注重运用以商引商、中介代理招商、行业主题招商等手段，建立了灵活有效的招商机制。再如，昆山经济技术开发区在 20 世纪 90 年代初，通过将电子信息产业确立为主导产业之一，通过拉长产业链，引进龙头型大项目，发挥产业集聚效应，更以灵活的机制配套招商，使电子信息产业发展成为昆山经开区第一支柱产业。随着园区规模越来越大，进入企业越来越多，园区开始重视为企业提供行政、代办等商务配套服务以及教育卫生、商业休闲等生活配套服务，以降低企业行政成本与工人生活成本。第三产业的发展进一步改变了园区内结构单一、经济功能单一的局面。截至 2002 年，我国 54 个国家级经开区的 GDP、工业总产值、工业增加值、上缴税收、实际利用外资、出口创汇分别为 3 110 亿元、7 867 亿元、2 210 亿元、500 亿元、77.4 亿美元、275 亿元，与 1992 年相比，工业总产值、上缴税收、实际利用外资、出口创汇分别增加 29、36、20、13 倍。2002 年，53 个国家级高新区的营业收入、工业总产值、工业增加值、净利润、上缴税收、出口创汇分别为 15 326 亿元、12 937 亿元、3 286 亿元、801 亿元、766 亿元、329 亿元，与 1992 年相比，营业收入、工业总产值、净利润、上缴税收、出口创汇分别增加 65、68、21、77、142 倍（同济大学发展研究院，2014）。

4. 稳定发展阶段（2003—2008 年）。随着产业园区在全国的快速发展，一些问题也开始暴露出来，一些地区存在违规设立产业园区的情况，还有一些地区出现了违规调整产业园区发展方向和功能范围的情况。2003 年 7 月开始，按照国务院部署，国家有关部门开始对全国各类园区进行清理整顿，对园区优惠政策和管理权限进行调整，进一步完善产业园区法规建设，严控土地审核，严格产业园区调整方向、功能范围，更加突出结构调整和优化升级以及高新技术产业化。这一阶段，西南、西北、东北地区几乎不再建设新产业园区，即便东部沿海省份仍有新增产业园区，但多为保税区、边境经济合作区、出口加工区等国际化程度高的新型产业园区。据统计，除宁波开发区晋升为国家级经开区外，两类国家级产业园区（经开区和高新区）数量均未增加。截至 2006 年年中，全国开发区数量由 6866 家减少到 1568 家，规划面积压缩到 9949 平方公里（同济大学发展研究院，2017）。总体看，随着产业园区的整顿与升级，园区开始呈现科学发展、特色发展的趋势，生产质量效益、园区服务、企业孵化与管理等逐渐成熟。截至 2008 年，我国 54 个国家级经开区的 GDP、工业总产值、工业增加值、上缴税收、实际利用外资、出口创汇分别为 15313 亿元、45935 亿元、10972 亿元、2481 亿元、195 亿美元，与 2003 年相比分别增长了 230%、255%、204%、228%、89%、319%。2008 年，53 个国家级高新区的营业收入、工业总产值、工业增加值、上缴税收、净利润、出口创汇分别为 65986 亿元、52685 亿元、12507 亿元、3199 亿元、3304 亿元、2015 亿美元，与 2003 年相比分别增长了 215%、205%、188%、223%、193%、295%（同济大学发展研究院，2017）。

5. 创新升级阶段（2009 年至今）。2008 年金融危机以后，为培育发展战略性新兴产业，进一步深化改革开放，培育我国经济增长的新动能，国家对产业园区进行了新一轮扩容和改革，产业园区发展迎来一次新高潮。在数量上，全国各地产业园区均有增加，大多数省份的产业园区新增数量在 10 个以上，其中江苏新增产业园区达到 52 个，约占这一时期总增长量的 1/6。在园区建设方面，更加倚重新一代互联网技术、大数据技术等作为产业发展重点，并将园区建设的重点从基础设施的硬环境转向发展功能配套、生活配套、产业新城等软环境。在园区运营方面，政府进一步下放权力，更多地采取政企合　或公司主导的模式，并通过 PPP 模式整合社会资源，发挥多方优势。此外，园区合作成为推动园区持续发展的重要因素，包括园区内部企业间合作、园区及其分子园区间合作、园区间合作、产业融合、园区国际化合作等具体层次，并以国家政策的形式鼓励园区共建。同时，国家积极推动产业园区的创新升级，进一步发掘产业园区创新潜力，加快国家自主创新示范区建设，营造“创新环境”的政策体系，促进园区内企业自主创新能力。在这一阶段，国家新成立了北京中关村、武汉东湖、上海张江、深圳高新 4 个国家自主创新示范区，以及合芜蚌自主创新综合试验区，赋予高度改革创新自由权，鼓励新一轮创新。

回顾产业园区在我国 40 多年来的发展历程可以发现，产业园区的发展经历了初始探索阶段、逐步培育阶段、快速成长阶段、稳定发展阶段、创新升级阶段五个阶段，走出了一条逐渐由东部向中部、西部延伸，从政策优惠到制度优化，从硬基础建设到软环境搭建，从劳动密集型产业到技术、知识密集型产业升级转变，从独立发展到园区合作的发展路线。产业园区在我国经济发展中的作用逐步得到了越来越多的认可，甚至一些经验正在世界范围内得到推广。

二、基于 A-C 理论审视产业园区在中国经济发展中的作用

产业园区是中国经济在特定发展时期的产物，在中国改革开放进程中扮演着十分重要的角色。从 A-C 理论框架看，产业园区是在原有制度框架之下开辟的制度“飞地”，每个产业园区都是经济对外开放的节点，大量的产业园区形成了中国与全球经济互动的通道，全球经济要素以产业园区为端口注入中国，中国的产品也从产业园区逐步走向全球市场，这种与国际市场的互动方式进一步调动和释放了园区周边的生产要素，形成了集聚资本、劳动力、技术等生产要素的平台，以点带面打开了中国经济的开放格局，显著提高了我国经济对内对外的可进入性。同时，经过 40 余年的尝试和摸索，已经形成了具有中国特色的产业园区管

理模式，产业园区发展经验的推广带动了更多地区、更多行业的发展，在更大范围内凝聚了改革开放的共识，提高了政治治理的黏合度，对中国经济的持续发展发挥着重要作用。

产业园区之所以能够迅速发展，主要得益于其对于政治治理黏合度与经济可进入性的改善。从政治治理黏合度角度看，产业园区高效扁平的管理模式提高了决策的效率，减少了行政干预，降低了企业和政府的沟通成本，同时在集中的财力支持和政策支持之下，产业园区的经济表现更加出众，形成区域经济发展的重要阵地。另一方面，以产业园区为载体，大陆经济逐渐与国际接轨，进出口经济活动加速发展，经济对外开放度提升。与此同时，以产业园区为核心的区域吸引了大量的资本要素和劳动力要素，劳动力开始大规模流动，更多的要素被纳入经济发展的轨道中，经济对内的开放度同样提升。

（一）经济可进入性：兼顾外部可进入性和内部可进入性

园区发展与可进入性的提高有着十分密切的关系。外部的可进入性定义了园区与外部经济环境的贸易情况，在改革开放的大背景下，中国不断推动经济的对外开放，从政策和法律法规上对进出口贸易进行支持，对相关企业的合法权益进行保护。国家先后出台《对外贸易法》和《货物进出口管理条例》，并且不断对进出口商品检验与管理、进出口配额招标与管理等各方面进行完善，对于相关法规进行修改和实施。自设立以来，国家级经济开发区的进出口总额稳步提高，尤其在我国加入 WTO 以后国家级经济开发区的进出口更是步入快速增长轨道。据测算，国家级经济开发区对全国进出口贸易的贡献在 18%—20% 左右，并且该比重仍在缓慢提高（中国开发区协会，2017）。总体而言，园区建设提升了我国经济的外部可进入性，加快推动了对外贸易的增长。

在一系列优惠条件的推动下，园区能够更加高效地吸引劳动要素实现区域集中。首先，园区通过招商引资政策提高了资本的可进入性。1984 年国务院出台《中华人民共和国国务院关于经济特区和沿海十四个港口城市减征、免征企业所得税和工商统一税的暂行规定》，1987 年出台的《关于对经济特区、经济技术开发区开发性贷款实行差别利率和贴息的规定》，以及 1991 年国家科委出台的《国家高新技术产业开发区税收政策的规定》等相关政策文件，对于外资有极大的吸引力。大量的外资涌入产业园区进行投资，产业园区在短时间内形成了区域资本高地。从产业园区的建设起初至今，放宽资本进入门槛是园区政策的特色，如今我们依然能够看到全国各地的园区仍然在不断出台相关招商引资政策，鼓励对外资的利用使得园区经济活动充满了活力，对周边区域产生了更加强力的经济辐射。

1986 年 4 月，第六届全国人民代表大会第四次会议通过《中华人民共和国外资企业法》，自那以来，中国为外资引进、利用外资等创造了良好的政策条件和支持，不断完善相关法律法规配套。2000 年，第九届全国人民代表大会常务委员会再次对《外资企业法》以及《中外合作经营企业法》进行了修订，并正式发布实施。其修改的核心内容是取消多项平衡要求，进一步增强外国投资者的投资信心，创造了更好地吸引外资的条件。2002 年 4 月 1 日开始施行的《指导外商投资方向规定》进一步使外商投资方向与我国国民经济和社会发展规划相适应。经济开发区更是积极响应国家吸引外资的政策号召，紧跟政策步伐，其引进外资的增速通常高于全国外国投资总额的增速。如图 5.1 所示，国家级经济开发区利用外资总额呈稳步上升趋势，尤其是 2010 年之后增长幅度明显加快。与此同时，国家级经济开发区实际利用外资总额占全国实际利用外资的比重也在快速提升，如图 5.2 所示，仅 2009—2013 五年间，其占全国利用外资的总额便从 20% 左右上升到超过 50%。

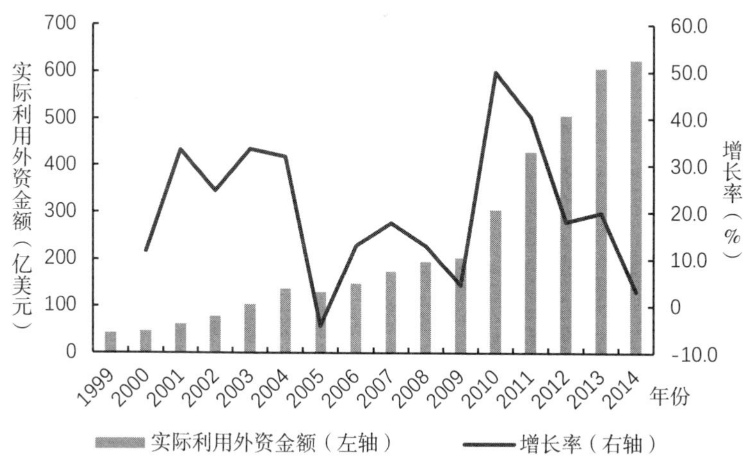

图 5.1　国家级经济开发区利用外资情况（1999—2014 年）

数据来源：中国开发区协会（2017）。

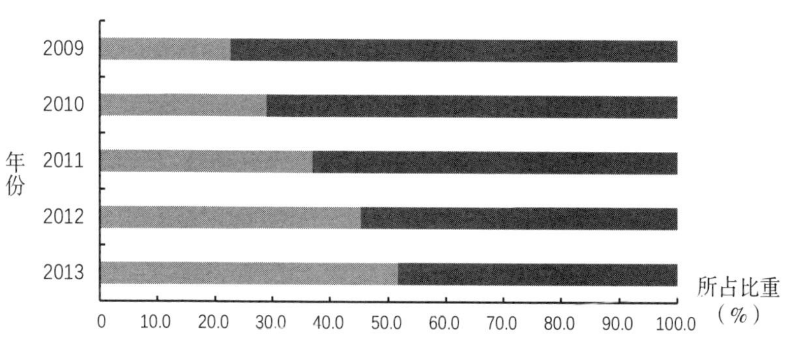

图 5.2　国家级经济开发区利用外资占全国利用外资总额的比重

数据来源：中国开发区协会（2017）。

产业园区以其开放的招聘环境、较低的就业门槛，在成长过程中吸引了大量劳动力就业。随着产业园区及其周边经济活动的不断发展，对劳动力的需求不断增加，劳动力收入提高，这使得大量农业人口开始涌入产业园区和城市，从第一产业转入第二、第三产业。20 世纪 90 年代以来，中国出现了“农民工”浪潮，大规模农村人口进城就业。虽然中国的户籍制度仍然存在，城乡人口迁移仍然受到一些基本公共服务制度制约，但客观上讲，发达而廉价的交通、相对优厚的工资待遇成为人口转移的重要推动力。这些进城务工的农村劳动力中，有相当一部分都进入了各类产业园区。同时，随着产业园区中企业的成长，尤其是高新技术企业的成长和增加，劳动力的整体技能也在不断提升。

从图 5.3 和图 5.4 可以看出，长期以来国家级高新区企业从业人员数量持续增长，增长率远高于全国就业人数的增长率，且国家级高新区企业从业人员占全国就业人数的比重也在持续增加，该比重已从 1999 年不到 0.5% 上升到 2017 年的 2.5%，这些都直观地反映了产业园区对劳动力的吸纳作用。某种程度上看，产业园区是推动我国城镇化的重要推动力。

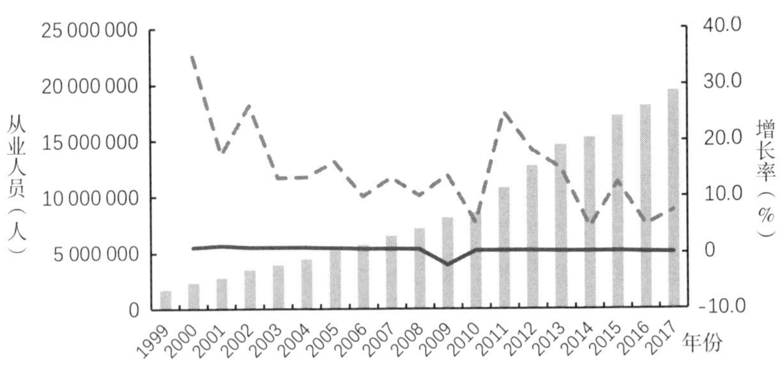

图 5.3　国家级高新区企业从业人员合计

数据来源：国家统计局《中国统计年鉴》。

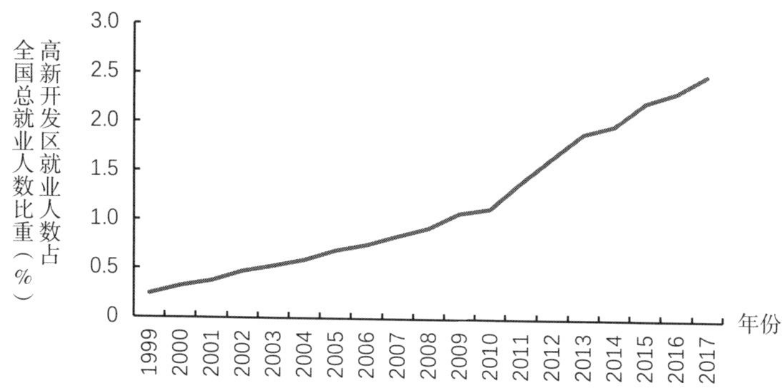

图 5.4　国家级高新区企业从业人员占全国就业人数比重

数据来源：国家统计局《中国统计年鉴》。

产业园区的设立同样吸引了高新技术向产业园区流动集中。产业园区集中的工厂、制造型企业，要可持续发展，就一定要持续进行技术的创新。2005 年，商务部、国土资源部、建设部共同发布的《关于促进国家级经济技术开发区进一步提高发展水平的若干意见》提出，产业园区的发展应当更加注重引进高新技术和开发创新，做到从偏重技术引进向注重消化吸收的创新转变，努力将园区发展为高新技术产业、现代服务业和高素质人才的聚集区。2009 年，《关于发挥国家高新技术产业开发区作用促进经济平稳较快发展的若干意见》进一步强调了加快高新技术产业集聚和增强自主创新能力，完善公共创新平台和人才队伍建设的目标。该意见提出，要加强技术创新，激发创新活力。这些指导意见以及相关配套的政策支持，都使得技术要素在产业园区中更加集中，产业园区从直接引进国外高新技术向结合学习经验、增强自身技术、引进和培养国内高技术型人才、专利、设备等转变，产业园区的企业类型也从简单的、廉价的制造业向高新技术产业、创新型企业、电子高科技企业等转变，伴随的必将是中国产业升级转型的过程。这都体现了园区技术的可进入性不断提升。

（二）政治治理黏合度：从先行先试到经验推广

“文化大革命”刚结束时，“在我们的干部特别是领导干部中间，解放思想这个问题并没有完全解决。不少同志的思想还很不解放，脑筋还没有开动起来，也可以说，还处在僵化或半僵化的状态”[①]。在这种情况下，党内外还没有就如何推进改革形成共识，无论是中央部委，还是各级地方政府，尚都无法接受哪些“不合统一口径”的“土政策”，哪怕一些“土政策”是从实际出发的、是正确的，所以要想突破既有的条条框框做一些改革并非易事，要推动大范围、全方位的改革更是难上加难了。我国的产业园区建设就是在这样的背景下起步的。

1979年1月31日，中共中央、国务院决定在广东蛇口建立全国第一个对外开放工业区——蛇口工业区，这也是我国经济改革的第一个试验区。但不得不承认的是，当时的基础非常薄弱，条件非常有限，更不具备进行大范围基础设施建设的能力。“1979年12月份，时任国务院副总理谷牧同志带领国务院几个部长到蛇口考察，以确定如何支持和帮助交通部招商局开发蛇口工业区的方案。同时，蛇口是一片海滩和荒山，路面坑坑洼洼，连厕所和洗脸水也没有。”[②]同时，由于很多干部长期受计划经济体制

---

① 参见邓小平同志在1978年12月13日中共中央工作会议闭幕会上所做的题为“解放思想，实事求是，团结一致向前看”的讲话（邓小平，1994）。这次中央工作会议为随即召开的中共十一届三中全会作了充分准备，邓小平同志的这次讲话实际上是十一届三中全会的主题报告。

② 参见1984年2月27日时任中共中央政治局委员王震同志在向中央所作的《关于陪同邓小平同志视察广东、福建、上海的情况报告》。

思维影响，关于蛇口工业区的管理体制创新到底能在既有条条框框下突破多少，没人能把握得好，这也是中央决定由香港招商局负责建设蛇口工业区的一个重要原因。中央对香港招商局大幅放权，允许蛇口工业区大胆探索，将广东的土地和劳动力与香港及国外的资金、技术和全套设备充分结合，闯出一条路子来。于是，蛇口工业区最早更新了人们的价值观念、时间观念、人才观念，最早成功地建立了全新的劳动用工制、干部聘用制、薪酬分配制、住房制度、社会保险制、工程招标制及企业股份制，最早尝试将初创的社会主义市场经济体制与国际惯例、国际规则接轨。用袁庚的话说，蛇口是“一根注入外来有益经济因素对传统的经济体制进行改革的试管”①。到1984年1月邓小平视察蛇口工业区时，“深圳和蛇口的面貌就大不一样了，高层建筑林立，道路四通八达，万吨级码头、直升机机场开通使用，电信、供水、供电、防洪、供气和处理污水等初具规模，一个现代化的工业新城正在我国南海前沿崛起”②。

就这样，通过在非常小的经济单元内实施突破性的改革措施，既保留了政策试错的余地，避开了改革初期仍广泛存在的种种阻力，减少了可能出现的风险，也能够集中有限的优势政策资源，全力打造改革开放的试验田和先行区。待这种改革试验取得成功，就可以成为进一步破除改革阻力、协调多方利益、凝聚改革共识的支撑，改革试验中取得的成功经验也为扩大改革范围提供了蓝本。例如，在后来大量产业园区建设过程中普遍实行的管理委员

---

① 参见袁庚1986年5月在香港中文大学当代亚洲研究中心的公开演讲。

② 参见1984年2月27日时任中共中央政治局委员王震同志在向中央所作的《关于陪同邓小平同志视察广东、福建、上海的情况报告》。

会制[①]，就是在早期的探索中建立起来的。1984 年 11 月，国务院颁布了《关于特区经济和沿海十四个港口城市减征、免征企业所得税和工商统一税的暂行规定》，这既是对前期改革试验的认可，也是对成功改革经验的推广。1987 年，中国人民银行、国家计委、财政部、国务院特区办公室联合发布《关于对经济特区、经济技术开发区开发性贷款实行差别利率和贴息的规定》。1988 年，海关总署发布《中华人民共和国海关对经济技术开发区进出境货物的管理规定》。随着国家层面的政策不断出台和完善，有关产业园区建设和发展的基本框架就逐步成形了，为产业园区的发展提供了坚实的基础。

更加难能可贵的是，随着我国所处发展阶段和宏观环境的变化，中央层面对产业园区的政策保持与时俱进的调整。2005 年，商务部与国土资源部、建设部联合发布《关于促进国家级经济技术开发区进一步提高发展水平的若干意见》，以保证经济增长和产业园区发展的质量。2009 年，商务部与科技部分别发布了《关

① 在大多数情况下，产业园区管理委员会是作为政府派出机构对园区行使管理职能的实体。根据发展需求，管委会下设不同的部门，通常主要包括与经济发展相关性较强的部门，如发改、财政、经信、商务、审计、市场监管等部门，以及同城市建设相关性较强的国土、城建、环保等部门以及同进出口贸易相关性较强的海关、检疫等部门。一些产业园区亦根据当地的实际情况增添了诸如针对人才引进的科技人才局、针对引入外资的投资促进局、针对改善营商环境的企业服务局等机构。管委会的机构设置通常具有集中化和扁平化的特点。“集中化”主要体现在管委会通常只有一套班子，决策机构更加精简，“扁平化”主要体现政府通常只负责任命管委会的主任和副主任，而管委会下设部门的工作人员通常为社会招聘，实行市场化管理。集中化和扁平化这两个特点通常被认为是为提高决策效率和行政效率而探索出来的成功经验。

于国家级经济技术开发区工作的指导意见》和《关于发挥国家高新技术产业开发区作用促进经济平稳较快发展的若干意见》，以更好发挥产业园区抵御国际金融危机冲击的作用。2014 年，国务院办公厅发布《关于促进国家级经济技术开发区转型升级创新发展的若干意见》，明确指出体制机制创新、促进开放型经济发展、坚持绿色集约发展是实现产业升级、突破发展瓶颈制约的首要任务。

综合来看，产业园区在中国的成长和发展并不是一蹴而就的，产业园区从“试点”到“扩围”再到“全面铺开”的发展历程，就是“突破阻力—探索试验—总结经验—凝聚共识—全面推广”的过程，是“摸着石头过河”的经典实践，是改革开放事业的一个缩影，也是通过经济改革不断提高政治治理黏合度的范本。

三、本章小结

虽然产业园区在中国的成长有其特殊的时代背景，甚至发展过程中还有许多偶然因素，但从上文的分析可以看出，产业园区的成长和发展得益于中国经济可进入性和政治治理黏合度的持续提升以及三者之间的良性互动。改革初期，经济可进入性的提高为产业园区的成长和发展提供了契机，园区模式在全国推广又进一步提高了经济的可进入性；试点的成功为改革共识的形成和政治治理黏合度的提升提供了支撑，改革共识的形成反过来又为园区模式推广保驾护航；经济改革的持续推进使得政治治理黏合度不断提升，反过来又进一步巩固了改革的共识。这是产业园区模式之所以在中国能够成功的一条至关重要的经验，是我们在进一步改革和完善产业园区模式过程中需要坚持的原则，也是其他发展中国家学习这一模式所应该遵循的规律。

随着改革开放持续深化和市场经济体制不断完善，产业园区经济也要适应高质量发展的要求，既要继续在聚集各种生产要素、为各类要素高质量参与经济活动方面发挥平台作用，也要继续在推动制度性开放、对标国际规则和标准、构建全面开放新格局方面发挥节点和通道作用，还要在践行新发展理念、体制机制创新、改革经验推广、低碳绿色发展、共同富裕取得实质性进展方面发挥示范引领作用，持续提高我国经济对内对外的可进入性和我国政治治理黏合度。

第六章 消除绝对贫困

贫困，既是经济可进入性不足的结果，也是威胁政治治理黏合度的一大因素，是世界各国普遍面临的“无声危机”，影响着各国经济社会的发展进程，同时也是造成政治格局动荡和社会不稳定的重要根源之一。消除绝对贫困，不仅是提高政治治理黏合度的有效途径，更是中国人千年的梦想。经过改革开放四十余年来的快速发展和不懈努力，中国减贫事业创造了世界奇迹。尤其是中共十八大以来，中国政府把贫困人口全部脱贫作为全面建成小康社会的底线任务和标志性指标，组织实施了人类历史上规模空前、力度最大、惠及人口最多的脱贫攻坚战，完成了消除绝对贫困的艰巨任务。根据中国农村居民每人每年生活水平在 2300 元以下（2010 年不变价）的现行贫困标准，2013—2020 年，中国现行标准下 9899 万农村贫困人口全部脱贫，832 个贫困县全部摘帽，12.8 万个贫困村全部出列，区域性整体贫困得到解决。

改革开放以来，按照现行贫困标准计算，中国7.7亿农村贫困人口摆脱贫困。按照世界银行国际贫困标准，中国减贫人口占同期全球减贫人口70%以上（国务院新闻办公室，2021）。中国提前10年实现了《联合国2030年可持续发展议程》减贫目标，为全球减贫事业发展和人类发展进步做出了重大贡献。

从世界各国的经验来看，减贫成效不仅是国家对减贫事业的重视程度及措施效果的反映，更是对一国经济政治制度的有效检验。本章将A–C理论引入贫困问题分析及案例研究中，可以为分析中国减贫成效提供一个新视角，并从经济制度和政治治理两个维度，进一步总结中国的减贫方案与经验，并为下一步解决长期存在的相对贫困问题提供分析思路。

一、中国减贫事业的历史进程

新中国成立以来，党和政府始终致力于国家的减贫事业。根据经济发展阶段和贫困人口基本特征的演变，以及不同历史时期制定的减贫战略和政策体系，中国的减贫历程可大致分为如下六个阶段。

第一，救济式扶贫阶段（1949—1978年）。新中国成立之初，百废待兴，国民经济基础薄弱，人民生活水平普遍较低，该时期的扶贫以政府主导的救济式扶贫为主，由政府为极端贫困、缺乏基本生存能力的群体提供一定的社会救济，扶贫资金主要为政府财政救济资金。1959年之后，救济式扶贫从救济贫困人口转变为救济贫困集体。在国家经济建设支出中增加了支援穷社、穷队的无偿投资，用于帮助贫穷的合作社和生产队购买生产设备，提高生产能力和偿贷能力。但受国家经济实力以及财政收入的限制，该阶段的扶贫工作推进效果有限。

第二，改革推动式扶贫阶段（1978—1985年）。1978年，党中央做出改革开放的伟大决策，农村经济体制改革随之拉开序幕。家庭联产承包责任制的实施以及提高农产品收购价格等一系列政策，有效推动了农村经济的快速发展，带动了大批农村贫困人口摆脱贫困。同时，部分省份尝试为农村贫困户提供农贷扶贫资金，以无息或低息贷款的方式为其解决生产困难问题。另外，相对发达地区改革创新了横向扶贫措施，为对口支援的贫困地区提供资金、技术、人才帮助，有效增强了贫困地区的发展能力。但是，由于地区间存在天然的区位差异，加之在改革初期政府对各地的经济支持政策倾斜程度不同，地区间的收入差距有所拉大，例如沿海地区与内陆地区间的差距扩大，城市与农村地区间的差距也有所扩大。

第三，区域性开发式扶贫阶段（1986—1993年）。为加强对贫困地区经济开发工作的指导，尽快改变这些地区的贫困面貌，国务院于1986年成立了贫困地区经济开发领导小组，来统筹全国的扶贫工作。同年，中央发布的国民经济“七五”发展计划专门编列了“老、少、边、穷”地区的经济发展一章，要求这些地区因地制宜地发展经济。同时，国家对老、少、边、穷地区在资金方面实行扶持政策。自此，扶贫工作进入区域性开发式扶贫阶段。此后，每个国民经济五年规划（计划）都把扶贫作为重要内容。在该阶段，各级政府正式成立扶贫组织机构，通过对贫困地区开展大规模、有组织、有计划的经济开发，实现脱贫目标。

第四，“八七”扶贫攻坚阶段（1994—2000年）。为进一步开展完善贫困地区的扶贫工作，1994年，中共中央制定《国家八七扶贫攻坚计划》，对贫困人口标准进行了调整更新并设立了相应的强制退出标准，设定贫困县划分标准，并将贫困县作为开展扶贫工作的主要瞄准单位。中央财政扶贫资金、信贷扶贫资金以及以工代赈等扶助资金均向贫困县倾斜，信贷资金集中用于西部贫困地区的扶贫工作。此外，社会援助资金、海外扶贫援助资金等对于我国中西部地区的减贫脱贫也提供了一定的支持。

第五，综合开发扶贫阶段（2001—2011年）。2001年，中央扶贫开发工作会议制定并通过《中国农村扶贫开发纲要（2001—2010年）》，将加大贫困地区基础设施建设、改善生态环境、缩小发展差距等作为该阶段扶贫工作的主要定位，扶贫瞄准单位由贫困县缩小到贫困村，并推动以村为单位的综合开发扶贫。在此政策方针引导下，农村社会保障建设不断完善，劳动力转移培训工作逐步实施，因地制宜下的整村推进式扶贫开发成效显著，扶贫工作不断向纵深方向开展。

第六，精准扶贫阶段（2012—2020年）。党的十八大以来，我国开始实施精准扶贫、精准脱贫战略，坚持“六个精准”的核心要求，实施“五个一批”扶贫措施，相继推出片区开发新举措，不断加大中央及地方财政扶贫资金投入力度，通过以工代赈、产业扶贫、易地搬迁扶贫、教育扶贫、就业扶贫等一系列扶贫措施，广泛动员全社会力量参与扶贫，严格扶贫责任落实，开创了扶贫工作的新局面。

自2021年，中国减贫的重点转入减少相对贫困，农村工作的重点转入乡村振兴阶段。

二、中国减贫事业的典型案例

从前文的历史回顾中可以看到，中国的减贫事业经历了从贫困地区脱贫到贫困县的脱贫，再到贫困村脱贫，最后到精准脱贫的历程。接下来，我们以两个比较具代表性的扶贫工作瞄准单位——一个贫困县级市（甲市）和一个贫困村（丁村）为案例，总结归纳其减贫工作的主要做法和内在机制，并检视其背后与

A-C 理论的内在一致性。

（一）甲市的脱贫历程

甲市为我国东部一县级市，下辖 3 个街道和 11 个镇，841 个行政村，面积为 1 793 平方公里，总人口为 52.53 万人。甲市地处丘陵山区，山地占总面积的 72.1%，丘陵占 21.8%，平原仅占 6.1%。长期以来，地势地形条件限制了其经济发展，使得甲市成为所在省内发展相对滞后的地区之一，甚至成为贫困的集中发生地。2016 年底，甲市贫困人口数量为 12 862 人，贫困发生率高于 2%，贫困人口年人均收入约为 3 402 元。在一系列减贫举措下，2017 年底，甲市贫困人口减少 4 028 人，贫困发生率降至 1.5%，贫困人口年人均收入约为 3 730 元。到 2018 年底，该市贫困发生率降至 0，初步完成脱贫攻坚任务。在 2019 和 2020 年，甲市进一步巩固提升脱贫攻坚成效，其间虽然出现新致贫人口 46 户（87 人），但政府及时将其纳入即时帮扶户，实现了贫困人口“动态清零”。

在扶贫到户的同时，甲市将贫困人口较为集中的村子定为重点扶贫村，使得脱贫攻坚工作更精准、更高效。甲市曾先后两轮进行重点扶贫村的认定工作。在 2014—2016 年的首轮认定工作中，分别有 6 个村和 10 个村被认定省级扶贫工作重点村和市级扶贫工作重点村。2017 年底，这 16 个重点村全部脱贫摘帽。2018 年，新一轮认定市级扶贫工作重点村 40 个。到 2020 年底，经过脱贫攻坚后，甲市已基本实现了重点村清零。

此外，甲市农村的基础设施建设和公共服务水平也有明显提升。2019 年，甲市建设农村客运站点 400 个，40 个重点扶贫村实现了“村村通公交”。农村人居环境整治成效显著，美丽乡村覆盖率达到 65.2%。农村饮水安全工程建设完成，惠及 417 个村

18.5 万人。产业扶贫项目收益发放额达 795 万元，家庭困难学生资助实现全覆盖。

2016—2020 年，甲市投入财政扶贫专项资金共计 9 154.79 万元，其中：省级以上资金 1 793.09 万元、地市级资金 3 396 万元、甲市本级资金 3 965.7 万元。

（二）甲市成功脱贫的主要经验

回顾甲市成功脱贫的历程，可以总结出三大经验。

第一，注重制度建设是甲市减贫脱贫成效明显的重要条件。在脱贫攻坚过程中，甲市以项目为载体，逐步建立了由项目管理制度[①]、资金使用监管制度[②]和选派双帮扶责任人制度[③]组成的制度体系，并以动态灵活的即时帮扶机制[④]为补充，在全市不

---

① 为规范项目管理与运行，甲市先后出台了《甲市“两级承载三级监督”扶贫项目收益分配管理办法（试行）》《甲市扶贫工作重点村产业发展项目管理办法》《甲市关于完善脱贫攻坚项目库建设实施办法（试行）》以及《甲市脱贫攻坚项目库管理实施细则（试行）》等制度文件。

② 为严格监管规模巨大的财政扶贫专项资金，甲市在认真研究各级扶贫项目政策的基础上，立足实际，基于市财政局、审计局的调研论证，明确了扶贫资金村级财务核算有关问题，并印发了《甲市扶贫资产管理（试行）的通知》《2020 年度扶贫资金使用监管的意见》等相关制度性文件。

③ 所谓“双帮扶责任人制度”，就是规定每一名贫困户要落实 2 名帮扶责任人，县直干部为第一帮扶责任人，镇村干部为第二帮扶责任人，这 2 名帮扶责任人共同落实帮扶责任，对帮扶的贫困户负责，落实有效、精准的帮扶措施，确保稳定脱贫不返贫，实现结对帮扶全覆盖。

④ 所谓“动态灵活的即时帮扶机制”，就是按照“即时纳入、即时帮扶、动态管理”的原则，对“全国扶贫开发信息系统”之外，因病、因灾、因学、因意外等突发原因导致家庭生活困难，出现“两不愁三保障”方面临时性问题的农户，即时发现，即时按照标准和程序认定，纳入即时帮扶台账，按照脱贫享受政策人口管理，落实帮扶政策和帮扶措施。

断形成并巩固脱贫攻坚的共识，有效提升当地治理的黏合度，确保甲市完成全面脱贫。在这些制度的保障下，在2016—2020年，甲市共建设184个扶贫项目，累计投入财政专项扶贫资金6871.35万元，用于完善基础设施建设和支持贫困村发展产业，实现了以龙头企业为引领，投资类、光伏类、种植养殖类、委托经营类、基础设施类等项目多处开花的良好局面，产业项目产生的收益主要用于帮扶当地建档立卡贫困户。

第二，注重形成多项政策合力。为确保脱贫攻坚“落地生根”，甲市采用金融扶贫、教育扶贫、特惠保险扶贫、孝善养老扶贫以及公益专岗扶贫等政策多管齐下，共同促进甲市稳步推进脱贫工作。例如，甲市建立以“市政府主导、市人民银行牵头、众金融机构担当”的金融扶贫工作机制，各方联合制定扶贫贷款发放程序和贴息办法，推动银行业机构发挥金融助推脱贫攻坚的作用。再如，甲市从2016年开始实施“雨露计划”，对已脱贫的建档立卡贫困家庭和返贫、新致贫的贫困家庭在校接受中、高等职业教育的子女每生每学年补助3000元；从2017年开始，甲市为享受脱贫攻坚政策的贫困人口（户）缴纳医疗商业补充保险和意外伤害保险，通过健康扶贫增强贫困群体的医疗保障，减少因病返贫等现象的发生；2018年，甲市开始实施公益专岗扶贫政策，由政府出资或社会筹资，镇村开发一定数量的非营利性公共管理或社会公益性服务岗位，用于支持有一定劳动能力和就业愿望的贫困人口实现就业增收，帮扶老弱病残等特殊困难群体实现解困。此外，甲市于2018年设立了扶贫孝德基金，相关部门与60周岁以上的建档立卡贫困老人的子女签订赡养协议，定期足额为老人缴纳赡养费的，为老人发放一定数额的孝善养老奖补资金，引导激励家庭子女履行赡养义务。同时，甲市还督导民政、残联、教育、卫生、医保、住建、水利等部门，加大农村低保、特困人员供养、临时救助、残疾人保障、医疗、健康、教育、住房等扶贫政策落实，实现贫困人口“两不愁、三保障”及饮水安全，切实筑牢贫困人口脱贫根基。

第三，高度重视改善营商环境，用市场化力量减贫扶贫。一是以招商为目标倒逼营商环境改善。甲市全力实施大开放大招商战略，实施了一系列诸如“金盾惠商”工程、招商引资联络员制度等招商引资措施，使得外部资本能够顺利进入。2012 年以来，甲市注重以开放推动改革，全力推进双招双引，深化行政审批、政务服务及预算管理制度等各项改革，不断优化营商环境，积极对接省市发达区域，并聚焦承接京津冀、江浙沪等地产业转移，制定完善招商引资优惠政策，开展了产业招商、靶向招商等项目，2019 年引进项目 161 个。

二是提高人口流动性。甲市不断加大城乡交通设施建设力度，积极申请和落实高速铁路规划与建设，推动路网体系外联内畅，同时新改建公路辐射了城市周边镇村，加上城际公交线路、农村客运站点以及扶贫村通公交建设等，令出入城区的便捷化程度大大提高，有效促进城乡人口流动和择业自由。同时，甲市还不断加大人才引进力度，推进招才引智，与各大高校、科研机构合作建立产业研究院及工作站，为当地的经济发展提供了重要的智力支持。

三是增加信息畅通性。以甲市的农业发展为例，为进一步扩大本地品牌的知名度和影响力，甲市举办了全国品牌农商发展大会，吸引各地知名品牌参加会展，还连续多年举办甲市果业艺术节，扩大节会知名度。同时，甲市还不断发展电子商务，引进各大电商品牌入驻，通过网销推进甲市果业走向世界。

四是促进企业活力增强。一方面甲市全力支持民营企业发展，出台了《支持民营经济高质量发展实施意见》等政策文件，并依托省金融服务平台为企业融资，增强企业发展后劲。另一方面，不断加快推进企业上市进程，规范企业公司制改制，并强化企业梯队培育，推动本市文化旅游、教育培训、医疗健康产业集聚成势。

（三）丁村的脱贫故事

丁村是中国中部贫困地区的一个行政村，下辖七个自然村，全村耕地面积2 177亩，有766户共3 160人，分为12个村民小组。丁村地处平原地带，黄沙土质，气候湿润温暖，光照充足，雨量充沛，四季分明，无霜期219天，平均年降水量820毫米。良好的土壤和气候条件促进了当地农业特别是种植业发展，种植业成为当地主导产业和村民主要收入来源。受传统种植习惯影响和技术、人才等资源限制，该村村民大都从事小麦、玉米、大豆、红薯等粮食作物种植，近年来逐渐出现蔬菜等经济作物的种植，但发展初期尚不成规模。由于农业经营成本不断提升，一家一户单打独斗的种植方式经营效益差，加之种植结构较为单一，多年来农民生活捉襟见肘。伴随着城镇化进程的发展，与其他农村地区一样，丁村部分农民开始离开土地谋生，在城市中寻得一份工作，获得了农业种植以外的第二份收入。目前，村内常住人口只有总人口的三分之一左右。同时，丁村也逐渐出现了土地的流转使用，全村土地流转面积约600亩。

2016年底，丁村有建档立卡贫困户41户128人，低保贫困户7户19人，五保贫困户10户11人，贫困发生率约为4%。在决战脱贫攻坚过程中，在各级党委政府的支持和村干部的带领下，贫困群众思想认识不断提高，并逐步通过参与产业养殖、种植、土地流转、参与扶贫车间的服装加工等实现就业与脱贫致富。2018年10月，丁村实现整村脱贫。2019年新脱贫10户25人。2020年最后的贫困户6户10人实现顺利脱贫。在实现脱贫的过程中，丁村的主要做法有以下几个方面。

一是推动土地流转，发展特色产业。以前，丁村各家各户拥有零零散散的土地，单打独斗地种植，经营效益不高。认识到只有规模才能产生更高的效益，丁村村集体决定推动村内土地流转，成立村级股份经济合作社，发展农业规模经营和特色经营。但在最开始时，由于部分群众不理解，认为种粮才稳靠，不肯出租自己土地，致使农村产业发展受到阻碍。村“两委”班子迎难而上，不辞辛劳，多次到村民家中耐心开导，在承诺土地产权不会被改变的前提下，还积极地帮他们牵线联系，让村民在合作社务工，逐一打消村民们的顾虑，终于推动了村内的土地流转，迈出产业发展的第一步。在发展特色产业方面，丁村选择了发展草莓种植业。利用流转的土地和整合上级扶持资金，村集体首先建大棚、打井、协调电力农网改造，然后联系农业部门搜集新品种、新材料、新技术，请农业专家来讲授草莓种植经验，同时积极联系县内乃至省内的大型商业公司，拓宽销路，保证草莓“种得出来，卖得出去”。由于村内草莓种植取得非常好的效益，更多村民愿意将土地流转出来，并参与到合作社的工作中。在此过程中，村民不但通过土地流转为产业基地提供土地租赁服务，从中获得土地流转租金收入，而且通过为合作社提供劳务，还可以获得劳务收入。目前，丁村草莓种植已发展到160余亩，逐步发展成一个产业，并被市科协列为“省农业科普示范基地”，获得了下一步的资金支持。

二是建设扶贫车间，提高劳动生产率。根据本村群众的知识水平、常住人口年龄和劳动能力，丁村建设了扶贫车间，并引入县内某制衣企业入驻，为建档立卡贫困户以及其他村民提供操作简单的工种就业岗位，让贫困户通过自己的双手，提高自主脱贫能力。在扶贫车间的贫困员工每月可领取1000元至2500元不等工资，实实在在地提升了收入水平。村民王某原本常年在外打工，得知村里有“扶贫车间”后就马上回来工作，现在每月不仅有两三千元收入，还可以照顾家里。“留守儿童有陪伴、空巢老人有依靠、留守妇女有工作”，丁村的“扶贫车间”，让丁村人实现了家门口打工的梦想，点燃了当地干部群众脱贫攻坚的希望。

三是重视基础设施建设，创造生活改善的条件。在国家政策的指引和各级政府的帮扶下，丁村实现了“村村通”“户户通”。十余年间，先有“村村通”工程将公路引至农村，农村道路由泥巴路变成柏油路，由窄变宽，由弯变直，由线成网，打通了村子与外界联系的“最后一公里”；后有“户户通”工程，硬化“三米巷”，实现了从家门口到村内主干道的无缝衔接，使村民告别“晴天一身土，雨天一身泥”的尴尬，打通了村民生活品质提升的“最后一米”。此外，丁村2019年还新修了650米下田园道路，极大方便了农业生产和农产品的外运，延伸了农民的“致富路”。在用水用气用网方面，丁村已经实现了户户通自来水和天然气，解决了村民长期以来的用水难题，生活用水质量得到改善。农村村民接入天然气还可以享受国家补贴，接通天然气后，既可用来做饭也可用来取暖，农村厨房从此告别了柴火堆和黑煤球，环保卫生的同时也便利了村民生活。目前，丁村已完成广播电视和宽带入户，实现了网络、信息、服务全覆盖，农村电商、远程教育等新兴事物在丁村落地开花，打通了村民与外界的信息壁垒，拓宽了村民的学习机会，丰富了村民的文化体验。生活环境方面，丁村共栽种绿化树木1200棵，粉刷墙体3000平方米，出动大型车辆30次，清理垃圾100余立方米，花费资金6万余元，垃圾遍地的情况不见了，人居环境大有改观，提升了群众的获得感。丁村还投入资金，为贫困群众修围墙、安装大门，有效改善贫困群众的生活条件。此外，丁村也在逐步推进农村户厕改造，原来的旱厕标准化改造后，没有了熏人的臭气和飞舞的苍蝇，村民生活条件进一步改善。

四是重视教育发展，努力消除思想贫困。“十年树木，百年树人”，所有的脱贫最终都要从教育开始抓起。起初，丁村部分群众对教育重视不足，不少学生初中未毕业便辍学在家，丁村村干部发现这一情况后，亲自到家中劝说学生及其父母，讲明上学的重要性，督促学生及时返回学校上课，几年来丁村村干部已将十余名学生劝回课堂。同时，为保证贫困群众子女能够打消经济顾虑，安心上学，丁村村干部联系相关职能部门为其申请贫困大学生教育资助，并对贫困家庭子女就读建立长期助学计划，确保贫困户子女义务教育读得起书、不因贫困而辍学。此外，丁村还组织贫困家庭原有和新增劳动力参与技能培训，让有条件的扶贫对象掌握 1—2 项职业技能、农村实用技术，能够独立靠技术和劳动吃饭。

五是加强医疗保障，拒绝因病致贫。在上级政府的帮扶下，丁村拥有了自己的村卫生室，村民感冒发烧等小症状，无需再跑到镇卫生院去了。同时，丁村村干部积极配合卫生部门，推行国家和省级合作医疗和大病帮扶政策，确保贫困对象看得起病，不因疾病加重负担。

六是围绕村组织建设，充分发挥基层组织力量。为了脱贫队伍建设，中央和省级政府有针对性地选配政治素质高、工作能力强、熟悉“三农”工作的干部担任贫困乡镇党政主要领导，根据贫困村的实际需求，精准选配第一书记，精准选派驻村工作队。驻村干部自觉遵守“五天四夜”工作纪律要求，吃在村、住在村、干在村，不做“走读”干部，与群众打成一片，发挥了基层党组织的引领作用。与此同时，丁村加大脱贫开发与基层党建“双推进”力度，积极引导有能力、有才干的青年人加入共产党，培养壮大党员致富带头人队伍，打通联系服务群众“最后一公里”，把丁村党支部建设成为带领群众脱贫致富的坚强战斗堡垒。

三、基于 A-C 理论审视中国减贫事业的经验

甲市和丁村的脱贫历程是中国减贫事业的一个缩影。从全国来看，之所以能够取得如此显著的历史性成就，主要是基于一套完善的政策体系在全社会推动形成脱贫致富的共识，并通过发展产业、转移就业、易地搬迁、教育扶贫等一系列举措，不断提高市场经济对贫困地区、贫困人口的可进入性，充分发挥市场在资源配置中的决定作用，更好发挥政府作用，促进贫困地区减贫脱贫，并实现内生、可持续的发展。我们认为，这是中国减贫实践成功最重要的经验，其内在逻辑和基本机制完全符合 A-C 理论的核心内涵。

（一）中国减贫的政策体系

总体来看，在过去七十多年的减贫历程中，中国逐渐形成了一套完善的政策体系，主要包括经济持续增长下的隐性减贫政策体系、政府专项规划下的显性减贫政策体系、减贫资金投入体系、扶贫动员与帮扶体系、脱贫责任与考核体系。这一套政策体系是全社会在脱贫致富这一问题上形成共识的基础，也是中国打赢脱贫攻坚战的制度保障。

1. 经济持续增长下的隐性减贫政策体系。中国通过大力推动工业化、城镇化和农业现代化发展，有力推动了全国经济增长，以经济增长带动减贫，但因减贫效应隐藏于经济增长背后，故促进经济增长的政策体系也可以被视为隐性减贫政策体系。理论和实证研究均表明经济增长对中国具有明显的减贫效应（Dollar et al., 2000; Rozelle et al., 2000; 林伯强, 2003; 森, 2006）。此外，

我国在走“东部优先发展，进而带动中西部的经济增长之路”的过程中，东部地区对中西部发挥了涓滴效应，通过吸纳中西部地区劳动力、向中西部地区转移产业、对口帮扶等方式有力促进了中西部贫困地区减贫。

2. 政府专项规划下的显性减贫政策体系。各级政府出台的扶贫专项规划以及各项扶贫政策构成了我国显性减贫政策体系。为了推进扶贫工作取得有效进展，我国从上到下纷纷出台了扶贫专项规划，形成了垂直化、体系化的扶贫政策体系。中央层面的专项规划以 2016 年 11 月我国扶贫开发领域首个五年专项规划《“十三五”脱贫攻坚规划》(以下简称《规划》)为核心。《规划》明确了“十三五”时期脱贫攻坚的总体思路、基本目标、主要任务和保障措施，提出了打赢脱贫攻坚战的时间表和路线图，是“十三五”时期各地区各部门推进脱贫攻坚工作的行动指南，也是制定相关扶贫专项规划的重要依据。《规划》提出了要精确瞄准、因地制宜、分类施策，充分发挥政府主导和市场引导作用，将精准扶贫与区域整体推进紧密结合，从精准扶贫脱贫、扶贫资源动员、贫困人口参与、项目资金管理和考核激励等方面，创新脱贫攻坚体制机制，构建政府、市场、社会协同推进的大扶贫开发格局。《规划》深刻体现了中国单峰无偏政治治理下以人民为中心的治理理念，强有力的政策制定、执行能力以及社会动员能力。产业扶贫、转移就业扶贫、基础设施建设工程等项目规划，力求从提高贫困地区经济可进入性、加快统一市场建设等途径激发贫困地区脱贫的内生动力。在中央《规划》的引导下，各地方政府也因地制宜，制定了各自的脱贫攻坚规划，并以此为引领，制定了例如“健康扶贫工程‘三个一批行动计划’”“农业产业扶贫三年行动计划”等具体的实施方案，推进各领域精准扶贫的深入开展，有效提升了脱贫帮扶成效。

3. 减贫资金投入体系。我国建立了包含中央专项扶贫资金、地方扶贫资金、金融专项扶贫贷款等在内的减贫资金投入体系。扶贫资金的投入使用为减贫工作提供了财力支持，是减贫政策落到实处的保障。根据财政部数据，2016—2019 年，中央财政累计安排专项扶贫资金 3 843.8 亿元，年均增长 28.6%。另据《国务院关于脱贫攻坚工作情况的报告》，2013—2017 年，我国省级及以下财政扶贫资金投入也大幅度增长，安排地方政府债务 1 200 亿元，用于改善贫困地区生产生活条件；安排地方政府债务 994 亿元和专项建设基金 500 亿元用于易地扶贫搬迁。此外，我国金融扶贫力度明显增大，“十三五”期间，发放易地扶贫搬迁专项贷款超过 3 500 亿元。政府还出台了扶贫再贷款政策，证券业、保险业、土地政策等助力脱贫攻坚的力度也在明显加强。

4. 扶贫动员与帮扶体系。发挥社会主义制度的优势集中力量办大事，动员各方面力量合力脱贫攻坚是我国建立扶贫动员与帮扶体系的出发点和立足点。我国减贫扶贫动员与帮扶体系包括如下几个方面：一是东西部扶贫帮扶。包括通过东西部扶贫协作，实现对全国 30 个民族自治州帮扶全覆盖，明确京津冀协同发展中京津两市与河北省张家口、承德和保定三市的扶贫协作任务，实施东部 267 个经济较发达县（市、区）结对帮扶西部 434 个贫困县的“携手奔小康”行动。二是定点扶贫工作，包括 320 个中央单位定点帮扶 592 个贫困县，军队和武警部队定点帮扶 3 500 多个贫困村。三是企业帮扶行动，包括中央企业设立贫困地区产业投资基金、开展“百县万村”扶贫行动，以及民营企业开展“万企帮万村”行动。

5. 脱贫攻坚问责考核体系。一方面，我国按照“中央统筹、省负总责、市县抓落实”体制机制，出台脱贫攻坚责任制实施办法，构建各负其责、合力攻坚的责任体系。该体系工作部署要求分解落实《中共中央 国务院关于打赢脱贫攻坚战的决定》中的101条重要政策举措，明确中央国家机关76个有关部门任务分工。中西部22个省份党政主要负责同志向中央签署脱贫攻坚责任书，立下军令状。贫困县党政正职攻坚期内保持稳定。另一方面，为确保脱贫成效真实，得到社会和群众认可、经得起实践和历史检验，中央出台省级党委和政府扶贫开发工作成效考核办法，实行最严格的考核评估制度。比如，国务院扶贫开发领导小组在对2015年工作成效试考核基础上，组织开展2016年省级党委和政府扶贫工作成效正式考核。经党中央、国务院同意，对综合评价好的省份通报表扬；对综合评价较差且发现突出问题的省份，约谈党政主要负责同志；对综合评价一般或发现某些方面问题突出的省份，约谈分管负责同志；考核结果送中央组织部，作为对省级党委、政府主要负责人和领导班子综合考核评价的重要依据。

（二）黏合型政治治理是中国减贫事业的根本出发点和制度保障

中国共产党是将全体中国人民的切身利益作为自己的努力方向，这构成了中国各方力量形成共识并推动有效行动的基础。而消除贫困、改善民生、实现共同富裕，是社会主义的本质要求。正是在坚持单峰无偏政治治理的过程中，中国才凝聚起全社会共识，汇聚起磅礴之力，减贫事业得以全面协调又精准有力地推进。减贫过程中政治治理黏合度，从减贫政策无偏的理念、强大资源动员能力、强大的执行力三个方面得以充分体现。

第一，“一个都不能少”的脱贫理念与无偏的政治治理的内在逻辑是一致的，这是在全社会形成脱贫致富共识的重要基础。在减贫的历史进程中，中国的减贫理念是根据不同发展阶段下的现实条件不断调整与优化的。新中国成立之初，囿于国家经济实力限制，减贫以救济式扶贫为主。改革开放后，减贫理念出现重大转变，首先针对贫困地区众多、贫困群众规模巨大的情况，中国通过促进经济发展和推动区域开发带动减贫，面向广大贫困群体“大水漫灌”式扶贫，取得了显著成效。随着贫困人口的不断减少，贫困群体的分布逐步呈现零星分布特征，“大水漫灌”的办法已不再适用，2013 年提出的“精准扶贫”方略标志着中国扶贫理念的又一重大转变。扶贫逐步走向精细化、精确化、精准化，即“对扶贫对象实行精细化管理，对扶贫资源实行精确化配置，对扶贫对象实行精准化扶持，确保扶贫资源真正用在扶贫对象身上、真正用在贫困地区”。减贫理念的不断发展与创新，体现了黏合型政治治理的不断完善过程，一方面政策设计理念旨在实现全面小康、共同富裕，一个都不能少，让社会更加“无偏”，另一方面政策设计更加科学，能够将资源以最有效方式充分利用，政策着力点更加“无偏”。在减贫理念不断优化的同时，减贫政策也在不断优化，质量也在不断提升。一方面，在开发式扶贫向综合扶贫进而向精准扶贫转变的过程中，扶贫政策也逐步由粗到细，扶贫精准度从贫困县到贫困村，再到贫困户和贫困人口，政策更加依据当地贫困现状及致贫原因，政策质量得到充分保障。另一方面，扶贫方式逐渐从单一的财政救济走向多元扶贫，政策功能逐渐从“输血”向“造血”转变，政策方向逐渐从“减少贫困”向“防止贫困发生”转变，这些都使得社会对政策的认同度不断提升，政策的质量也相应提高，进而增强了政治治理黏合度。

第二，强大的资源动员能力和有效的组织执行力是推动脱贫致富集体行动的动力保障。脱贫攻坚离不开人、财、物的大量投入，单靠政府、市场、社会中的一方单独发挥作用是不可能实现的。在中国的减贫事业推进过程中，党和政府以其非凡的组织动员能力、统筹协调能力、贯彻执行能力，带动全社会力量参与脱贫攻坚，将优秀的人才有效集聚，闲置的资源有效整合，凝聚起打赢脱贫攻坚战的强大合力，为脱贫攻坚取得最终的胜利奠定了动力基础。在这一过程中，中国共产党坚持以人民为中心，政府部门、事业单位、国有企业、民营企业和公益组织等多方主体广泛参与，无数单位和个人的热忱之心得以展示，产业扶贫、教育扶贫、健康扶贫、金融扶贫、生态扶贫、电商扶贫、光伏扶贫等一系列新实践奔涌而出，最上层的政策部署能够顺利传导到最基层的干部和群众，一户户贫困家庭由此受益，摆脱贫困、奔向小康，人民群众对中央政策的获得感和认同感持续增强，黏合型政治治理得到最为充分的体现。

第三，高效的政策执行力是减贫事业取得成功的重要保障。既定规则和政策的有效执行，是政治治理黏合度高的重要标志，这在扶贫过程中突出表现为完善的管理制度、高效的工作机制、强大的基层工作能力以及有力的问责约束。其一，日益完善的扶贫管理制度为提高脱贫攻坚工作效率提供了保障。例如，前文案例分析中甲市建立起的包含项目管理制度、资金使用监管制度、农村贫困人口即时帮扶机制、选派双帮扶责任人制度等在内的一套管理制度在全国的扶贫工作中是比较有代表性的，这一套制度将扶贫资金投入使用、扶贫项目实施、贫困人口帮扶以及扶贫责任落实等各项工作制度化、体系化，有效提高了各项扶贫政策的执行力度，并对政策实施的可问责性提供了依据。其二，层层明确的工作责任制是扶贫政策能够上通下达的保障。在脱贫攻坚的过程中，为顺利推行实施各项扶贫政策，保障脱贫攻坚工作效率，各级党委和政府围绕脱贫开发工作不断加强组织建设，严格落实主体责任，逐层签订脱贫攻坚责任书，建立起从省、市、县、乡、村五级书记抓扶贫的责任机制，保证扶贫责任压紧落实。在中央统一领导下，各省、各地市、各县纷纷成立扶贫开发工作领导小组办公室，由党委书记任第一组长，牵头脱贫开发工作；镇街、村级层面都成立了扶贫工作组，五级联动，运转高效，推动从中央到省、市、县、乡镇乃至村的资源、智力与信息联通。其三，有力的问责约束是执行力的重要保障。在脱贫攻坚过程中，中央和各级纪委还开展扶贫领域腐败和作风问题专项治理，旨在保证扶贫政策的贯彻落实和扶贫资金的准确使用。对于思想重视不足，重审批轻监管，重部署轻落实，没有充分发挥职能的，一律严肃问责。这就对扶贫工作的落实形成强有力的约束，保证政策执行结果达到政策设计目的的要求，督促扶贫政策落到实处。此外，在脱贫攻坚的过程中，中央非常重视基层组织建设，尤其是基层干部工作能力的提高。为此，各贫困县、贫困村在发掘和培养本地优秀人才的同时，也注重外部优秀人才的引进，尤其是高学历年轻人才的引进，成功探索出“第一书记负责制”“驻村帮扶机制”等行之有效的模式，减少了为全国上下统一思想、达成一致认识与行动方面的阻力，有效解决了政策落地过程中的“最后一公里”问题，显著提高了政策的落实效率，这也是中国政治治理中高黏合度的重要体现。

（三）提升经济可进入性是实现减贫脱贫的主要抓手

贫困，很多时候是人们没有机会参与各种经济活动所导致的。消除贫困，就要消除阻挡人们及其他各类要素参与经济活动、参与价值创造和财富分配的障碍。提高经济可进入性，就像为人们打开走向富裕的一道门，只有这道门打开，经济发展的故事才有可能发生。从中国的减贫经验来看，提升经济可进入性，尤其是对贫困地区、贫困人口的可进入性，是实现减贫脱贫的主要抓手。

第一，创造资金要素向贫困地区流动和聚集的条件，通过在贫困地区发展产业实现减贫脱贫。贫困地区经济社会欠发达的一个重要原因就是资金不足，然而，要从根本上改善贫困地区相对落后的社会生产、生活条件，促进经济发展良性循环就必须有大量的资金予以支持。党的十八大以来，中央和地方不断加大财政扶贫资金投入力度，为改善贫困地区基础设施及公共服务、发展产业、创造就业提供了保障。与此同时，中央及各省市还积极引导社会资本有序下乡，优化资源配置，制定了《社会资本投资农业农村指引》等一系列政策文件，号召、引导、鼓励社会资本支持贫困地区发展，资金来源不断拓宽。此外，各级领导干部下乡、人才下乡等政策，为贫困地区发展提供了优质的人力资本，并成为资本流入、产业发展的源头活水。于是，我们不仅看到了传统的农业企业、现代房地产业、电商企业等都来到了贫困地区，相关领域的科学技术、社会服务也参与到贫困地区发展建设中，而且不少贫困地区依靠自身特色和优势，发展乡村旅游、民宿等产业，蔬菜、水果、茶叶、牛羊养殖等特色产业迅速发展，甚至逐步向全产业链铺开，发展农业产业园及产业强镇。截至 2019 年 9 月，全国已有 22 个省份和 832 个贫困县编制了产业扶贫规划，发展市级以上龙头企业 1.4 万家，12.6 万个贫困村已发展农民合作社 26 万个。全国 92% 的贫困户已经参与到产业发展之中，超过三分之二的贫困户实现了新型经营主体带动。①

第二，通过转移就业和易地搬迁，不断提高劳动力自由度和参与经济过程的便利度。由于贫困地区本身的就业机会少，那么通过将贫困地区的劳动力转移到就业机会较多的大城市或发达地区，自然就成为扶贫脱贫的一个重要抓手。在这个过程中，政府通常对转移就业提供诸多支持，例如大力开展职业培训、加强转

① 农业农村部：产业扶贫已覆盖 92% 贫困户，2019 年 9 月 2 日，https://www.sohu.com/a/338055320_428290。

移就业人口公共服务、开展地区间劳务协作等。以陕西省渭南市为例，政府多措并举、统筹资源，扶植农村产业化龙头企业通过到岗就业、灵活就业等多种形式，提供了大量就业岗位，其中农民工占比超过 70%。2020 年以来，全市贫困劳动力实现转移就业新增 1.83 万人，新开发公益岗位兜底安置贫困劳动力就业 2890 人，累计开发就业扶贫“三岗”吸纳贫困劳动力就业 10922 人。① 再以湖南吉首市为例，该市相继开展“两后生”免费培训、电商知识培训等活动，切实提升了贫困户劳动技能，并与 15 个省内外劳务协作单位签订合作协议，畅通就业渠道，为贫困户提供就业信息与机会，夯实了贫困劳动力转移就业的基础。针对人居生存环境差、不具备基本发展条件以及生态环境脆弱、禁止或者限制开发地区的贫困群众，通过异地搬迁的方式，改善贫困群众饮水安全、出行、用电等基本生活条件，并使其享有便利可及的教育、医疗等基本公共服务，确保有劳动能力的贫困家庭后续发展有门路、转移就业有渠道、收入水平不断提高，从而实现脱贫。“十三五”期间，全国累计投入各类资金约 6000 亿元，建成集中安置区约 3.5 万个，建成安置住房 266 万余套，总建筑面积 2.1 亿平方米，960 多万建档立卡贫困群众已全部乔迁新居，80% 以上有劳动力的搬迁家庭已实现一人及以上人口就业。据统计，全国易地扶贫搬迁建档立卡贫困户人均纯收入从 2016 年的 4221 元提高到 2019 年的 9313 元，年均增幅 30.2%②。

第三，加大基础设施建设力度，不断缩短贫困地区与市场的

---

① 全市贫困劳动力实现转移就业新增 1.83 万人，2020 年 9 月 2 日，http://dy.163.com/article/FLGO8NR80530KJPT.html。

② 2020 年 12 月 3 日，时任国家发展改革委秘书长赵辰昕在国务院新闻办举行的易地扶贫搬迁工作新闻发布会上介绍的数据，http://www.scio.gov.cn/xwfbh/xwbfbh/wqfbh/42311/44410/index.htm。

距离。相对落后的交通条件制约着贫困地区要素和商品进入市场的顺畅性。十八大以来，党和政府越来越重视贫困地区的交通基础设施建设，一方面，加大财政资金对贫困地区铁路、公路建设的投入力度，另一方面，激励引导央企国企及其他各类社会资本投入贫困地区的交通设施建设中，积极创新政府与社会资本合作模式，激发了市场主体参与投资的积极性，有效拓展了资金来源，为贫困地区交通发展提供了更广阔的渠道。到2019年底，全国各省交通扶贫建设任务累计完成率均达80%以上，具备条件的乡镇和建制村全部通硬化公路，国省干线以及农村公路交通条件大幅度改善，客运及货运服务水平均有提升。随着贫困地区铁路、公路运输便利化程度的提升，日渐便利的交通物流条件为贫困地区商品、服务及劳动力进入全国大市场提供了便捷的通道与条件，为贫困地区参与全国大市场和经济发展提供了更多机会。此外，中央和地方各级政府不断加大贫困地区电力及互联网设施建设力度，并为贫困群众提供发展电商的相关技术与知识普及和培训，推动电子商务助力贫困地区商品外销、产业发展和经济增长。

（四）减贫有赖于黏合的政治治理与经济可进入性的良性互动

首先，扶贫工作需要重视政府与市场的有机融合。扶贫过程中市场主体、社会主体的广泛参与，使得扶贫工作不再是政府“一肩挑”，而是政府、市场、社会的力量得以相互配合、有效凝聚。在这个过程中，政府与市场关系也得以改善与优化。政府逐步摒弃了“大包大揽”的惯性思维，逐步地认识到市场在资源配置方面的高效率，并主动将竞争性领域让位于市场。由此激发了市场主体的积极性，市场自主性得以提高，而政府也能“轻装上阵”，将精力投入服务和规制能力建设方面，发挥政策和资金的引导作用。在这种情况下，政府和市场之间不再是相互独立存在的，两者都为共同的目标而奋斗，有机融合为一个整体。政府通过提高对贫困地区的各项补贴，加大政策优惠力度，引导市场主体在资源配置方面逐步向贫困地区和薄弱环节倾斜，也因此进一步提高了当地的市场开放度，贫困地区可以根据更广阔的市场需求，将本地区的劳动要素和生产资料要素调动和结合起来，确保这些生产资料要素得到充分利用。同时，市场在资源配置和初次分配中侧重效率而有时会忽略公平，而政府在分配中的有效作用恰好弥补了这点不足。市场保证了参与到经济活动的贫困人口根据劳动要素或者生产资料要素分配到报酬,从而帮助一部分人脱贫致富。而政府主要面向没有劳动能力或缺乏生产资料的贫困人口，通过财政政策保障这部分贫困人口获得财富，从而实现脱贫。

其次，脱贫攻坚离不开政治稳定与经济发展相互良性促进。无论与近现代中国的脱贫历史比较，还是与世界其他发展中国家脱贫进展比较，之所以脱贫奇迹在当下的中国实现，一个重要的保障因素就是中国政治稳定。稳定是发展的前提，一个稳定的政权才能聚精会神地进行经济建设和帮扶贫困，而伴随着经济发展成果越来越多地惠及普通大众，人民对于执政党和政府的拥护会加深，政治的稳定性进一步得到保障。并且伴随着中国民主政治的不断发展和完善，贫困或低收入民众的诉求越来越多地被纳入政府决策，贫困地区经济发展中阻碍生产要素流动的壁垒逐步地被破除，经济中形成更为有效的竞争，并逐步走向繁荣。也即在政治治理黏合度不断提高的同时，经济可进入性也得到进一步发展。正是由于努力实现这两者的互动和平衡，才创造了中国脱贫攻坚的伟大奇迹，谱写了人类反贫困历史的崭新篇章。

第七章　扩大中等收入群体

中等收入群体是经济发展的中坚，是社会和谐的基石，是构筑“橄榄型”社会结构的基础。努力扩大中等收入者比重，关系到能否把“以人民为中心”的发展思想落到实处，使广大人民群众共享改革发展成果。经过40多年的经济改革和对外开放，中国的国内生产总值和人民生活水平都有了快速的提高，形成了世界上人口最多的中等收入群体。而通过全党全国各族人民持续奋斗，我们实现了第一个百年奋斗目标，在中华大地上全面建成了小康社会，历史性地解决了绝对贫困问题，正向着全面建成社会主义现代化强国的第二个百年奋斗目标迈进。纵观新中国成立以来中国在扩大中等收入群体的进程我们可以发现，中等收入群体规模的扩大主要是通过经济上对内、对外的可进入性不断提高，政治上单峰无偏的黏合型治理不断完善所取得的成果。而在未来无论是为了实现2035年达到中等发达国家的水平，还是实现共同富裕，扩大中等收入者比重依然是接下来经济建设工作的重点，为此也需要继续提高经济可进入性，同时确保政治治理的黏合。

一、扩大中等收入群体的理论背景

（一）中等收入群体的界定

中等收入者是指一个国家中生活较为宽裕、收入达到一定水平的群体。国际上通常用中产阶级来描述中等收入群体，这一群体通常具有较好的教育背景，相近的价值取向和生活方式，较强的消费能力，注重公共参与和追求自我价值实现，是经济社会发展的主要依托力量。对中等收入者的衡量方法很多，判断标准并不统一。目前，用得比较多的是世界银行"家庭人均每天支出10—100美元"的标准，该标准的下限是两个贫困线最低的发达国家（葡萄牙、意大利）的平均贫困线，上限为最富裕的发达国家（卢森堡）收入中位数的2倍，由此排除了低收入发达国家中的穷人和高收入发达国家中的富人。与此同时，王一鸣等（2017）结合国情提出了"家庭人均年收入3.2万—8万元"的标准（根据2014年数据测算），该标准下限是城镇家庭人均年收入水平，上限是下限的2.5倍。这两个标准分别是从支出和收入角度提出的，对中等收入者规模的测算结果大体接近。2019年1月15日，国家统计局发布《2018年全国时间利用调查公报》，对不同收入群体给出具体划分标准，其中月收入2000—5000元为中等收入群体。

（二）西方社会对中等收入群体社会功能的论述

国外学者对中等收入群体社会功能的论述各有不同，但大多数都认为中等收入群体即社会阶层之间的"缓冲器"，又是维持社会发展的“稳定器”。

关于中等收入群体是“稳定器”的理论最早可以追溯到亚里士多德（苗力田，1994），他认为在中间阶层达到一定的数量和势力后，社会贫富差距必然缩小，社会稳定度也会大大提高，他主张通过培育中间阶层来缩小贫富差距、缓解社会矛盾。

关于中等收入群体是“缓冲器”，美国学者李普塞特（Lipset et al., 1993）认为，随着中间阶层在社会分层体系中的占比扩大，其在调节社会上下层间的冲突、缓和下层的政治态度、促使阶级间资源共享方面起到的作用会越来越大。因而中产阶级规模越壮大，社会就越稳定。莱特·米尔斯（2006）在《白领：美国的中产阶级》中认为中产阶级是垄断资产阶级与无产阶级的缓冲阶层，对社会起着稳定作用。托克维尔（2009）在《论美国的民主》中指出，美国中产阶级重视物质享乐、关心财产、虔诚信仰宗教等因素导致其变得倾向保守性，有利于维持社会稳定。

有少部分学者提出了中产阶级潜在可能的“颠覆性”。在《旧制度与大革命》中，托克维尔（2013）就指出了法国中产阶级是革命的阶级，鄙视改良的道路，鼓吹对法国社会进行彻底的改造，对法国旧制度的摧毁起到了巨大作用，是法国封建政府的“掘墓人”。亨廷顿（2008）论述了中产阶级对政治稳定的影响，强调处于成长阶段的中产阶级尤其是知识分子，政治上倾向激进和革命，是政治不安定的重要因素。

（三）扩大中等收入群体的社会意义

中等收入群体的壮大使得对立的贫富两极成为一个连续性的排列。每一个社会成员，都能看到拾级而上的希望，有助于舒缓贫富差距蕴蓄的对立情绪，以及由此衍生的系列社会问题。能实现繁荣的收入分配制度不能只让少数人富裕，产生两极分化。马克思在《哥达纲领批判》中提到："一个除自己的劳动力以外没有任何其他财产的人，在任何社会和文化的状态中，都不得不为另一些已经成了劳动的物质条件的所有者的人做奴隶。"如果在金字塔尖的少部分人占有了绝大多数财富，那这样的分配方式会极大地导致社会出现动荡，损害经济繁荣。因为和谐社会是社会各方力量动态平衡的产物，而在一个两极分化严重的社会中这样的和谐是很难做到的。亚里士多德精辟地指出，"社会动乱都常常以'不平等'为发难的原因"，"内讧总是由要求'平等'的愿望这一根苗生长起来的"。一个贫富分化严重的国家，其必然形成一个失衡和不合理的金字塔型社会结构——人数极少却占有社会绝大多数财富的寡头化上层和人数众多却占有很少财富的贫困下层。如果一个国家长期处于这种"倒丁型"的社会结构之中，不但意味着该国不能实现现代化，而且也将使为数众多的下层人民逐渐产生对政府的不信任，最终导致为数极少的上层富人阶层与为数众多的下层贫穷阶层形成对立，严重时甚至会引发社会动荡。这样的割裂会在单峰治理型社会中对治理的无偏性造成很大挑战，在多峰社会则容易引发多峰冲突。下层阶级和执政者的矛盾、富人阶级和穷人阶级的矛盾都会导致政治治理的黏合度降低，影响经济繁荣。

以"世界上最不公平的地区"拉丁美洲国家为例，从16世纪三角贸易带来的劳动力开始，加上19世纪末以来100多年的工业化和现代化，经济发展取得了一些成绩。但是，与之相对的是对黑人、印第安人和所有底层劳动人民的剥削所导致的极其悬殊的收入差距，被称为"发展是遇难者多于航行者的航行"（爱德华多·加利亚诺，2001）。经过了400年的演变，进入新世纪时，财富已经集中于极少数上层阶层手中，社会政策过于照顾"强势集团的利益"，中小企业的发展受到多重限制，中产阶层难以发展，经济可进入性很低。与此同时，多峰治理的矛盾冲突越来越加剧。2021 年 4 月 11 日开始的秘鲁总统竞选，因为民众对投票结果的不满和对政治的失望，暴动、暗杀等恶性事件层出不穷，凶杀案发案率高达每 10 万人 25.1 起，极大地降低了政治治理黏合度，也严重地影响了国家走向繁荣的进程。由此可见，经济可进入性的低下和政治治理黏合度的降低带来的不平衡发展会导致社会的动荡。因此，为实现繁荣，收入分配一定要避免出现两极分化，扩大中等收入者比重在其中扮演了重要的角色地位。

二、新中国成立以来中国在扩大中等收入群体上所做的努力

新中国成立以来，为扩大中等收入群体所做的努力是循序渐进的，也是与时俱进的，而为了实现这样的分配格局所面临的挑战是长期的、艰巨的、复杂的。在经济发展的过程中，生产力与生产关系时刻发生着变化。因此，与生产力和生产关系相对应的收入分配关系也在发生着变化。新中国成立以来，中国收入分配格局经历了多次变化。而这背后的原因是也复杂的，因为在某一时期促进和阻碍中等收入群体规模变化的因素是多种多样的，既有促进低收入人群向中等收入群体转化的因素，也有阻碍低收入人群向中等收入人群转化的因素，甚至同一因素在不同时期起到的作用也是不同的。而正是由于多因素和它们之间的相互作用共同发生着影响，中等收入群体扩大的效果也是不同的。因此有必要对新中国成立之后中国中等收入群体的演变以及其和经济可进入性、政治治理黏合度之间的关系进行分析，找到其内在逻辑和发展趋势。根据不同的分配制度改革的历程，新中国成立以来的收入分配格局可分为四个阶段：

（一）土地改革带来的起点公平阶段（1949—1956年）

新中国的成立为中等收入群体的产生提供了土壤。新中国成立以前，中国收入分配的基本特征是“穷国中居民贫富悬殊，国穷源于生产力的落后与长期战争的破坏。贫富悬殊源自两种剥削制度——封建制度与资本主义制度以及相应的两对对立阶级——地主阶级与佃农阶级、资本家阶级和工人阶级”（赵德馨，2007）。新中国成立初期，中国处于国民经济恢复发展时期，通过没收官僚资本、实行土地改革运动，对农业、私人手工业和私人资本主义工商业进行“社会主义三大改造”，建立起了社会主义集体经济制度并实行计划经济政策。其中“三大改造”采用农业合作化、资产赎买等温和的过渡政策，依托深入强大的动员能力，仅用了三年时间就彻底完成，而且在改造过程中国家大力发展商业，扩大城乡物流交流，尤其是对农产品的收购，扶持农业合作社。这正是新中国实行单峰无偏型治理带来的政治黏合度提高的体现。而在土地改革过程中，依照1950年1月，中共中央下达的《关于在各级人民政府内设土改委员会和组织各级农协直接领导土改运动的指示》，到1953年春，全国除新疆、西藏等少数民族地区以及台湾省外，普遍实行了土地改革，彻底改变了社会的财富分配，使全国3亿多农民无偿分得了约7亿亩土地和大批生产资料，让不同区域、不同民族、不同收入的劳动者都有了平等的收入分配起点，共同享有了同样的经济进入的机会，激发了农民生产的积极性。农业产值从1949年的325.9亿元到1952年的482.9亿元，增长了48.5%。在经济可进入性增加和政治治理黏合度提高的共同作用下，旧中国所遗留的“贫富悬殊”问题得到逐步控制和缩小。为低收入群体向中等收入群体的转化提供了可能。值得注意的是，农村地区出现了中等收入群体的萌芽，与中等收入群体真正的兴起还有很大的距离，加之 1958 年国家颁布的《中华人民共和国户口登记条例》规定农民未经批准不得把农业户口转为非农业户口，确立了城乡间户籍隔离制度，导致经济可进入性受到影响，工农业间劳动回报率出现差距，阻碍了中等收入群体在农村发展的脚步。

（二）平均主义下的发展受阻阶段（1957—1978 年）

中等收入群体的兴起也并非一帆风顺。由于我们片面地将社会主义的分配制度理解为纯粹的平均主义，在“干多干少一个样，干好干坏一个样，干与不干一个样”的平均主义影响下，基层广大劳动者的积极性被严重打击。在这个阶段，虽然城乡居民收入差距不断减小，城乡居民收入比由 1957 年的 3.23 缩小到 1966 年的 2.57，但是这样的收入差距缩小却并没有带来中等收入群体的大量产生，相反城乡居民收入都在一定程度上出现下降的趋势，刚刚兴起的中等收入群体的萌芽被迅速打压。其间影响收入分配的主要问题有以下三点：

第一点是 1958 年开展的大跃进忽视了生产的客观规律，试图一步到位实现共产主义。1958 年 5 月 5 日中国共产党第八次全国代表大会第二次会议在北京举行。大会正式通过了中共中央根据毛泽东的倡议而提出的“鼓足干劲、力争上游、多快好省地建设社会主义”的总路线及其基本点。从这次会议开始，全国从农业到工业都开展了大跃进，从农业上的“粮食亩产万斤”到工业上的“大炼钢铁，赶英超美”。政治治理黏合度低下表现为政策制定者和实施的官员及劳动者的割裂，全国上下追求不切实际的生产力。在“高指标”和“浮夸风”的影响下，全国劳动产出不增反减，自然无法实现低收入群体向中等收入群体的转化。

第二点是人民公社化运动，过分强调“大锅饭”分配制度，无法发挥出分配的激励作用，不利于劳动者的生产积极性。在“大跃进”的背景下，人民公社化运动的目的由最开始兴修水利和农田时“集中力量办大事”演变成一场不顾客观条件、争相推动农业集体生产组织向所谓更高级的形式过渡的普遍的群众性运动。在这样的制度下，虽然收入分配差距被强制抹平，但由于劳动者和科研工作者缺乏激励，全国占绝大多数的贫困人口缺乏向中等收入转移的途径和条件。

第三点是 1966 起持续 10 年之久的“文化大革命”忽视了好的收入分配格局所需要的物质基础、生产力基础和政治文化基础，不但无法让经济繁荣，反而陷入停滞甚至衰退，使本该壮大的中等收入群体成长受到明显阻碍。1977 年 12 月李先念在全国计划会议上做出过估计，“文革”十年在经济上仅国民收入就损失人民币 5 000 亿元，这个数字超过了新中国成立 30 年全国固定资产的总和。与此同时，社会不同群体之间的冲突被严重扩大，中国单峰无偏的治理方向在阶级斗争中遇到了曲折，严重影响了走向繁荣的进程。

（三）改革开放释放成长活力阶段（1979—2001 年）

改革开放给中国注入了巨大的能量。随着我国社会转型的推进，出现了大规模的社会阶层分化，社会阶层结构由简单化到多元化，由封闭转向开放，现代社会阶层结构已现雏形，中国当代的中等收入群体成长性自此被激活。

中等收入群体的兴起，开始于一系列以农村经济为主体的改革，促使农民收入大幅增长，中等收入比重开始逐渐增加。从安徽凤阳小岗村率先实行分田到户的“大包干”开始，农村正式试点和推广家庭联产承包责任制。尽管没有改变土地集体所有制度，将土地的所有权赋予农民，但是这一重大改革却改变了分配制度，将土地使用权和长期收益权赋予农民，使农民获得了超额经济剩余分配，克服了人民公社制度下的“搭便车”行为，增加了经济可进入性，极大地调动了农民的积极性。与此同时，由计划经济向社会主义市场经济改革初期的重点是调整价格结构。1979 年，国家大幅度提高了 18 类主要农副产品的收购价格，提高幅度平均达到 24.8%，其中粮食、棉花超计划收购部分还加价 50%（张卓元，2008）。提价与“包干到户”都增加了农业生产率，刺激了农产品的增产，大幅提高了农民收入，促进农村低收入群体向中等收入群体大量转化。

与此同时，城市中等收入群体随着私营经济的发展也不断壮大起来。改革开放前私营经济在中国几乎销声匿迹。经历了长期的政治动荡和经济萧条之后，经济发展非常迫切。为了解决大量下乡青年返城就业，事实上逐步放松了对个体户和私营经济的发展。1978 年 3 月，国家明确支持可根据实际情况在城镇恢复和发展部分个体经济。随后根据中共十三大的建议，国务院颁布了《中华人民共和国私营企业暂行条例》，正式确认了我国私营经济的合法地位。此后个体户数量的迅速增加，形成了一个特殊的小业主阶层，部分成员逐渐成长为私营老板，私营企业主群体开始出现。在这个时期私营企业主群体的产生是改革开放提升了经济可进入性带来的，成为城市的中等收入群体的后备力量。接下来，在 20 世纪 90 年代的中国，市场化改革、公有制企业改革、城镇国有企业的“抓大放小”和乡镇企业的改制，私营企业和个体经济迅速扩张，许多政府官员、知识分子纷纷下海经商，引发了私营企业经济的大规模增长和私营企业阶层的快速壮大。同时，人力资本的作用日益增强，除了个体工商业者和私营企业家之外，来自各行各业的知识分子、管理人员和专业技术人员也有机会从改革开放中获益成为中等收入者。

从数量规模上看，1978 年改革开放时，中国的经济规模仅有 3645 亿元人民币，到 2001 年迈过了 10 万亿大关[①]。至此，随着改革开放后政治治理不断黏合，经济对内对外可进入性不断提高。来自不同行业、收入较高、受过较高教育、职业体面的中等收入群体已经成型。

（四）中等收入人群快速壮大阶段（2002 年至今）

早在 2001 年的“七一”讲话中，江泽民便曾指出，“改革开放以来，我国社会阶层构成发生了新的变化，涌现出一批新的社会阶层”，“他们也是中国特色社会主义事业的建设者”。2002 年的中共十六大报告，首次将“扩大中等收入者比重”写进中央文件中，这为我国中等收入群体的发展提供了支持，使中等收入群体的政治合法性得到承认。党的十六大报告的第四部分“经济建设和经济体制改革”在论述“深化分配制度改革，健全社会保障体系”时提出，要“规范分配秩序，合理调节少数垄断性行业的过高收入，取缔非法收入。以共同富裕为目标，扩大中等收入者比重，提高低收入者收入水平”。将其与实现共同富裕的社会主义最终目标紧密联系在一起，表明我党实际上是把“扩大中等收入者比重”作为实现共同富裕最终目标的路径看待的，这一新论断的提出具有重大的现实意义和深远的历史意义。党的十七大提出，“合理有序的收入分配格局基本形成，中等收入者占多数，绝对贫困现象基本消除”。

党的十八大提出，“收入分配差距缩小，中等收入群体持续扩大，扶贫对象大幅减少”，再到党的十八届三中全会通过的《中

① 数据来源于国家统计局《中国统计年鉴》。

共中央关于全面深化改革若干重大问题的决定》指出要“改革收入分配制度，逐步形成橄榄型分配格局”，这些指导意见都说明党和政府对中等收入群体壮大高度重视，承认了中等收入群体“稳定器”的社会功能，并开始把培育中等收入群体作为重大政策目标。迅速扩大的中等收入群体成为了贫富两个阶层矛盾缓解的桥梁，中等收入群体被赋予了提升政治治理黏合度的政治意义。

21 世纪以来，伴随着社会主义市场经济体制的改革和现代化的进一步发展，中等收入群体持续扩大。按家庭人均年收入标准测算，2008 年我国中等收入者突破 1 亿人，此后逐年增长，2019 年达到 4 亿人，占总人口比重由 2008 年的 8.3％提高到 2019 年的 30.7%，形成了世界上规模最大的中等收入群体。能够取得如此成就，离不开党和政府持续不断地为提高经济可进入性和政治治理黏合度所做的努力。

三、基于 A-C 理论审视扩大中等收入群体在经济发展中的重要作用

通过分析新中国成立以来中等收入群体的演变，我们可以发现扩大中等收入群体和经济增长之间有着一个螺旋上升的关系。在国家发展初期，为了实现财富积累和生产力的提高，政府一定要注意提高经济可进入性和政府治理黏合度，只有这样才让中等收入者比重持续增长，而不断增加的中等收入群体又会发挥其社会“稳定器”的功能，通过促进消费、提升劳动生产率等进一步促进经济增长。就这样，不断增长的经济和不断增加的中等收入群体，通过开放的经济制度和黏合的政治治理结合起来才有可能实现中国人民千百年来所追求的共同富裕之路。

（一）扩大中等收入群体对经济发展有着重要意义

1. 扩大中等收入群体有助于提升经济可进入性

在经济学中，我们往往假设边际消费倾向递减。所以高收入家庭（群体）的边际消费倾向低于低收入家庭（群体），而中等收入群体的边际消费倾向大小介于二者之间。高收入家庭虽然收入较高，占有了绝大部分经济剩余，但其对于消费品的需求已经接近饱和，边际消费倾向很低，并无很强的消费意愿，也就客观层面降低了资本和商品的流通性，对经济开放和增长的贡献减弱；与此同时低收入家庭（群体）虽然具有很强的消费动机，但其本身占有的社会财富很少，当期的流量收入也不多，导致实际购买能力欠缺，也无法在社会经济生活中形成一种长期稳定的有效需求，当这部分人形成一定规模之后，社会将产生需求不足的问题，进而显著地降低经济可进入性。

与之相对的是中等收入群体因其有一定的收入水平且经济来源较为稳定和多元，致使该群体不但有较强的消费能力，同时消费意愿相较于高收入群体（家庭）又更为积极。而其本身由于资本的循环效应又可以持续地参与生产和分配，随着时间的推移，中等收入群体的规模逐渐扩大，能够参与分配的人群规模也在扩大，经济可进入性便会不断提升，同时会在社会经济生活中形成长期且较为固定的消费群体，对促进社会经济持续、稳定增长有着正向作用。

从实践上讲，中国经济发展进入新常态，我国产业结构层次偏低、主要依靠低成本优势参与国际竞争力下降逐步显现。扩大中等收入群体，有利于提高劳动者受教育水平，提升劳动者素质和经济内外部可进入性，对内可以促进产业转型升级，对外可以提高国际竞争力。中等收入群体相较于低收入群体，除了更高的消费能力之外，自身还具有较高的教育水平这一特点。这样的教育水平往往会带来更多的科学技术知识和企业管理能力，这就使中等收入群体在社会经济增长的循环中不仅仅作为一个被动的消费者和劳动力，他们也可以承担要素投入、科学成果转化、技术创新等关键任务。无论是技术入股、闲置资金的投资还是以中小企业的方式进行经营，中等收入群体都在这样角色转换的过程中不断发挥着自己对于先进知识和经验实施扩散的主观能动性，激发中小企业的经营活力和生产力水平，在经济体内部可以促进经济转型与产业升级，调整和缓解经济内部结构性矛盾，增加新增就业规模，进而使更多人加入中等收入群体中，让更多的人释放潜在且巨大的消费需求，最终实现经济又好又快的稳定增长，形成一个良性循环的局面。而在经济体外部，随着中等收入群体增加带来产业升级，出口企业可以从资本、技术、经验等多方面增强自己的生产率水平，能够参与并在日益加剧的国际竞争中处于有利位置，这样便实现了经济内外部可进入性的增加。

2. 扩大中等收入群体有助于提升政治治理黏合度

黏合型政治治理，是指在特定政治权力分配结构下，能够维持社会稳定和秩序，能促进社会达成妥协和形成共识，并有效推动集体行动的政治治理形态。为了达成这样的共识，一个黏合型的政治治理形态便需要一个"黏合剂"，重要的"黏合剂"之一便是中等收入群体。

在前文中我们提到，中等收入群体是一个相对保守的阶层，是维系社会稳定的结构性因素。卢梭（2003）在《社会契约论》中写道："要想使国家稳定，就应该使两极尽可能地接近；既不许有富豪，也不许有赤贫。"中等收入群体的规模和人数对社会功能有着重要影响。中等收入群体是介于社会上层和下层之间的缓冲层，他们的经济利益要求和政治诉求在形态上与其他阶层没有异质性的差异，而在程度上却能介于二者之间而不极端，能够有效黏合其他阶层。当他们在社会结构中占优势时，社会上、下层间的矛盾就会得到缓和，政治治理黏合度也会上升。

而从中等收入群体所在的阶层结构来看，一方面，中产阶层大多数具有良好的教育背景，高等教育的影响使其对问题有自己的思考，更偏重理性思维，能够冷静地分析问题，相比于激烈的抗争，他们更希望依照法定程序理智地表达自己的政治愿望，尊重法律和秩序、追求和谐、思想开明。更容易在社会上形成共识，有效推动集体行动。另一方面，中产阶层有着稳定和舒适的工作生活条件，使得他们的利益与现行社会秩序紧密联系，因而他们会对现行的社会秩序产生较高的认同感，对社会的态度比较温和，思想政治意识倾向保守。从自身利益出发，他们一般不赞成用剧烈的方式来解决社会矛盾和社会冲突，所以只要中产阶层的比重不断上升，发生重大政治冲突或动乱的可能性就越小，社会的稳定和秩序就能够得以维持。基于以上两点我们可以发现，中产阶级的自我修养和他们对主流意识形态的认可，决定了他们是保持政治治理黏合的主要力量。

（二）经济发展为扩大中等收入群体提供了保障

1. 扩大中等收入群体需要经济可进入性的不断提升

首先，扩大中等收入群体需要通过提高经济可进入性，促进要素自由流动，打破垄断实现要素配置的优化，进而提升劳动生产率来实现。随着“地方封锁”被打破，人员、资金、技术可以自由流动，各种要素在寻求自身收益最大化的过程中，各类要素开始向要素回报率较高的地区汇聚，这些地区的比较优势得以体现，各地区形成了不同的产业集群，规模经济效应逐步体现，全国形成了你中有我、我中有你的产业分工合作格局，全国统一市场逐步形成。随着新产品、新技术、新模式的不断涌现，企业之间、地区之间的分工更加精细化，企业生产经营更加专业化、规模化，在全球市场上的竞争力进一步提升，更有利于深度融入全球产业链价值链，外部市场与内部市场形成良性互动，经济对内、对外开放度持续提高，社会收入分配格局趋向于“橄榄型”。而在一个经济可进入性低的经济结构中，情况则恰恰相反，要素资源流通受限，很容易形成垄断或壁垒，而人力资本进入行业又受到限制，就会导致行业间利润率出现鸿沟，社会收入分配格局将会呈现“哑铃型”分布。

其次，扩大中等收入群体需要通过提升经济可进入性，增加社会阶层流动来实现。经济受历史路径依赖等多重因素影响，任何社会都可能面临垄断行业收入过高、权力寻租、特殊利益群体左右分配格局等分配秩序不合理的问题。针对这些情况，政府需要出台针对性措施，纠正分配秩序中的既有问题，在促使中等收入者比重扩大的同时，形成良性的社会流动机制。例如日本和韩国都将教育放在了优先地位，在全面普及义务教育基础上，通过严格实施教师大范围定期轮岗和学生就近入学措施，均衡配置教育资源，实现了全社会人力资本的均衡、普遍性提升，为中等收入者群体的扩大奠定了坚实基础。韩国 20 世纪 80 年代设立国家公平交易委员会，着力清除旧有财阀的经济垄断和政治腐败，有效地堵住了特殊利益群体谋取垄断和特殊利益的渠道。

再次，任何社会和地区，都有一些由于先天条件和行业特征等形成的落后地区或弱势群体。只有妥善解决落后地区的贫困问题，扩大中等收入群体的措施才能顺利实施。而为达到脱贫目的，提升经济可进入性，让更多的落后地区和贫困人口能够参与到经济活动中来，是最直接和高效的方案。无论对落后地区还是对弱势人群的支持，都需要涵盖众多领域，包括加大公共投资、给予税收优惠、发展新型产业、强化转移支付等多项政策措施。

最后，提升经济可进入性可以通过缩小行业间工资差距，调节收入分配以促进中等收入群体的扩大。现代社会中，工资是绝大多数居民收入的最主要来源，也是各国改善收入分配格局，扩大中等收入者比重的主要发力点。政策制定者通过最低工资制度或工资协商机制，不仅保证了低收入群体工资水平的合理上涨，并通过“溢出效用”带动了工资收入水平的整体提升，缩小了劳动同资本间的要素收入差距。随着行业间工资差距减小，更多的人可以进入经济生活中参与生产和分配，中等收入者比重便得以不断上升。

2. 扩大中等收入群体需要黏合度不断提升的政治治理

首先，在衡量政治治理黏合度指标时，有一个非常重要的子指标——以政府的税收能力来衡量的政府的社会动员能力和执行力[①]。因为一个黏合型的政治治理，其中央政府能够有效制定财政政策并得到全国上下统一执行。为应对收入不平等、提升中等收入者比重，充分发挥税收的调节作用成为最基础、最重要的手段。一方面，在收入端，税收政策可以通过累进税制对个人收入和财产进行调节，减少或免除低收入群体的个人收入和财产税，保证了其向中等收入群体转化的路径。另一方面，在支出端，财税体制改革为自身财力薄弱的地方政府提供了财力保障，提高了地方政府的投资能力，并配合土地出让制度，也为基础设施投资建立有效的融资机制和资金保障，使我国铁路和公路建设里程快速增长，实现了地区间互联互通，加快形成全国统一大市场，使更多低收入群体实现向中等收入群体的转化。

其次，提升政治治理黏合度可以促进地方政府和中央的一致

① 具体政治治理黏合度的指标见本书第九章。

性行动，加快户籍制度改革，促进社会流动，扩大中等收入者比重。对流动人口占比高的特大城市，建立“积分落户”制度，促进有稳定就业和住所的流动人口有序落户。提高劳动力的流动性，促进农业人口转入非农部门，提高劳动生产率。增强劳动力市场灵活性，促进劳动力在地区、行业、企业之间自由流动。降低就业的隐形门槛，提升选人用人的透明度和公平性，鼓励社会成员通过努力奋斗实现人生目标。鼓励大众创业、万众创新，激发社会活力，为有志向有能力的社会青年提供更为广阔的发展空间和更加顺畅的流动渠道。随着农村贫困人口的主观能动性被调动起来，收入增加，他们就会成为中等收入者比重扩大的来源。

再次，随着政治治理黏合度的提升，中央政府强大的资源调度能力得以实现。在收入分配问题上形成共识的政府、市场和全体社会可以在党的领导下一起积极地参与到扩大中等收入群体的事业中，将优秀的人才有效集聚，闲置的资源有效整合。在一个单峰无偏的治理模式不断精进的背景下，要素市场、城乡体制、产权制度、公共服务等方面存在的体制机制障碍会逐步清除，而劳动、知识、技术、管理、资本等各种创造社会财富的源泉将会充分涌流，让社会财富在各种要素之间合理分配，打破阻碍要素收益合理分配的藩篱和障碍。与此同时，全国上下可以形成良好激励机制，树立尊重劳动、尊重知识、尊重人才、尊重创造的良好社会氛围，激励人们通过创造性劳动实现价值，让企业家、工人、农民、知识分子、各级干部各尽其能，各得其所，形成人人参与，人人尽责，人人奋发图强的生动局面，使人人都享有人生出彩的机会、梦想成真的机会。在激励机制和配套体制的共同作用下，低收入群体便能顺利地向中等收入群体转化。

最后，黏合型的政治治理可以在地方政府间的竞争合作中，让发达地区的先进经验推广到低收入群体较多的贫困地区，使得更多贫困人口向中等收入群体转变。在中央政府的鼓励包容之下，先发展的地区开展了一批又一批试点工作，其中出现大量的成功案例、积累了宝贵经验，这些做法和经验通过地方交流学习等方式快速向全国推广普及。同时这些在地方经济建设中表现突出的政府官员，一般都会得以重用，被委以重任，调任上级政府或其他地方开展工作，他们会将其管理经验带到更多地方。通过开展定点帮扶和对口支援等形式，在人员、资金、技术等方面，发达地区给欠发达地区大力支持，使得欠发达地区的中等收入群体规模快速提升。

四、结论和展望

经历了新中国成立初期的艰难跋涉和改革开放 40 多年的伟大探索，虽然比例尚不及西方发达国家，但是中国已经形成了世界上规模最大的中等收入群体。在中国从贫穷到繁荣的进程中，中等收入群体在其中扮演着重要的角色。纵观历史我们可以发现扩大中等收入群体和经济增长之间存在一个螺旋上升的关系。一方面随着中等收入群体的扩大，经济制度可以更好地由受限型向开放转变，政治治理黏合度也可以通过中等收入阶层“缓冲器”的功能得以提升。另一方面，在改革开放 40 多年的伟大探索中，中等收入者比重的扩大也离不开经济对内外可进入性和政治治理黏合度的不断上升，营造了低收入群体持续不断地向中等收入群体转化的社会环境。

尽管新中国在扩大中等收入群体方面取得了很显著的成绩，但是还有很大的进步空间。无论是为了实现 2035 年达到中等发达国家水平，还是为了实现共同富裕，中等收入者比重都需要进一步扩大。为此我们还要继续在提高经济可进入性的同时，确保政治治理的无偏性，要在政治上团结所有人，在经济上降低市场准入门槛，夯实国民经济基础，建立健全保障制度，完善收入分配制度。让已经富起来的人有动力、有意愿为穷人创造富起来的机会，让贫困的人有机会、有能力参与经济发展和分配，切实享受到中国从贫穷到繁荣的成果。为了实现这样的目标，我们的总体政策取向应有以下几点。

一是以促进低收入者进入中等收入者行列为主战场。壮大中等收入群体，最现实和最主要的来源还是促进低收入者，特别是临近中等收入门槛的低收入者顺利迈入中等收入者行列。在我国劳动力数量优势逐步减弱的背景下，稳定就业和提升就业质量是促进这部分群体稳步增收的关键。要在劳动力市场改革、技能培训、薪酬制度、公共服务和社会保障方面进行针对性改革，增强经济可进入性，创造条件让更多低收入者成长为中等收入者。

二是以提高人力资本和劳动生产率为主攻方向。这既符合我国按劳分配的根本制度，也是推动我国产业迈向中高端水平的内在要求。人力资本积累和质量提升是支撑工资水平提升的基础。只有着力提升劳动生产率和人力资本，才能实现经济增长、中等收入群体壮大和收入分配格局改善相互促进的良性循环。

三是以建立新的激励机制为主动力。提高居民收入，壮大中等收入群体，最根本的动力是理顺激励机制，增强政治治理黏合度。树立尊重劳动、尊重知识、尊重人才、尊重创造的良好社会氛围，激励人们通过创造性劳动实现价值，让企业家、工人、农民、知识分子、各级干部各尽其能，各得其所，形成人人参与，人人尽责，人人奋发图强的生动局面，使人人都享有人生出彩的机会、梦想成真的机会。

四是以清除体制机制障碍为突破口。当前，要以清除要素市场、城乡体制、产权制度、公共服务等方面存在的体制机制障碍为突破口，增强政治治理黏合度，让劳动、知识、技术、管理、资本等各种创造社会财富的源泉充分涌流，让社会财富在各种要素之间合理分配，打破阻碍要素收益合理分配的藩篱和障碍，特别是要加强对劳动、知识等要素参与分配的支持力度。

第八章　对待新事物的态度

在人类社会发展过程中，随着新技术、新事物、新业态的出现，经济增长动力、社会阶层构成和资源配置需求都在持续发生变化，新的利益诉求甚至新的利益集团也会不断产生。此时，原有的政治治理体系和经济制度就存在不适应经济社会发展的可能性，甚至存在僵化或退化的风险。例如，政治治理黏合度下降——单峰无偏可能退化为单峰有偏，多峰和解可能退化为多峰冲突，促进内外开放的先进经济制度可能僵化为阻碍要素流动、扭曲资源配置的落后经济制度，以至于不能适应甚至阻碍经济社会的进一步发展。因此，只有紧密结合经济社会发展形势的需要对政治治理和经济制度进行适时调整，才能确保经济可进入性和政治治理黏合度，从而为经济社会的高质量、可持续发展提供根本的制度保障。在本章中，我们以金融科技为例，通过回顾这一新兴事物在中国的发展历程，在制度层面探讨它能够在中国快速发展的原因，并进一步讨论金融科技的快速发展对提高我国经济可进入性和政治治理黏合度方面所发挥的作用。在此基础上，我们还将讨论要保持较高的经济可进入性和政治治理黏合度，应该如何对待新兴事物。我们相信，这对未来的中国以及其他很多国家都有启示意义。

一、金融科技在中国的发展历程

一直以来，科技对金融业的发展都有着广泛的影响，尤其是信息技术的快速发展，对金融业的影响不断加深。不仅金融机构内部设立 IT 部门，将信息技术和软硬件设备用于金融业务当中，以降低经营成本、提高服务效率等，而且一些科技企业正在利用软件和技术向市场提供创新金融服务，新的业务形态不断出现，金融业的服务范围不断延展，一些传统的科技企业所带有的金融属性越来越强。在此背景下，金融科技（Fintech）[①] 经历了快速发展，其范畴和外延也不断扩大[②]，科技与金融的融合不断加深，甚至整个金融业都面临重塑。根据全球金融稳定理事会（FSB，2016）对金融科技的定义，“金融科技是指通过技术手段推动金融创新，形成对金融市场、机构及金融服务产生重大影响的业务

① 金融科技的英文名称 Fintech 是 Finance 和 Technology 的合成词，来源于 20 世纪 90 年代花旗银行发起的一个发展项目“金融服务技术联盟”，后被简称为 Financial Technology，即 FinTech，可参考谢平、邹传伟（2017）。

② 例如，在金融科技 1.0 时代，比较有代表性的就是在银行办公体系内部体现为银行清算系统、信贷系统，在对外服务窗口的体现则为 ATM 自动取款机、POS 机等。在金融科技 2.0 时代，比较有代表性的就是移动支付业务和互联网金融的出现，如第三方支付、P2P 网贷和互联网众筹等一些带有金融属性的科技企业快速成长；在金融科技 3.0 时代，比较有代表性的就是大数据、人工智能、区块链等最新技术在金融业中的深度融合。

模式、技术应用以及流程和产品”，我们可以对当今金融与科技的深度融合略窥一二。中国作为一个发展中国家，目前已经在移动支付等新兴金融科技领域取得全球瞩目的成就，甚至一定程度上领先部分发达国家。接下来，我们结合移动支付、互联网众筹、互联网保险等领域的发展，简要回顾一下金融科技在中国的发展历程。

（一）移动支付的发展历程

虽然移动支付技术最早不是在中国诞生的，但移动支付在中国的发展却是举世瞩目的。随着电商市场的成熟，以及智能手机和 4G/5G 移动互联网的普及，以智能手机和移动网络为依托的移动支付凭借其打破时间和空间约束的优势得到了快速发展，并已深度融入消费者衣食住行的方方面面，成为老百姓必不可少的生活方式之一。

移动支付最早出现于 1999 年，中国移动与中国银行、工商银行、招商银行合作，在北京等 17 个省市开通移动支付服务。在之后的十几年间，国内移动支付领域群雄逐鹿，中国银联、移动运营商、手机厂商以及第三方支付平台在自己的细分领域纷纷尝试开展移动支付服务。在推出移动支付产品进行业务竞争的同时，各方也就支付标准展开了激烈角逐。例如，中国银联在国内移动支付发展初期进行了大量探索，联合银行推出了诸如 SD 卡、“苹果皮”（针对苹果手机的定制机壳）等产品；联合移动通信运营商推出了 NFC-SIM 解决方案，甚至在部分地区率先试水二维码支付业务。

2013 年以来，伴随着支付宝、微信支付等第三方移动支付平台的崛起，中国的移动支付迎来了新的机遇。因为网络购物低价、便捷等特点，很容易满足消费者，尤其是购物设施并不发达的农村消费者，交易主体只需要一部智能手机就可以满足日常的各种支付需求，而作为网络购物重要环节的移动支付，也迎来了井喷式增长。根据中国人民银行的统计，全国移动支付的年成交笔数从 2013 年的 16.74 亿笔增长到 2020 年的 1 232.2 亿笔，6 年增长了 73.6 倍之多；移动支付的成交金额从 2013 年的 9.64 万亿元增长到 2020 年的 432.16 万亿元，增长了 44.8 倍；移动支付的成交笔数和成交额在所有电子支付中所占比例已从 2013 年的 6% 和 0.9% 上升到 2020 年的 52.4% 和 15.9%①。

目前，移动支付仍然是产业各方开展创新的热点，围绕手机、APP、二维码等支付方式展开的服务创新不断涌现，带动手机闪付和二维码等移动支付交易规模持续增长。中国银联、商业银行以及非银支付机构继续强化用户端 APP 的经营，积极搭建移动端开放生态和迭代应用版本，为用户提供更加丰富的功能服务。

（二）互联网众筹的发展历程

相比互联网金融领域其他业态，互联网众筹在我国的起步是相对较晚的。2011 年 7 月，中国才有了第一家众筹网站。2011 年全年一共有 3 家平台上线，2012 和 2013 年分别上线平台 11 家和 20 家②。但是，因为赶上了互联网金融发展的高速列车，互联网众筹行业在我国的发展速度非常快。2014 年，国内众筹平台出现爆炸式增长，全年共有 166 家平台上线③，同时众筹平台类型也加速多样化，股权型、权益型、物权型、公益型和综合

① 数据来源：中国人民银行每年（2013—2020 年）发布的《支付体系运行总体情况》。

② 数据来源：人创咨询（2017）。

③ 数据来源：同上。

型众筹平台相继出现[①]。2015年，众筹平台持续增加，全年共有288家平台上线[②]，细分市场涵盖二手车、科技、实体场所、旅游、农业、影视、音乐、出版和游戏等多个领域。

不过，随着越来越多的行业巨头进入众筹行业[③]，这个领域的竞争压力与日俱增，同时不少平台自身也或多或少存在着不同的问题，如项目质量参差不齐，平台专业度不够等，加之行业发展早期监管规则的缺位，行业高速发展过程中积累的一些风险和问题开始暴露，行业声誉和投资人信心受到严重挫伤，大机构出于品牌与风险忧虑而退出行业，创业公司则在遭遇资本寒流下难以扩大发展，行业发展逐渐进入瓶颈期。据不完全统计，2016年全年新上线众筹平台数264家，低于2015年，同时下线或转型的平台越来越多。2016年底，累计上线互联网众筹平台数量共计752家，但正常运营的平台仅剩532家，下线或转型的为220家，仅2015年上线的288家平台中就有108家下线或转型[④]。

为了规范互联网众筹行业的发展，同时作为全国互联网金融

---

① 股权型众筹此处是指互联网非公开股权融资，即融资者通过股权众筹参与互联网平台以非公开发行方式进行的股权融资活动；权益型众筹指发起项目的个人或公司以提供产品或服务作为投资回报；物权众筹指通过互联网向大众筹集资金，用于收购实物资产，通过资产升值变现获取利润；公益型众筹是指发起项目的个人或公司无偿获得支持者的捐赠；综合型平台是指包括两种及以上众筹模式的平台。

② 数据来源：人创咨询（2017）。

③ 2015年，京东、阿里、360等平台相继布局众筹业务。2016年，苏宁、小米等平台在原有的权益众筹业务之外，又分别上线股权型众筹平台“苏宁私募股权融资平台”和“米筹金服”。而百度、网易也于2016年开始布局众筹业务。4月，百度上线“百度百众”私募股权融资平台，网易则于10月底上线侧重于权益型众筹的“三拾众筹”平台，深耕泛文娱领域。

④ 数据来源：人创咨询（2017）。

风险专项整治工作[①]的一部分，相关政府部门开始出台政策法规，加大对互联网众筹平台的监管力度，通过整治、肃清行业乱象为行业的健康可持续发展创造更好的秩序环境。2016 年 4 月 12 日，深圳市互联网金融协会下发《深圳市互联网金融协会关于停止开展房地产众筹业务的通知》，要求全市各互联网金融企业全面停止开展房地产众筹业务，并进行自查自纠和业务清理工作。第二天，广州市金融局召集广州市互联网金融协会和广州金融业协会开会，要求房地产众筹企业暂停开展该业务，并做好风险排查工作。8 月 24 日，银监会联合多个部门发布《网络借贷信息中介机构业务活动管理暂行办法》，明确了网络借贷信息中介机构不得从事或者接受委托从事的十三项活动，包括不得开展类资产证券化业务、不得从事股权众筹等业务。10 月 13 日，证监会等 15 部门印发《股权众筹风险专项整治工作实施方案》，将互联网股权融资平台以“股权众筹”等名义从事股权融资业务等八种行为纳入整治重点。与此同时，相关部门和政策对发展较好的平台或模式予以了充分认可。例如，2016 年 8 月，民政部公布了首批 13 家互联网募捐信息平台[②]，事实上就是对捐助众筹模式的一种官方认可。2016 年 12 月，国务院印发《“十三五”国家战略性新兴产业发展规划》，其中三处都提到了“众筹”，并明确将“打造众筹平台”纳入“十三五”期间国家战略性新兴产业 69 个重

---

① 为规范互联网金融发展，2015 年 7 月人民银行等十部门联合印发了《关于促进互联网金融健康发展的指导意见》，2016 年 4 月国务院办公厅印发了《互联网金融风险专项整治工作实施方案》。

② 民政部公示的首批 13 家互联网募捐信息平台分别为：腾讯公益、淘宝网、蚂蚁金服公益平台、新浪微博（微公益）、轻松筹、中国慈善信息平台、京东公益、基金会中心网、百度慈善捐助平台、公益宝、新华公益服务平台、联劝网、广州市慈善会慈善信息平台。

点任务之一，说明众筹已被提升至国家战略重点的高度。

在经历了 2016—2017 年的一次深度洗牌后，互联网众筹行业开始从盲目扩张转向精细化发展。一是尽管新增平台数量和正常运营平台数量都出现了下降，但互联网众筹行业融资项目数和融资总金额仍然保持着增长态势。2016 年全年的成功项目数高达 48437 个，是 2015 年 15218 个的 3 倍还多；融资总额为 217.4 亿元，约为 2015 年及之前所有成功项目总融资额的 2 倍[①]。2017 年全年的成功项目数和融资总额分别为 69637 个和 260 亿元，较 2016 年分别上涨 43.8% 和 19.6%[②]。2018 年上半年，全国各众筹平台共获取项目 48935 个，成功融资项目数为 40274 个，融资额达到 137.11 亿元，均远超 2017 年同期[③]。二是经营不善的平台退出市场，一些做得好的平台找到了自己的发展路径并大力扩张，市场占有率迅速提高，整个行业的集中度随之提高。三是中国本土化的互联网众筹模式开始出现。最具代表性的就是实体场所众筹，其接地气的众筹模式培育了一批忠实的用户和行业中的领军平台。2017 年，由众筹家发起，包括众筹家、开始吧、靠谱投、多彩投、人人投、人人创、第五创、点筹网、同城众投、轻松筹、真功夫在内的 11 家单位联合成立新实体金融服务联盟，致力于更好实现众筹服务实体经济的价值。

（三）互联网保险的发展历程

近年来，作为金融科技的一部分，保险科技的发展也明显加速，特别是以大数据、云计算、人工智能、区块链等技术为代表

---

① 数据来源：人创咨询（2017）。

② 数据来源：人创咨询（2018）。

③ 数据来源：众筹家、前瞻产业研究院等。

的新一轮信息技术革命带动互联网保险进入了快车道。经营互联网保险业务的保险公司数量已从 2012 年的 34 家增加到 2020 年的 134 家，互联网保险保费收入从 2011 年的 32 亿元增至 2020 年的 2 909 亿元，年化增长率高达 65.1%，而同期保险业全行业保费年化增长率仅为 13.6%[①]。

与互联网众筹类似的是，互联网保险业的发展也经历了从发展初期的野蛮式扩张到监管趋严下的规范经营。早在 2015 年以前，每年新增经营互联网保险业务的保险公司数都不低于 25 家，互联网渗透率每年增长约 10 个百分点，2015 年全国互联网保险保费总收入增速高达 160%。与此同时，互联网保险行业也出现了一些问题和乱象。例如，一些保险公司违规经营互联网高现金价值业务，通过互联网销售保险产品，进行不实描述、片面或夸大宣传过往业绩、违规承诺收益或者承担损失等误导性描述。还有一些保险机构依托互联网跨界开展业务，与不具备经营资质的第三方网络平台合作开展互联网保险业务的行为，与存在提供增信服务、设立资金池、非法集资等行为的互联网信贷平台合作，存在风控手段不完善、内控管理不到位等情况，甚至存在引发风险向保险领域传递的迹象。此外，还存在一些非持牌机构违规开展互联网保险业务，未取得业务资质的互联网企业依托互联网以互助等名义变相开展保险业务等问题，甚至一些不法机构和不法人员通过互联网利用保险公司名义或假借保险公司信用进行非法集资。面对这些情况和潜在的风险点，中国保监会联合人民银行等十四个部门于 2016 年 4 月印发了《互联网保险风险专项整治

---

① 数据来源：中国保险行业协会会员单位报送数据。

工作实施方案》[①]，开展了为期一年的专项整治工作，通过打击各类违法违规活动和广泛排查保险业互联网经营模式和保险产品，以规范互联网保险经营模式，完善监管制度规则，优化市场发展环境。

随着2016年互联网保险专项整治工作的开展，机构对互联网保险的热度出现一定程度的消退，互联网保险的业务开始出现明显下滑，保费收入规模的增长速度急剧放缓甚至出现了一定程度的收缩。2016年全国互联网保险保费总收入达到2299亿元，较上年保费收入2234亿元增加65亿元，同比仅增长2.9%，远低于2015年160%的增速。2017年，互联网保险仅实现保费收入1877亿元，比2016年大幅下滑了18.4%，2018年也仅增长0.6%[②]。从长远来看，这种由市场秩序规范化带来的行业成长波动并不一定是坏消息，当行业出现一拥而上的现象时往往会造成追逐热点、制造噱头，而致使真正的创新被忽视。在严监管之下，行业的规范经营将能够去伪存真，从而激发更多有效、有益的创新。随着行业洗牌接近尾声，并叠加百万医疗等短期健康险畅销的带动效应，互联网保险保费收入于2019年重拾涨势。当年互联网保险保费收入达到2696亿元，创历史最高纪录，同比增幅也高达42.8%[③]。

目前来看，受益科技赋能最明显的是保险销售环节。技术领先的机构开始尝试使用大数据分析等手段做到差异化保费甚至保险产品的差异化、利用智能机器人取代人工客服、通过图片识别

① 针对互联网保险行业的专项整治工作同样是2016年全国互联网金融风险专项整治工作的一部分。

② 数据来源：中国保险业协会、前瞻产业研究院。

③ 同上。

实现自动在线理赔等优化产品服务。随着技术进一步创新与发展，未来保险科技将渗透到保险产业链的全部环节，包括产品设计、定价、营销、核保、承保、风控、理赔、运营等，提升公司运营能力和风控水平，为互联网保险行业的发展提供更多空间。我们更期待，随着AI、大数据、物联网、区块链等的技术渗透赋能，长期困扰我国保险市场的一些问题和痛点也能够得到解决，期待保险行业能够迎来新的“破局”。

二、市场的可进入性始终是金融科技得以发展的前提

（一）电信网络基础设施供给让金融科技发展成为可能

相比传统金融，当今的金融科技有两个独特之处。一是科技使得金融活动的重心从物理空间转移至信息虚拟空间，进一步扩大了长尾客户覆盖面；二是基于互联网获取的有关客户的交易数据、社交数据、行为数据，极大丰富了金融机构的数据基础，使客户画像更加精准，大幅降低业务成本，并提升风控能力。这两个特性都离不开信息化、网络化、移动化的电子通信网络基础设施。只有建立起覆盖广泛、速度快捷、资费便宜的电子通信网络，才能降低金融对客户的准入门槛，实现对更多金融服务需求主体的覆盖；只有实现对需求主体的广泛覆盖，才能发挥大数据的优势和规模效应，进一步推动金融科技的发展。

伴随着金融科技的发展，中国政府在电信网络基础设施建设与服务提供上，同时推动互联网设施覆盖面扩大和互联网使用成本下降，既要让供给侧获得接入互联网的基本资格，又要让需求侧的潜在需求转变为实际需求。

一方面，中国积极扩大宽带互联网和移动互联网覆盖规模，构筑起提高金融科技市场可进入性的物理设施基础。目前，中

国已经建成了世界上规模最大的光纤宽带网络和 4G 网络。截至 2020 年 3 月底，全国光纤用户占宽带用户比例超过了 93%，4G 用户也达到了 80%，全国行政村的光纤和 4G 的覆盖率均超过了 98%；已建成 5G 基站 19.8 万个，5G 套餐用户 5000 多万，5G 网络连接 5G 终端 2000 多万个[①]。电信基础设施的广域覆盖为十几亿人口、数以万计的企业主体进入金融科技市场创造了可能性。

另一方面，中国政府通过提速降费，打造出物美价廉的网络服务，真正降低了中低收入者通过金融科技获取金融服务的门槛。自 2015 年起持续开展网络提速降费，大力推进以光纤和 4G 为代表的高速宽带建设，推动电信企业取消手机国内长途漫游费和流量漫游费，大幅降低国际长途资费。根据工信部的统计，2020 年，我国移动电话用户普及率达 113.9 户 / 百人，远高于全球移动电话普及率 102.94 户 / 百人的平均水平，现在全国已经有 27 个省区市移动电话普及率超过 100 户 / 百人，移动互联网流量价格已下降到 4.4 元 / GB。电信网络提速降费使得很多中低收入水平人口能够以更低的成本接触到金融科技。

移动互联网基础设施供给的增加使得金融服务门槛进一步降低，市场规模效应的存在使服务成本和风控成本也有所降低。中国十几亿人口形成的大市场在世界范围内都是屈指可数的，巨大的市场规模对于促进金融科技产业爆发式发展创造了两个极为重要的有利条件。第一，巨大的市场规模能够承载数量足够多的金融科技企业，这些企业可以在技术路线、商业模式、运营方法上进行独立而多样的探索。第二，巨大的市场规模带来的规模报酬

---

① 数据来源：国务院新闻办公室于 2020 年 4 月 23 日举行的 2020 年一季度工业通信业发展情况新闻发布会，http://www.scio.gov.cn/xwfbh/xwbfbh/wqfbh/42311/42928/wz42930/Document/1677785/1677785.htm。

递增效应，能够使金融科技企业快速降低提供金融服务的边际成本，从而快速积累大量利润，为企业的技术研发和产品快速迭代优化提供必要的资金，从而推动整个金融科技产业快速发展。

（二）包容性监管与事后认定为金融科技的发展提供了空间

中国的金融科技产业在发展早期和快速成长期以互联网金融为核心。当时中国的互联网公司运营和互联网金融业务面临许多法律和政策制定的市场准入条件限制，这些互联网公司为规避限制采取的一些措施在某种程度上面临着一定的法律和政策风险。但中国政府对这一新兴事物保持了相当程度的包容和耐心，遵循改革开放进程中积累的“摸着石头过河”这一宝贵经验，对互联网金融的发展采取了包容性监管和事后认定的做法，保证了这一新兴领域的可进入性。

早期互联网金融业务多由互联网企业开展，而互联网企业发展的本身就面临外商投资限制。中国互联网时代早期，互联网企业因为轻资产运作模式缺少抵押物难以从银行体系获得贷款，而中国又因为本土资本稀缺和资本市场不完善而缺少风险投资，互联网企业只得向国外寻求风险投资和上市融资。而中国早期外商投资法规禁止外商参与电信业投资和运营，相关主管部门规定增值电信业务许可证必须是内资公司才能申请。提供增值电信业务的互联网企业为了规避法规限制，多数采用了新浪公司开创的VIE（Variable Interest Entity）架构，以设立在海外的可变利益实体通过协议而非股权控制名义上完全内资的境内公司进行互联网业务实际运营，从而可以借助海外可变利益实体面向国外投资者进行融资。这种模式在事实上实现了外资企业进入我国法律规定只对内资企业开放的产业领域。

互联网企业在开展互联网金融业务的过程中，又面临一重金融业的准入限制问题。在实践中，中国政府尊重市场自发形成的金融创新，对这些互联网企业开展的金融业务采取了较为宽松的监管和支持性的事后认定。互联网金融业务起源于网络交易的非金融机构支付服务。传统支付服务一般是由银行部门承担的，而互联网非金融机构则通过运用 ICT 技术为市场交易者提供支付服务从而介入支付服务体系中。实践证明，互联网非金融机构的 ICT 支付服务，对于丰富支付服务方式、扩大支付服务覆盖范围、促进电子商务发展，甚至促进金融业尤其是银行业的竞争和效率提升等方面发挥了积极作用。关于金融科技和互联网金融业务事后认定的一个重要事例，即金融监管部门对非金融机构《支付业务许可证》的颁发和管理。2010 年 6 月，中国人民银行公布了《非金融机构支付服务管理办法》，要求“非金融机构提供支付服务，应当依据本办法规定取得《支付业务许可证》”。关于相应的申请资质，该办法提出需是“在中华人民共和国境内依法设立的有限责任公司或股份有限公司”，并且“外商投资支付机构的业务范围、境外出资人的资格条件和出资比例等，由中国人民银行另行规定，报国务院批准”。当时，国内许多互联网非金融机构自身或者其母公司都是由外资通过注册在中国境外的可变利益实体（VIE）进行协议控股的。例如，当时占据国内第三方支付服务份额最大的支付宝公司便是如此——支付宝（中国）网络技术有限公司由在境外注册的 Alipay E-commerce 全资控股，后者由阿里巴巴集团全资控股，阿里巴巴集团有近七成股份被外资持有（魏晓，2019）。这种股权架构和治理结构安排引发了支付宝公司的担忧，认为既有的支付服务业务面临巨大的政策风险，最终选择通过拆除协议控制成为完全的内资公司。不过，2011 年 5 月央行公布的首批获得《支付业务许可证》的非金融机构名单中，除支付宝公司外，财付通公司等隶属于互联网企业且保持协议控股结构的公司同样位列其中。更进一步地，2018 年 3 月央行公布《中国人民银行公告〔2018〕第 7 号》正式放开外商投资支付机构在中国境内开展业务的准入限制，极大地提高了金融科技和互联网金融行业的对外部市场的可进入性，也在事实上进一步强化了对外资大量参与的既有互联网金融业务的事后认定。

（三）调整规范行业秩序为金融科技持续健康发展夯实基础

在互联网金融发展早期，行业不规范所带来的问题并不明显。但随着行业规模的快速扩大，前期积累的一系列风险和问题开始暴露。例如，大量 P2P 业务因为平台对投资者许诺过高收益而成为击鼓传花的庞氏骗局，最终导致平台大量倒闭、控制人卷款跑路的事件频发。再如，部分融资主体借由区块链加密数字货币的兴起，通过代币的违规发售、流通，向投资者筹集比特币、以太币等所谓“虚拟货币”，有一段时间，全球 80% 以上的虚拟货币交易和首次代币发行（ICO）融资都发生在中国（张琼斯、潘功胜，2018）。这在本质上是一种未经批准的非法公开融资行为，涉嫌非法发售代币票券、非法发行证券以及非法集资、金融诈骗、传销等违法犯罪活动。此外，部分金融科技企业背后还隐藏着资本的无序扩张，无限加杠杆，积累潜在金融风险。蚂蚁集团的科创板上市招股说明书显示，截至 2020 年 6 月 30 日，公司平台促成的信贷余额 2.1 万亿元，其中由公司的金融机构合作伙伴进行实际放款或已实现资产证券化的比例合计约为 98%（蚂蚁集团，2020）。蚂蚁集团通过大规模、高频率的资产证券化操作捆绑了大量金融机构，一旦其流动性出现问题，就可能通过资产证券化市场的机构间传染演化为系统性金融风险，危害整个金融系统的稳定。

为了防止发生系统性金融风险，维护国家金融稳定和金融科技的长远发展，中国政府开始逐步规范对金融科技行业的监管。2017 年 9 月，中国人民银行等 7 部门发布《关于防范代币发行融资风险的公告》，明确各类代币发行融资活动为违法行为，应当立即停止。2020 年，巅峰时期数量超过 5 000 家的 P2P 平台完全清零[①]。2020 年底的中央政治局会议、中央经济工作会议首次提出“强化反垄断和防止资本无序扩张”，“金融创新必须在审慎监管的前提下进行”。2021 年 4 月，多个国家金融管理部门联合约谈蚂蚁集团，对蚂蚁集团提出五项重点业务领域的整改要求，其所有金融活动都将全部纳入金融监管的范围。中国人民银行等金融监管部门明确未来的金融科技平台企业监管将坚持“金融为本、科技赋能”，以服务实体经济、防范金融风险为本，依法严肃查处违规经营行为；坚持金融活动全部纳入金融监管，金融业务必须持牌经营；坚持发展和规范并重，依法加强监管，规范市场秩序，防止市场垄断，保障数据产权及个人隐私；同时把握好平台经济发展规律，提升金融服务体验，巩固和增强平台企业国际竞争力。

我们梳理分析自 2013 年党的十八届三中全会提出发展普惠金融、鼓励金融创新、丰富金融市场层次和产品以来，国内金融科技产业监管主要的政策文件和重大事件。从中可以看出，在金融科技发展初期，中国政府是不吝于对金融科技的“试错式”发展采取包容态度的，这种包容性监管不断提高了金融市场的可进入性，推动各类科技企业大规模融入金融市场。伴随着行业的发展，对金融科技的监管政策逐渐规范，由宽松转向严格，监管思路和脉络越来越清晰，并注重在促进金融科技发展和防范金融风

---

① 2021 年 1 月 15 日下午，国务院新闻办公室举行新闻发布会。在发布会上，中国人民银行副行长陈雨露表示，2020 年防范化解金融风险攻坚战取得重要阶段性成果，P2P 平台已全部清零。

险之间取得平衡。适度、合理、规范的监管能够祛除行业发展弊端，保障金融科技企业合法合规经营，确保风险可控；保持市场的可进入性，打造开放、包容、安全的金融科技生态环境，促进公平有序竞争，鼓励技术创新和效率改进，实现促进金融科技健康发展，提升金融业发展水平的目的。

三、金融科技发展与单峰无偏政治治理间的良性互动

（一）金融科技让普惠金融成为现实，提高政治治理黏合度

相比发达国家，我国金融业的发展整体较为落后，例如金融体系长期由传统大型国有商业银行主导，对内对外均缺乏足够的开放与竞争，国家对利率的管制至今仍未完全放开，征信体系的落后导致信用创造严重依赖资产抵押，叠加传统大型国有商业银行天然偏好重资产、大规模的客户，对信用风险识别难度大（因为缺乏抵押担保物）的小微企业和新兴的零售业务有很大的排斥心理，中小企业融资难融资贵的问题长期得不到解决。要么因为传统金融机构无法覆盖，要么因为传统金融机构不愿服务，那些身处偏远地区的或者低收入群体以及众多小微企业长期无法获得基本的金融服务，这些问题无论从金融伦理学的角度，还是从共同富裕的角度，都是难以接受的。2005 年 5 月，构建普惠金融体系被正式提上国际日程[①]，要求每个国家要“立足机会平等要求和商业可持续原则，以可负担的成本为有金融服务需求的社会

---

① 2005 年，联合国动员了很多专家，通过在线调查、专家访谈、会议研讨等形式，起草了一份有关普惠金融体系的蓝皮书，并于当年 5 月在日内瓦举行了全球关于构建普惠金融体系的启动大会。

各阶层和群体提供适当、有效的金融服务”[1]。

从上面定义来看，普惠金融至少包含以下四方面的内容：一是从需求方角度所讲的可得性。这是普惠金融所有内容中第一位的，即从金融伦理学的角度承认人人有获得金融服务的权利，“立足机会平等”、“社会各阶层和群体”这些字眼都体现了普惠金融可得性的要求。二是从供给方角度所讲的可持续性。普惠金融本质上还是金融，不是财政扶贫，只有让供给方获得一定的回报，金融服务的可得性才可持续。从这个角度讲可持续性与可得性是相辅相成的，定义中的“商业可持续原则”等字眼体现了这一点。三是适当的金融服务。这一要求是指除了提供信贷金融服务以外，还需要提供各类型、多层次的金融服务，如保险服务、汇款结算服务等。四是在以上内容都得以满足的基础上进一步考虑金融效率，在定义中表述为“有效的金融服务”。

从以上这几方面要求看，要想在我们这样一个地域广阔而地区差异又非常大的国家构建普惠金融体系并非易事。在联合国正式提出这一概念后的很长一段时间，我国在构建普惠金融体系方面都进展不大，即便2013年党的十八届三中全会通过的《中共中央关于全面深化改革若干重大问题的决定》中首次明确提出要“发展普惠金融”。真正让普惠金融得到快速发展的是近年来金融科技的快速发展，尤其是移动支付的发展和网贷平台的出现。

金融科技具有传统金融业所不具备的一些独特优势，能够以更便捷、更高效、更低成本的模式让金融服务需求主体享受到多层次的金融服务。这些独特优势主要体现在以下三个方面。第一，金融科技助推金融服务覆盖长尾客户，且能降低金融服务的平均

---

① 这是2006年联合国在其出版物《为发展而构建普惠金融体系》中对普惠金融这一概念给出的正式定义。

成本。依托于互联网技术发展起来的金融科技，使得金融服务更加信息化、网络化、移动化，能够大幅度提高金融服务的可得性，尤其是能够覆盖到那些身处偏远地区的或者低收入群体，同时随着客户规模的扩大，提供金融服务的平均成本也得以大幅降低。例如，智能终端的普及使得移动支付可以无处不在，极大增强了支付服务的可及性，网贷平台的出现使得传统信贷的区域范围极大扩展。不仅如此，智能终端还改变了传统的账户开立模式，使得远程开户成为可能。第二，金融科技重构数据处理方式，提高金融机构风控能力。基于互联网的交易数据、社交数据、行为数据，能够极大丰富金融机构的数据基础，使客户画像更加精准，基于行为数据的征信也为金融机构提供了新的风险管理手段。第三，金融科技可以通过优化用户体验，极大增强客户黏性。例如，移动终端的普及使用户可以足不出户地享受在线金融服务，海量信息和计算能力的提升为金融机构开展精准营销提供了可能，进一步提高客户的忠诚度。

总体看，金融科技的快速发展使得普惠金融成为现实，使得“每一个人在有需求时都能以合适的价格享受到及时、有尊严、方便、高质量的各类型金融服务”[①]，尤其是使得传统金融机构无法覆盖或不愿服务的低收入者、偏远地区的居民、农民以及众多小微企业的金融服务需求得到了满足，同时丰富了金融服务类型，降低了获得金融服务的成本，相当程度地提高了这些群体对党的政策的认同感和获得感，有效提升了政治治理黏合度。

---

① 此处参考了周小川 2015 年 11 月 25 日谈深化金融体制改革时就普惠金融给出的定义。

（二）政治决策对金融科技的重视充分体现对新事物的包容

由于金融科技是一个具有重要战略地位的新兴事物，党和政府从其发展初期就开始给予其充分的关注，在发展战略制定过程中对金融科技进行长期持续的调查研究，全面掌握其发展动态、面临的机遇和挑战等，逐步对金融科技形成了全面科学的认识。在此过程中，党和政府与金融科技企业建立了密切的沟通联系机制。例如，中央及各级地方政府的研究智库、高等学校和科研院所都与一些头部金融科技企业建立了的研究合作机制，及时并充分了解金融科技领域的发展动态、政策诉求等，并形成研究报告提交给各级政府和有关部门，为国家和地方发展战略及相关政策的制定提供决策参考。例如，2017 年 3 月 10 日召开的央行“金融改革与发展”记者会上，时任中国人民银行行长周小川表示“人民银行高度鼓励，同时也和各种业界共同合作，把金融科技的发展搞上去”。2017 年 5 月，中国人民银行正式成立金融科技委员会，加强金融科技工作的研究规划和统筹协调。2019 年 8 月，中国人民银行出台了《金融科技（FinTech）发展规划（2019—2021 年）》，明确提出要充分发挥金融科技赋能作用，推动我国金融业高质量发展，到 2021 年建立健全我国金融科技发展的“四梁八柱”，进一步增强金融业科技应用能力，实现金融与科技深度融合、协调发展，明显增强人民群众对数字化、网络化、智能化金融产品和服务的满意度，推动我国金融科技发展居于国际领先水平，实现金融科技应用先进可控、金融服务能力稳步增强、金融风控水平明显提高、金融监管效能持续提升、金融科技支撑不断完善、金融科技产业繁荣发展。从这个意义上讲，国家经济决策的调查酝酿是主动向金融科技此类新兴经济事物开放的。

除了在政治决策的调查酝酿期对金融科技保持开放外，党和政府对金融科技领域的企业代表直接参政议政也保持开放与欢迎态度。例如，金融科技领域的代表性企业家会因其突出的社会贡献而被提名或推荐为人大代表、政协委员、中共党员、民主党派成员、青联委员、工商联委员等，甚至被推荐到各类与政府关系密切的群团组织中担任职务，又有些企业家会被中央或地方各级政府授予“优秀企业家”“改革先锋”等荣誉称号或政治表彰。这些社会职务、政治荣誉、政治待遇能够让这些企业家在国家政治生活中代表整个行业行使选举权、表决权、建议权等政治权利，并在既有政治治理框架内合法、畅通、高效地表达自身利益诉求。客观上，代表性企业家行使政治权利的过程能够让金融科技这种新兴产业在国家战略资源配置中获得适当的政策支持与倾斜，有利于将在金融科技这类新兴技术、新兴产业中成长起来的新生利益集团团结吸纳在既有政治治理框架内，降低利益冲突的可能性，维护政治的稳定，提高治理的黏合度。

总体而言，中国政治决策过程实事求是地保持对新兴经济事物的开放、包容和吸纳，从根本上保证了中国共产党始终能够代表最广大人民的根本利益，巩固了中国共产党的执政基础，促进了社会各利益集团间信息的有效交流与良性互动，提高了政治决策效率和执行效率，真正实现了政治决策过程的多方参与和民主决策。这是中国政治治理能够在剧烈的经济结构变迁中黏合包容不断出现的新生利益集团、维持共产党领导下单峰无偏政治治理格局的重要保障。

（三）政府与时俱进探索利用金融科技

在以互联网、大数据、云计算、人工智能、生物识别、区块链等新技术为支撑的金融科技快速发展过程中，除企业在如火如荼地进行探索创新外，中国的政府机构也开始采取越来越多的行动，例如，近年来中国货币管理部门在应用区块链技术发行数字货币上就做了很积极的探索。

早在 2014 年，中国人民银行便提出构建数字货币的想法，并成立专门团队，开始对数字货币发行框架、关键技术、发行流通环境及相关国际经验等问题进行专项研究。2017 年，中国人民银行正式成立了全球最早从事法定数字货币研发的官方机构——央行数字货币研究所，致力于数字人民币体系的研发，旨在创建一种以满足数字经济条件下公众现金需求为目的、数字形式的新型人民币，配以支持零售支付领域可靠稳健、快速高效、持续创新、开放竞争的金融基础设施，支撑中国数字经济发展，提升普惠金融发展水平，提高货币及支付体系运行效率。2019 年底数字人民币相继在深圳、苏州、雄安新区、成都及未来的冬奥场景启动试点测试。2020 年 10 月，又增加了上海、海南、长沙、西安、青岛、大连 6 个试点测试地区。

当然，除了数字货币的发行与使用外，金融领域中很多典型场景和领域都可以应用区块链技术，如支付、数字资产、票据、清算结算、证券、信贷、供应链金融等。这些金融交易过程都普遍面临着频繁和大量的信息传递与价值转移，而借助区块链技术，通过去中心化的可信赖交易网络，这一过程可以得到流程简化和时间缩短。此外，区块链技术的数据不可窜改和可追溯特性，能够为监管部门构建适当的监管工具提供重要技术基础，对保护金融消费者权益、防止风险的累积和爆发都有帮助。尤其是金融较缺乏的地区，促进保护工作的开展。2018 年，工信部指导中国电子技术标准化研究院，联合多家金融科技企业，开展区块链技术和应用发展趋势专题研究，编撰形成了《中国区块链技术和应用发展白皮书》。白皮书指出，区块链技术由于所拥有的高可靠性、简化流程、交易可追踪、节约成本、减少错误以及改善数据质量等特质，使得其具备重构金融业基础架构的潜力。

中国货币管理部门以及金融监管部门在应用区块链技术方面的探索，充分体现了政府对新兴事物的支持与开放态度，体现了政府对新兴事物的认可与拥抱，充分表明了中国政治治理体系对新兴事物的黏合包容和开放吸纳，这将不但有助于巩固市场对新兴事物的认同，而且有利于新兴事物的进一步发展。

四、本章小结

改革开放 40 多年以来，中国的高速持续发展很大程度上得益于始终保持了黏合的单峰无偏政治治理和持续提高的经济可进入性，这也正是我们未来应该继续坚持的。但必须承认，经济社会发展过程中会不断出现新兴事物以及由此产生的新兴利益群体，如果经济不能对其开放，政治不能对其包容，原有的政治治理体系和经济制度就存在僵化或退化的风险。相反，通过回顾分析中国政府对待金融科技这一新兴事物的态度和做法，我们继续提高开放可进入的经济体制并非是一劳永逸的。本章以金融科技产业发展为例，分析了中国政府维护黏合型政治治理和经济可进入性的方法。

在提高经济对新兴事物的可进入性方面，至少可以从以下三项工作入手。第一，政府大规模建设新兴事物发展所必需的基础设施（例如，对金融科技而言就是电信网络），既能为新兴事物的供给端提供生产运营的基础环境，也能满足需求端由潜在需求变为实际需求。同时，市场可进入性的提高还可以带来规模效应，进一步推动新兴事物发展。第二，政府可以对新兴事物采取包容性监管和事后认定的做法。新兴事物在发展初期往往面临多条路径、多种模式的选择，如果此时的监管过于严格，则会压缩新兴事物的“试错空间”，不利于其发展。中国政府对新兴事物始终保持高度开放包容的态度，给予其宽松的监管环境，在不出现大的风险的前提下，允许新技术、新模式、新业态自由进入市场，同时对新兴事物发展过程中出现的问题保持密切跟踪，对试错成功的技术、模式和发展成果进行事后认定。第三，伴随着新兴事物的成长，政府要适时采取合理的政策措施，制定合适的规则，规范市场秩序，维护市场的高可进入性。例如，新兴事物发展中的先发企业会利用市场优势地位排斥同业经营者，谋取行业垄断地位，这种垄断行为会极大地降低市场的开放程度和可竞争性，进而伤害新兴事物的长远发展。政府需要在此时采取适当的规制措施，包括反垄断反不正当竞争等，以维护市场的可进入性。

在维持政治治理黏合度方面，也可从做好以下三项工作入手。第一，政府应高度重视代表先进生产力发展方向的新兴技术和产业，并通过对新兴事物发展的支持，提高其目标群体对政策的认同感和获得感，从而提升政治治理黏合度。第二，政治决策过程应注重对新兴事物的开放，既包括围绕新兴事物开展调查研究，听取各方面意见和利益诉求，对新兴事物形成科学全面的认识，也包括积极吸纳代表性企业家和相关利益群体，为其创造参政议政的机会，甚至直接参与国家政治决策。第三，在鼓励支持新兴事物基于市场化原则探索发展的同时，政府也可以积极主动开展新技术、新事物在公共事务、公共服务中的应用，既有助于巩固市场对新兴事物的认同，也有助于政治治理体系对新兴事物的黏合包容和开放吸纳。

第九章　A–C理论下的各国经济发展与绩效

正如前文所述，我们提出 A–C 理论的重点是为了解释中国经济发展的历程，同时也试图寻找中国、西方发达经济体和其他发展中国家不同发展模式背后更深层次的共同因素。在本章中，我们将尝试用 A–C 理论对全球经济的发展类型和绩效提供一种新视角的解释。首先，我们将为 A–C 理论构建一系列指标，并基于各国政治治理黏合度以及经济可进入性对各国进行分类分组，以期对各个国家在该理论框架下所处的位置有一个整体认识；然后，我们将利用各国的历史数据并采用一些计量方法对 A–C 理论的核心结论进行实证检验。

一、世界各国在 A–C 理论框架下的画像

综合考虑数据的可获得性与完整性，我们选取了 1996—2018 年 209 个国家或地区的基础数据，并在这些数据的基础上

按年份构建了各国的政治治理黏合度指标、政治集中度指标以及经济可进入性指标（具体构建方法见附录 1）。在此基础上，我们将考察世界各国在 A–C 理论框架下所处位置的分布情况，以及随着时间的推移，该位置分布的演变情况。

按照第一章图 1.1 的逻辑，我们建立了一个由政治治理黏合度指标和经济可进入性指标组成的二维空间，即 A–C 空间。由于在构建指标时已经做了标准化处理，因此 A–C 空间就是一个［0, 5］×［0, 5］的有限二维空间。此外，以横纵坐标轴的“及格值”① 为基准，将该空间划分为与图 1.1 相对应的四个象限。根据某个年份一个国家的具体指标值，我们可以确定其在 A–C 空间上所处的位置。图 9.1—图 9.3 分别展示了 1996、2006 和 2018 年三个代表年份世界各国或地区在此二维空间上的分布情况。

总体看，以 G7 国家或 OECD 国家为代表的发达国家始终处于（高黏合度，高可进入性）区域，无论其人均 GDP 水平还是人均 GDP 增速，都显著高于其他区域；而以非洲大多数国家为代表的最不发达经济体则长期处于(低黏合度,低可进入性)区域。

从过去二十多年的发展历程看，虽然（高黏合度，高可进入性）区域的国家数量相对稳定，但很多国家都出现了一个维度甚至两个维度的变化。例如，中国经济可进入性在 1996—2006 年有非常明显的提升，而在 2006—2018 年中国政治治理黏合度的

① 从各经济体的所处的发展阶段（人均 GDP 水平）及其经济可进入性和政治治理黏合度这三个指标的动态演变情况看，当经济可进入性和政治治理黏合度分别达到 3 时，其对经济增长的贡献均发生了明显的变化，具体可以参考下文的回归分析结果。从 2018 年的分布特征看，经济可进入性和政治治理黏合度的第三五分位数（即 60%）均位于 3 附近，直接上看，我们不妨将 3 看作两个维度的“及格值”。因此，在对 A–C 空间进行划分时，我们以经济可进入性和政治治理黏合度两个维度的“及格值”即横纵坐标轴的“3”为基准。

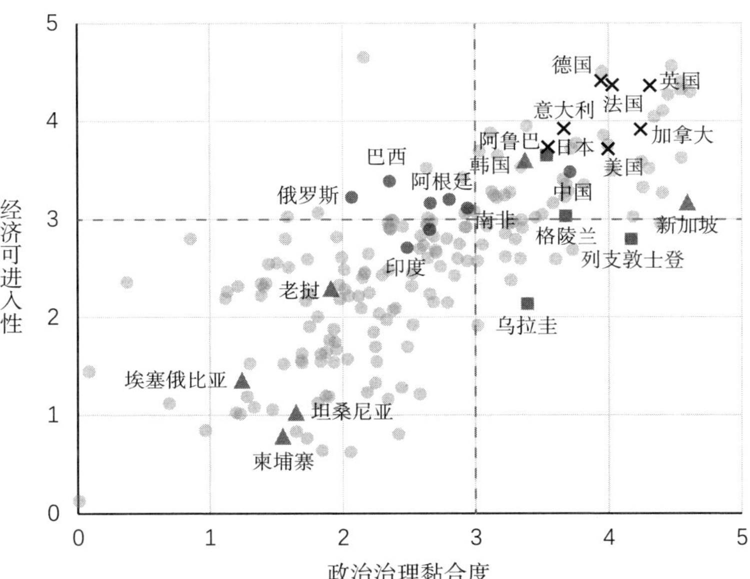

图 9.1　世界各国或地区在 A-C 空间中的位置分布（1996 年）

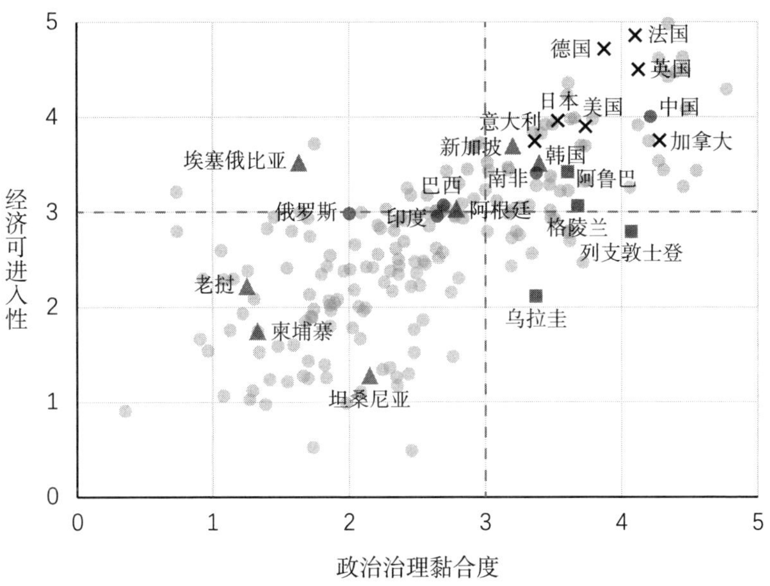

图 9.2　世界各国或地区在 A-C 空间中的位置分布（2006 年）

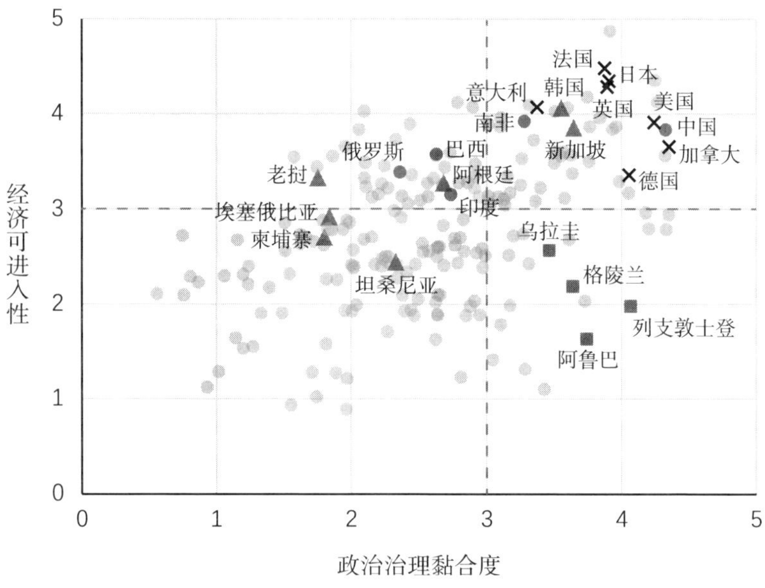

图 9.3 世界各国或地区在 A-C 空间中的位置分布（2018 年）

提升则更为明显。相反，英国、法国等发达国家的政治治理黏合度在 2006—2018 年均出现了明显的下降，俄罗斯的政治治理黏合度在 1996—2006 年也出现了明显的下降，甚至从（高黏合度，高可进入性）区域“退化”到了（低黏合度，高可进入性）区域。与此同时，不少处于（低黏合度，低可进入性）区域的国家也实现了一个维度甚至两个维度的改善。例如，埃塞俄比亚、坦桑尼亚、老挝、柬埔寨等最不发达国家的经济可进入性在过去二十余年里都经历了明显上升。由此可见，一个国家无论在政治治理黏合度上还是在经济可进入性上，都存在“不进则退”的可能，这种“退化”的可能性在政治治理黏合度较低或经济可进入性较低的国家更大。

如果引入经济增速，那么我们还可以进一步审视政治治理黏合度、经济可进入性与经济增速之间的关系。如表 9.1 所示，（高黏合度，高可进入性）象限内的国家或地区的经济增速普遍高于其他象限内国家或地区的经济增速，而（低黏合度，低可进入性）象限内的国家或地区的经济增速则普遍低于其他象限内国家或地区的经济增速。

表 9.1　三个代表年份世界各国或地区在 A-C 空间上的总体分布情况

位置分布	变量	1996 年	2006 年	2018 年
高黏合度、高可进入性（第一象限）	经济可进入性均值	3.38	3.39	3.42
	政治治理黏合度均值	3.39	3.59	3.48
	人均 GDP 中值	28787	32352	30036
	人均 GDP 增速中值	3.06%	4.23%	2.77%
	国家数量	74	65	71
高黏合度、低可进入性（第二象限）	经济可进入性均值	1.58	1.55	1.70
	政治治理黏合度均值	3.27	3.28	3.26
	人均 GDP 中值	4303	8177	12715
	人均 GDP 增速中值	4.27%	5.04%	2.26%
	国家数量	59	62	63
低黏合度、低可进入性（第三象限）	经济可进入性均值	1.34	1.31	1.51
	政治治理黏合度均值	1.73	1.83	1.65
	人均 GDP 中值	3532	3084	3463
	人均 GDP 增速中值	1.55%	3.24%	1.27%
	国家数量	49	62	45
低黏合度、高可进入性（第四象限）	经济可进入性均值	3.10	3.13	3.08
	政治治理黏合度均值	1.82	2.03	1.89
	人均 GDP 中值	12592	17810	18087
	人均 GDP 增速中值	4.21%	3.64%	2.03%
	国家数量	27	20	30

注：（1）人均 GDP 的货币单位为 2017 年不变价美元，人均 GDP 和人均 GDP 增速中值均为各个象限内样本国家的中值；（2）由于较早年份个别国家或地区的数据缺失，三个代表年份的国家数量并不相同。

此外，一个国家的政治治理黏合度与经济可进入性之间也存在明显的关联。我们将黏合度指标低于平均值的样本设为对照组，将黏合度指标高于平均值的样本设为控制组进行双重差分回归，发现政治黏合度的提高会提高经济可进入性，结果如表 9.2 所示。我们采取相同的策略，也检验了可进入性对政治黏合度的潜在因果影响，但如表 9.3 所示，双重差分（DID）测试并不支持这种因果关系的方向。

表 9.2　基于双重差分法对“政治治理黏合度对经济可进入性的影响”的检验

变量		经济可进入性	标准差	t	P>t
（1）	控制（C）	−35.052			
	对照（T）	−33.658			
	（T−C）	1.394	9.538	0.15	0.884
（2）	控制（C）	−35.033			
	对照（T）	−33.640			
	（T−C）	−1.393	9.533	0.15	0.884
双重差分		−0.000	0.005	−0.10	0.921

注：均值和标准差均是基于线性回归估计得到的。

表 9.3　基于双重差分法对“经济可进入性对政治治理黏合度的影响”的检验

变量		政治治埋黏合度	标准差	t	P>t
（1）	控制（C）	−4.498			
	对照（T）	8.241			
	（T−C）	12.739	7.736	1.65	0.100*
（2）	控制（C）	−4.494			
	对照（T）	−29.956			
	（T−C）	−8.239	7.732	1.65	0.100*
双重差分		12.733	0.004	−1.61	0.107

注：（1）均值和标准差均是基于线性回归估计得到的；（2）* 代表 $p<0.1$。

此外，我们还通过控制发展阶段来研究经济可进入性与政治治理黏合度之间的因果关系，如表 9.4 所示。值得注意的是，当人均 GDP 低于 4 000 美元或超过 12 000 美元时，两个指标之间并没有显著的因果关系，但当人均GDP处于[4000, 12000]区间时，二者间的因果关系变得显著。特别是当人均GDP在[8000, 12000]之内时，两种因果关系方向都非常显著。

表 9.4　经济可进入性与政治治理黏合度之间的因果方向检验

发展阶段人均 GDP	经济可进入性作为原因	政治黏合度作为原因
0—4000	0.131	0.779
4000—8000	0.018*	0.1*
8000—12000	0.007**	0.008***
12000—16000	0.438	0.821

注：（1）均值和标准差均是基于线性回归估计得到的；（2）*** 代表 $p<0.01$，** 代表 $p<0.05$，* 代表 $p<0.1$。

二、对 A–C 理论核心结论的实证检验

结合上文的一些观察以及第一章对 A–C 理论核心思想的总结，我们将 A–C 理论的核心结论以三个理论猜想的形式提出来，以便利用世界各国的数据开展实证检验。

猜想 1：政治治理黏合度的提高能够促进经济增长。

猜想 2：经济可进入性的提高能够促进经济增长。

猜想 3：无论是单峰治理还是多峰治理，对一个国家经济增长而言是中性的。

（一）计量模型的设定

基于上文有关指标构建和数据的讨论，我们拟用一个动态面板模型来检验这三个理论猜想。模型的具体设定如下：

$$y_{it} = \alpha + \beta X_{it} + \gamma Z_{it} + u_{it}$$

其中，对于第 i 个国家第 t 年而言：

y_{it} 表示人均 GDP 增速（不变价格，当地货币）

X_{it} 是解释变量的向量，（x_{1it}，x_{2it}，x_{3it}，x_{4it}）

x_{1it} 表示经济可进入性指数

x_{2it} 表示政治治理黏合度指数

x_{3it} 表示政治集中度指数

x_{4it} 表示发展阶段

Z_{it} 表示控制变量，包括滞后项、人口、面积等，

β 表示 X_{it} 在的系数向量（β_1，β_2，β_3，β_4），γ 表示 Z_{it} 之前的系数向量，u_{it} 是模型的误差项

由于我们的数据已经标准化，系数的估计值并没有说明解释变量的相对重要性，我们更关心这些系数的符号（正或负）。如果上面提出的猜想成立，那么模型参数 β_1 和 β_2 都应该是正的，而模型参数 β_3 与 0 没有显著差异。此外，根据相关发展经济学领域的文献，我们预计 β_4 为负；也就是说，处于较高发展阶段的经济体的经济增长率较低。

（二）基于面板数据对计量模型的估计结果

考虑到数据结构的面板特征和经济增速的自回归特征，我们分别估计了具有不同滞后项 y_{it} 的随机效应和固定效应模型，并对这两种模型设定进行了 Hausman 检验，结果显示它们的系数之间存在显著的系统性差异（如表 9.5 所示），这种系统性差异在不同数量滞后项和控制变量的模型设定是稳健存在的。因此，我们将主要用固定效应模型来检验 A–C 理论的核心结论。

从表 9.5 中三个固定效应模型设定 —— FE（1）、FE（2）和 FE（3）可以看到，经济可进入性和政治治理黏合度指标的系数均显著为正，说明猜想 1 和猜想 2 得到了统计上的支持；同时，政治集中度指数前系数的不显著，意味着我们不能拒绝猜想 3。此外，发展阶段的系数显著为负，这意味着处于较高发展阶段的

经济体增长速度较低。

表 9.5　随机效应模型和固定效应模型的估计结果

变量	人均 GDP 增速（y_{it}）					
	FE（1）	RE（1）	FE（2）	RE（2）	FE（3）	RE（3）
经济可进入性	0.952*** (3.28)	0.258** (2.23)	0.85*** (2.86)	0.208* (1.76)	0.928*** (3.08)	0.213* (1.79)
政治治理黏合度	1.444*** (3.46)	−0.075 −0.61	1.584*** (3.57)	−0.021 −0.17	1.617*** (3.44)	0.002 −0.02
政治集中度	−0.165 −1.31	−0.076 −1.04	−0.156 −1.18	−0.061 −0.82	0.008 −0.06	−0.041 −0.55
经济发展阶段	−1.123*** (5.26)	−0.219*** (3.82)	−1.079*** (4.72)	−0.242*** (4.12)	−0.989*** (4.06)	−0.247*** (4.15)
$y_{\text{it}-1}$	0.238*** (14.80)	0.389*** (26.44)	0.225*** (13.18)	0.339*** (20.60)	0.221*** (12.74)	0.336*** (20.01)
$y_{\text{it}-2}$			−0.02 −1.19	0.083*** (5.14)	−0.04** (2.32)	0.038** (2.18)
y_{it-3}					0.006 −0.37	0.1*** (6.22)
常数项	−1.238 −0.95	1.731*** (6.64)	−1.422 −1.03	1.621*** (6.05)	−2.287 −1.58	1.405*** (5.16)
样本量	3772	3772	3555	3555	3341	3341
Hausman 检验	有显著性系统性差异		有显著性系统性差异		有显著性系统性差异	

注：（1）考虑到人均 GDP 增速中的异常值可能对回归结果有较大的干扰，我们在回归分析时仅保留了人均 GDP 增速在［−20%, 50%］之间的样本；（2）括号中的数字为估计值的标准差；（3）*** 代表 p<0.01，** 代表 p<0.05，* 代表 p<0.1；（4）RE 对应随机效应，FE 对应固定效应。

（三）稳健性检验及讨论

接下来，我们通过一系列的检验以验证基准模型结果的稳健性。

首先，我们通过增加控制变量的方法来检验模型的稳健性，包括代表一国基本资源的人口数量、可以近似代表一个国家或地区自然资源的面积，以及代表经济总规模的 GDP。从数值上看，回归结果没有显著变化，特别是相关系数的符号没有变化。此外，当我们用人均面积取代面积和人口时，同样没有发现重大变化。受篇幅所限，相关结果就不在这里报告了。

其次，我们研究了核心变量与经济发展水平之间的相互作用，重点考察了在不同发展阶段下单峰多峰治理模式、政治治理黏合度以及经济可进入性之间的相互作用。如表 9.6 所示，经济可进入性对经济增长的影响与其所在的发展阶段之间的关系并不显著；换言之，无论一个经济体所处的发展阶段高低，经济可进入性对经济增长的重要性是一样的。相比之下，随着经济发展水平的提高，政治黏合度似乎发挥着越来越重要的作用。然而，政治集中度指标与经济发展水平之间没有显著的相互作用；在任何发展水平的国家中，政治集中度对经济增长的作用似乎都是中性的。

第三，由于样本所涵盖的 20 多年时间，恰恰是中国经济高速增长的 20 多年，难免有人会质疑中国对整个样本的影响。因此，我们特地将中国的数据从样本中剔除，并重复上面所有的稳健性检验。如表 9.6 最右边四列所示，将中国的数据从样本中剔除后的回归结果几乎没有变化。

表 9.6　部分稳健性检验结果

变量	人均 GDP 增速（y_{it}）								
	核心变量与经济发展水平之间的相互作用					将中国数据从样本中剔除			
	FE（1）	FE（2）	FE（3）	FE（4）	FE（5）	FE（6）	FE（7）	FE（8）	FE（9）
经济可进入性	0.952***	0.728	0.952***	0.952***	1.153**	0.715	0.945***	0.947***	1.144**
	(3.28)	−1.57	(3.29)	(3.28)	(2.43)	−1.53	(3.26)	(3.25)	(2.40)
政治治理黏合度	1.444***	1.451***	−0.212	1.445***	−0.363	1.458***	−0.207	1.452***	−0.355
	(3.46)	(3.48)	−0.37	(3.46)	−0.61	(3.49)	−0.36	(3.47)	−0.6
政治集中度	−0.165	−0.162	−0.131	−0.146	0.044	−0.162	−0.132	−0.144	0.043
	−1.31	−1.28	−1.04	−0.72	−0.21	−1.28	−1.04	−0.71	−0.2
经济发展阶段	−1.123***	−1.386***	−2.71***	−1.097***	−2.373***	−1.393***	−2.714***	−1.092***	−2.38***
	(5.26)	(2.91)	(6.26)	(3.55)	(4.20)	(2.92)	(6.23)	(3.49)	(4.20)
y_{it-1}	0.238***	0.238***	0.233***	0.238***	0.232***	0.238***	0.233***	0.238***	0.232***
	(14.80)	(14.81)	(14.49)	(14.80)	(14.41)	(14.75)	(14.43)	(14.73)	(14.35)
经济可进入性 × 经济发展阶段		0.091			−0.084	0.095			−0.083
		−0.62			−0.55	−0.64			−0.53
政治治理黏合度× 经济发展阶段			0.684***		0.749***		0.685***		0.749***
			(4.21)		(4.34)		(4.20)		(4.32)
政治集中度 × 经济发展阶段				−0.012	−0.107			−0.013	−0.106
				−0.12	−1.07			−0.13	−1.06
常数项	−1.238	−0.708	1.83	−1.28	1.239	−0.717	1.824	−1.312	1.236
	−0.95	−0.45	−1.23	−0.94	−0.75	−0.46	−1.21	−0.96	−0.74
样本量	3772	3772	3772	3772	3772	3753	3753	3753	3753

注:（1）括号中的数字为估计值的标准差;（2）*** 代表 $p<0.01$，** 代表 $p<0.05$，* 代表 $p<0.1$;（3）FE 对应固定效应。

三、本章小结

以理论模型为基础，我们提出了三个理论猜想：（1）政治治理黏合度的提高能够促进经济增长；（2）经济可进入性的提高能够促进经济增长；（3）无论是单峰治理还是多峰治理，对一个国家经济增长而言是中性的。基于 209 个经济体 1996—2018 年的面板数据，我们对这三个猜想进行了实证检验。回归结果表明，经济可进入性的系数显著为正，这支持了猜想（1），即经济可进入性的提高有助于推动经济增长；同时，政治治理黏合度指数的系数也显著为正，这支持了猜想（2），即政治治理越黏合，越有利于经济的可持续增长。然而，政治集中度指数所对应的系数并不显著，这表明猜想（3）不能被拒绝，即单峰或多峰的政治治理模式对一国经济增长而言是中性的。与此同时，我们的实证结果也补充了文献中有关经济增长与经济发展水平之间的关系；从实证结果中可以发现，处于较高发展阶段的经济体的经济增长率较低。

在稳健性检验过程中，我们通过引入额外的控制变量，检验核心变量与经济发展水平之间、政治治理黏合度与经济可进入性之间的相互作用，并用子指标替换原变量的方法得到更进一步、更细节的实证结果。从稳健性检验结果看，虽然不同检验中主要变量的回归系数存在差异，但核心变量的符号、显著性依然稳健，这为我们的理论结果提供了统计上的支持。

第十章　新加坡：黏合开放的亚洲典范

新加坡经济发展的成功和政治的稳定，被许多发展中国家视为典范。相较于其他经济发达的国家，新加坡的成功尤为吸引世界的目光，因为新加坡除了其战略位置优势和英国殖民时期为发挥区域运输、物流而建立的港口设施外，几乎没有任何自然资源，是一个面积狭小，甚至工业和生活用水都不能自给自足的小岛城市国家。但就是这样一个国家，在几十年内取得了巨大的经济发展成就（见图 10.1），完成了经济腾飞，用半个世纪走完了发达国家一百多年的工业化进程，跻身高收入国家的行列[①]，奠定了其“亚洲四小龙”之一的历史地位，并保持了经济的持续快速增

① 根据世界银行 WDI 数据库的数据，2019 年，新加坡的人均 GDP 为 6.56 万美元，居世界第十位，仅次于摩纳哥、百慕大、卢森堡、开曼群岛、中国澳门、瑞士、爱尔兰、挪威和冰岛。

长和社会的稳定。

研究新加坡的发展历程可以发现，新加坡获得成功的两个关键因素与 A–C 理论完全吻合。首先，新加坡共和国自独立以来，从李光耀、吴作栋到李显龙，人民行动党始终处于执政党地位，在政治层面上采取并坚持了一整套行之有效的政策，促进并维护多元民族和多元文化的融合与团结，构建出单峰无偏的黏合型政治治理格局，不但确保了新加坡社会的长期稳定，而且为新加坡的持续发展提供了必要的政治内聚力。其次，在政治稳定、人民团结的基础上，新加坡政府高度参与市场经济的发展，一方面打造了高度开放的经济结构，另一方面制定经济发展战略和规划，在其指引下通过有力的产业政策和发展模式，极大地拓展了经济体系的内外部可进入性，使参与到经济行为中的所有个体均可以在最大程度上获取到经济发展的机会，进而持续有效地促进经济的不断发展。

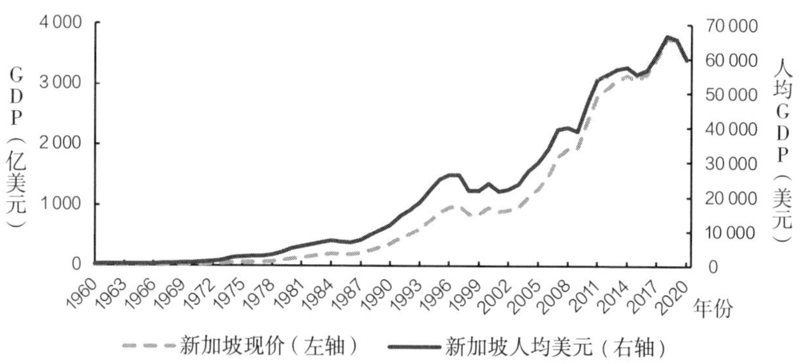

图 10.1　过去六十年新加坡的国内生产总值与人均 GDP

数据来源：世界银行 WDI 数据库。

一、第一阶段：对外开放，对内融合

（一）政府主导的持续对外开放的经济发展模式

新加坡从相对贫困走向令人瞩目的繁荣，这段不同寻常的历程始于 1965 年 8 月的无计划独立。在这段时期，新加坡突然被迫退出马来西亚联邦，面临着失去其传统腹地，同时又面临着与印度尼西亚的战争或“对峙”局面。马来西亚更是试图绕过新加坡的港口，对新加坡的工业产品设置关税壁垒，以保护其半岛大陆的经济发展项目。这使新加坡作为马来半岛财政、金融和航运中心的传统作用受到严重威胁，经济前景黯淡。1965 年，新加坡是一个经济停滞不前的港口，贫民区面积大，失业率超过 10%。要想生存，政府必须尽快创造就业机会，为人们提供住房、教育和其他基础设施项目。因此，需要国家发挥重要作用，创造经济增长的先决条件，并促使政府采取切实有效的政策来解决经济和社会问题。

在当时的背景下，第三世界国家大多采取进口替代政策，通过建立保护关税壁垒、实施进口限制、与大型跨国公司保持距离等措施，发展本国的生产能力。但是，作为一个城市国家，新加坡面临着最基本的限制——缺少经济空间，包括自然资源和巨大的国内市场。新加坡的政策制定者从一开始就必须解决一个关键问题，即如何克服规模限制，扩大经济空间，实现 GDP 的持续增长。

作为英国殖民地时期英联邦交通、资金和通信网络的节点，新加坡与许多英联邦国家都有密切的联系。于是，新加坡政府决定采取由政府主导的出口导向型、以外国直接投资为主体的发展战略，充分利用其处于战略地位的资源优势以及与英联邦国家的关系基础，采取完全开放的经济模式——不仅是商品和服务贸易，也包括资本和劳动力的流动。新加坡在20世纪60年代向外国直接投资敞开大门，并在21世纪初允许外国人才自由流入。1967年的《经济增长激励法》赋予经济发展局（EDB）以“先锋”地位，负责将跨国公司引进新加坡，并为外国公司提供五年的减税优惠（20世纪70年代末持续延长），不遗余力地招揽外国大公司，以奖励措施吸引它们落户新加坡。这样，新加坡就可以获得外资资本、技术和管理专门知识，并融入跨国公司的全球生产网络和供应链。

1968年7月，经济发展局重组，为发展提供资金支持的职能转移到了新加坡发展银行，为制造业企业提供长期融资服务，入股大量由私人资本投资兴建并主营的新兴产业企业。而后国际贸易公司成立，由政府、新加坡发展银行和私人资本共同拥有。1968年，新加坡成为亚洲美元市场的总部。1969年，新加坡又成为黄金市场，并迅速在规模上超过香港和贝鲁特，新加坡迅速成长为一个金融中心和资本市场。

新加坡制定实行对外开放模式、以出口为主导的发展战略，与20世纪70年代很多国家通过廉价劳动力和原材料降低生产成本的做法相吻合，在吸引外国直接投资方面取得了巨大的成功。在这些发达国家，工会活动、生产成本、高税率和竞争不断上升，企业部门发现将生产转移到低成本地区可收获更多利益。许多来自美国、欧洲和日本的跨国公司，由于国内成本上升或需要寻找新的市场，都希望迁移到能够提供高效、低成本经营环境的国家。新加坡由此成为跨国公司青睐的区域生产和分销地点。到20世纪80年代末，新加坡获得的外国直接投资占全世界的4.6%，1988年占发展中国家外国直接投资总额的14.6%。

此外，国际局势的发展与变化也为新加坡发展经济提供了有利条件。1966 年 6 月，马来西亚—印度尼西亚冲突结束，新加坡与印度尼西亚之间的贸易额有了提升；美国逐步加大对越南战争的投入，也使得作为主要供应中心的新加坡获益良多。1967 年，中东发生“七日战争”，苏伊士运河关闭，带动新加坡的船舶修理生意红火了起来。

政府计划让新加坡成为亚洲仅次于日本的第二大航运、船舶修理和造船业中心。1968 年，新加坡建立了本地船只注册机制。两年后，政府向外国船只提供免税的注册登记制，在亚洲首先建立了“方便旗”（Flag of Convenience）制度，并建立了国有的东方海皇轮船公司。1966—1968 年，造船和船舶修理的业务量猛增。1969 年，新加坡成为英联邦最繁忙的港口。

因为新加坡对马来西亚出产石油的较高需求以及其地理位置和设施配备非常适合建立相关辅助产业，资本、设备和专业人才涌入新加坡。到 1970 年时，石油已成为新加坡的出口支柱产业，占工业制成品总数的 40%。1973 年，新加坡成为全球第三大炼油中心（仅次于休斯敦和鹿特丹）。

由此，在政府主导下，通过一系列对内对外经济开放，提高经济可进入性，新加坡迈入经济加速发展的新阶段。

（二）单峰无偏的黏合型政治治理

人民行动党的持续执政造就了新加坡单峰无偏黏合型政治治理的高度连续性。自 1959 年起新加坡一直由人民行动党执政，在此期间的大部分时间里，人民行动党在议会常规选举中都赢得了所有席位。而李光耀自 20 世纪 60 年代起，一直领导新加坡政府直到 1990 年退休，成为世界上任职时间最长的总理（或首相）。

人民行动党政府很好地满足了公民的基本需求和愿景。在其领导下的政府坚持实行对外开放的经济战略，以相当强劲的经济增长创造了大量就业机会，以至于在20世纪70年代初几乎实现了全面就业。此外，大规模的公共住房建设计划为绝大多数人带来了高质量的住房，到20世纪90年代中期，90%以上的新加坡人拥有了自己的住房。在提供小学、中学、职业教育和高等教育的教育机会方面，也付出了巨大的努力，为人民提供了向更高社会阶层流动的机会，因而在其推行强硬政策的情况下仍能获得人民的支持。该党长期执政也使得国家政策具有稳定性和可预测性，其治理具有长期规划和连续性，这也有助于吸引外国投资，实现外国直接投资驱动的增长战略。

另外，经济持续发展重要前提条件之一就是社会稳定。人民行动党执政的政府为了实现这一目标，在新加坡独立初期就达成了执政党政府和民众之间的“社会契约”。在这种契约中，一些公民权利被让渡给了国家公权力，政府在进行社会治理的时候遵循“社会契约”的原则，将被让渡出来的公民权利进行再分配，从而确保社会稳定和经济的持续发展。GDP的快速增长为人民行动党提供各种公共服务打下基础，并使其执政地位更加稳固。人民行动党政府在政治舞台上保持着近乎绝对的主导地位，因此能够在建国后30年的大部分时间里继续执行这样的“社会契约”，集中力量发展国内经济，而不被其他政治问题所干扰。

除此之外，政府依靠强有力的公务员制度和法定委员会制度以及其他国家机构来执行其政策。总的来说，这些国家机构以任人唯贤的管理和打击腐败为基础。为最大限度地减少公共服务部门的腐败，政府采取了“胡萝卜加大棒”的办法。在严厉打击腐败行为的同时，将公务员的工资提升至与私营部门的工资相当的水平，从而使政府能够吸引留住人才，并从动机层面减少了腐败行为的发生。

此外，新加坡陆续颁布各种法规法令，如企业法、外国投资法、外贸法、金融法、会计法、税法等，逐步形成了一套系统的法律体系。通过建立和不断健全完善法律制度，为新加坡经济发展创造了和谐的环境。

（三）政府对经济和产业的干预

新加坡政府对其认为重要但私营部门没有能力或资源发展的产业进行干预。例如，在发展国内经济的新兴和战略部门——银行、电信、工业区、港口、机场、空运和海运、造船和维修、国防技术等方面，政府和国营企业发挥了重要作用。

为了使新加坡成为跨国公司的高效生产和分销中心，政府对包括运输、物流、电信系统等在内的一系列基础设施进行了大量投资。这些基础设施对保持新加坡的主要天然竞争优势，如战略位置和强大的区域和全球联系至关重要，提高商业环境的效率和降低跨国公司的运营成本。例如，新加坡的港口和机场一直被评为世界上最高效的口岸之一。

新加坡航空公司和海王星航运公司等国营企业的成立，促进了新加坡的国际连接和贸易联系。新加坡政府还成立了新加坡发展银行（现为星展银行）和新加坡邮政储蓄银行（POSB），通过存款活动调动大量储蓄，为新加坡的早期发展尤其是生产性项目的建设提供融资。

（四）逐步开放规范的劳动力政策

在新加坡独立之初，劳动力是其唯一的“天然资源”，但长期以来，劳动力市场经常出现动荡，也影响了政治稳定。自 20 世纪 60 年代初以来，人民行动党政府采取了各种立法和行政措施，以遏制敌对的工会势力，促进产业平稳发展。

时任总理李光耀对左翼工会进行了镇压，有效地打破了独立的劳工运动。全国工会大会（NTUC）的成立，最终将工会制度化，成为新加坡唯一的官方工会联合会。1968 年，政府通过了两项劳动法案以控制劳动力成本和改善投资环境。1968 年的《就业法》规范了就业条款和条件，并对可协商的附带福利加以限制。《劳资关系法（修正案）》规定了劳资谈判和解决冲突的程序。这些法律成功实现了劳工运动的非政治化，确立了政府对工会的实际控制权，赋予了雇主相当大的谈判权，并极大地促进了劳动密集型工厂工作岗位的增加，特别是年轻妇女的工作岗位，同时也带来了重大的社会和人口变化。在不到十年的时间里，跨国公司的出口制造业减少了积压的失业人数。自此，除了 1973—1974 年、1985—1986 年、1997—1998 年和 2008—2009 年的几次短暂衰退外，新加坡一直保持着充分就业。

20 世纪 70 年代，政府对劳动力市场进行了两次重大干预。第一，放宽移民规定，允许劳动力短缺的雇主引进外国工人。在 20 世纪 70 年代，非技术性外国工人的流入只占劳动力的一小部分，他们主要受雇于制造业，且来自新加坡的传统腹地马来西亚。但是，随着劳动力短缺的情况变得越来越普遍，政府开始允许雇主从非传统来源引进工人进入非制造业，并且推出计划让外国企业家和投资者更易获得新加坡永久居留权。正常情况下，取得新加坡公民身份的要求是十年的永久居民身份。而符合条件的专业人员、企业家和投资者则可在获得永久居民身份两年后即申请新加坡公民身份，其他具有特别技能和资格的永久居民则可在居住五年后申请公民身份。

第二，政府成立了一个由政府、雇主团体和劳工代表三方组成的全国工资委员会（NWC），建立起“三方劳资关系”制度的框架（雇主、雇员和政府），帮助确定工资标准。这种制度在减少三方摩擦方面发挥了很大的作用，有助于维护对外国投资者来说很重要的投资环境稳定，也有助于保持新加坡劳动密集型制造业的竞争地位。

与此同时，政府开始重视人力资源方面的公共投资。为增强劳动力的全球竞争力，倡导以英语为主要办公语言，并为职业和技能培训投入资源。政府积极利用起跨国企业及其本国政府的培训能力，通过设立联合培训机构，由教育部人力发展部门负责开设职业培训课程提供培训，以确保劳动力具有从事出口导向型制造业的适当技能。政府根据跨国公司和经济不断变化的需求做出相应反应，对不同技能的培训进行投资。例如，1981 年成立的国家计算机委员会（NCB），推动了各公司学习和应用信息技术相关技能。

（五）促进黏合治理的居者有其屋政策

新加坡独立之初，政府在住房方面面临着移民居多、人口不断增加、住房长期短缺以及私营部门资源和能力不足等问题。20 世纪 60 年代，新加坡奠定了房地产和住房政策的基础，其中三个重要组成部分是 1960 年成立建屋发展局（Housing Development）①、1966 年颁布《土地征用法》和 1968 年扩大中央公积金的作用使之成为一个住房融资机构。

建屋局于 1960 年 2 月 1 日开始运作。它是作为一个法定委员会成立的，其目的是“为所有需要的人提供配有现代设施的体面住房”。1960—1970 年，建屋局的目标是建造 11 万个住宅单位。

① 新加坡建屋发展局（Housing & Development Board，HDB）是新加坡国家发展部下属负责公共住房的法定机构。更多介绍可访问其官方网站 http://www.hdb.gov.sg。

从1964年起，建屋局开始根据其“居者有其屋”计划，以99年租约的方式出售住房，为月收入不超过800新元的家庭提供负担得起的住房，并提供贷款，使业主每月支付的抵押贷款比他们支付的租金少。

时任总理李光耀先生的一段话，或许是对购房政策的政治和经济动机的最好理解——“我的首要任务是让每一个公民都能参与到国家和国家的未来中来。我想建立一个每个家庭都拥有房屋的社会。我看到了那些被严重滥用和维护不善的低成本出租公寓与那些以房子为荣的业主之间的反差，我深信如果每个家庭都拥有自己的房子，国家就会更加稳定……我看到首都的选民总是倾向于投票反对当时的政府，我决心让我们的公民成为房主，否则我们就不会有政治稳定。我的另一个重要动机是，让所有的父母相信，如果他们的儿子必须为国家服务，那么他们的儿子就是在保卫自己的利益。如果士兵的家庭不拥有自己的家园，他很快就会得出结论，认为自己将保护富人的财产。我相信这种主人翁意识对于我们这个没有共同历史经验的新社会来说是至关重要的”（李光耀，2013）。

在新加坡独立之后的30年里，新加坡城市环境和住房标准的改善极大地促进了政治治理黏合与稳定，为新加坡政府采取的经济发展和住房战略的成功提供了非常坚实的基础。简而言之，在此阶段由新加坡政府推出的“居者有其屋”政策带来的社会发展效益可以概括为以下几点：

1. 增加储蓄率

在1968年开始实施中央公积金住房所有权计划时，国民储蓄总额与国民生产总值的比率不到20%，不足以满足国家的投资需求（占国民生产总值的32%）。到1990年，中央公积金使储蓄率明显跃升至国民生产总值的44%，这是世界上最高的储蓄率之一，足以满足国家的投资需求。

2. 增加住房存量的数量和质量

“居者有其屋”这一政策使新加坡能够调动需求方面的长期资源，以支持公共部门在政府支出最少的情况下迅速供应住房。这种资源调动明显提高了全体人民的生活水平，改善了新加坡的建筑环境，并创造了房地产市场的繁荣。

3. 促进种族融合

“居者有其屋”政策的实施对新加坡社会的塑造起到了极其重要的作用。新加坡是一个多种族多宗教的国家，2014 年，华人居民占总人口的 74.3%，马来人占 13.3%，印度人占 9.1%，其他种族占 3.3%。“居者有其屋”的实际规划是为了将不同收入和种族群体纳入公共住房计划中，这就避免了低收入或种族聚居区的发展。殖民政府在早期的城镇规划中，曾奉行种族隔离政策。从 20 世纪 70 年代开始，建屋局在分配新市镇时，以“种族良好分布”的方式分配给不同的新市镇。然而，到了 1988 年，同种族群体居民通过转售市场重新聚居的趋势凸显，这是一个由“居者有其屋”政策带来的问题。1989 年，建屋局实施了种族融合政策，为建屋局的社区和街区设定了种族限制——当某一社区 / 街区达到设定的种族限制时，那些希望出售其在该社区 / 街区的组屋的人必须将其出售给同一族裔群体的另一个家庭。新加坡政府强调，如果要发展一个更有凝聚力、更融合的社会，多种族政策必须继续。新加坡的种族和谐、长期稳定，甚至作为一个国家的生存能力都有赖于此。

二、第二阶段：高科技制造业和区域服务业中心

（一）制造业的转变

1. 1980 年—21 世纪初制造业占主导，服务业较快发展

20 世纪 70 年代末，随着劳动力短缺问题的出现，新加坡的产业战略逐步转向高技术、高附加值的制造业和服务业，以适应经济结构调整的变化，这一战略是由政府的产业促进政策所推动的。建国初期，新加坡的主导产业以国内市场为导向，并以印刷、出版和食品饮料制造业为主导；20 世纪 80 年代，主导产业逐渐转向以出口为导向，分别为精炼石油产品制造业、其他运输设备制造业（主要是船舶）和计算机、电子和光学制造业；自 21 世纪初至今，计算机、电子和光学制造业、医药和生物制品、其他运输设备制造业（主要是船舶）以及机械设备制造业（如表 10.1 所示）为主导产业。

表 10.1　按行业分列的新加坡制造业产出和增加值（2007 年与 2019 年）

行业	制造业产值（百万美元）		制造业增加值（百万美元）		制造业产值比重（%）		制造业增加值比重（%）	
	2007 年	2019 年	2007 年	2019 年	2007年	2019年	2007年	2019年
制造业总体	244 733	322 875.4	57 179.5	97 174.8	100	100	100	100
食品饮料和烟草业	5 862.3	10 482.3	1 446.7	4 128.6	2.40	3.25	2.53	4.25
纺织服装业	135.7	52	36.3	24.6	0.06	0.02	0.06	0.03
服饰业	626.6	386	219	117.7	0.26	0.12	0.38	0.12
皮革、毛皮、羽毛及其制品和制鞋业	242.5	133	59.7	48.7	0.10	0.04	0.10	0.05
木材加工和制品业	238.3	246.7	69.7	112.2	0.10	0.08	0.12	0.12

（续表）

行业	制造业产值（百万美元）		制造业增加值（百万美元）		制造业产值比重（%）		制造业增加值比重（%）	
	2007 年	2019 年	2007 年	2019 年	2007年	2019年	2007年	2019年
造纸和纸制品业	1016.9	1051.9	249.1	219.6	0.42	0.33	0.44	0.23
印刷和记录媒介复制业	2953.1	1502.4	1389.4	746.7	1.21	0.47	2.43	0.77
精炼石油产品制造业	47869	38261.5	1769.6	801.7	19.56	11.85	3.09	0.83
化学原料和化学制品制造业	33962.8	43961.9	5089.2	9510.4	13.88	13.62	8.90	9.79
医药和生物制造业	20315	19966.3	12819.6	13065.4	8.30	6.18	22.42	13.45
橡胶和塑料制品业	2541.5	1776.1	827	740.8	1.04	0.55	1.45	0.76
非金属矿物制品业	1883.6	1510.7	506.4	231.3	0.77	0.47	0.89	0.24
金属冶炼和压延加工业	1355.7	1021	318.8	76.1	0.55	0.32	0.56	0.08
金属制品业	8871.1	7549.8	2448.5	2442.7	3.62	2.34	4.28	2.51
计算机、电子和光学制造业	77443.6	131548.7	17669.9	42095.5	31.64	40.74	30.90	43.32
电气机械和器材制造业	2999.8	3681.8	703.8	1039.5	1.23	1.14	1.23	1.07
机械设备制造业	18477.9	26170.5	4708.5	7712.5	7.55	8.11	8.23	7.94
汽车制造业	743	1360.2	199.1	408.9	0.30	0.42	0.35	0.42
其他运输设备制造业	13502.8	16897.6	5135.1	6843	5.52	5.23	8.98	7.04
家具制造业	482.1	742.5	188.6	281.3	0.20	0.23	0.33	0.29
其他制造业	3209.5	14572.5	1325.7	6527.4	1.31	4.51	2.32	6.72

数据来源：新加坡经济发展局（Economic Development Board）。

除了上文列出的制造业中有突出发展潜力的行业外，新加坡还发展成为一个区域性服务中心，通过金融、航运和航空运输活动把东南亚腹地与世界其他地区联系起来，其竞争优势包括：具有战略意义的地理位置；完善的移动连通网络和电信基础设施；商业从业人员接受过商业、金融和基础设施管理方面的培训；大多数人都受过良好教育，都有说英语的能力；严格公正的法律环境；对营业权利的限制最小；相对友好的税收制度；对资本流动和外汇交易没有管制；以及政治、社会和经济稳定。新加坡凭借上述优势，在此期间成为众多美国、欧洲和日本跨国公司的地区总部。

2.21 世纪初至今

2003 年，为制定经济中期增长战略而成立的政府委员会——经济检讨委员会（ERC）[①] 确定了生物科学、全球银行和金融、财富管理、生活方式产业、艺术和文化、媒体和设计、教育和保健等行业作为行业典范受到优先扶植发展。尽管制造业将继续作为经济的主要支柱之一，占国内生产总值的比重在

---

① 新加坡经济检讨委员会（ERC）于 2001 年成立，委员会由 20 名政府、工会及私人企业界代表组成。负责重组新加坡经济的经检委，既着眼克服眼前的经济问题，并为今后的经济发展制定规划。委员会第一任主席由时任新加坡副总理兼财政部长李显龙担任。2009 年，新加坡政府又成立了一个经济战略委员会（ESC），研究国家长期经济发展战略。该委员会由时任新加坡财政部长尚达曼任主席，其成员为来自政府和民间的专家。2015 年，新加坡政府又成立了“未来经济委员会”，由包括 5 名内阁部长、老中青商界领袖、创业家和投资家在内的 30 名委员组成，并由时任新加坡财政部长王瑞杰担任委员会主席。该委员会致力于围绕“五大未来”实现向创新和创值经济体的转型展开工作，即未来的工作、企业、资源、科技及市场，以制定一套着眼未来的经济策略，让新加坡成为一个可持续增长、创造价值和机会、充满活力和弹性的经济体。

20%—25%，但重点将是鼓励创新含量较高的制造业，更加强调服务业的发展，特别是有能力利用全球市场规模的可贸易服务。

在这一阶段，新加坡政府观察到，要吸引和建立这种创新驱动的产业，效率仍然很重要，但更重要的是要有足够数量的创新型人才。如果国内没有足够的创意人才供应，无法同时满足许多集群的需求，那么新加坡应再次利用全球化的优势，从国外寻找所需人才。为应对这一挑战，经济检讨委员会（ERC，2003 年）和经济战略委员会（ESC，2010 年）的报告都强调了将新加坡打造成“全球领先的城市 —— 人才、企业和创新的中心”和“亚洲最开放、最国际化的城市，以及最适合居住和工作的地方之一”的重要性。[①] 这一决定标志着新加坡的发展战略发生了根本性转变 —— 从吸引跨国公司到吸引外国人才。为了成功吸引所需的外国创意人才，新加坡必须将自己定位为“全球城市”。新的重点不只是在提升效率的基础设施方面投资，而且要提高新加坡的国际人才吸引力，让来自全世界的创意型人才选择在这里生活和工作。简而言之，新加坡政府在这一阶段的经济政策目标没有发生变化 —— 仍然是国内生产总值的高增长和盈余的积累，发生变化的是，现今的经济增长将由外国人才而不是外国投资来推动。

新加坡政府本着务实的态度，迅速行动，进行了一系列重大政策调整。首先，大幅放宽了移民和外籍劳工政策，大大放宽了工作签证、永久居留权和公民身份的审批标准和程序。此次放宽特别针对创意型人才、企业家、专业人士、高净值人士（HNWI）和国际学生。其次，引入了一种新的就业通行证，即 S-Pass，用

① 见《对外关系委员会报告》（2003 年）第 51—60 页和《亚太经社会报告》（2010 年）第 7—10 页。

来加速可能成为创业和创意工作者的引进，外国工人和新居民的数量急剧上升。

（二）服务业的转变

自独立以来，新加坡一直坚持以国家为主导、以出口为导向的发展模式，40 多年来主要通过要素积累——主要是外国制造业投资、国内高储蓄和大量外国熟练和非熟练劳动力的投入，实现了国内生产总值的高增长。面对国土面积狭小、人口密集、资源稀缺的先天不足，新加坡在短短数十年间完成了从以单一转口贸易为主到现代服务业全面发展的巨大跨越，其成功经验为正处于经济转型升级阶段的经济体提供了良好的借鉴。

首先是政府引导，创造有利于现代服务业发展的内部环境。新加坡政府较早地认识到现代服务业将成为新加坡未来经济发展的主要动力，于是迅速调整经济发展战略，确定优先发展与现代服务业相关的诸多产业。新加坡政府为此成立了负责总体引导现代服务业发展的专门机构，及时发现和解决现代服务业相关行业发展过程中存在和新出现的问题，并通过一系列产业扶持政策引导现代服务业健康发展。此外，新加坡政府还十分注重“软件”方面的升级，力推将双语优势和高信息化水平作为新加坡的核心竞争力，为现代服务业发展提供良好的环境。

其次是完善法制建设，为现代服务业健康发展提供清洁土壤。多年来，新加坡政府不断完善保障和规范现代服务业的相关立法，加强对现代服务业的法律监管，统一规则和标准。同时，根据形势的变化和发展过程中出现的新问题，新加坡政府还会定期审视并及时修改不利于现代服务业发展的相关法律法规，避免出现现行法规与现代服务业发展不适应，甚至成为其羁绊的情况发生。此外，新加坡政府还逐步放开了对现代服务业的进入管制，极大提高了相关行业的民间和外部资本参与度，为市场竞争注入了新的活力。

再次是出台扶持政策，为现代服务业企业发展注入活力。为扶持本国企业的经营和发展壮大，新加坡政府出台了多种多样的经济扶持计划，如能力发展津贴计划、资信综合资金辅助计划和市场备入援助金计划。新加坡政府通过出台一系列的资助扶持计划，帮助本土企业在本国国内发展壮大的同时，鼓励其积极拓展海外市场。2020 年 3 月，新加坡企业发展局把市场备入援助金计划的援助范围扩大至品牌海外促销活动，以协助其本国中小企业提高海外市场的品牌知名度。在扩大市场备入援助金援助范围后，援助计划将为新加坡企业的海外市场活动提供高达 70% 的援助金，援助金可供新加坡企业用在海外市场的促销与宣传活动、开展电子商务营销策略和推动网上和数码媒体营销，以及参与大型展销会等。

最后是以人为本，确保人才供应的可持续性。新加坡政府针对现代服务业发展需求，有针对性地加强了对专业人才的培养计划。同时，也加大了在现代服务业内各相关行业的专门在岗培训和继续教育。虽然近些年新加坡政府有意收紧外籍劳工政策，但人才引进计划仍作为新加坡的一项国策继续实施和加强。为应对现代服务业快速发展和对高素质人才的迫切需求，新加坡政府在全球范围内不断招揽一流人才到新加坡工作，同时通过不断提高薪金水平，解决住房及身份、完善创业就业环境等一系列的优惠措施吸引优秀人才留在本国，为新加坡现代服务业的持续快速发展提供了坚实的人才保障。新加坡对其为数不多的资源之一——人力资源进行了大量投资。因为对人才教育和培训的投入是针对经济需求的，所以新加坡能够最大限度地减少劳动力所提供的技能与产业所需技能之间的不匹配。在新加坡，随着经济的发展更多地转向以知识为基础的活动，拥有大学学位的人在劳动力中的比例也在增加。如图 10.2 所示，这一比例从 20 世纪 90 年代初才开始迅速增加。在 20 世纪 70 年代初，只有不到 2.4% 的劳动人口拥有大学学位，到 1990 年才增加到 6.3%。然而，在接下来的 20 年里，这一比例迅速增加到 2013 年的 31%。表 10.2 显示了按课程和性别分列的大学入学率分布。大学入学人数的绝大部分发生在工程科学领域，尽管该领域的入学人数存在性别差异，而且最近有下降趋势。随着服务行业的扩张，大学里商业和社会科学专业的入学率一直在增加。

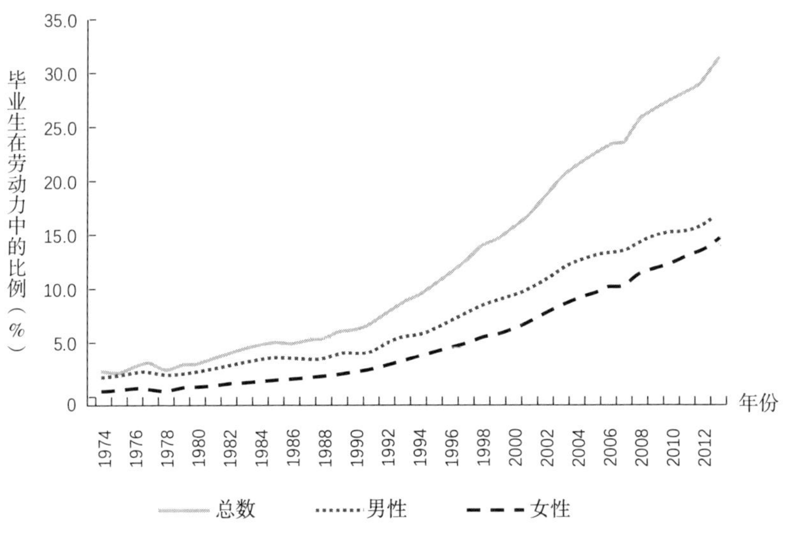

图 10.2　新加坡居民劳动力中持有大学学位者的比例

数据来源：统计部 STS 数据库和《新加坡统计年鉴》。

表 10.2　新加坡大学第一学位课程的入学率

（按性别分列，%）

课程	性别	1995 年	2000 年	2005 年	2010 年	2013 年
工程科学	M	50.0	60.7	56.7	43.4	40.7
	F	10.3	23.0	23.9	17.3	17.3
会计、商业和行政	M	14.7	9.6	11.8	14.1	15.5
	F	29.5	23.0	21.8	19.6	19.4
自然、物理和数学科学	M	8.1	6.4	8.5	11.1	10.4
	F	13.1	13.4	15.4	15.6	15.3
人文和社会科学	M	9.6	8.2	8.4	11.0	11.8
	F	30.6	24.6	21.7	22.9	23.4
信息技术	M	7.2	6.3	5.5	7.7	8.7
	F	5.0	3.8	3.3	3.6	4.2
医学、牙科、健康科学	M	4.5	3.9	3.6	3.7	4.0
	F	3.1	3.4	4.1	5.3	6.2
建筑学和建筑	M	3.2	3.0	2.6	2.4	2.5
	F	4.1	4.7	3.9	3.9	3.7
法律	M	2.3	1.3	1.5	2.3	2.5
	F	2.8	1.9	2.3	2.7	2.4
教育、应用艺术、大众传播、服务	M	0.5	0.8	1.3	4.3	3.8
	F	1.7	2.1	3.6	9.3	8.0

数据来源：根据各年《新加坡统计年鉴》计算。

（三）“居者有其屋”政策的发展

本节将从历史的角度，阐释历任新加坡总理所面临的主要住房问题，以及他们各自的对策。

1. 吴作栋政府：放宽市场管制和增加资产

1990 年吴作栋接替李光耀担任总理时，住房短缺问题已经解决。88% 的家庭拥有自己的住房，87% 的家庭拥有组屋。在 20 世纪 90 年代，建屋局把工作重点转移到为中高收入家庭提供更大和更优质的住宅、重建旧屋邨和改造现有的住宅。发展活跃的二级市场和允许符合条件的住户在最低入住期后申请第二个（通常是较大的）补贴住房的制度，促进了住户在建屋局部门内升级到较大的住房。

20 世纪 90 年代初，土地规划的重点相应地转移到一个更有远见的方向 —— 为私人开发商提供更大的市场空间，以满足日益增长的人口群体对独家住房的需求。这一时期，政府向私人开发商出售土地，使私人住房的供应量明显增加。出售国有土地租约的收入在政府收入中占有突出的比例，特别是在 20 世纪 90 年代的“繁荣”时期。

吴作栋担任总理期间住房政策的特点是放松市场管制、“资产增值”和“房屋升级”政策。吴作栋政府将新加坡的住房视为一种资产和潜在的老年保障来源。实施的政策包括放松对组屋转售市场的管制，增加组屋转售的住房贷款支持，以促进流动性，组屋和社区的物理升级，以及以公积金住房补助的形式引入需求方补贴。这些政策在一定程度上促成了 20 世纪 90 年代初房价的迅速上涨。

一种资产的流动性或交易的便利性，在很大程度上决定了人们获取这种资产的便利程度，更决定了市场的效率。因此，在促进人们拥有享受补贴的新组屋的同时，政府还制定了有关住房二级市场的政策，对组屋的流动条件和交易规则进行了明确。从公共政策的角度看，人们很早就担心，鉴于当时普遍的住房短缺，组屋不应该成为投机的工具。因此，在实施建屋计划的早期，有关房屋转售的规定极为严苛。随着住房短缺的缓解，组屋主管部门也逐渐放松了相关管制。

在 1971 年之前，组屋没有转售市场。房屋建筑局要求希望出售其组屋的业主按原购买价加上折旧后的装修成本返售给建屋局。在 1971 年，建屋局允许在其组屋中居住至少三年的业主以市场价格将其组屋出售给符合建屋局购房资格要求的买家，从而建立了转售市场。然而，这些转售组屋的家庭被禁止在一年内申请公共房屋。在 1975 年，禁售期增加到两年半。1973 年，转售前的最低居住年限增加到五年，并一直保持至今。

禁售期对任何考虑出售住房的家庭来说都是一个巨大的障碍。1979 年，新加坡政府取消了禁售期，从而极大地促进了公共住房部门内部的交换。取而代之的是对住宅的交易价格征收 5% 的税款，以“减少家庭的意外之财”。1982 年，根据房屋类型实行分级转售征收，并在 20 世纪 80 年代对有关可免除征收的情况规定进行了微调。转售税制度确保家庭从建屋局购买的第二套新住房的补贴低于首次购买建屋局住房的补贴。

在 1989 年之前，只有公民、非任何其他住宅物业的业主、家庭收入低于建屋局规定的收入上限的至少两人的家庭才有资格购买新的或转售的组屋。1989 年，取消了对转售组屋的收入上限限制，加强了住宅的流动性；转售市场向永久居民和必须自住其组屋的私人业主开放。以前不能拥有任何其他住宅物业的组屋业主，也可以投资于私人部门建造的住宅。从 1991 年起，35 岁以上的单身公民可购买转售的组屋供自己居住。

房屋建筑局还向转售组屋的买家提供贷款。按价格计算，1993 年以前的贷款是以 1984 年新组屋价格的 80% 基准。由于新房和转售价格上涨（见图 10.3），购买转售楼盘的家庭以现金支付的比例越来越大。1993 年，建屋局使其按揭贷款条件更接近市场惯例，给予贷款额度最高为当前估值的 80% 或该楼盘的申报转售价，以较低者为准。在 1993 年，中央公积金董事会也开始允许提取中央公积金储蓄，用于支付转售组屋和私人房屋的按揭贷款利息。

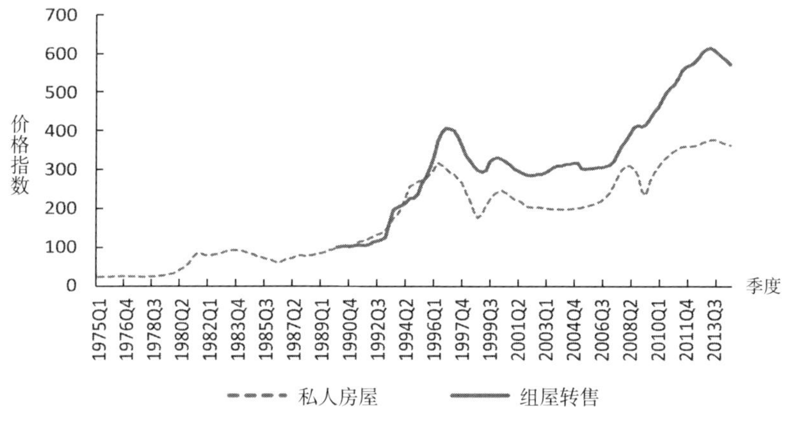

图 10.3　新加坡房价指数

注：1975—2014 年私人房屋价格指数（1990 年第一季度 = 100）；1990—2014 年组屋转售价格指数（1990 年第一季度 = 100）。

数据来源：新加坡政府机构、城市再开发局、房地产信息系统 REALIS；住房和发展局网站。

伴随着组屋转售市场管制的放松，组屋转售交易量也在增加。转售组屋的交易量从 1979 年的不到 800 个单位，增加到 1987 年的 13000 个单位，1999 年的 60000 个单位和 2004 年的 31000 个单位（建屋局年度报告）。在 1979 年、1987 年、1999 年和 2004 年，转售交易量占自住型公共房屋交易总量（新建和转售）的比例分别为 3%、37%、64% 和 68%。20 世纪 90 年代后半期转售房屋的需求增加，部分原因是由于实行了需求方住房补贴。

1994 年，以中央公积金住房赠款的形式为购买转售组屋提供需求方补贴，标志着从完全依赖与新组屋挂钩的补贴转变为部分依赖与转售组屋挂钩的补贴的混合制度。当符合资格的家庭申请转卖或出售组屋时，津贴会存入其中央公积金账户。根据该计划，政府向首次申请的家庭提供30000新元的补助金，用于购买靠近父母或已婚子女住所的转售组屋。在1995年，补助金增加到50000新元。政府还向购买转售组屋的合格家庭提供40000新元的更普遍的补助金，而不需要满足靠近父母或已婚子女住所的标准。

到20世纪80年代末，组屋的空间年龄梯度已经明显。较老的组屋建在离商业中心区较近的地方，而新市镇则建在离商业中心区较远的地方。此外，年轻家庭搬离旧组屋城镇的趋势也很明显，因为他们被分配到外围新城镇的新屋。1989年，政府宣布了一项雄心勃勃的长期组屋升级计划，以升级现有组屋。升级计划的性质和规模各不相同，根据不同的组屋类型，政府补贴了53%至93%。吴作栋政府还在1995年推出了选择性组团重建计划（SERS）。根据该计划，旧的低密度组屋被拆除，住户搬到同一屋内全新的高密度发展项目。

2. 李显龙政府：管理住房需求和提取资产以资助退休生活

李显龙先生自1984年起担任国会议员，1987年起担任内阁成员，并于2004年8月成为新加坡第三任总理。在他上任之初，住房市场趋于稳定，房屋建筑局已经开始精简，新加坡经济仍处在从2003年SARS危机的冲击后的恢复期。1997年的亚洲经济危机和随后的房地产价格下跌表明了住房泡沫、失业和依赖住房作为退休资产的风险。多年来，人口迅速老龄化和总生育率的下降构成了重大的人口挑战。政策的关注点转移到老年家庭如何使其住房资产货币化、更好地确定惠及低收入家庭的住房政策目标，以及对住房市场和住房贷款的监管。

2005年，政府决定着手开发两个以赌场为基础的综合度假村。这一决定可以说标志着新加坡作为一个国际化城市的经济发展进入了另一个阶段。在人口方面，移民和外籍劳工政策使得新加坡的外籍人士数量快速增长。

3. 对“居者有其屋”政策的分析

新加坡之所以能够有效地执行这些规划和条例，是因为有一个由合格和可靠的组织组成的网络，这些组织共同提供了丰富的公共部门能力。新加坡公共行政的质量得益于任人唯贤的招聘、以私营部门工资为基准的竞争性薪酬、广泛的数字化以及对腐败零容忍的公务员文化。在政府和公共部门领导层软弱和（或）腐败的地方，这种广泛的干预和政府对资源分配的控制有可能被滥用，其代价可能比不作为更高。

首先，尽管政府的手非常明显，但市场是非常重要的，创造使市场更有效地运作的环境是住房政策的一个非常值得关注的地方。其次，政府的参与对于及时提供房地产市场信息、建立可持续的住房供应制度和抵押贷款机构、提高住房资产的流动性都有很大帮助。需要充分理解住房补贴在整个系统内的短期和长期影响，无论是显性的还是隐性的，也无论补的是供应方还是需求方。第三，退休储蓄可用于支付住房抵押贷款。但是，中央公积金本身并不向其成员提供贷款。住房公积金成为住房的直接贷款人并不是一个好的做法，因为这可能会造成目标的混淆。第四，政府对住房市场进行了广泛的调控，并出台了一系列的手段来抑制投机性需求，缓解资产泡沫的发展。最后，必须要有强有力的立法和适当的基金治理结构，以确保公积金成员的利益得到充分的保护。

三、新加坡政治治理黏合度与经济可进入性指标

上文两节对新加坡政治经济发展历史做出了研究，本节着重分析 A-C 理论框架下，新加坡在政治治理黏合度与经济可进入性定量指标上的表现。受限于数据可得性，相关指标的时间段为 1996—2018 年。

（一）政治治理黏合度指标

本部分首先展示新加坡政治治理黏合度与经济增长之间的相关关系（图 10.4—10.5）。新加坡的政治治理黏合度长期维持在极高的水平（指标已标准化，分数上限为 5，下同），远高于世界和 G7 国家的平均值（见图 10.4）。极高的政治治理黏合度意味着在新加坡国内，国民各类利益团体具有很强的社会共识，政府政策具有很高的执行效率，能够为经济发展提供稳定的社会运行秩序（见图 10.5）。

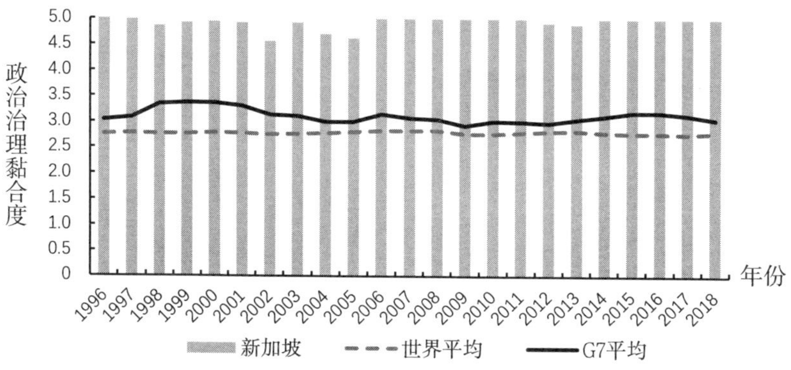

图 10.4　新加坡政治治理黏合度

数据来源：课题组计算；Maddison Project Database。

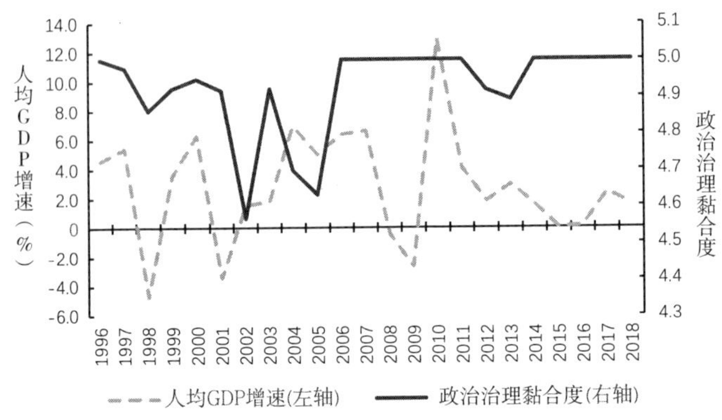

图 10.5　新加坡人均 GDP 增速与政治治理黏合度

数据来源：课题组计算；Maddison Project Database。

（二）经济可进入性指标

经济可进入性是 A-C 理论中解释经济增长的另一个重要解释因素，较高的经济可进入性意味着经济体创造出了统一有效、开放竞争的区域内外市场环境。如图 10.6 所示，新加坡的经济可进入性指标得分在 4.5 左右，经济可进入性极高，不但远高于世界平均水平，还高于 G7 国家平均水平，表明新加坡是一个高度开放的经济体。

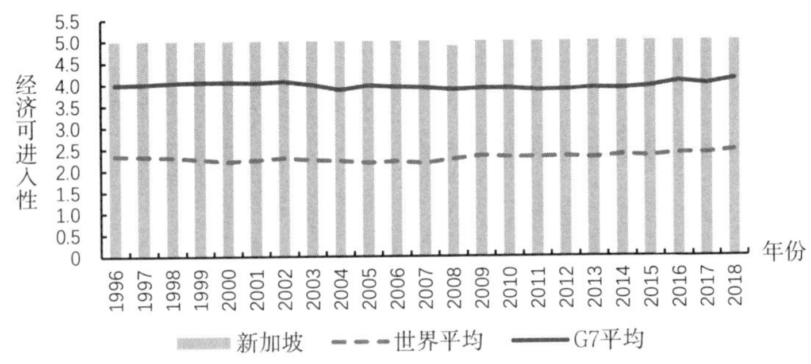

图 10.6　新加坡经济可进入性

数据来源：课题组计算。

1. 经济的对内可进入性指标

如图 10.7 所示，新加坡的经济对内可进入性指标表现优秀，得分始终在 4.5 以上，高于世界和 G7 国家平均水平。这意味着新加坡的内部市场是统一开放、竞争有序的，产品流通和要素流动效率很高。

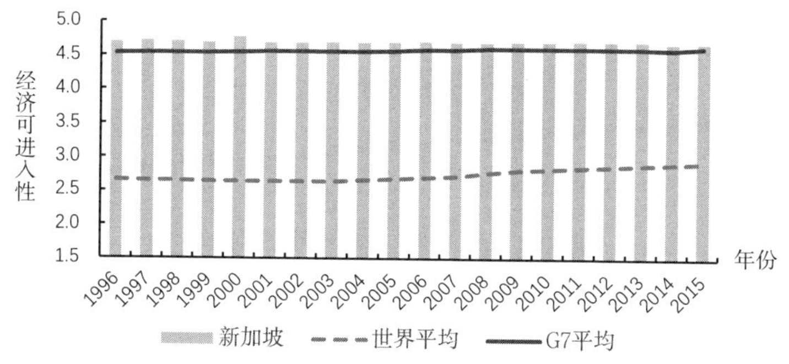

图 10.7　新加坡经济的对内可进入性

数据来源：课题组计算。

主要原因有以下四个方面：第一，在新加坡开办企业的费用很低，低于世界和 G7 国家平均水平，表明新加坡的资本可进入性很高。第二，新加坡基础设施建设水平较高，大致与 G7 国家水平相当。第三，新加坡物流状况良好，商品市场可进入性高于世界和 G7 国家平均水平。第四，拥有受劳动合同保护的正式工作的劳动力占比高，劳动力市场的可进入性高于世界平均水平，与 G7 国家平均水平大致相当。

2. 经济的对外可进入性指标

新加坡是高度外向型经济体，其经济对外可进入性得分在 4.5 左右，远高于世界和 G7 国家的平均水平（见图 10.8）。这反映了新加坡在对外开放上一直走在世界前列，通过高度开放参与全球经济活动，突破自身资源禀赋限制和市场容量限制，充分发挥比较优势获得国际市场份额，为经济发展提供了外生动力。

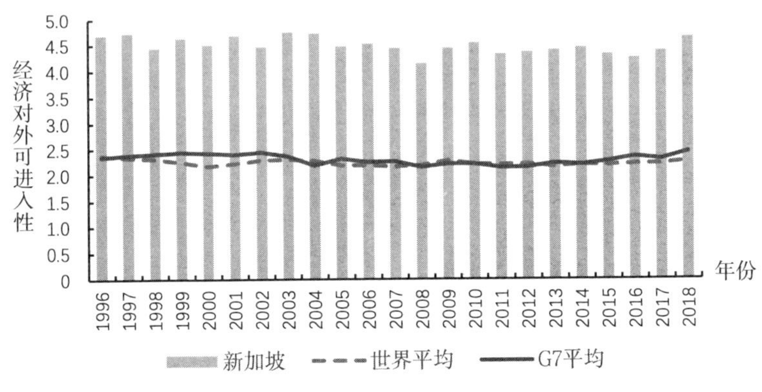

图 10.8　新加坡经济的对外可进入性

数据来源：课题组计算。

四、本章小结

我们回到 A-C 理论框架，毫无疑问，政治凝聚力——政治稳定对新加坡的成功起着关键作用。20 世纪 60 年代到 20 世纪 80 年代新加坡腾飞发展的起步阶段，各项政策导向均偏向开创和基础，国家干预经济的新加坡模式成功地实现了经济的高速增长，并将一个发展中经济体转变为一个相当发达的经济体。新加坡政府除通过货币、金融规模和汇率政策对宏观经济进行正常控制之外，还逐渐扩大了其对国内资本的控制（例如，中央公积金“强制储蓄”、持续的预算盈余、庞大的外汇储备和世界规模的主权财富基金）、土地和房地产（例如，通过住房发展局为 80% 以上的人口提供住房，通过与国家有联系的实体开发商业和住宅私有财产）以及劳动力市场。此外，外商投资或跨国公司的作用本身也受到国家产业政策的严重影响，尤其是由经济发展局牵头的投资促进活动，不仅影响到劳动力市场的政策和成果，也影响到更广泛的资源配置。吸引外国投资者的税收激励、基础设施补贴和劳动力政策的基本政策几十年来都没有改变。稳定的单峰无偏黏合型政治治理、循序渐进的经济开放过程与结合经济发展趋势动态调整的平衡增长战略是新加坡的工业化进程持续深化的保障，为新加坡的产业升级、全球产业链生态位爬升以至最终成功实现经济追赶创造了条件。这与 A-C 理论中提出的“政治治理黏合度”和“开放型的经济发展模式”相结合可以最大、最好程度地推进国家发展的假设是一致的。

除了新加坡，其他东亚和东南亚经济体的经验也能充分说明政治稳定对经济可持续增长的重要性。政坛稳定是一个独立变量：领导力对实现政坛稳定至关重要，新加坡内阁由来自不同专业的高技能专业人员组成，薪酬丰厚，使得政坛对这些专业人员有吸引力。所有这些都确保了和平与稳定，为经济的快速发展创造了良好的环境。不过，政治稳定不能保证国家治理的质量。专制政体也能带来政治稳定，但我们看不到其国民经济的繁荣。因此，黏合型政治治理必须与获得经济资源的内外市场可进入性相结合。本文围绕新加坡这一案例所做的探讨研究表明，尽管外部环境促使新加坡采取了开放的经济政策，领导层的治理质量也值得充分肯定，但更重要的是，新加坡的人民行动党始终掌握国家政权，确保其政治凝聚力和经济发展政策的连续性。总而言之，把“政治的凝聚力、政治的稳定性”和“获得经济资源的开放度”结合起来，可以最大限度地促进一国的发展进步，新加坡的成功经验就是明证。

第十一章　韩国：成功追赶的“汉江奇迹”

早在建国之初，韩国尚是当时世界上较为贫穷的国家之一。根据麦迪逊（Maddison Project）的估计，按照购买力平价，韩国1950年的人均国内生产总值（以下简称GDP）仅为1178国际元，在有同期统计数据的140个国家中排名第105位，仅相当于美国人均GDP的7.7%，西欧的14.4%，拉美的27.9%，东亚的117.2%和世界平均的32.1%。但是，韩国经济在20世纪60年代之后开始起飞，1996年成为经济合作与发展组织（OECD）成员国，2001年成为联合国定义下的高收入国家，实现了后发经济体的快速追赶。2016年，韩国人均GDP达到36103国际元，较1950年增长了29.6倍，达到美国的68.1%，西欧的93.4%，拉美的260.7%，东亚的343.5%和世界平均的245.7%，见图11.1。

韩国的经济发展历史既是东亚经济模式的一个典型，如曾经的威权主义政治模式、政府计划经济、产业发展与补贴政策、“官治金融”的金融抑制政策等，同时又存在自身的独特性，如继承自被殖民时期的财阀集团经济等。韩国的成功经验是“政治治理黏合 + 经济内外开放”双支柱发展的又一个经典范本，可以为后发经济体在政治治理、经济开放、市场培育等方面提供宝贵经验。不仅如此，韩国发展过程中出现的财阀集团垄断、市场活力不足和贫富严重分化等问题，也可以为后发经济体在社会公平、市场体制等方面提供重要镜鉴。

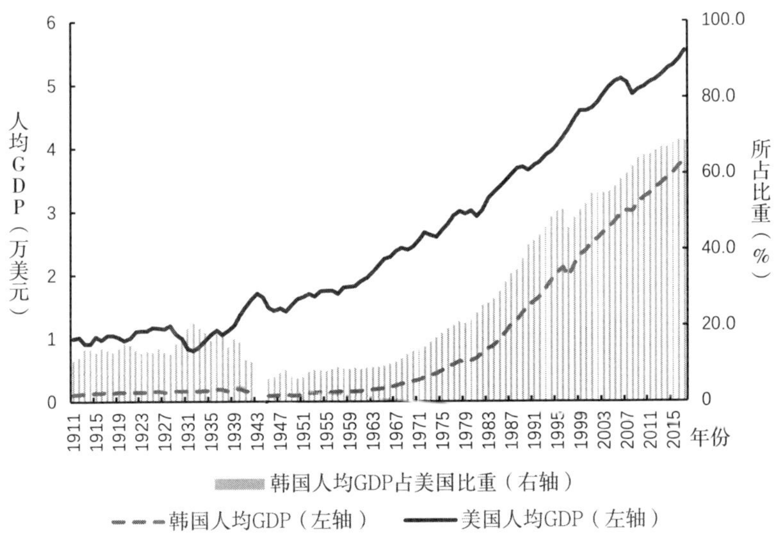

图 11.1 韩国与美国人均 GDP

数据来源：Maddison Project Database，1941—1949 年数据是根据线性插值法补充的。

一、韩国的政治经济简史

在第二次世界大战结束后建国的韩国，其政治经济历程经历了李承晚独裁统治时期、军事威权统治时期和现代民主政治时期三大阶段，政治形态从多峰冲突向单峰无偏探索，在单峰无偏探索失败后再转向多峰和解，经济政策从进口替代战略转向国家开发计划经济，再转向自由市场经济。国家整合和政治秩序的建立为经济发展提供了稳定的制度环境，使韩国实现了从极为贫穷的国家向新兴工业化国家飞跃的“汉江奇迹”。

（一）多峰冲突的激化：李承晚独裁统治时期

1948 年，朝鲜南部地区在美国的支持下举行议会选举。“制宪国会”通过的《大韩民国宪法》建立大韩民国，规定政府实行总统中心制，李承晚被间接选举成为韩国政府的第一任总统，韩国进入第一共和国时期。随后，大韩民国政府获得美国占领军政府正式移交权力，并被联合国承认为朝鲜半岛上的合法政府。李承晚政府的三块基石分别是部分右翼保守势力控制的国会、以警备队为核心的暴力机关和美国政府的支持。以此为依靠，亲美的李承晚保守势力建立了独裁统治。不过李承晚因长期在海外尝试通过外交活动建国，在朝鲜半岛缺少嫡系势力和民众基础，与其他政治势力之间存在政治纲领上的差异，所以他的独裁政府是处于多峰冲突格局中的，以拉拢农民阶级和制衡军队势力来打压原亲日保守势力和左翼进步势力。

在第一届国会 200 个席位中，李承晚领导的“独立促成国民会”占 55 席，韩民党占 29 席，大同青年团占 12 席，民族青年团占 6 席，韩国独立党等其他小党共占 13 席，其余 85 席属无党派人士（金光熙，2014）。李承晚势力虽然是国会第一大党派，但远未达到绝对多数，始终受到其他派系保守势力和左翼民主势力的挑战。其中，包括由朝鲜南部亲日势力于1945年成立的“保守的反共联合体”（赵炜，1995）。韩国民主党（简称韩民党）亦为重要的右翼保守党派，该党于1949年初改组为民主国民党（简称民国党）。虽然因主张责任内阁制和亲日，与李承晚势力存在矛盾，但面对少壮派进步势力惩治亲日势力的要求，民国党则一般选择与李承晚势力联合。在制造“南劳动党间谍事件”打倒少壮派进步势力后，李承晚在1949年底组建的大韩国民党（简称国民党）成为占据多数席位的执政党。控制国会的李承晚势力先后通过《国家保安法》《反民族行为处罚法》《新闻法》等限制公民权利的法律。1950年第二届国会选举，在野的右翼与左翼势力扩大，联合阻止李承晚连任和实行责任内阁制，与李承晚势力进行激烈斗争。但朝鲜战争爆发使得李承晚在美国支持下援用《战时总统权力法案》挫败了反对派。李承晚为保证连任，于1951年改组国民党为自由党，于1952年中强迫国会通过以总统直接选举和两院制为核心的《第三宪法修正案》（史称《拔萃改宪案》），借此在当年实现连任。1954年，李承晚进一步操控国会通过了终身总统制宪法修正案，靠舞弊继续连任总统。1958年，加强反共体制的《国家保安法》修正案和加强对地方行政干预的《地方自治法》修正案通过，进一步强化了李承晚的独裁恐怖统治。李承晚政府对国会的干预和控制虽然在不断加强，但也使得政治斗争逐步发展到不可调和的程度。

建国后的武装警察和宪兵队等暴力机构是李承晚政府反苏反共、独裁统治所依靠的主要力量。此外，半法西斯性质的韩国青年团和国民会等组织充当了李承晚势力的重要打手。李承晚利用这些暴力机构干扰国会运作，例如使用包围国会的方式强迫国会通过有关法案，逮捕或扣押议员，炮制各类事件打击在野党派。

1948年，国会依据《反民族行为特别处罚法》成立反民族行为特别调查委员会整肃亲日分子，触及了众多保守势力的利益。警察机构发动“六月攻势”“进步党事件”等，采用绑架、暗杀、逮捕等方式打击左翼进步势力。同时，暴力机构钳制民间舆论，酿成“文理学院笔祸事件”“咸锡宪笔祸事件”，大肆镇压民众示威活动等。恐怖举措虽然在短期内有助于李承晚政府的统治，但是激化了社会各利益集团之间的矛盾，使得其自身陷入孤立境地。

大韩民国独立后面临极度凋敝的国内经济，产业构成以农业占据绝对主导地位，工业生产能力严重不足。朝鲜战争停战后的1953年，韩国第二产业增加值占GDP比重仅为12.1%。[①] 为了巩固政权与发展经济，李承晚政府主要采用了以下三大经济举措。

第一，处理土地过度集中问题，安抚无地少地农民。政府的《农地改革法》采用“有偿没收，有偿分配”原则，对不属于农户的土地或不属于自耕的土地，以及一户超过3町步（约合2.94公顷）以上的土地由政府收购，等价分配给无地或少地农民。农地改革使韩国雇农比例由1945年的48.9%降至1964年的5.2%，同期自耕农比例由13.8%增至71.6%，1951年末占有5町步以上的地主已全部消失（具本湖，1991）；耕地中自耕地比例由35%增至96%（张矢远，2005）。建立以自耕农为主体的小农经济体制为李承晚政府稳定政权提供了帮助。

第二，依靠工农产品价格“剪刀差”和美国经济援助实施进口替代发展战略。1948—1961年，《粮谷买入法》规定的收购价格大大低于农产品的生产成本和市场价格。同时，1956—1960年，美国每年向韩国提供的粮食约占韩国国内粮食产量的15%（韩国农林部）。低廉的粮食价格为政府发展城市工业经济降低了成本。

---

① 数据来源：GGDC 10-Sector Database。

1954—1960年，韩国GDP的10%、总投资的50%以上和政府收入的38%都来自以美国为主的外国援助。旨在帮助韩国经济复兴发展的内森计划和塔斯卡计划在1954—1957年为韩国建设了51个工业项目，主要集中在水泥、纺织和平板玻璃等产业。同时，李承晚政府出于战争需要亦尽力推动重工业发展。为实现进口替代目标，李承晚政府采用了提高贸易壁垒、高估货币汇率、实施外汇管制的方式来减少消费制成品进口并扩大中间资本品进口。但进口替代战略抑制了韩国经济外部可进入性，使得其原本具备比较优势的、以“三白产业”（面粉、糖、棉纱）为代表的轻工业也因为需求不足而出现了产能过剩问题（梅森、金满堤，1981）。

第三，催生基于政治和经济特权的财阀[①]经济体制。根据1948年《韩美移交财政与财产协定》，主要自然资源山林、原野和有历史价值的土地、建筑、文物，具有永久保存价值或为政府和公共团体需要的财产，以及国防和国民生活急需的企业、重要矿山、钢铁和机械工业，一律归国家和公共所有，其余全部处理给个人和法人。除收归国有、公有者外，其余在民间处理的企业、动产与不动产，按照股份和份额优先处理给亲信雇员、“国家有功者”和其遗属，最后剩余部分在指定范围内拍卖（金光熙，2014）。1953年韩国决定由“半自由、半统制的管理经济体制向自由经济体制转换”，进一步将通信、交通等公共事业之外的政府所有企业进行私有化（金光熙，2014）。具有政治特权者和因政府赎买土地而获得资本的大地主，在“归属”资产处置与私营

① 财阀一词出自第二次世界大战前的日本，指代所有权和经营权集中在掌门人家族且对国家经济有重大影响的中央集权式企业集团。韩国人习惯把资产规模排名前30的企业且符合上述特征的企业集团称为财阀。

化过程中往往可以用远低于资产实际价值的价格取得资产的所有权。部分控制系列企业的家族集团如三星、东洋等逐渐成长为对经济产生举足轻重影响的财阀。财阀企业享有优先获得政府分配的生产原料和信贷资金的优势，实际上抑制了韩国经济的内部可进入性，造成 200 人以下的中小企业占韩国 GDP 份额由 1958 年的 66.3% 下降到 43.7%（金光熙，2014）。

因为过度依靠美国经济援助和进口替代战略的失败，韩国经济增长在这一时期内很不稳定。以不变价格计算[①]，1953—1960 年，韩国 GDP 年复合增速为 4.0%，在美国无偿经济援助增至顶峰的 1957 年达到 6.7%，而在美国援助由无偿转为有息借款并逐步萎缩后，韩国 GDP 增速一路下滑至 1960 年的 1.2%。同时，韩国通货膨胀在 1954—1960 年也维持在 40% 左右（梅森、金满堤，1981）。1958 年初，韩国失业人数达到 420 万人（金光熙，2014）。1960 年“3.15”总统选举舞弊案成为民众表达不满的导火索。全国一系列游行示威与流血事件，特别是“4・19”运动和大学教授团的《时局宣言》导致李承晚政府失去民众基础，从未被政府完全控制的军队势力也选择保持中立，在美国劝谕下李承晚最终于当年 4 月底下野。

在许政过渡政府的主持下，民主党控制的国会通过了以内阁责任制为核心的宪法修正案，并在修宪后的两院选举中均获得绝对多数的席位。最终，民主党旧派（后组建新民党）尹潽善当选总统，民主党新派（沿用民主党名）张勉任国务总理，韩国第二共和国成立。张勉政府在问责选举舞弊、流血事件和官商勾结的过程中采取暧昧消极态度，对待不断扩大的民众运动由支持转为镇压，同时无力在短时间内恢复受到严重冲击的经济，导致其成

① 除专门说明外，不变价 GDP 数据均依据宾大世界表 9.1。

为民众运动新的斗争目标。第二共和国的张勉政府在仅维持了十个月后就被军队推翻。

（二）单峰治理的探索：军事威权统治时期

1961年，由朴正熙领导的军队少壮派势力发动“5·16”政变并取得国家控制权，并快速稳定国内局势和获得美国承认，由此开启了韩国长达三十年的军事威权统治时期。从政变的《革命公约》到朴正熙之后出版的《国家的道路》《我与国家和革命》，秉承发展主义的军人政府将经济发展作为最重要的政权合法性来源，在政治上依靠威权体制、技术官僚、财阀集团基本实现了黏合型治理，在政治形态上向单峰治理做出了重要的探索；在经济上实施符合自身国情的“指导的资本主义”（经济开发计划评价教授团，1967），构建了内外高度开放的经济发展格局。经济开发计划创造了经济增长的“汉江奇迹”，但也同时激活了更多利益团体表达自身利益诉求，与为维持增长而不断加深的威权体制形成了日益激化的冲突，最终导致了原本可能实现的、各主要利益集团紧紧围绕军人政府的单峰治理政局走向衰落。

在国会政治上，执政集团始终保持了国家行政和立法权的统一，反对派或在野党不具备真正挑战执政者的能力。1961—1963年的军事政权时期，国会和政党全部被解散，军队主导的军事革命委员会/国家最高重建会议掌握国家权力。1963年“民政移让”，朴正熙以46.6%的得票率当选总统；国会选举175席，朴正熙组建的民主共和党（简称共和党）获得110席，民政党41席，民主党13席，其他11席，韩国进入第三共和国时期。1967年，朴正熙再次以51.4%的得票率当选总统；国会选举中共和党获得129席，新民党45席，其他1席。1969年旨在实现总统连任的“三选改宪”修正案先后以国会三分之二多数与国民投票67.5%被通过。1971年总统选举中朴正熙以53.2%的得票率当选，国会选举204席，共和党虽然拿到多数席位，但新民党得到89席。1971年底朴正熙宣布国家进入“非常事态”；1972年10月朴正熙发表“维新宣言”，解散国会，11月维新宪法得到国民公投91.5%的赞成票。1972年底朴正熙第四次当选总统，维新宪法公布，韩国进入第四共和国。历次总统和国会选举获胜以及宪法修正案的通过表明，朴正熙虽然限制公民政治权利，但因为执政期间取得的发展政绩而仍旧受到多数国民和利益集团支持，在形成以共和党为核心的单峰无偏治理上做出了极为有益的探索。唯一对政府形成压力的是以汉城大学生为主的民主力量，但在当时不足以威胁整个政局的稳定。

在行政体制上，朴正熙政府大力加强以总统为中心的中央政府权力，重用情报部门和经济技术官僚，提升国家动员能力实施经济开发计划。在军政府时期就设立的中央情报部是朴正熙政府保持权力、打击政敌、加强统治的综合情报机关，是政府保障国家安全、推动政治进程的核心机关。单纯重用情报机关只能加强政治威权而无助于政治合法性，朴正熙以扩大技术官僚队伍的方式构建起一个发展主义政府。1961年，军政府以考试优先和政绩考核为原则对各级公务员进行了全面的清理整顿；建立从中央到基层、户户参与的“重建国民运动”组织；加强总统秘书室职权并新设经济企划院及其下辖的国土建设厅，构建了庞大、高效、专业的行政队伍，以达到有效实施国家经济开发计划的目的。

在经济政策上，朴正熙政府以国家管制和联合财阀为手段，建立了计划经济下的国家开发时代。第一，编制国家经济五年开发计划绘制经济发展蓝图。朴正熙政府最开始公布的“经济开发第一个五年计划”（1962—1966）继承自未及实施的李承晚政府《经济开发三年计划（1960—1962）》和张勉政府“经济开发五年计划”，仍旧遵循进口替代和重工业化战略，随着作为核心内容的货币改革与产业开发公司计划的失败，韩国经济企划院开始对“一五计划”做出修订。因为经济水平落后严重缺乏资本，张基荣、金鹤烈、金正濂、吴源哲等韩国经济官僚主张借鉴日本经验，从出口导向型产业入手逐步向重化工业与高技术产业升级的发展战略，依靠压低汇率吸引外部需求带动经济增长，同时依靠出口创汇满足资本投资需求（金正濂，1990）。1964 年完成修订的“一五计划”正式确定了出口导向型工业化战略，后续的“二五计划”（1967—1971）延续了这一战略。20 世纪 70 年代的“三五计划”（1972—1976）、“四五计划”（1977—1981）和《重化学工业化宣言》中，政府的产业政策在坚持出口导向型战略的同时开始鼓励钢铁、造船等资本密集型工业发展，这一转变虽然在后来为韩国经济埋下了债务隐患，但对进一步推动韩国经济持续高速增长至关重要。第二，扶持财阀企业作为贯彻国家战略的抓手。在出口导向型战略确定的过程中，财阀集团也发挥了重要作用。成立于 1961 年的全国经济人联合会（简称“全经联”）几乎囊括了韩国所有行业具有代表性的大型企业，是财阀利益集团的政治代言人。全经联提出的“出口第一主义”被政府采纳，并于 1963 年成立出口产业促进委员会以鼓励劳动密集型的出口加工贸易。当政府开始大规模发展重化学工业后，就更加需要大型财阀企业作为其发展战略的执行者。政府通过信贷配给、出口优惠、产业指引等方式扶持财阀企业，使双方成为深度绑定的利益共同体。典型的政策手段是建立“官治金融”体制，通过大幅压低利率的金融抑制政策来为财阀企业提供低成本融资。1962 年韩国实行银行业国有化，1962 年修订《中央银行法》实现政府对央行的直接控制。第三，积极采取各类措施获取外汇支持经济发展。1965 年，韩日关系正常化，双方签订的《韩日请求权与经济合作协定》规定，日本在今后十年向韩国提供 5 亿美元的请求权资金和 3 亿美元以上的商业贷款。同年，韩国以参与美国越南战争为条件换取美国的贷款、技术、投资和军需订单。1965—1972 年，韩国企业因此赚取的利润以及军人和劳动者所得工资与补偿金共计约 7.5 亿美元（金光熙，2014）。1975 年，政府通过《海外建设促进法》支持建筑劳务向中东输出，1975—1979 年共获得外汇 29.77 亿美元（申光荣，2002）。在此背景下，1961—1979 年韩国经济实现起飞，以不变价计算的 GDP 年复合增速达到了 9.3%。

1972 年的维新体制和 1975 年第九号“总统紧急措施令”的戒严政策激起越来越多的民主力量反抗，如“明洞圣堂事件”“釜马事态”，加剧了朝野的分裂与斗争；工农阶级与财阀集团的矛盾也因为发展过程中的利益分配不均而激化，发生了“YH 贸易公司事件”“咸平红薯收购事件”。1979 年的国际石油危机冲击韩国经济，朴正熙政府不得不向国际货币基金组织求援并发布了紧缩的“经济稳定化综合举措”。重重矛盾下，朴正熙集团内部也出现了关于“维新体制”的争论，最终朴正熙在当年 10 月被中央情报部长金载圭刺杀身亡。

韩国在 1979—1992 年的政治格局呈现为单峰无偏探索的衰落与民主化转型进程的开启。朴正熙遇刺后，韩国出现了短暂的民主化运动回潮（被称为“汉城之春”），但以全斗焕、卢泰愚为代表的新军部势力逐步通过 1979 年的“双十二政变”和 1980 年的“5 · 17 政变”夺取政权。以民众抗争的“光州事件”被血腥镇压为标志，军人的威权政治体制继续延续下去。1980 年 9 月，全斗焕就任总统，10 月份，有“第二维新宪法”之称的第五共和国宪法经国民投票通过。新宪法规定总统由选举人团选举产生，具备解散国会和政党的权力。全斗焕得到其操控下的选举人团

90.23% 的选票当选总统；国会 276 议席中，新军部创建的政党民主正义党（简称民正党）获得 151 席，民韩党 81 席，国民党 25 席，其他政党和无党派 19 席（金光熙，2014）。国会政治名义上为多党制，但在野党 1985 年前的活动资金均来自政府，是执政党的控制下的“官制在野党”（韩国日报政治部，1994）。直到 1985 年新韩民主党（简称新民党）成立并经 2 月国会选举后成为第一在野党，在野党才真正具备了与执政党相互斗争的性质。民主运动在这一时期变得更加壮大，除一直活跃的学生群体外，部分中产阶级也开始更多地向在野党靠拢，逐渐壮大的工人阶级则由过往以经济权利诉求转向经济与民主权利诉求相结合的斗争道路。原本接近单峰无偏政治治理的军人威权政府已呈衰落之态。

1987 年全斗焕发表“4・13 护宪措施”推迟修宪，引发了 1961 年来韩国最大规模的反对运动，参与人数达 830 万人，史称“六月抗争”（金光熙，2014）。此时，新军部内部亦产生路线分裂，卢泰愚发表“6・29 宣言”，主张协商修宪，修改总统选举法，释放政治犯，扩大和保障人权，言论自由，地方自治，健全政党活动，开展对话政治，创造彼此信任、充满活力的社会共同体（龚克瑜，2014）。全斗焕最终接受宣言，第五共和国进入卢泰愚时期。随后的朝野政治会谈达成修宪协议，规定总统直选制的新宪法在国会以 93.1% 的赞成票通过，韩国进入第六共和国。在 1987 年底的总统选举中，因为民主力量内部金泳三和金大中两阵营的谈判破裂，双方均宣布参选总统，最后卢泰愚凭借仅 36.6% 的相对多数当选总统。1988 年国会选举 299 席，民正党仅获得 125 席，金泳三领导的统一民主党（简称民主党）、金大中领导的和平民主党（简称平民党）和金钟泌领导的新民主共和党（简称共和党）等在野党获得 174 席，形成“朝小野大”的格局（郑宽勇，《历史批评》第16号），这一格局直至1990年民正党与民主党、共和党三党合并为民主自由党（简称民自党）才得以转变。卢泰愚政府作为军人威权政治体制的进一步延伸，实现了1960年来韩国政权的首次和平交接，同时选举结果也反映出军人威权政府的进一步衰落。

在经济政策上，全斗焕和卢泰愚政府大致延续了朴正熙政府的发展观念，相继实施了“五五计划”（1982—1986）和“六五计划”（1987—1991）。两届政府坚持对电力、铁路和港口等基础设施的长期投资；1985年“广场协议”使得韩元对美元、日元贬值，刺激了韩国出口带来贸易顺差的扩大；对工资、公用事业收费和利率的管制对投资的扩张起到了促进作用。伴随着政治向民主过渡，两届政府在经济政策上也开始实施自由化与民主化改革。全斗焕1981年的施政演说提出向民间主导型经济体制过渡，卢泰愚政府将经济民主化作为经济改革方向，两届政府拟定了国企私有化、价格体制改革、金融与进口自由化等改革举措，但推行效果并不理想。国企私有化使包含钢铁、炼油和造船等重要行业在内的大型国有企业转为私营，金融自由化使得财阀对金融体系的控制得以提升，这些进一步强化了经济中财阀集团的主导地位；而工资、价格、利率和汇率的形成体制则仍旧处于政府管控之下，甚至洗浴费、咖啡价格、炸酱面价格都仍由政府决定。所以，“20世纪80年代实行的市场自由化政策不是为了用市场职能代替国家作用”，而只不过是一种“国家介入的新形式，国家绝对没有放弃对垄断资本、市场和劳动的主导性。换言之，20世纪80年代的对内自由化政策无非是将垄断资本（财阀）合理化了的国家主导政策罢了”（张夏成，2018）。因为整体开发经济政策的延续，韩国在1980—1992年仍旧取得了极为优异的增长成绩，GDP年复合增速达到9.6%，还略高于朴正熙政府时期。

（三）多峰和解的实现：现代民主政治时期

卢泰愚政府任内的政治民主化转型最终取得了成绩，此后军队不再干预政治，韩国的政治活动均在第六共和国宪法框架下以民主选举和议会政治的方式进行。代表不同利益集团的政党通过选举获得国家行政和立法权，以国会内的政治博弈不断达成妥协和解，推动国家发展进程。多峰和解政局的确立使得韩国社会进入了平稳发展时期。

1992 年国会选举共有 299 席，金泳三加入的执政党民自党获 149 席，金大中统合的民主党获 79 席，郑周永创建的统一国民党获 31 席。在随后的总统竞选中金泳三以 41.4% 的选票获胜，并于 1993 年正式上任（金光熙，2014）。金泳三政府的主要政治举措包括改革军人干政的政治体制，清算全斗焕与卢泰愚政府的政变与腐败罪行，加强地方政府选举与自治。1997 年，政治光谱中偏左的金大中为了赢得总统选举彻底保守化，与金钟泌、朴泰俊领导的右翼保守势力自由民主联合达成合作，最终以 40.3% 的支持率当选总统（金光熙，2014）。但是执政联盟在国会中议席多数时间并未过半，作为在野党的大国家党（由民自党—新韩国党一系改组而来）成为金大中政府的重要牵制。金大中政府的政策主要集中在应对亚洲金融危机、精简政府机构、放松政治环境和改善人权状况。

现代民主政治时期的国家经济政策的核心内容是经济自由化改革，政府主导型经济体制逐步让位于市场主导型经济体制，这一转型的主要工作基本上在金泳三和金大中两任政府内完成。这一变革是由多方面因素决定的。第一，政府已经不具备全面主导经济发展的能力。在经济追赶期，政府相比微观主体具有更多的信息优势，可以补偿先锋企业试错过程中产生的正外部性，所以能够为经济发展选择符合本国比较优势的产业。此时指令式计划体制造成的经济扭曲成本远小于收益，是政府的最优选择。但是随着经济进入成熟期，政府不再具备上述优势，指令式计划体制的成本收益倒转，市场经济体制成为更合适的选择。第二，财阀集团已经由政府依附者发展为政府的制衡者。1990 年，长期处于在野反对党位置的金泳三加入执政党，换取保守右翼势力的支持。1997 年，属于左翼的金大中为赢得总统选举同样在政治立场上迅速保守化。这些都表明韩国任何政治党派想要执政都需要获得以财阀集团为代表的保守势力支持。第三，随着融入国际市场的程度不断加深，市场也对经济体制改革提出了客观要求。经历了三十年的经济开放时代后，韩国已经成为深度融入全球化分工的开放经济。作为世界经济的一环，韩国政府干预微观经济主体的产业政策越来越多地受到美国等国家的批评。同时韩国1995 年加入世界贸易组织，不再享受作为发展中国家的优惠待遇，如果继续实施不对称贸易保护举措，则有可能受到贸易伙伴的报复或制裁，以自由化改革举措回应外部的经济开放要求成为韩国的必然选择。

金泳三政府推出的《新经济五年计划（1993—1998）》虽然于 1996 年仓促结束，但其主张的金融实名制、金融自由化、市场自由化、修改《劳动法》等内容都取得了实质性进展。1993 年金融实名制的强制实施为金融市场规范运行打下了基础。1994 年作为经济开发时代计划经济象征的经济企划院被裁撤，与财政部合并为财政经济院。1995 年包括国有企业私有化在内的市场自由化举措落地，该年也被视为韩国从计划经济向市场经济正式转变的新元年（张夏成，2018）。不过，1997 年通过的《劳动法》修正案扩大了资方在解雇工人、调整工作时间、以临时工和非工会工人代替罢工工人等方面的权利，加剧了劳资矛盾。与此同时，金融自由化政策刺激了韩国企业举债投资，其中短期外债的增长尤为显著。债务负担增加至不能承受的程度成为韩国爆发金融危机的导火索。

金大中政府的经济政策从应对金融危机出发，包括整顿金融体系、调整产业结构和劳动市场柔软化。为了快速恢复金融体系，金大中政府首先积极寻求国际货币基金组织（IMF）的援助，避免出现国家破产，然后对资产状况严重不良的银行进行破产重整，开放证券市场并引导外资注入韩国银行体系。为了帮助企业部门降低资产负债率，推动财阀集团间的产业互换提升其竞争能力，放开外资持股上限以降低企业杠杆。为了发展信息技术产业，鼓励风险投资和信息技术企业创业，成立中小企业股份电子交易市场（KOSDAQ），推动韩国产业转型升级。进一步对国有企业进行私有化，11 家核心国营企业中有 8 家完成了私有化（金光熙，2014）。在劳动力市场上推行解雇制和劳务派遣制，以希望加强劳动力市场的弹性，加剧了劳动者内部的工资收入不平等。在一系列政策的推进下，韩国快速从金融危机导致的衰退中恢复。韩国的经济自由化改革至此基本完成，市场经济体制基本确立。韩国在现代民主政局时期经历了经济增速换挡，进入中速平稳增长阶段，1993—2017 年韩国 GDP 年复合增长率为 4.6%。

二、基于 A-C 理论对韩国经济社会发展经验的总结

韩国的经济发展之所以能够取得成功，从一个极为落后的农业国家快速发展成为一个新兴工业化国家，离不开韩国政府在凝聚发展共识，提升政治治理黏合度，以及培育市场、扩大开放以提升经济的内外可进入性等方面的系统性努力和探索。

（一）政治治理黏合度的构建与提升

从历史视角看，韩国政治治理黏合度的提升为韩国经济发展提供了稳定的社会秩序、共同的发展目标和有力的执行保障，是20世纪60—90年代“汉江奇迹”发生的政治基础。韩国政府对政治治理黏合的构建主要包括以下几个要素。

1. 建立中央集权领导体制，提高国家行动效率

韩国自朴正熙1961年通过政变上台后，实行了长达30年的军事威权统治，在此期间中央集权的领导体制得到了建立与强化。在中央政府层面，朴正熙通过强化总统职权、提高总统秘书室地位、新设经济企划院和中央情报部，实现了行政权力的重构；通过组建民主共和党控制议会，实现了立法权力的控制。在央地关系层面，中央政府通过颁布《地方政府临时措施法》取消了原有的地方政府自治，实现了中央的集权统一和对地方事务的直接管理。以朴正熙为代表的军人集团掌握政权后将重视纪律、效率与服从的军事作风植入行政体系中，自上而下建立了一支专业精、效率高和执行力强的官僚队伍，成为贯彻中央政府政策的核心力量。军事威权体制同时极力压制将各类反对派力量，这在一定程度上是破坏政治民主、压制经济自由的，但应该承认的是，这也在事实上减少了整个国家的无意义内耗，对于构建稳定的整体社会秩序和集中力量完成经济发展的初始资本积累起到了极为重要的作用。

2. 发展型政府体制，凝聚国民发展共识

在军事威权政府统治建立时，韩国仍然是极为贫穷的农业国家，人均GDP不足美国的10%，实现生活的温饱富足是国民最为迫切的愿望。在中央集权体制建立后，中央政府选择将自身定位为发展型政府，以经济发展作为团结国民的共同目标，以国民

共享发展成果维护自身执政合法性，从而增强政治治理黏合度。政府制订推进的国民经济开发计划，通过详细的发展规划和产业政策，给出了国家发展的明确路径，设定了国民收入的增长愿景，社会主要议题由民主自由转向经济发展，实现了社会不同阶层的合作共进。突出的经济政绩使军事威权政府获得大多数国民的认同，反对派成为国民群体中的少数派。政府因而得到了国民赋予的更多权力，强化了自身推进经济发展的能力。

3. 建立城乡全民动员体制，联通城市与乡村

在 1961 年朴正熙上台之时，韩国仍旧是一个以农业就业为主的国家，而农村的发展在之前是不大受政府重视的。为了最大程度地动员国民参与国家建设，中央政府主要采取了两方面措施。一是政府上台后发起“泛国民运动”，其领导体系是在中央设立“重建国民运动总部”，在各道和特别市设立支部，在区、郡设立“重建国民运动”促进会，每户居民至少有一人需要参加相关活动。垂直行政体系的建立为中央政府政策的全盘布局、统筹调动和基层贯彻提供了组织保证。二是在 20 世纪 70 年代发起“新村运动”，通过大规模培训农村领导人有关国家发展与经济发展知识的方式完成了农村启蒙与政府治理下沉，将广大农村地区与占全国人口 70% 左右的农民逐步整合到国家发展之中。当时韩国国会与总统选举投票中长期存在的“朝乡野都”分布正是政府争取到了大多数农民支持的例证。

（二）经济对内可进入性的构建与提升

韩国在 20 世纪 60—90 年代高速增长时期的经济对内可进入性构建，主要包括实施适宜的产业指导政策、大规模兴建的基础设施和有效的人力资本投资。以产业政策构建起具有国际竞争力的出口部门，以基础设施建设和人力资本投资构建起有效的产

品市场和劳动力市场。

1. 实施适宜的产业指导政策

韩国的经济腾飞是由农业向工业快速转型所推动的。在私营部门缺少自发进入工业领域的资本、人才和技术的限制下，韩国政府采用推行经济开发计划与产业政策的方式提升经济的资本可进入性，一方面通过建设国有企业开拓产业领域，为私营经济部门提供相应的产业需求和设施资本配套，一方面通过补贴私营企业进入适当的目标产业，创造经济发展的内生动力。

韩国的产业指导政策以工业化为核心，遵循劳动密集型-资本密集型-技术密集型的产业升级路径。最符合韩国早期比较优势的劳动密集型的出口工业可以依靠私营部门自发进入，但是后续的每一步产业升级都是在政府的干预下顺利实现的。因为事后的基于微观企业的成本核算表明，部分承担产业升级任务的企业在建立时的初始成本是大于收益的。对于此类资本 / 技术密集型企业，私营部门在初期没有进入的动力，需要政府的产业政策予以扶持。为了向劳动密集型的轻工业提供廉价的资本品和原材料，降低企业生产成本和提高经济整体竞争力，韩国政府在钢铁、石油化工等重工业领域主导建立了一系列大型国有企业。其中典型是于 1973 年建成的浦项钢铁，不但为国内企业提供廉价原材料节约了大量外汇，还迅速打入国际市场，1993 年即成为世界第二大粗钢生产企业。

因为政府的直接经营能力是有限的，所以韩国政府在建设国有企业之外还以多种补贴方式鼓励私营企业投资。政府以工业园区的形式向企业提供廉价甚至免费土地；以金融抑制手段提供低利率贷款；以财政手段提供税收优惠、财政补贴等；以低于市价格的物资调配提供生产重要原材料。造船、汽车、石油化工等国民经济重点产业都是在政府的全程支持、配合乃至命令下建立起来的。韩国的投资水平在适宜的产业政策指导下开始快速上升：韩国 1961 年的资本形成率仅为 12.9%，低于同期阿根廷的 15.6%；然而在国家开发计划实行之后的 30 多年间快速上升，走势与日本经济迅速恢复的 20 世纪 50—70 年代十分相似，1996 年的峰值甚至达到了 51.3%，比日本的峰值 43.2% 还高出 8.1 个百分点，见图 11.2。投资率的上升为韩国的经济发展提供了有力的支撑。

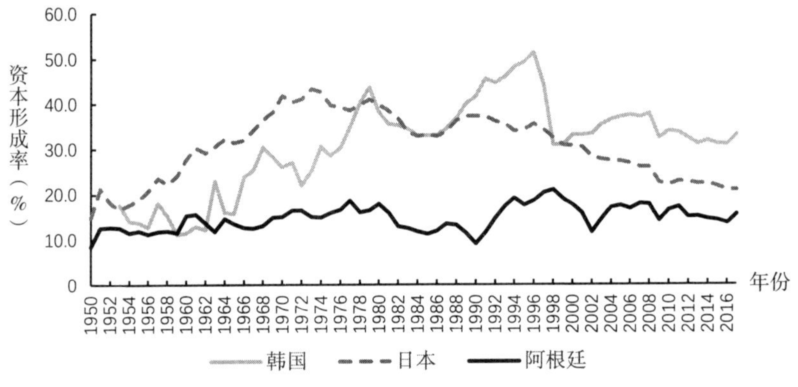

图 11.2　韩国、日本、阿根廷的资本形成率对比

数据来源：Penn World Table version 9.1。

2. 大规模兴建基础设施

单一国家内部的商品与劳动市场并不必然是统一开放的，特别是在农业为主体的经济条件下，国内市场实际上被运输能力和供应体系分割成为许多自给自足的小型市场。为了建设统一的国内市场，畅通经济资源的配置渠道，韩国通过国家开发计划兴建了大量的基础设施，对经济对内可进入性的提升起到了重要作用。

韩国的基础设施建设是一个由点到面的过程。初期因为资金限制导致无法支持全国性基础设施建设，韩国政府便集中资源在有限范围内构建能够发挥规模效应的产业园区，以此为基础形成全国产业布局的发力点。这些园区布局在全国重要区位，各有聚焦产业，如汉城九老工业园区（出口加工）、蔚山园区（石油化工）、昌原园区（综合机器）、巨济岛园区（造船）、龟尾园区（电子）和温山园区（有色金属）等。政府为园区提供土地、公路、水电、通信等配套设施，企业只需要投资厂房设备即可进行生产。产业园区的不断发展进一步推动了基础设施网络的发展，从图 11.3 可以看出，韩国的公路建设在 20 世纪 60 年代之后明显提速，至 20 世纪 90 年代中期增加了约 6 万公里。随着全国产业布局的深入，全国性交通基础设施的建设提上韩国政府议程，20 世纪 60 年代后期与 20 世纪 80 年代初期出现了两次国家高速公路的建设高潮，里程增加了 1 倍多。1967—1970 年修建的京釜高速公路是韩国第一条高速公路，全长 428 公里，纵贯国境的西北至东南，不但联通了首尔与釜山两大经济圈，同时带动了沿线城市发展。京釜高速公路及后续修建的京仁、湖南、南海、岭东等高速公路构成了韩国的主要路网，极大地提升了韩国内部的区域互联互通能力和国家经济资源的动员能力。

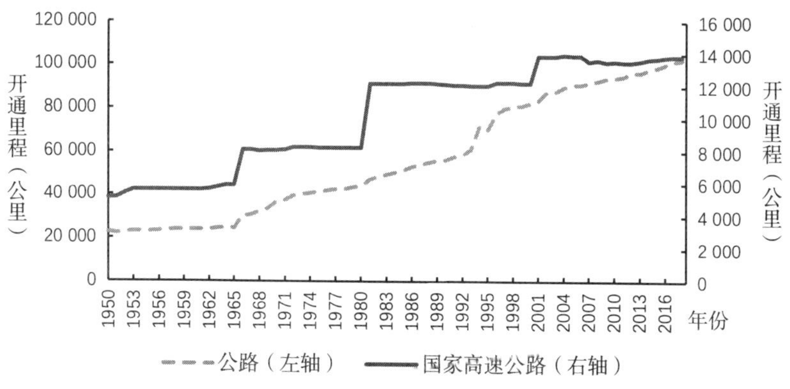

图 11.3　韩国交通基础设施建设

数据来源：Korea Statistical Information Service。

由农业向工业成功转型的另一个重要条件是农村基础设施的提升与农业生产率的提高，以此为基础农业劳动力才可能实现向工业的快速转移。韩国经过20世纪60年代末开展的“新村运动”大规模建设农村基础设施后，自然村通车率由1968年的61%上升至20世纪70年代末的100%，通电农户从1964年的12%上升至20世纪70年代末的98.7%，电话安装率由1983年的36%上升到1988年的89%。农村基础设施的提升为农业机械化和现代化提供了准备条件，农村手扶拖拉机数量由1971年的1.2万台增加到1980年的29万台。高产稻种和现代栽培基础的普及极大地提高了韩国的农业生产率，1972—1977年每公顷大米产量由3.34吨增产到4.94吨，国内需求实现基本自给（金光熙，2014）。农业生产率提高降低了农业所需的劳动力数量，与城市地区的联通性增强进一步带动了农村劳动力的流出。1963年，韩国农业就业比重为61.9%，至1991年仅为15.6%，下降了46.3个百分点。相应地，制造业就业比重由11.8%增长到历史峰值36.2%，服务业就业比重也由26.3%增长到48.2%（参见图11.4）。

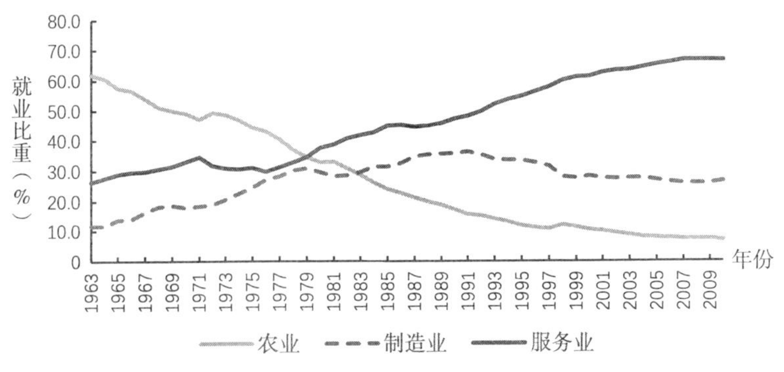

图11.4 韩国就业结构变化

数据来源：GGDC 10-Sector Database。

3. 就业与人力资本投资

20 世纪 60 年代韩国产业指导政策下劳动密集型产业的快速发展创建了需求旺盛的劳动力市场，而基础设施建设的提升则大幅降低了劳动力市场的准入门槛。市场可进入性的提升使得国内特别是农村地区的劳动力更多地参与到经济发展中，15 岁以上人口的劳动参与率由 1963 年的 49.3% 提高到 1997 年的 59.4%，其中男性由 65.0% 提高到 70.7%；且女性的劳动力市场地位也得到有效的提升，劳动参与率从 33.9% 提高到 48.4%（参见图 11.5）。劳动力顺利进入生产活动为韩国经济增长做出了重要的贡献，相关增长核算表明韩国就业增长对 GDP 增长的贡献在 1971—1979 年高达 57.6%，在 1982—1989 年也达到 40.6%（艾肯格林、铂金斯、申宽浩，2015）。

产业政策扶持与基础设施增加为劳动力降低了市场的一般性进入门槛，而人力资本水平的提升则能帮助劳动力跨过特定技能门槛，成为能够真正满足市场需求的有效劳动供给。韩国对人力资本投资极为重视，其中学入学率在 1976 年就超过了阿根廷，高等学校入学率则在 1983 年就与阿根廷基本持平，而韩国的人均 GDP 在这两个相应年份仅分别为阿根廷的 34.3% 和 53.2%（参见图 11.6）。虽然传统增长核算结果表明韩国与其他东亚经济体类似，人力资本增长对 GDP 增长的贡献并不高，在 1971—1979 年和 1982—1989 年仅分别为 5.0% 和 4.6%（艾肯格林、铂金斯、申宽浩，2015），但我们不能否认人力资本增加通过劳动力技能提升在生产组织管理和机器设备使用等方面带来的效率增进。这种效率增进可能体现在物质资本数量的增加和质量的提升，而被计入物质资本投资对经济增长的贡献中。人力资本投资为韩国提供了高素质、高技能的劳动力队伍，特别是为韩国在原本不具备基础和经验的资本密集型和技术密集型产业中逐步建立起比较优势发挥了极为重要的作用。

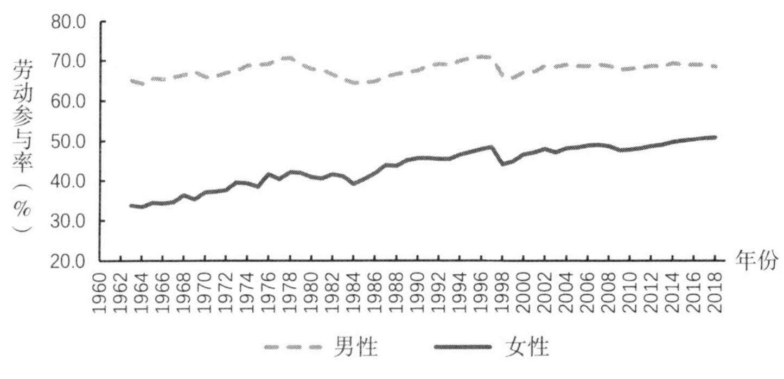

图 11.5　韩国的劳动参与率

数据来源：Korea Statistical Information Service；WDI。

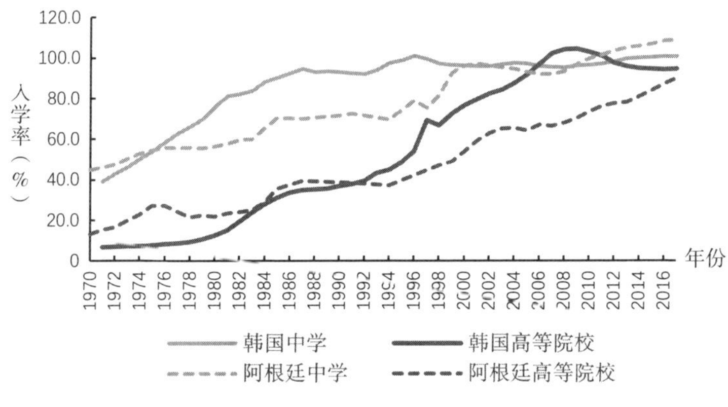

图 11.6　韩国与阿根廷的入学率比较

数据来源：WDI。

（三）持续提高的经济对外可进入性

为了融入世界经济体系，依靠外部需求带来的出口拉动经济增长，韩国政府通过加强对美、对日关系，持续升级出口导向产业和实行竞争性汇率政策来提升自身的经济对外可进入性。

1. 对接美、日等国际市场

毋庸讳言，第二次世界大战后的韩国政府完全是在美国支持下建立起来的，其政治、军事和经济政策都受到美国的影响与控制。因为第二次世界大战前曾被日本殖民侵略的历史，与日本的关系也是韩国政府的外交重点。为了获得以美国、日本为核心的国际市场需求，朴正熙政权将改善对美、日关系作为其经济发展政策的外交突破口。

作为冷战对抗前沿的韩国在20世纪50年代就得到美国大量的军事与经济援助。1961年上台的朴正熙政权的核心理念就是反共、亲美和发展，朴正熙当年访美即取得了美国支持韩日关系正常化和韩国经济开发计划的承诺。一年内，韩国就从美国得到了4.45亿美元的经济援助（金光熙，2014）。随后，韩国经济企划院在制订经济开发计划的过程中也得到了美国的大量支持。1965年韩国以出兵参加越南战争为条件获得了美国大量的军需物资订单与经济援助，为韩国企业开拓国际市场、带动韩国经济增长起到了极为重要的作用。

正常化矛盾重重的韩日邦交关系也是朴正熙政权增加对外经济联系的一项重要举措。作为低收入国家，韩国经济发展的资本投入缺口巨大，除美国外的日本是韩国接受外资的另一个重要来源。同时，韩日邦交正常化也符合美日两方的利益，美国可以构建稳固的美日韩反共三角同盟关系并减轻援助压力，日本可以巩固自身安全和为经济发展和产业转移的“雁行模式”开拓海外市场。为了增加日资引进，朴正熙在上台伊始积极与日本开展邦交正常化谈判，1965年双方正式签署了《韩日基本关系条约》《韩日请求权与经济合作协定》等系列文件，为韩国取得了日本在之后10年提供5亿美元的请求权资金和3亿美元以上商业贷款的经济援助。为签订条约而采取的妥协使得韩国政府一、二号人物朴正熙与金钟泌曾被视为卖国者，但换取的经济援助与双边经济合作的加深对韩国的经济起而言是至关重要的。

对美、日关系的经营为韩国换来了宝贵的发展资金，推动了一系列重要工程的建设。例如浦项钢铁建设总投资为3.04亿美元，其中1.68亿美元来自日本（金光熙，2014）；蔚山石化工业园区的建设资金来自美国贷款等。1966—1971年韩国从国外获得的贷款总额甚至超过了国内贷款总额（大卫・斯坦伯格、王宇，2018）。更为重要的是，韩国得以进入了世界最大的单一市场（美国）与亚洲最大的单一市场（日本），两国连续多年位居韩国出口主要地区的前两位，1988年韩国出口到美、日的份额分别达到35.4%和19.8%，占据了韩国出口的半壁江山，具体见表11.1。

2. 持续升级出口导向型产业

朴正熙政权自20世纪60年代初稳定后就抛弃了李承晚时期的进口替代战略而确立了出口导向型经济发展战略。韩国政府1963年成立了部长级出口工业园委员会；1964年颁布《出口工业园区开发造成法》；1975年韩国指定12家大型企业为综合贸易公司，国有银行为其提供的出口贷款利率仅为一般贷款利率的一半，以系统性的产业政策扶植发展出口导向型产业。随后此类产业以极富竞争力的产品价格迅速打开国际市场，货物出口不变价年平均增速由20世纪50年代的9.8%激增至20世纪60年代的29.0%（参见表11.2）。不断增长的货物出口迅速改善韩国经常账户，自20世纪70年代开始形成持续贸易顺差，规模一度达到同期GDP的5%以上，为韩国的经济增长做出重要贡献（参见图11.7）。

表 11.1　韩国出口的主要地区（前五位）

1988 年		1991 年		1994 年		1997 年		2000 年		2003 年		2006 年	
地区	份额	地区	份额	地区	份额	地区	份额	地区	份额	地区	份额	地区	份额
美国	35.4	美国	25.7	美国	20.4	美国	15.2	美国	21.9	中国	18.1	中国	21.3
日本	19.8	日本	17.1	日本	13.3	日本	10.3	日本	11.9	美国	17.7	美国	13.3
中国香港	5.9	中国香港	6.6	中国香港	7.9	中国	9.4	中国	10.7	日本	8.9	日本	8.1
德国	3.9	德国	4.4	中国	6.1	中国香港	8.1	中国香港	6.2	中国香港	7.6	中国香港	5.9
英国	3.2	新加坡	3.7	德国	4.3	新加坡	4.0	新加坡	3.3	德国	2.9	德国	3.1

数据来源：艾肯格林、铂金斯、申宽浩（2015）。

表 11.2 韩国出口增长率（不变价格）

（%）

年代	实际出口平均增长率
20 世纪 50 年代	9.8
20 世纪 60 年代	29.0
20 世纪 70 年代	18.7
20 世纪 80 年代	10.3
20 世纪 90 年代	14.5
21 世纪前 10 年	10.4

注：21 世纪前 10 年的增长率代表 2000—2007 年的增长率（艾肯格林、铂金斯、申宽浩，2015）。

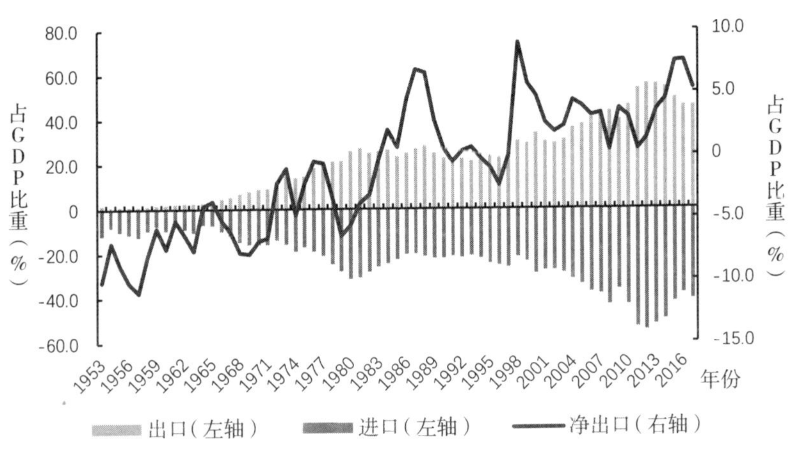

图 11.7 历年韩国进出口（1953—2017 年）

数据来源：Penn World Table version 9.1。

值得注意的是，韩国的出口产业培育并没有停留在20世纪60年代的服装等劳动密集型产业，而是随着经济发展逐步向资本密集型的重化工业和技术密集型的电子通信产业升级。20世纪70年代初，韩国的出口导向劳动密集型轻工业已经跨越高速增长期，而国内工业原料、机器设备等重化工业产品需求的增长使得经常账户情况恶化。同时，布雷顿森林体系解体与石油危机让以美国为首的发达国家的贸易政策转向保守，为保护本国就业对进口的轻工业产品加征关税，这使得以美国作为最主要销售市场的韩国出口业受到打击。为了扩大出口与维持经济增长，韩国政府顺应新的世界产业分工潮流，积极进入钢铁、石油化工、造船、汽车组装、电子组装等相对资本密集型的重化工业产业。不同于20世纪40—50年代一些国家发展重化工业时面临的不具备比较优势无法进入国际市场的情况，韩国建立起的重化工业具备国际竞争力。例如，1973年投产的浦项钢铁生产成本为251美元/吨，低于同期中国台湾地区中国钢铁公司的667美元/吨和日本获岛钢铁的626美元/吨（金光熙，2014），浦项钢铁1993年即成为世界第二大粗钢生产企业。1974年建成的现代造船厂在第二年即实现盈利，韩国造船产业也在1999年以33%的世界市场占有率位居世界第一（金光熙，2014）。20世纪90年代以三星电子、LG电子为代表的电子通信产业开始蓬勃发展，逐渐成长为世界级的半导体产业企业，如三星电子在1994年成为世界上第一个生产256兆DRAM半导体存储器的公司（金光熙，2014）。根据拉尔（Lall，2000）对货物出口所做的技术类型分类计算，韩国出口货物的技术含量在20世纪70年代以来不断提高的，已成功由以低技术制造业出口为主升级为中、高技术制造业出口并重（参见图11.8）。

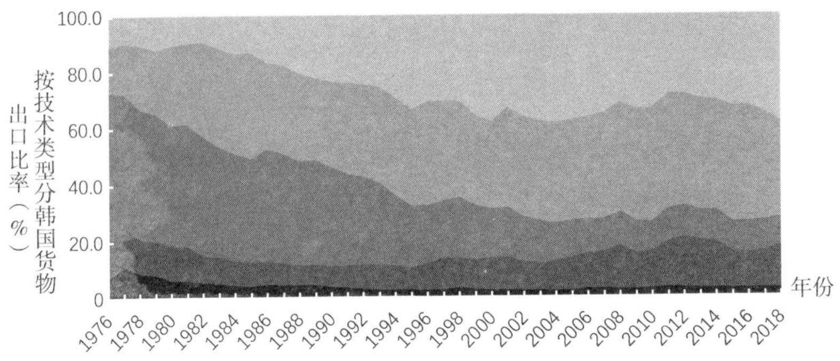

图 11.8　按技术类型分韩国货物出口比重

资料来源：技术类型按照拉尔（Lall，2000）分类，数据来源为 UN Comtrade 数据库。

3. 汇率低估与金融抑制

按照韩国中央银行的界定，韩国在 1980 年之前执行固定汇率制度。[①]1964 年，韩国政府的汇率决定策略由高估转为低估，以扩大韩国制造业部门在国际市场上的成本优势。为补偿出口部门因汇率贬值带来的成本上升，韩国政府又采取了配套的金融抑制手段予以补贴。

在 1964 年之前，韩国政府在进口替代战略下选择高估汇率以推动本国产品对外国进口产品的替代。随着出口导向战略的确立，韩国政府不断对韩元进行贬值以刺激出口。20 世纪 60 至 70 年代，韩元经历了多次大幅度贬值：1961 年，韩元兑美元汇率由 65∶1 贬值到 130∶1，1964 年再次贬值到 255∶1，1975 年进一步贬值到 484∶1，持续的货币贬值使韩元的实际有效汇率降低了超过 50%。罗德里克（Rodrik，2008）提供了一种衡量汇率高估

① https://www.bok.or.kr/eng/main/contents.do?menuNo=400186.

水平的简单方法：使用世界表中的名义汇率和购买力平价得到实际汇率［RER=ln(XR/PPP)］，然后将实际汇率关于对数人均实际 GDP 以及地区和时间虚拟变量进行面板数据回归，回归得到的拟合实际汇率与现实实际汇率之差即为汇率高估水平。当该值为正时，代表该国货币的汇率存在高估；当该值为负时，代表该国货币的汇率存在低估。使用此方法计算得到的韩元在 1953—2017 年的汇率高估情况显示，1961—1977 年（除 1970 年），韩国始终维持汇率低估政策，平均汇率低估幅度达到 23.5%（参见图 11.9）。相应地，汇率低估的 20 世纪 60—70 年代也是韩国出口增长速度最快的时间，分别达到了 29.0% 和 18.7%。

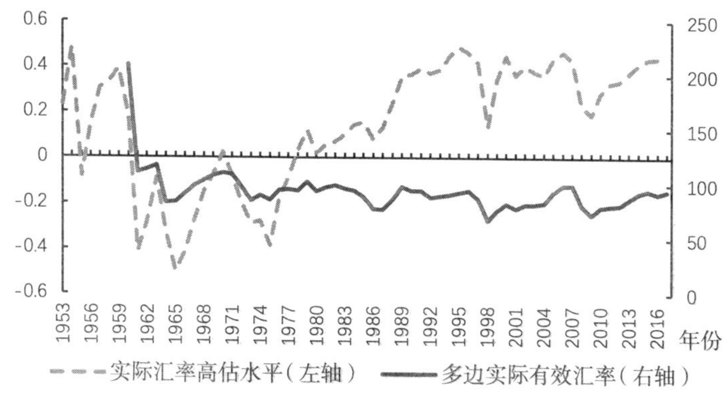

图 11.9　韩国的汇率水平

数据来源：实际汇率高估水平基于 Penn World Table version 9.1 计算，多边实际有效汇率来自 bruegel.org[①]。

汇率低估政策虽然有利于出口，但是不可避免地会提高企业的原材料和机器设备进口成本。相关数据显示，韩国 20 世纪 60 年代至 70 年代初进口投入品占比为 25%，汇率低估政策带来的

① https://www.bruegel.org/publications/datasets/real-effective-exchange-rates-for-178-countries-a-new-database.

成本增加使得对进口投入较为依赖的出口制造业在早期反对汇率低估政策（大卫·斯坦伯格、王宇，2018）。为了增强出口制造业的盈利能力，韩国政府采取了与汇率低估配套的金融抑制政策，定向降低该部门的资金成本。韩国政府于 1961 年实行银行业国有化，控制银行人事任命权；1962 年修订《中央银行法》，确定对中央银行的直接控制，建立“官制金融”体系完全控制了信贷资源投放。韩国政府在 1965 年强化了一种贷款利率双轨制，将出口企业贷款利率由 8% 降低到 6.5%，并进一步将非出口企业的贷款利率由 16% 提高到 26%（大卫·斯坦伯格、王宇，2018）。“低估汇率 + 金融抑制”的双支柱政策破解了单独使用汇率政策会导致企业收入成本同时上升的难题，使得韩国的出口企业因此大量获益，对汇率低估政策的态度由反对转为支持，甚至在韩元升值时期积极督促韩国政府对韩元进行贬值。

三、本章小结

本章使用“政治治理黏合-经济可进入性”A-C 理论框架分析了韩国建国以来的经济发展历程。首先，从政治经济史的角度梳理韩国建国以来的政治格局与经济政策变迁，按照政治格局转变分为“多峰冲突-单峰治理探索-多峰和解”三阶段回顾了韩国经历的经济发展困境与取得的巨大成果。其次，系统性分析了韩国在政治治理黏合度与经济可进入性提升中的经验。在实现黏合型政治治理的过程中，中央集权领导体制和联通城市与乡村的全民动员体制降低了社会内耗，将国民主体凝聚在经济发展共识之下。在提升经济可进入性改善资源配置上，对内通过实施适宜的产业指导政策、基础设施建设、劳动市场质量改善逐步构建起国内开放市场；对外通过对接美日市场、不断升级出口导向产业、低估汇率和金融抑制打入国际开放市场。其核心是通过一整套成体系的政治经济政策建设起具有国际竞争力的可贸易制造业部门，以此为突破口带动经济实现腾飞。最后，从“政治治理黏合-经济可进入性”框架的指标入手对韩国 20 世纪 90 年代以来在政治治理黏合和经济可进入性方面的发展与现状做出了直观展示，结果表明韩国具有较高的政治治理黏合度与经济可进入性，特别是经济对外可进入性代表的对外开放程度很高。

第十二章　阿根廷：从高速增长到泥足深陷

在20世纪初期，阿根廷是当时世界上最富裕的国家之一。根据麦迪逊的估计，阿根廷的人均国内生产总值（人均GDP）在1820年已达到1753国际元，接近美国同期的2080国际元。1913年，阿根廷人均GDP还是美国的82.3%（见图12.1），西欧的105.9%，世界的246.1%和拉美的280.7%。但是自20世纪30年代之后，阿根廷的经济增长进入了相对衰退期，与美国之间的差距持续拉大。2016年，阿根廷的人均GDP则只有美国的35.6%，西欧的48.8%，世界的128.5%和拉美的136.3%。按照世界银行现行国家收入水平分组标准，阿根廷仍旧在高收入国家的门槛外徘徊，成为了陷入“中等收入陷阱”的典型国家，政治局势动荡，经济金融危机频繁。

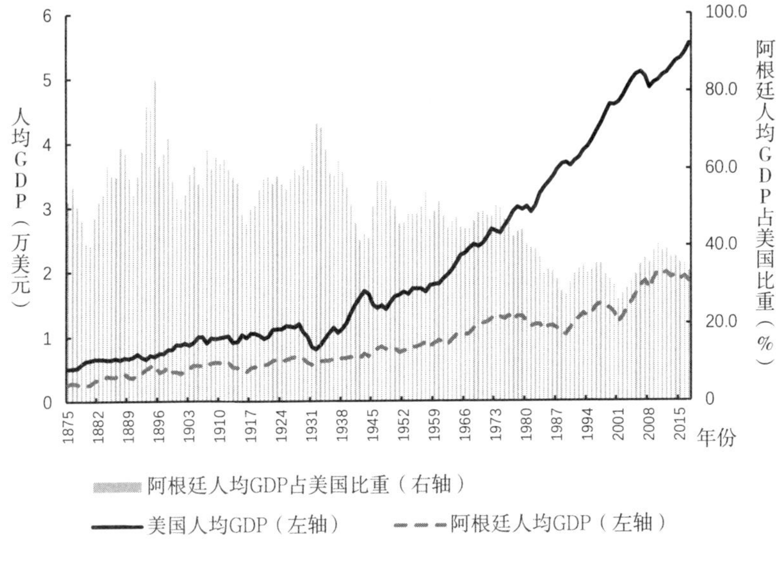

图 12.1 阿根廷与美国人均 GDP 对比

数据来源：Maddison Project Database。

在历史发展过程中，阿根廷逐渐形成了农牧业出口集团、跨国资本家集团、民族资本家集团、劳工集团以及中产阶级集团等五大利益集团，这些集团在多数时期内处于相互冲突的状态，导致了阿根廷几乎难以形成单峰无偏或多峰和解的高黏合度社会。在政治治理上，阿根廷先后经历了双峰冲突、多峰冲突、单峰有偏以及再回到多峰冲突的复杂演变，这一历程清楚地表明了阿根廷不同利益集团之间的撕裂如何导致政治治理黏合度进退维谷，进而对经济的运行造成持续破坏。同时，经济上相对较低的可进入性也持续制约着阿根廷的经济增长。

根据 A-C 理论，一国的政治进步与经济发展之间存在显著的关联性，其背后的一个重要纽带就是政治治理黏合程度。政治治理黏合程度代表了国家治理能力，反映了社会利益集团之间达成共识与合作的程度。本章从阿根廷国家政治变迁及背后的社会利益集团的联合与分裂入手，分析其与经济发展之间的联系互动。阿根廷的政治经济发展历程是一个较为典型的反面案例——即便一个国家具有较高的政治治理黏合度和经济可进入性，但也仍需要不断努力保持并提高，一旦在政治治理或经济可进入性上有所退化，哪怕只是在一个维度上有所退化，都可能对经济社会发展造成严重的后果。

一、阿根廷的政治经济简史

自 1492 年哥伦布发现“新大陆”之后，殖民者开始踏上南美洲的广大土地。原本与欧洲隔绝的阿根廷地区开启了新的历史篇章，经历了殖民政府、独立建国、考迪罗[①]割据和国家统一的艰难历程。国家统一后，阿根廷开始了现代化探索历程，政治上经历了寡头自由主义、民众主义、现代代议制民主主义，经济上尝试了初级产品出口战略、进口替代工业化战略和新自由主义发展战略。从发展成就看，阿根廷曾经取得过辉煌的发展成就，但后来却长期在“中等收入陷阱”中挣扎。

（一）双峰冲突的形成与复杂化：早期殖民地时期

早期殖民地时期（1492—1776 年）政治冲突集中在印第安土著和殖民者之间，且随着社会结构的多元化而变得愈加复杂。此时拉普拉塔河地区的经济有两个支柱，一是委托监护制农奴经济，二是依靠白银运输贸易带动的商业经济。

---

① 考迪罗（西班牙语为 Caudillo）是指 19 世纪殖民统治瓦解后用武力夺取地方政权的军事领导人。

1. 殖民者与印第安人的双峰冲突

1492 年哥伦布发现美洲时，今天的阿根廷地区居住着大约 90 万印第安土著居民（乔纳森・C. 布朗，2010）[①]。经济上，他们的生产技术仍然停留在石器时代，主要生产方式为采集、狩猎或肥沃河谷地带农耕，不能或只能进行很少的剩余产品积累。政治上，这些部落大多停留在氏族或村社社会阶段，部落之间也没有形成统一的文化和部族。由于该地区没有金银矿，征服土著部落是殖民者掠夺财富的主要方式，殖民者与印第安土著的双峰冲突是这一时期的主要政治形态。

后续经济发展推动了该地区政治冲突的升级。第一，殖民者与印第安土著的矛盾继续激化。劳动力短缺刺激殖民者对土著人采取更加坚决的征服与镇压政策。而土著人的技术、经济和政治在冲突和交流中均获得了发展，其战争能力得到了提高。整个殖民时期，殖民者无法在布宜诺斯艾利斯以南 60 英里[②]界限以外的潘帕斯草原上建立庄园。第二，黑人奴隶贸易的开展使该地区人口结构更加复杂。为了补充劳动力，17、18 世纪殖民者将约 10 万黑人奴隶运抵布宜诺斯艾利斯。黑人的到来使种族关系进一步复杂化，并在未来塑造出融合多种族血统的混血自由工人阶级。但相比于巴西、古巴，阿根廷黑奴得到的待遇稍好，也没有形成逃奴群体。

2. 委托监护制与“白银小道”

早期殖民时期的前期，拉普拉塔河地区实行农奴制经济模式，在“白银小道”建立后主要依靠贸易带动经济发展。当地实行的

---

① 除特殊说明外，“阿根廷的政治经济简史”节中的数据全部出于此书。

② 1 英里约为 1.61 千米。

农奴制被称为“委托监护制”[1]，在该制度下西班牙王室享有殖民地土地的所有权，殖民者享有王室委托的对土地和土著居民的监护、使用和管辖权。土著居民名义上为自由人，且可以分到一小块土地，但不具备完全的人身自由，且要向监护主交纳贡赋和服劳役。该地区因为人口匮乏而缺少内生经济动力，后期主要依靠波多西（今玻利维亚境内）白银产业拉动经济。1560年，波多西开始大量生产白银，白银开采与贸易产业催生了连接波多西与拉普拉塔河口“白银小道”。每年大概有26000头骡子往来于“白银小道”上，用于运输食物、白银和银矿开采原料。“白银小道”与其他商路带动了布宜诺斯艾利斯的国际贸易产业、萨尔塔的养骡产业、科尔多瓦的养牛产业、门多萨的农业、巴拉圭的马黛茶种植业快速壮大，推动了市镇商业经济的发展和人口的增长。

1580年，出于对欧洲贸易的渴求，殖民者重建了布宜诺斯艾利斯，将其作为殖民地连接西班牙的主要港口和贸易商业中心。为防止来自巴西的葡萄牙、荷兰和英国力量染指白银运输，西班牙早期规定波多西白银不得从布宜诺斯艾利斯出口，欧洲与拉普拉塔地区的直接贸易为非法。这使得规避税费的非法贸易盛行，逃税传统在此时就已经形成。这一时期，布宜诺斯艾利斯的对外贸易先后被葡萄牙、荷兰和英国商人垄断，他们运来黑人奴隶和欧洲商品换取皮革、葡萄酒和小麦等本地农牧产品，同时从事处于非法状态的白银走私。而殖民政府官员则趁机运用权力大肆进行腐败寻租，土著居民的利益受到进一步的压制。殖民者与土著居民之间的冲突政治化，双峰冲突的政治格局基本形成。

---

① 委托监护制（西班牙语 encomienda）又称“监护征赋制”或“大授地制”等，于1720年被正式废除。

（二）单峰有偏的探索与失败：总督区时期与独立时期

殖民地的复杂冲突，与动荡的国际政治形势相结合，促使西班牙王室推出了加强拉普拉塔河地区政治控制的波旁改革。但因为矛盾冲突的不可调和，改革成立的新总督区的单峰政治仍旧是有偏的，并最终因独立革命而彻底崩溃。随着政治冲突的加剧，经济发展受到了严重破坏。

1. 波旁改革与单峰有偏的探索

18 世纪后期内殖民地面临多方面冲突。政治上，不同层次的矛盾均有所激化。1740 年，土著人发动大起义；1767 年，享有免税和行政特权的耶稣会被没收财产并被逐出殖民地。同时，欧洲殖民扩张国家之间的战争对阿根廷地区产生了影响，涉及殖民地划分、贸易权力争夺等。经济上，走私逃税阻碍了宗主国财政收入的增长。北美独立战争直接促使西班牙开展收紧拉普拉塔河地区自治权和打击逃税的“波旁改革”。1776 年，拉普拉塔总督区成立，意味着阿根廷早期殖民时期的结束。

政治改革以打击本土精英为核心。新总督府的政治权力层级由高到低为西班牙官员、西班牙出生的大商人群体、克里奥尔人（土生白人）。民兵组织中的高级军官只能由西班牙出生的白人担任，克里奥尔人只能担任中下级军官，民兵多为混血和有色人种。西班牙官僚主导的单峰有偏的政治体制催生了经济上的西班牙商人特权阶层。西班牙商人群体凭借与欧洲商行的联系控制了殖民地与欧洲的贸易，同时控制了下游的货栈主和零售商网络。西班牙商人群体限制了克里奥尔人的商业发展空间，使其主要在潘帕斯平原上从事农牧场经营。西班牙官僚和商人的到来冲击了克里奥尔人的自治权力和经济权利，加剧了不同政治集团之间的冲突，对之后的独立运动起到了推波助澜的作用。

经济改革以鼓励贸易和完善税制为核心。1778 年，能够与殖民地进行直接贸易的西班牙港口数量由 1 个增加为 10 个，拉普拉塔河地区国际贸易必须经过利马的官方规定被废除。为堵住税收漏洞，白银生产税由 20% 下降到 10%，其他税率也都有所下降。1791 年，西班牙王室还取消了自身对奴隶贸易的垄断。贸易成本下降为拉普拉塔河地区带来了巨大的外部需求，特别是对白银、兽皮和牛肉干等初级产品的出口成为贸易的核心内容，使西班牙与其美洲殖民地的贸易上升了 300%。经济活力的提高带动人口增长，布宜诺斯艾利斯的城市人口由 1778 年的 37 130 人增长到 1809 年的 92 000 人，科尔多瓦和萨尔塔-德尔图库曼两个监督管辖区的城市人口也几乎翻倍。同时，税收官僚队伍取代了传统的包税人，提高了税收的集中度和效率，王室税收收入来自布宜诺斯艾利斯的比重由 18 世纪 70 年代的 1.5% 左右上升到 19 世纪初的 5% 左右。

2. 独立革命与单峰有偏的失败

法国大革命后的英法战争将法国的盟国西班牙卷入其中，间接开启拉普拉塔总督区的独立革命，单峰有偏的总督区统治走向失败。英法战争暴露了西班牙的两个弱点。第一，西班牙财政高度依赖其殖民地。战争加剧了西班牙对殖民地经济的榨取，激起了殖民地的强烈憎恨。而战争使西班牙不得不扩大布宜诺斯艾利斯对外国船只的贸易开放，克里奥尔商人的经济实力在与英国、美国的贸易中获得极大增强。第二，战争暴露了总督区政府的无能。1806 年，英国入侵布宜诺斯艾利斯，西班牙总督不战而逃。克里奥尔军官获得军事领导权，之后率领民兵战胜英军，其领袖被推为新总督。

欧洲启蒙思想、美国革命思想的传播，经济与政治地位的提高使得克里奥尔人的民族主义高涨。1807 年，拿破仑推翻西班牙王室，导致克里奥尔精英随之也不再承认西班牙对总督区的主权，开始了独立斗争。独立革命导致了总督区政治统一的崩溃，拥兵自立的考迪罗割据各地。以布宜诺斯艾利斯省为核心的考迪罗主要为中央集权派，其他省的考迪罗主要为自治的联邦主义派，相互之间争斗不休。多数考迪罗主要代表本土地主和商人阶层的利益，因此另有一部分平民考迪罗发起了民众革命，主张平民基础的联邦主义和包括重新分配土地在内的社会改革。1816 年，各省联合会议宣布阿根廷地区独立。中央集权派成立拉普拉塔联合省，而联邦主义派考迪罗仍实行省内自治。1819 年颁布的阿根廷第一部宪法几乎没有实际作用。

随着单峰有偏政治形态崩溃，阿根廷的经济开放性不再受殖民国的主导，客观上增加了经济的开放性。英法战争中，英国在 1797—1802 年和 1805—1808 年封锁了西班牙港口，使得当时的西班牙殖民地贸易额下降到 1790 年的 10%。英国商人趁机取代了西班牙商人对布宜诺斯艾利斯国际贸易的主导权，1809 年英国向拉普拉塔河地区输入的商品价值达 120 万英镑（Szuchman and Brown, 1994）。

（三）从多峰冲突到多峰和解：考迪罗时期

独立战争之后，阿根廷国内的割据政治力量之间开始角逐统治权，政治治理呈现典型的多峰冲突特征。在经历了多次权力更替之后，一些强权考迪罗依靠军事征服和经济控制最终稳定住了国家统一的局面，形成了强权领导下的多峰和解格局，政治环境有所稳定，致力于提升经济竞争力的政策能够持续实施，为阿根廷成为现代化国家打下坚实基础，带来了稳定持续的经济增长。根据麦迪逊的数据，1820—1870 年阿根廷 GDP 年平均增速为 3.25%。

1. 强权考迪罗领导下的多峰冲突与国家统一

1819 年颁布的宪法规定了国民议会、各省权力、中央行政权和司法权。但这一国家框架下，中央行政权及司法权十分孱弱，使得考迪罗时期前十年的联合省政治极不稳定，充斥着政治领导权的争夺和操纵选举等行为。此后，随着一系列强权考迪罗的出现，相互之间能够形成制衡，阿根廷的政治治理趋于稳固。

1829—1852 年，联邦主义派的罗萨斯成为布宜诺斯艾利斯省长，凭借布宜诺斯艾利斯的港口地位控制内陆各省并独享联邦外交权力，成为阿根廷事实上的统治者。但是，因为干预东岸省的政治斗争及把控对外贸易，罗萨斯于 1953 年被邻省考迪罗乌尔基萨推翻。同年，乌尔基萨召开国会批准新宪法，建立阿根廷共和国，组建国民军，宣布奴隶制非法，巴拉那河与乌拉圭河直接国际贸易合法。1953 宪法授予总统干涉权，使得未来国家领导人得以削减省长自主权。乌尔基萨于 1854—1860 年任阿根廷总统，加强中央政府对国家财政的控制，但 1860 年被布宜诺斯艾利斯政治力量推翻。布宜诺斯艾利斯省长米特雷于 1861—1868 年任阿根廷总统，联邦主义派与中央集权派达成最终和解。1865 年三国同盟（巴西联合阿根廷与乌拉圭）同巴拉圭的战争帮助阿根廷政府建立了一支强大的国民军，进而加强了对其他各省的控制力。1879 年，罗加将军领导国民军进行的“荒漠远征”行动彻底瓦解了印第安人持续 400 年的抵抗。至此，阿根廷的国家统一进程基本完成，宪政体制基本确立，多峰冲突完成了向多峰和解的演变，政治整体上趋于稳定。

2. 考迪罗时期的经济政策与增长

阿根廷独立后，西班牙商人群体的经济地位被英国等外国商人和本土克里奥尔人所占据。外国商人垄断了阿根廷的对外贸易，而本土克里奥尔人则成为外国商行的买办商人和牧场主。经济利益诉求推动考迪罗时期的经济政策表现出寡头主义和自由主义的双重特征。1826年，拉普拉塔联合省总统里瓦达维亚授意财政部通过《租地法》，宣布“国家拥有土地所有权，但授权个人或社团可以在20年以内、以土地价值的8%的租金租用公共土地。而长期租用最终演变为私人土地所有权”（王萍，2011）。“罗萨斯上台后，废除了国有土地不得转让的法律，允许土地自由交易，使土地集中的进程日益加快。例如1830年，布宜诺斯艾利斯的538名土地所有者占有土地865.6万公顷；到1840年，293名土地所有者就占有860万公顷土地。”（董国辉，2013[a]）1833—1834年，罗萨斯领导的“荒漠远征”夺占了印第安人682万英亩土地（Burgin，1946）。1879—1880年罗加领导的“荒漠远征”使2100万英亩土地落入仅仅381人手中。

阿根廷还实施了一系列开放政策和举措，包括吸引外国投资、增加铺设铁路，鼓励欧洲移民、加强现代教育等。1925年，阿根廷与英国达成《英国与阿根廷友好、通商和航海条约》，为阿根廷融入英国的世界贸易体系打下基础。1860年巴林公司为阿根廷筹集250万英镑贷款用于基础设施建设，“这是英国资本稳步流入阿根廷的开始”（莱斯利·贝瑟尔，1994）。英国对阿根廷铁路投资额在1873、1877年分别达到376万和701万英镑（董国辉，2013[b]）。阿根廷铁路里程由1861年的47公里激增到1880年的2516公里（董国辉，2013[b]）。劳动力短缺一直是困扰阿根廷经济发展的重要因素，长期存在的劳动力短缺使牧场工人具有相对较高的议价能力，工人实际工资从1804年的每月平均7.5金比索上涨到1864年的12金比索。阿尔韦迪等知识精英提出了鼓励欧洲移民的新政策，外国人在阿根廷可以免服兵役，享有宗教活动和汇出利润的自由。大量移民涌入阿根廷，1854年布宜诺斯艾利斯的农村人口中，外国移民中欧洲移民占比达10.5%。

曾经流亡欧洲的知识精英，在了解教育对经济发展和社会进步的作用后，不遗余力地推动教育的世俗化和现代化，大力兴办不同层次的学校。

阿根廷内陆经济因为波多西银矿枯竭和内部考迪罗割据而陷入了长期衰退，仅有布宜诺斯艾利斯及周边地区的经济因为国际贸易而很快恢复并增长。在独立后的前40年，布宜诺斯艾利斯受到四次封锁，但不改变其经济不断增长的趋势。19世纪前10年，每年仅100多艘外国船只进入布宜诺斯艾利斯港，20—30年代增长到平均每年280艘，40年代每年达到452艘，50年代每年达到674艘。

欧洲工业发展为阿根廷初级产品出口提供了巨大动力。在1850年代末之前，牛皮是阿根廷出口的主要商品，之后其地位被粗羊毛取代，动物油脂、马皮和骨头、腌牛肉等在贸易中也占据一定份额。因为缺乏劳动力，此时小麦产业在阿根廷农业经济中所占比重不大。牛皮和牛的副产品市场蓬勃发展极大地刺激了阿根廷的养牛业。1825年，布宜诺斯艾利斯屠宰7万头牛；至19世纪中期，每年被屠宰的牛马超过30万头。养牛业的发展使得农村人口快速增长：1820—1860年，城市居民年增速为1.5%，农村居民年增速为3.4%。农村人口增加带动了庄园经济的繁荣。内陆省份的经济也在1830年后开始复兴，尽管向沿海省份输送大量移民，其人口仍旧以每年2%的速度增长。阿根廷人口年增长率达到2.5%，从1810年的40.6万增加到1860年的100万。1820—1870年，阿根廷GDP年均增速为3.25%。

（四）单峰有偏的形成与衰落

这一时期可以细分为1880—1916年的“和平与管理”时期与1916—1930年的新政治势力发展时期。这两个时期，代表经济寡头利益的民族自治党进一步延续了国家统一后的自由主义经济政策，黏合型政治治理使整个社会黏合在一起以经济发展为核心，开启了阿根廷历史上最快的现代化进程。这两个时期阿根廷的 GDP 年均增长率分别为 5.05% 和 4.72%，分列 7 个增长阶段的 1、2 位。

1. “和平与管理”时期的辉煌

1880 年，罗加就任阿根廷总统，标志着阿根廷进入了一个“和平与管理”的时代，阿根廷中央政府的权威进一步巩固，政治治理黏合度提高。罗加及团结在其周围的“八〇代”政治家集团，代表了包括传统精英家族、富人、地主阶级的阿根廷社会最高阶层的利益。他们组成的民族自治党通过限制选举权和提供总统候选人名单的间接选举体制在这一时期牢牢把控国家政权，为阿根廷经济发展提供了稳定的政治环境。中央政府首先削弱了布宜诺斯艾利斯省的政治地位，收回关税控制权，将布宜诺斯艾利斯城设为国家首都，并迫使该省迁移省府；同时废除了所有省的民兵武装，掌控了联邦军队。因为经济利益与政治阶级构成相似，各省统一在中央开明集权主义政府之下。虽然外省中考迪罗政治仍旧在一定程度上保留下来，但中央政府权力得到前所未有的巩固，对外省事务具有较强的干涉能力。总体看，这一时期阿根廷“多峰和解”的政治治理逐渐转向了“单峰有偏”的格局。

在地主阶级和政治精英的控制下，阿根廷延续了前期的一系列自由主义经济政策，包括贸易开放和市场开放、吸引国外投资和移民等，对内对外的可进入性均持续提高，经济发展取得了辉煌的成就。阿根廷变成了一个建立在出口农产品和进口欧洲的技术、资金、管理和劳动力的基础上的现代国家，利用比较优势生产牛肉、小麦、羊肉以及面向国际市场的羊毛。19 世纪晚期，粗羊毛为阿根廷的主要出口商品；到了 1910 年，小麦和谷物已经取而代之，其中小麦种植面积已达全国农业土地的三分之一，阿根廷超过美国成为世界上最重要的小麦出口国。这一时期，阿根廷的制造业也取得较大发展。1890 年代，制革厂、铁匠铺、木器和金属加工厂、香烟和火柴厂、麻袋厂、鞋和衬衫制造厂已经发展起来，足以满足国内市场需求。总体看，这一时期是阿根廷经济增长历史中最辉煌的时期：1870—1916 年，阿根廷 GDP 年均增速为 5.05%；1880—1914 年，阿根廷人口年均增长 3.5%，城市人口年均增长 5.4%，铁路里程年均增长 10.6%，出口额、进口额年平均增长率分别为 6.8%，制造业年均增长率为 9.3%。此外，到 1913 年，英国对阿根廷的投资总额达到 4.798 亿英镑（董国辉，2013[b]）。1880—1916 年，大约有 290 万移民永久定居阿根廷，当时至少 30% 的人口是在外国出生的。另有 100 万移民在 20 世纪 20 年代到达阿根廷。

2. 单峰有偏被打破后的增长余晖

在阿根廷经济发展的同时，新的利益群体也开始成长起来，单峰有偏的政治治理格局逐渐被打破。

初级产品特别是农产品的出口极大地提升了土地的价值，阿根廷精英阶层将对经济的控制权从商业部门进一步扩大到农业部门，土地所有权的差异加剧了社会的贫富阶级分化。在富饶的潘帕斯平原，移民和本土克里奥尔人①主要是没有土地的佃农和农场工人，其与农场主时有冲突；在内陆省份，移民则获得了相对多的土地，成为农村的中产阶级，而本土阿根廷人则仍旧是牧场、农场工人。在不断壮大的工人阶级内部，移民工人对克里奥尔工

① 克里奥尔人在殖民时期指阿根廷土生白人，在 19 世纪末指融合西班牙人、印第安人、黑人血统的混血种族。

人因文化、语言差异也存在严重种族歧视，拒绝与之通婚。但克里奥尔人成为了联邦军队士兵的主要来源，联邦军队的军官主要来自边远省份的精英和中产阶层。联邦军队的中下级军官是中产阶级的利益代表，这一情况为未来军队与精英政府之间出现冲突埋下了伏笔。

随着中产阶级和工人阶级力量的扩大，军队与民族自治党的利益日渐分化，民族自治党的政治经济特权引发的社会不满愈发强烈，其对政府的控制权受到来自反对派激进党的挑战。激进党的核心领导层虽然由持不同政见的寡头组成，但总体得到了农民、佃户、城市中产阶级的支持，甚至还得到了工人阶级的支持。同时军队内部多次小规模叛乱也表明，许多军官也是支持激进党的。面对不利局势，民族自治党尝试通过扩大政权开放的选举改革来保卫自身执政地位，但并没能达到目的。在改革后的第一次选举（即 1916 年选举）中，激进党获胜并控制了国会，社会党赢得了布宜诺斯艾利斯市选举。这是阿根廷历史上第一次通过选举实现的政党权力更迭。同时，铁路扩张和移民资产阶级兴起也打击了外省寡头的政治地位。

由于激进党支持势力构成复杂，其上台后的政策也在尽量照顾各方利益。激进党核心领导是地主寡头，所以其主要经济政策并没有严重偏离民族自治党的保守派经济政策；同时为了回馈中产阶级和工人阶级支持者，激进党一方面扩大大学教育来满足重视教育的中产阶级，另一方面对工人阶级尤其在工人罢工向企业主张权益时给予一定的支持。但 1919—1922 年一系列工人运动导致激进党与工人联盟决裂，激进党总统伊里戈延转向右翼中产阶级和军官组成的阿根廷爱国联盟。1929 年发生的大萧条严重冲击了阿根廷经济，总统伊里戈延的执政能力受到质疑。1930 年，军队发动政变将其推翻，这是军队自 1880 年帮助罗加将军开创自由主义和平时期以来，第一次参与政治转型。这场政变标志着阿根廷由自由主义时代进入民众主义时代。

虽然单峰有偏的政治治理在1916—1930年逐渐被打破，但因为经济政策的总体延续性，这一时期阿根廷的经济增长仍然有很好的表现。1916—1930年，阿根廷GDP年均增速为4.72%。经历第一次世界大战挫折后，1920年代阿根廷经济恢复了强劲出口。但值得注意的是，外国资本的大规模扩张引发了阿根廷本土资本的不满。因此，主张行使政治权利、限制外国公司，希望内部化经济增长利益的民族主义开始兴起。在阿根廷，国家稳步加大权力，规范外国公司经济资产，如铁路、肉类加工和石油公司，所有得到准入阿根廷的外国公司都受到国家干预。客观上看，这一系列动作导致阿根廷经济的对外可进入性有所下降。

（五）单峰无偏的追寻与失败：民众主义时期

随着阿根廷进入民众主义时期，其政治治理和经济制度都发生了显著的变化。其中，最显著的莫过于庇隆执政时期一度向“单峰无偏”格局发展，政治治理黏合度得到了提高，并且经济也取得了较为显著的增长。不过在庇隆执政的前后两个阶段，阿根廷的政治经济秩序都比较混乱，平均经济增速是该国独立以来的两百年时间里最低的。

1.“臭名昭著的十年”

1930年军事政变以后，无论是1930—1938年的军政府还是1938—1943年寡头势力文人政府，其政治都充满了选举欺诈，主要代表中产阶级的激进党作为最大的单一政治群体被排除在政权之外，这一时期被称为“臭名昭著的十年”。阿根廷的政治治理处于多峰冲突的状态，政治冲突频发，中产阶级不断走上街头游行抗议。

同时，“大萧条”及第二次世界大战爆发后，欧洲国家纷纷转向以战争为重心，经济陷入低谷，这使得欧洲国家大幅减少了对阿根廷农产品的进口，同时阿根廷所需的资本品、原材料和工业制成品进口也都出现了困难。为了应对农产品出口乏力和工业消费品不足，阿根廷政府一方面寻求加强与英国的出口贸易，另一方面开始着力实行工业化战略，阿根廷经济开始经历重大转型。

为了加强同美国、加拿大等国家在农产品出口上的竞争，阿根廷与英国展开谈判：1933 年《罗加–朗西曼条约》和 1936 年《艾登–马尔布兰条约》保住了阿根廷的英国出口市场，代价是阿根廷承诺对英国生产的进口商品实行优惠待遇，并且保护铁路和肉类加工企业中的英国公司，伤害了阿根廷民族工业的发展。这使得阿根廷的出口很快恢复并迅速超过了 20 年代的水平。

但民族主义上升、第二次世界大战爆发和结构主义理论的兴起使政府政策逐渐倾向于优先发展国内工业。1940 年，阿根廷财政部长皮内多向议会提交了一份“经济复兴计划”（皮内多计划），首次明确提出将工业化作为国家的长期战略。其提出的举措，一是国家平抑农产品价格，限制地租；二是通过出口退税、出口信贷等促进工业发展和工业出口；三是发展建筑业创造就业；四是加强同美国的关系，期望美国取代英国成为阿根廷发展工业的资本品供应者和出口市场；五是提议与巴西等邻国组成关税同盟，扩大区域市场（姜涵，2018）。在工业化过程中，阿根廷经济国有化水平大幅提高，对经济的影响与管制增强。例如，联邦石油储备公司产量不断扩大，使阿根廷石油消费的进口占比由 1930 年的 58% 在 10 年内下降到 37%。但受困于政治环境的动荡和政策实施不力，1930—1942 年阿根廷 GDP 年均增速为 2.15%，人均 GDP 年平均增速仅为 0.41%。

2. 追求“单峰无偏”的庇隆时期

内忧外患下，包括庇隆在内的中层军官集团在 1943 年发动政变推翻文人政府接管政权。庇隆 1943 年被任命为劳工部长，以建立对工人阶级的影响；1944 年被任命为副总统和陆军部长；1945 年被军队反对派所逮捕后在工人阶级的大规模游行中被释放。庇隆随后脱离军队，组织工党（正义党前身）参选总统，并于 1946 年成功当选，且于 1952 年获得连任。

庇隆执政时主张以不同于资本主义和社会主义的第三条路——“正义主义”（民众主义的主要代表思想之一）来建设阿根廷。政治上，庇隆主张由中产阶级和军队组成多阶层政治联盟，同时纳入不断壮大的工人阶级参与政治事务，并最终使寡头政治失去地位。经济上，庇隆主张实施经济民族主义、国家工业化的进口替代战略、政府控制工会、提高工人阶级福利待遇等。具体而言，庇隆政府继承了之前的工业化战略，加强了国有经济的控制力；同时采取提高工人福利的亲劳工政策。庇隆政府于 1947 年发布《阿根廷经济独立宣言》，于 1948 年将英资铁路和美资阿根廷电话公司通过购买收归国有，于 1949 年成立全国国营工业局和贸易促进会，大力推动工业化进程。同时，阿根廷政府限制外国公司在阿根廷的扩张与竞争优势；对薄弱的工业实行关税保护和退税；为促进工业机械和原材料进口干涉外汇交易，通过其控制的银行体系为工业发放贷款；以农产品的出口关税为工业扩张提供资金。此外，出于政治需要，庇隆以提升劳工的工资和福利待遇换取工会的支持。1945—1948 年熟练工人与非熟练工人的工资分别增长 22% 和 30%，工人收入的国内收入占比从 40% 上升到 50%。大多数工人享受到医疗补偿、产假、带薪假期和免受任意解雇。

从效果上看，经济民族主义和国家工业化政策扩大了资产阶级和中产阶级的利益，同时加强对工会的控制、增加工人福利的政策照顾了工人阶级利益，缓和了劳资关系。此外，庇隆的军人出身使其还能够协调军队与文官政府之间的关系。因此，庇隆执政初期，阿根廷在其领导下出现了短暂的单峰无偏的政治治理形态。但庇隆所采取的政策举措的负面作用很快就显现出来了。提高工人福利以及由此导致的平衡中产阶级利益的要求，为政府带来巨额支出。经济国有化导致生产效率下降，官僚机构和国有企业膨胀，腐败横行。经济民族主义政策导致阿根廷经济的对外可进入性大幅下降。加之国内消费高涨和 1951—1952 年旱灾导致出口暴跌、外汇短缺等因素，阿根廷陷入财政赤字和通货膨胀中，出现经济衰退。仅仅五年的时间，阿根廷的通胀率就由 4% 上升到了 40%，1952 年布宜诺斯艾利斯非熟练工人平均实际工资比 1949 年低 21%。因为政府赤字严重、工人工资下降和通货膨胀上升，支持庇隆的中产阶级和工人阶级受到严重打击并陷入争斗。1955 年，在中产阶级与工人阶级的示威冲突之后，军队发动政变迫使庇隆辞职并逃亡。

3. “去庇隆化”时期的混乱与长期停滞

军政府成立后，很长时间内都致力于去除庇隆对阿根廷的影响，包括从政府中清除正义党，打击工会等。军政府对工会的镇压与打击使新一代的工会工人重新呼唤庇隆回归。曾经促成庇隆下台的大学生，因为就业前景的暗淡和对社会弊病的不满，开始接受共产主义革命思想，在 70 年代早期成为支持庇隆的左翼游击队员。工人抵抗和游击队运动迫使军政府在 1973 年举行选举，正义党获胜，庇隆归来重任总统，但 1974 年即去世，其遗孀伊莎贝尔继任总统。但因能力不足，1975 年伊莎贝尔·庇隆政府的外债达 80 亿美元。当 1976 年 3 月通胀达到 600% 时，军方再次将其推翻。

1976年，军政府制定“国家重组进程”，包括清洗正义党员、消灭游击队和抑制通胀。政府的反通胀政策鼓舞了国外投资者信心，数十亿石油美元流入阿根廷。政府支出随意而不被问责，使外债变得难以偿还。军政府1979年债务达180亿美元，1982年达400亿美元。在镇压游击队的过程中，军政府针对政治异见者及游击队的“肮脏战争”和恐怖统治激起阿根廷民众的广泛抗议。军政府于1982年选择对英发动马岛战争以转移国内注意力，但战争的一败涂地使军政府彻底走到末路，被迫宣布于1983年举行总统选举。联合激进党中众多派别组建激进公民联盟的阿方辛赢得大选并成为总统，宣告民众主义彻底破产。

在这一时期，阿根廷经济表现出典型的走走停停模式，每次经济增长只能持续2—3年，某一年的增长率可达4%—5%或者更高，但下一年就陷入衰退。这一情形与阿根廷的政治经济结构有关。阿根廷的经济是出口创汇的农业部门和消耗外汇的进口替代工业部门，政府发展工业部门采取的措施是提高国有经济比重、信贷部门支持和工人工资福利，这会导致经济效率下降、政府赤字增加和外汇短缺；当通胀上升、赤字削减困难、外汇短缺且农业部门无法进行足够的工业补贴时，政府不得不依靠外国投资弥补缺口，但外国投资的不稳定性加剧了阿根廷经济的脆弱性。政府的经济政策也常因为亲劳工还是亲资本的摇摆而更加偏向于短期政策、更容易被利益集团俘获，加剧了经济的波动性。尤其是1976—1983年，阿根廷的GDP年均增速仅为0.58%，人均GDP年均增速则为−1.07%。

（六）现代民主下的多峰冲突：新旧主义轮替时期

1983年军政府因为马岛战争失败被迫下台，阿根廷开启了政党轮替执政的多峰政治格局。但阿根廷政坛党派林立，重要政党组织松散，既无明确纲领，又常发生内部分裂，政党轮替往往导致国家的政治经济政策发生剧烈变动。而政党轮替背后是不同利益集团之间的博弈和平衡。在阿根廷政治经济发展历程中，阿根廷国内形成了在多方面存在冲突的利益集团，包括以农村协会为核心的农牧业出口集团、以工业协会为核心的跨国资本家集团、以经济总联合会为核心的民族资本家集团、以劳工总联合会为核心的劳工集团，另外还有较为弱小的中产阶级集团（姜涵，2018）。其中，农牧业出口集团和劳工集团居于政治光谱的两个极端，其余几个集团分布在政治光谱的中间地带。这些政治集团的利益取向差异巨大，冲突严重，导致执政党引领全体社会的黏合型政治治理格局难以实现，政府经济政策在新自由主义和民众主义之间不断摇摆，影响了阿根廷的经济增长。这一时期阿根廷GDP年平均增速为2.33%，在7个增长阶段中排名第5。

1. 多峰政局下的新旧主义轮替

1983—2003年，阿根廷政局多有动荡，但基本奉行新自由主义政策。通过1983年选举上台的激进党总统阿方辛因为拒绝特赦军政府人员、清算军政府反人权行为而多次面临军队部分中下层军官和军人的哗变。同时，接受IMF建议后，阿方辛的经济改革没有避免陷入恶性通胀的局面，导致其在1989年选举中失败。工人因通胀而呼吁总罢工，在被称为“国际货币基金组织策划的骚乱”中，暴徒洗劫了全国各地的商店，阿方辛被迫提前5个月让出总统职位。1989年上台的正义党总统梅内姆大力推进以私有化和货币局制度为核心的新自由主义改革，滋生了大量腐败。梅内姆政府大量高官及其本身都受到多项经济腐败指控，却都因行政干预司法而最终逃脱。后期经济低迷导致政府扩大财政赤字刺激经济，进而带来外债攀升和通货膨胀，但无法降低失业率。1998年选举中德拉鲁阿作为激进党和国家团结阵线的两党联盟总统候选人参加大选并当选总统。面临 1320 亿美元外债的阿根廷政府开始实施紧缩计划。紧缩和失业引发罢工和骚乱，2001 年暴徒洗劫全国商店造成德拉鲁阿被迫辞职。随后两周阿根廷出现宪政不稳，国会连续更换了 3 名临时总统，第四位临时总统杜阿尔德主持阿根廷政局，放弃比索发行的货币局制度，引发国内金融市场动荡。

2003 年，正义党总统基什内尔经选举上台，阿根廷社会共识重回民众主义路线。基什内尔及其妻子在 2003—2015 年先后任阿根廷总统，他们任内在经济上采取政府有限干预市场经济方式，例如严格的外汇管制等。受益于国际市场持续的大宗商品繁荣，阿根廷经济曾经趋于稳定并取得较好增长，但依旧存在通胀高企、主权债务持续违约等问题。2015 年，代表中右翼力量的共和国方案党领袖马克里胜选成为总统，带领阿根廷再次回到新自由主义经济改革道路。2019 年，代表中左翼的全民阵线党费尔南德斯胜选成为总统，阿根廷政治钟摆再次摆向民众主义。

2. 不断延续的经济动态停滞

面对高通货膨胀和高额外债负担，激进党总统阿方辛选择接受国际货币基金组织的财政补救办法，但无力推动官僚机构改革和国企私有化。随后阿方辛政府提出了稳定经济的“奥斯特拉尔计划”，包括发行新货币、冻结工资和消费品价格、削减政府开支、开发阿根廷南部地区等。但 80 年代公有部门就业不降反升，国有企业持续亏损，政府开支无从削减，财政赤字继续扩大；而通货膨胀始终未被解决，未曾低于 90%，该计划以失败告终。

1989年继任的正义党总统梅内姆在政治上虽然属于庇隆派，但在新自由主义经济改革上比阿方辛走得更远更彻底。其改革政策的核心内容是国企私有化、货币局制度和资本账户开放。梅内姆上台一年内，阿根廷几乎所有国企都被快速拍卖完成私有化，涉及石油、铁路、航空等诸多领域。针对高企的通货膨胀，梅内姆政府采取了以美元作为准备金等额发行比索的货币局制度，以放弃货币政策独立性的代价，使阿根廷通胀从1989年的3000%快速下降到1993年的7%，但也导致了阿根廷出口下降，经济低迷。全面放开资本账户，允许货币的自由兑换。新自由主义改革短期内带来的繁荣再次侵蚀了阿根廷政府的财政纪律，1993—1999年阿根廷政府债务占GDP比重由32.9%上升到47.4%，财政赤字比重由0.3%上升到4.7%（姜涵，2018）。当1998年阿根廷的出口部门因巴西货币贬值而受到冲击后，经济衰退使国际资本开始大规模流出阿根廷，阿根廷货币供给随之紧缩，经济陷入了衰退-紧缩螺旋。2000年，阿根廷承诺实行财政再平衡政策向国际货币基金组织请求援助，但无法扭转外资流出的趋势。2001年阿根廷不得不对资本账户做出限制，国际货币基金组织也认为阿根廷改革不达标而停止贷款，阿根廷对外债务违约，经济陷入全面混乱。

2003—2014年基什内尔夫妇先后上台，其经济政策一改梅内姆时期的新自由主义模式，选择加强政府对市场的干预。财政政策上，适度扩张政府财政支出，增加基础设施投资；产业政策上，积极推动再工业化，在石油、核电、航空等领域恢复国有化；货币政策上，限制货币兑换自由，改革金融体系，提高货币政策独立性；贸易政策上，加强关税和非关税壁垒。虽然这些政策很多具有积极意义，但真正使该时期阿根廷经济获得较好发展的最重要因素还是国际大宗商品市场的繁荣。据联合国粮农组织数据，20世纪90年基本平稳的食品价格在21世纪前10年经历了快速上涨，2008年的食品、谷物、油脂价格指数涨幅分别达到 121%、171% 和 227%。[①]2008 年国际金融危机之后，阿根廷经济再次一蹶不振。2015 年，代表中右翼力量的马克里总统则再次回归新自由主义改革，采取了包括放开汇率管制、开展与外国债权人谈判重回国际资本市场在内等举措，但其任内阿根廷再次经历了货币贬值、通胀走高、偿债困难的经济衰退。

表 12.1 整理了从古至今政治治理黏合度和经济增长的特点。整体而言，这一时期的阿根廷经济仍旧停留在动态停滞阶段，1983 年以来阿根廷经济连续正增长的年限最长不超过 5 年，多数时候为 2—3 年。特别是 2011 年以来，阿根廷经济增速正负交替出现，以至在 2014 年短暂成为高收入国家后又再次回到中高收入国家水平。1983—2016 年，阿根廷 GDP 年均增速为 2.33%，人均 GDP 年均增速为 1.14%。可见，在各个利益集团和政治党派之间的多峰冲突格局下，只有形式上的民主但缺乏黏合度的政治治理是无法保证经济持续强劲增长的。

① 数据来源于 CEIC 数据库。

表 12.1　阿根廷政治治理黏合度与经济增长

时期		政治状态	经济增长
前哥伦布时期（公元前 5 万年—1492）		分散的原始部落，多数部落还未形成世袭与社会分化	使用石器时代技术，完全没有或只有很少的剩余产品积累
双峰冲突的形成与复杂化：早期殖民地时期（1492—1776 年）		殖民者逐渐建立殖民据点，与土著人处于双峰冲突格局，扩张殖民者与土著人矛盾激化，黑奴贸易复杂人口构成	殖民者靠委托监护制掠夺土著人的财富和劳动力发展；波多西白银产业带动市镇商业经济和国际贸易，非法贸易盛行带来腐败和寻租
单峰有偏的探索与失败：总督区时期和独立时期（1776—1820 年）	总督区时期（1776—1810 年）	北美独立战争促成波旁改革，单峰有偏格局初步探索	经济改革以自由贸易和完善税制为核心。西班牙与其美洲殖民地的贸易大幅上升
	独立时期（1810—1820 年）	克里奥尔人建立联合省，颁布阿根廷第一部宪法，原总督区单峰有偏格局探索失败	独立革命摧毁了西班牙人在南美腹地建立的商业网络，打断了波多西到布宜诺斯艾利斯贸易活动
多峰和解的形成与发展：考迪罗时期（1820—1880 年）	考迪罗争斗期（1820—1829 年）	布宜诺斯艾利斯政府被推翻，考迪罗割据，短暂的多峰冲突格局	主要出口商品先后为牛皮、粗羊毛。1820—1870 年 GDP 年平均增速为 3.25%；1820—1880 年人均 GDP 年平均增速为 0.79%
	强权考迪罗时期（1829—1880 年）	新宪法颁布，中央政府扩权，瓦解土著抵抗，多峰和解格局	

（续表）

时期		政治状态	经济增长
单峰有偏的形成与衰落：自由主义时期（1880—1930 年）	“和平与管理”时代（1880—1916 年）	民族自治党治下中央权力继续加强，与外省考迪罗达成以庇护换取支持的单峰有偏格局	实施自由主义经济政策。1870—1916GDP 年平均增速为 5.05%，1890—1916 年 GDP 年平均增速为 4.47%；1880—1916 年人均 GDP 年平均增长率为 1.84%
	自由主义的衰落（1916—1930 年）	多个阶级支持的激进党上台，单峰有偏格局衰落	主要经济政策并没有严重偏离民族自治党经济政策；同时回馈中产阶级和工人阶级支持者。GDP 年平均增速为 4.72%；人均 GDP 年平均增速为 2.00%
单峰无偏的追寻与失败：民众主义时期（1930—1983 年）	臭名昭著的十年（1930—1942 年）	选举欺诈，政权缺乏广泛支持	经济民族主义兴起。GDP 年平均增速为 2.15%；人均 GDP 年平均增速为 0.41%
	军队政变与庇隆时期（1943—1975 年）	军队政变，1945 年庇隆上台，推行民众主义，单峰无偏格局存在实现希望	进口替代战略指导，经济国有化水平大幅提高。GDP 年平均增速为 3.90%；人均 GDP 年平均增速为 2.10%
	去庇隆化的失败（1976—1983 年）	军政府恐怖统治，工人和中产冲突加剧，游击队运动兴起，出现单峰有偏格局	基本延续民众主义经济政策，“动态停滞的经济”。GDP 年平均增速为 0.58%；人均 GDP 年平均增速为−1.07%
现代民主的多峰冲突政局（1983 至今）		军政府因马岛战争失败被迫移交权力，民主回归，政党轮替执政，时有危机动乱	经济政策主要为新自由主义与民众主义交替。GDP 年平均增速为 2.33%；人均 GDP 年平均增速为 1.14%

资料来源：笔者整理。

二、阿根廷落入“中等收入陷阱”的原因与教训

阿根廷在500年的历史中，特别是近100多年的现代化进程中跌跌撞撞，没能将百年前的辉煌延续至今。究其原因，一是没有完成社会民族间、利益集团间的深度整合，社会长期处于撕裂状态，二是没有完成提升经济可进入性的市场培育，国家产业中除自然资源产业外缺乏必要的国际竞争力，未能实现国家产业价值链的提升。

（一）政治治理黏合度始终没有得到有效提升

在过去500年的历史中，阿根廷先后经历了被殖民统治、独立建国、考迪罗割据和国家统一的艰难历程。在国家统一后，阿根廷的政治模式也经历了从多峰冲突到单峰有偏，再回到多峰冲突的复杂演变，虽然偶尔有过短暂的多峰和解和单峰无偏特征，但其政治治理黏合度始终没能得到有效的提升，其背后的诸多复杂因素值得深思。

1. 历史文化复杂多元

阿根廷具有拉美前殖民国家历史文化复杂多元的典型特征。首先，阿根廷民族构成复杂。阿根廷当地土著居民与欧洲殖民者产生了长达四个世纪的斗争与冲突。殖民者为补充劳动力在17、18世纪将约10万黑人奴隶运至阿根廷。在不断的土地扩张与殖民征服中，1880—1916年，主要来自欧洲国家的约290万移民永久定居阿根廷，使得当时至少30%的人口是外国出生的，另有100万移民在20世纪20年代陆续到达阿根廷。多种族的复杂人口使阿根廷文化极为多元，含有土著和黑人血统的公民受到种族歧视的排斥，欧洲白人移民因为自身文化和农牧职业因素具有较强的无政府自由主义倾向。与种族、职业差异高度相关的经

济地位差异进一步使得社会中的中下阶层群体在国家政治、经济和社会生活中处于被剥夺、被歧视和被排斥的地位，无法正常参与社会政治生活，长期享受不到经济发展和社会进步的利益，加大了社会的撕裂，不利于国家认同感的形成。

其次，各种社会思潮交替兴起。西班牙殖民者为阿根廷带来了天主教。按照韦伯的观点，天主教宣扬的保守传统主义思想对世俗活动缺乏道德重视和宗教认可，不利于资本主义精神的建立和资本主义经济的发展（马克斯·韦伯，2012）。殖民末期，欧洲启蒙思想传播至阿根廷，在法国大革命和美国独立战争的催化下，阿根廷人开启了争取民主和自由的独立革命，并成功建国，之后自由主义逐步取代考迪罗主义居于主导地位。在第二次世界大战之后，左翼思潮和共产主义思潮都曾对阿根廷产生重要影响。工人阶级壮大和阶级矛盾的加深推动了左翼思潮传播，最终汇聚成庇隆领导的民众主义，并长远地影响了阿根廷的社会文化。共产主义思潮虽然没能在阿根廷取得主导地位，但间接催生了官僚威权主义在阿根廷的诞生。在现代民主主义居于主导地位的当下，不同社会思潮依然在阿根廷涌动，使得公民社会的凝聚极为困难。

2. 政治体制问题重重

虽然阿根廷宪法在形式上较为完善地模仿了美国宪法，但历史惯性或路径依赖使其政治体制中长期存在的诸多问题都没有解决。阿根廷因此缺少稳定有效的政治治理模式，成为造成政局持续动荡、社会难以黏合的制度因素。

第一，权力制衡机制失衡。阿根廷宪法规定实行三权分立。但阿根廷政府的三权之间缺乏制衡，总统权力过强，常凌驾于立法和司法之上而不受钳制。无论军政府还是民选政府，上台第一件事往往是驱逐对政府不友好的法官，以控制司法。据统计，1946—1998 年阿根廷的 115 名最高法院法官中，17 人被驱逐，

3 人被弹劾下台，32 名被迫辞职，非自然离职率高达 45%。

第二，政治契约缺乏保障。阿根廷政治中缺乏受到广泛认可的政治契约，强权政治色彩明显。阿根廷总统选举已经实施了一百多年，但总统选举结果缺乏足够保障。1930 年以来，阿根廷有多位民选总统（1930、1962、1966、1976、1989、2001）不能完成法定任期，其中前五次均被军事政变所推翻，第六次为国内暴乱所致的被迫辞职。

第三，联邦体制松散脆弱。阿根廷实行联邦制政体，共 23 个省和一个联邦区，其渊源是考迪罗时期的各省割据自治。在这种国家体制下，行政权力存在两级分离，各省省长成为权力结构中真正的实权派，在省内总管一省行政，对中央政府则通过省内国会议员影响国会与总统。省长权力的异化和地方与中央的博弈增加了不同层级政府间的交易成本。经济繁荣期联邦政府能够依靠资源分配获得地方政府支持，衰退期则难以影响地方政府。

3. 政治党派能力欠缺

政党政治是当今世界主要的国家政治形式。政党作为系统化、制度化的组织，帮助和代表不同群体实现自身利益诉求的表达。而阿根廷的政治党派能力欠缺，无法团结社会大多数利益集团，没有发挥政府与公民社会之间的桥梁作用，以致阿根廷政局始终处于一种相对混乱无序的状态，内卷化明显。

第一，政党组织性不足。阿根廷政党大多具有鲜明的运动主义倾向，组织结构松散。政党运作缺乏明确的政治纲领与政治目标，倚重政治领袖与党员的私人关系，党内民主机制欠缺。纲领与目标的缺乏和意识形态混杂导致政党内部不稳定和凝聚力下降，分裂与结盟频繁，执政后其主张与政策也缺乏连贯性。

第二，政党支持基础薄弱。政党和选民之间具有显著的庇护关系，选民对政党的支持往往不是出于政治纲领的认同，而是“物质换支持”的互利互惠。政党通过向中下层选民提供食品药品等物质利益来换取选票，故而缺少稳定的核心支持力量。这使阿根廷政党具有鲜明的街头政治、大众政治风格，常与之相伴随的则是政党执政能力的欠缺。

第三，政党独立性较低。《剑桥拉丁美洲史》认为阿根廷“各政党似乎被社会中的社团活动者所控制”（莱斯利·贝瑟尔，2001）。政党如果缺乏独立的支持基础和资金来源，就很容易沦为某一特定利益集团的代言人，丧失对多数群体的代表性。1983年以后，阿根廷试图通过有关政党资金的系统性立法以政府提供公共资金的方式来解决政党的资金来源问题，但并未取得成功。

（二）经济的对内可进入性止步不前

阿根廷经济的对内可进入性止步不前是其经济增长不稳，甚至陷入长期停滞的一个很重要原因，其背后的因素主要有四个方面，分别是经济寡头把持国家、财政金融动荡频繁、基础设施建设不足和劳动力市场机制僵化。经济寡头依靠对国民经济核心行业的控制进一步把持了整个国家的政治经济，限制了资源的自由配置；财政金融环境动荡频繁，使得国家投资水平长期不足；基础设施建设不足，铁路的衰败与落后严重阻碍了阿根廷统一商品与要素市场的流动；劳动力市场歧视严重，大量劳动力进入非正规部门。

1. 经济寡头把持国家

1880年以前，欧洲殖民者一直在阿根廷进行大规模殖民扩张，侵占印第安土著的土地，在此过程中，土地集中程度不断提高。1879年罗加将军领导的“荒漠远征”行动彻底瓦解了印第安人持续400年的抵抗，2100万英亩土地落入仅仅381人手中。1914年，8%的农场占有农地的80%。在以农产品生产为主的种植园经济体系中，这些土地所有者成为经济寡头，控制着阿根廷的经济命脉。作为前殖民地，阿根廷向欧洲和北美的农产品出口贸易同时被英法美等国的出口商人所垄断，他们占据了阿根廷经济体系中的最上层。

出口商人和农场主寡头因为巨额利润而乐于维持此种初级农业产品出口的种植园经济模式，造成了阿根廷低投资率、经济产业结构低级、承受工业国工业品-农业品价格剪刀差的问题。美国学者威尔在《阿根廷之谜》一书中就认为，阿根廷因此在19世纪末、第一次世界大战期间和大萧条时期三次错过了发展工业经济的机会。发展机会的错失，不仅仅是因为阿根廷的农牧业资源禀赋和比较优势，而且是因为农牧业集团与工业部门存在根本利益冲突。种植园经济同时影响了劳动力市场的要素流动和供给升级。土地所有权的差异加剧了贫富分化，没有土地的佃农和农场工人只能获得很低的工资报酬，对农场主具有较强的人身依附关系，无法自由流动到工业部门。他们也缺少提升自身及后代受教育水平和技能的必要收入，这进一步抑制了阿根廷国内需求的扩张。

20世纪40年代经济民族主义兴起。此前，阿根廷的采矿、肉类包装和铁路运输等出口经济部门最主要的行业大多由外国大企业控制，这使阿根廷工人阶级认为自身受到外国资本家的严重剥削，激发了他们的民族主义情绪。主张去除外国公司对阿根廷经济命脉行业寡头垄断的呼声日益高涨。经济国有化虽然在短期取得了成绩，但长期来看其导致生产效率下降，国有企业官僚化严重，腐败横行。20世纪80年代的新自由主义改革迅速把关系阿根廷经济命脉的部门重新私有化，极大地增强了跨国资本家集团和民族资本家集团的经济力量。

农牧业出口集团、跨国资本家集团和民族资本家集团等经济寡头把持国家而带来的一个重要问题是阿根廷的贫富分化问题严峻。根据世界银行数据，阿根廷 1980 年的基尼系数为 0.408，而美国在 1979 年基尼系数仅为 0.346；到本世纪初，阿根廷的基尼系数已持续上升到 0.538，而美国为 0.404；虽然近年来阿根廷的基尼系数已有所下降，但阿根廷严重的收入不平等依然是无法回避的问题。贫富分化和高度城市化相结合造成了阿根廷大型城市内大规模贫民窟的出现，同样根据世界银行数据，阿根廷居住在贫民窟的人口占城市人口比例 1990 年高达 30.5%，2000 年上升到 32.9%，2014 年仍然有 16.7%。贫民窟分布在城市边缘地区，收入水平低、基础设施差、社会治安乱，成为了阿根廷社会治理中难以根治的顽疾。

2. 财政金融环境动荡抑制投资

生产资本的快速积累是实现工业化和快速赶超的重要因素。然而阿根廷经济的显著特征之一是财政金融环境动荡，对生产领域的投资形成显著抑制。阿根廷的财政动荡肇始于民众主义的盛行。民众主义的核心是政治领袖依靠经济利益拉拢选民支持。阿根廷首任民众主义领袖庇隆成为总统后，大幅提高其主要支持者工人群体的工资和福利水平，1945—1948 年熟练工人与非熟练工人的工资分别增长 22% 和 30%，工人收入的国内收入占比从 40% 上升到 50%。大多数工人享受到医疗补偿、产假、带薪假期和免受任意解雇。庇隆及其追随者虽然退出了历史舞台，但其民众主义政策为后来者所不断延续。过高的福利水平使得政府实际支出超过其支付能力，阿根廷的公共债务水平居高不下。

废弛的财政纪律导致阿根廷政府不断采取国债货币化，进一步引发了频繁且严重的通货膨胀。1914—2008 年阿根廷的通胀数据表明，在这 95 年中，仅有 23 个年份的通胀率在 0—5%；有 26 个年份的通胀率在 6%—10%；有 16 个年份的通胀率在 100%

及以上，且主要集中在1976—1991年，如图12.2所示。

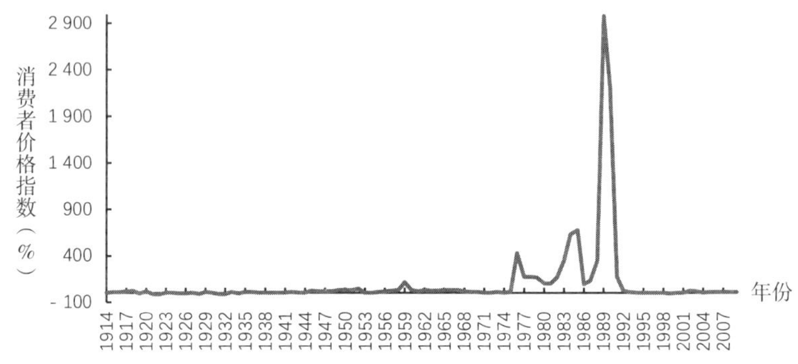

图12.2　阿根廷的消费者价格指数

数据来源：International History Statistics; UN data。

通货膨胀不稳定背后的原因是政局动荡使得政治家更为偏好短期行为，将尽可能地为自身和其支持者获取利益作为执政的首要目标，国家经济效率极其低下。阿根廷货币价值稳定意味着城市消费者会在国内产品价格过高时购买澳洲小麦和美国牛肉等替代商品，使农场主减少种植养殖，收益减少。阿根廷货币贬值意味着阿根廷出口重获竞争力，农场主获益的同时城市居民不得不忍受通胀之苦。利益冲突的不同集团通过选举程序实现政治更迭，货币政策也会随之出现转向，导致通货膨胀波动。通胀每两年左右就对比索币值带来严重压力，这与总统平均任职时间相符。

不稳定的金融环境对经济的重要伤害之一是对储蓄和投资的抑制。快速的通货膨胀降低了储蓄的实际利率，使经济倾向于消费而非固定资产投资。对比图12.3中三个国家的资本形成占GDP比重可以发现，阿根廷的投资率显著低于美国与日本。阿根廷的投资率一直在15%左右的低位徘徊，仅有1997—1998年超过20%。即便是进口替代战略下工业化最为迅速的50—80年代，阿根廷的投资率仍旧没有显著提升，比同期已经完成工业化的美国还要低超过10个百分点。与阿根廷形成鲜明对比的是，日本在战后快速发展时期的投资率从1950年的14.1%快速上升至1973年的40.6%。

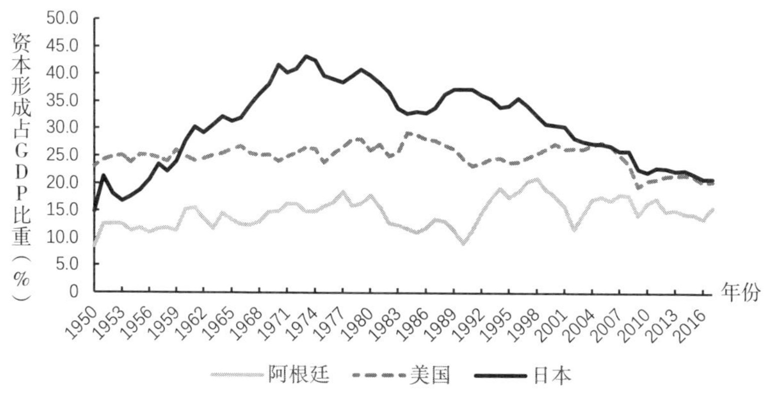

图12.3　阿根廷的资本形成占GDP比重

数据来源：Penn World Table version 9.1。

3. 基础设施建设不足

阿根廷的基础设施曾经在经济繁荣时期快速发展，但随后出现了严重的下滑趋势。阿根廷的谷物和肉类等初级农产品严重依赖铁路运输。从图12.4中可以看出，阿根廷的铁路里程变化与经济增长高度相关。19世纪80年代末至第一次世界大战之前，正是阿根廷经济增长的黄金时期，铁路在这一过程中扮演了重要角色。1980—1914年阿根廷铁路里程年平均增速达10.6%，此前开拓出的大量农场土地随着铁路网络建设的不断延伸而成功地接入了阿根廷国内市场，各类农产品由铁路运输到布宜诺斯艾利斯港口，随后经海运进入欧洲和北美市场。20世纪20年代至60年代，阿根廷铁路建设开始放缓，但仍然保持较高增速，但之后开始了持续下滑。阿根廷2010年铁路里程仅为28969公里，较1959年43930公里的峰值下跌了34%。阿根廷重要铁路动脉贝尔格拉诺货运铁路，2014年改造之前全线7409公里货运路段仅有1400公里勉强营运，运输速度极慢，火车运行平均时速只有30多公里，而且事故频发（张卫中，2018）。

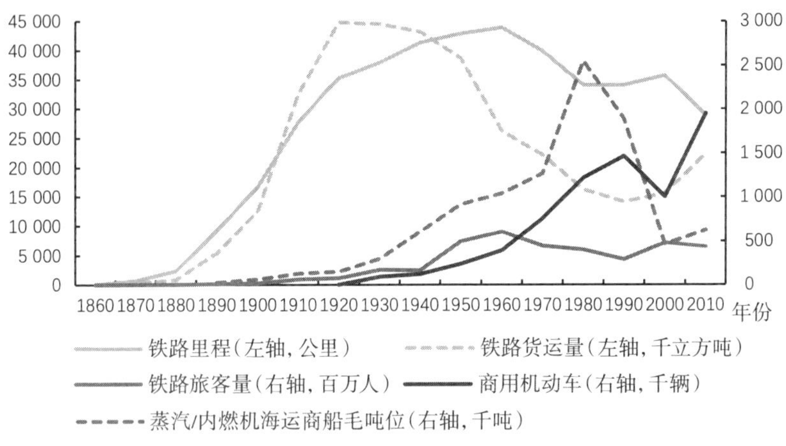

图12.4　过去150年阿根廷的运输能力演变

数据来源：International History Statistics。

铁路里程的下滑并不一定意味着交通基础设施的衰退，它可能源自其他运输方式对铁路运输的替代。例如，图12.4的数据表明海运运输和公路运输都在后期取得了快速发展。但这种解释实际并不成立：阿根廷内陆缺少大江大河，海运运输并不能对铁路形成替代；内陆运输中，考虑到铁路货运量极大规模的下降，在1980年仅约122万辆的商用机动车数量显然难以形成对铁路运输的完全替代，其结果只是商品运输成本高企。因此，阿根廷的交通基础设施建设在1960年之后是逐渐衰退的，显著阻碍了产品和要素的流动。铁路客运量与铁路里程几乎同步变动，说明近几十年来阿根廷的劳动力流动程度是有所下降的。而铁路货运量则先于铁路里程在19世纪30年代即开始下滑，商品市场的流动同样受到阻碍。基础设施的衰退降低了阿根廷的经济对内可进入性。

4. 劳动力市场机制僵化

不同产业部门的技术进步率不同，对不同类型劳动力的需求不同。产业部门的就业需求结构及其与劳动力供给结构之间的匹配程度，会影响经济的增长速度和人均收入水平。一方面，阿根廷的产业结构存在过早去工业化问题，大量的农业转移劳动力只能进入生产率增长较慢的服务业部门。另一方面，阿根廷的劳动力人力资本水平较低，根据世界银行2018年人力资本指数（HCI）数据，阿根廷人力资本水平在88个高收入和中高收入国家中排在第61位，在38个中高收入国家中也仅排在第14位，低于中国和马来西亚。低技能劳动力从农业部门转移出来后，多数进入生产率水平低的低端服务业部门。两方面因素共同作用，使得阿根廷的经济增长速度较低，且有效需求不足。

图12.5是根据格罗宁根增长与发展中心（GGDC）世界各国10部门就业数据计算出的阿根廷三次产业比重。数据表明，阿根廷第一产业就业比重从1950年开始持续下降，至今已不足10%，释放出大量剩余劳动力进入城市。根据世界银行数据，阿根廷的城市人口比重从1960年的73.6%快速上升至2018年的91.9%。与此同时，第二产业就业比重在1961年达到35.4%的顶峰后即开始不断下滑，目前稳定在20%左右。根据罗德里克（Rodrik, 2016）的计算，阿根廷的制造业就业比重峰值出现在1958年，此时阿根廷的人均收入仅为西欧国家制造业就业比重达到峰值时的四分之一左右（Rodrik, 2016）。过早去工业化带来的结果是制造业吸纳就业不足，高失业率成为80年代新自由主义改革后困扰阿根廷的痼疾。图12.6数据表明，阿根廷在1987年之后失业率从未低于5%，目前仍旧处于10%的水平。

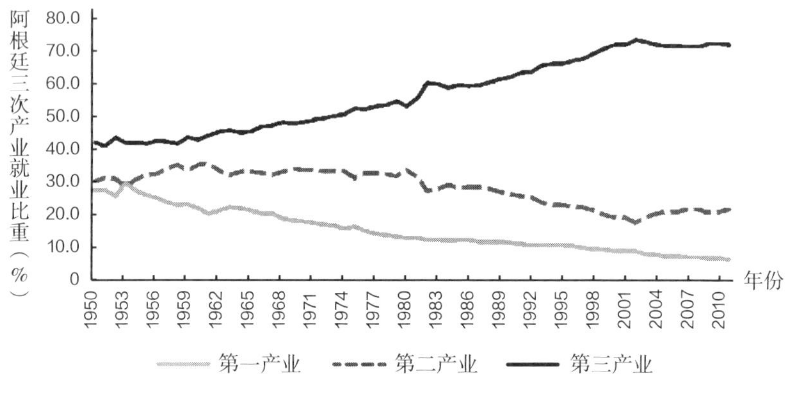

图 12.5 阿根廷三次产业就业比重

数据来源：蒂默、贾特森和克拉斯（Timmer, Gaaitzen, and Klaas, 2015）。

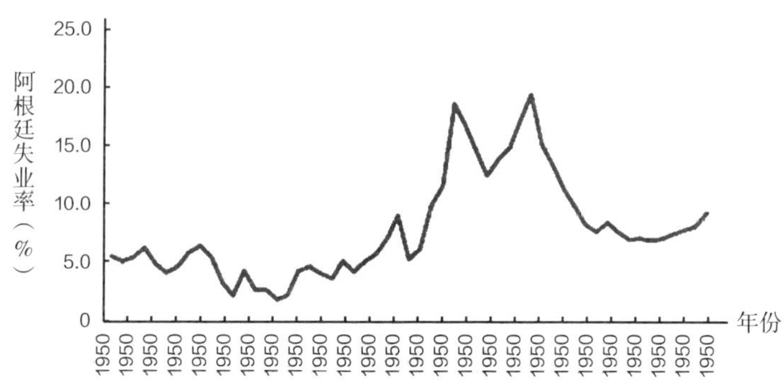

图 12.6 阿根廷失业率

数据来源：International Historical Statistics, World Bank。

第一产业转移出来的大量劳动力不得不进入城市服务业部门。相应地，阿根廷第三产业就业比重持续上升，近年来稳定在70% 以上。因为服务业的人均产出水平和增速均低于制造业，所以不利于经济增长速度保持在较快的增长平台。同时，服务业内部就业也表现出就业集中在低生产率部门的现象。其中，阿根廷服务业内部就业占比最高的行业分别是贸易、住宿和餐饮业以及政府服务业，占比均在30%—35%。而生产率水平较高的运输、仓储和通信业以及金融、保险、房地产和商业服务业等就业比重则相对较低（Timmer, Gaaitzen, and Klaas, 2015）。服务业从业者的低收入严重抑制了阿根廷内部需求的增长。

（三）经济的对外可进入性有所退化

阿根廷的经济对外可进入性障碍主要体现在进口替代战略失败、国际贸易层次较低和对外开放政策激进三个方面。持续近50年的进口替代战略，不但伤害了阿根廷的对外贸易，而且错失了第二次世界大战后承接国际产业转移的机遇；国际贸易存在进出口产品层次的倒挂，反映出国内产业无法在全球产业价值链中实现攀升和形成竞争力；对外开放政策过于激进，放大了新兴经济体抵抗冲击能力弱的缺点。

1. 进口替代战略失败

在大萧条、第二次世界大战和结构主义理论影响下，阿根廷政府从20世纪30年代开始积极推动进口替代战略。进口替代战略以工业化为核心，通过一系列内外制度安排为国内优质工业部门提供保护与扶持：对外国公司实施关税、配额等贸易壁垒；对薄弱的工业部门实行关税保护和退税；为促进工业机械和原材料进口干涉外汇交易，通过其控制的银行体系为工业发放贷款；以农产品的出口关税为工业扩张提供资金。进口替代战略快速提高了阿根廷的制造业比重，从1940—1944年的25%提高到1970—1974年的36%。

但进口替代战略下的贸易壁垒严重伤害了阿根廷的对外贸易规模。阿根廷的进口关税在大萧条之后快速上升，加上第二次世界大战爆发等因素，严重冲击了阿根廷的进出口贸易。从图12.7

可以看出，阿根廷对外贸易依存度在20世纪30年代下滑了约60个百分点。因为第二次世界大战后的国际贸易壁垒在GATT/WTO框架的指导下快速下降，且阿根廷直至1995年才正式加入WTO，所以阿根廷的对外贸易水平始终维持在历史的相对低位。

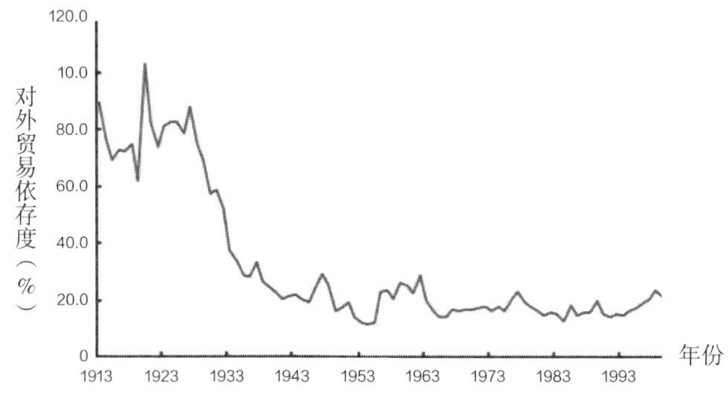

图12.7 阿根廷对外贸易依存度

数据来源：Berlinski（2003），转引自Taylor（2018）。

进口替代战略虽然在短期内促进了阿根廷的经济增长，但在长期伤害了阿根廷的经济发展。一方面，阿根廷20世纪30年代以来的工业化扩张是“横向的”或“扩展式的”（吉列尔莫·奥唐奈，2008）。其工业生产主要集中在轻工业产品和非耐用品，极少涉及产业上游的中间品和资本品。这一情形导致阿根廷经济严重依赖外部进口的中间品和资本品投入。承担高额进口关税使得阿根廷国内工业品价格显著高于国际水平，以致通货膨胀压力在该时期内不断增大。当进口替代战略后期实行纵向工业化政策，着重对铁路、石油等资本密集型重工业部门进行大量投资后，阿根廷又错失了第二次世界大战后第一波发达国家向发展中国家进行大规模产业转移的潮流，失去了难得的发展机遇。

2. 国际贸易层次较低

阿根廷的产品出口以农产品为核心，产品进口则主要是各类工业制成品，反映出阿根廷的国际贸易层次不高，在全球价值链产业分工中只占据较低的地位，缺乏足够强大的竞争力，对阿根廷的经济发展形成制约。

阿根廷的出口产品结构表明，食品活畜在1962—2017年始终是阿根廷的主要出口产品，所占比重未曾低于31.1%，在1965年达到75.3%。如果将饮料烟草，非食用原材料，矿物燃料、润滑剂和相关产品，动植物油脂等类别产品考虑在内，初级产品所占比重在62.5%—96.1%。有所改善的是，包含化学品、按材料分类的制成品、机械和运输设备和其他制成品在内的工业产品所占出口比重稳步提高，从1962年的3.9%提高到1989年的37.4%，此后稳定在30%左右（Taylor，2018）。但相对于进口产品结构而言，阿根廷的工业生产与出口能力仍旧不容乐观。阿根廷的工业产品进口比重在1962—1990年保持在70%—80%，在1991—2017年则进一步提高至80%—90%①。国际贸易进出口产品层次倒挂明显，突出了阿根廷国内产业存在的结构性矛盾。全球产业价值链占位不高限制了阿根廷依靠满足国际市场需求实现超额利润积累的能力。

3. 对外开放政策过于激进

经济体的对外开放有利于其融入全球经济，获得更多的发展机会，但开放步骤与程度需要匹配自身所处的发展阶段，特别是资本账户的开放更是如此，过度超前的资本账户开放将会对国内经济带来更大的波动和风险。阿根廷在20世纪70年代进口替代战略破产后，进行了两次大的对外开放行动，这两次开放都是以摆脱危机为目的，却最终都以新的危机发生而告终。

1975年，阿根廷改固定汇率制为爬行盯住汇率制，放开资

① 数据来源：世界银行。

本账户的绝大多数限制；1977 年进一步打通国内外金融市场，利率完全市场化。较高的回报率吸引了大量外资进入，阿根廷外债规模大幅增加，通货膨胀快速上升。虽然阿根廷央行采取提高利率的方式抑制通货膨胀，但进一步刺激了外资涌入，增加了对阿根廷货币的需求，推升了通货膨胀压力，形成恶性循环。信贷的过度扩张最终导致银行不良资产飙升，银行业快速陷入危机当中，阿根廷央行为银行破产清算发行的债券规模占 GDP 的比重达 3%。阿根廷的银行危机进一步诱发了主权债务危机，资本加速逃离阿根廷，其本国货币快速贬值，迫使阿根廷采取措施限制资本的跨境流动。为了获得债权人的债务减免，阿根廷在 20 世纪 90 年代接受了国际货币基金组织（IMF）提出的改革方案，其主要内容包括贸易自由化、国企私有化和金融自由化，如降低关税等显性贸易壁垒和其他隐性壁垒，采取出售、上市、特许经营等方式对国有企业进行私有化改革，实行固定汇率制、取消外币融资限制并实现资本账户的全面开放。但是，IMF 的改革方案并没有从根本上解决阿根廷所面临的问题，阿根廷政府激进的开放措施反而为 2001 年再次爆发债务危机埋下了隐患。

一个经济体的对外可进入性持续提高对其经济发展有着重要作用，但同时需要指出的是，开放的节奏应该与国内经济所处的发展阶段以及管控风险的能力相匹配，与本国比较优势的发挥及融入全球市场的需要相匹配，过于激进的开放反而会导致外部风险的传导与放大，加大国内经济的波动与风险，甚至造成不可控的局面。

三、阿根廷政治治理黏合度与经济可进入性分析

本节对 1996—2018 年阿根廷的政治治理黏合度以及经济可进入性指标进行分析，通过与世界平均水平和 G7 国家的对比，直观展示 1996 年以来阿根廷的政治治理黏合程度和经济对内、

对外可进入性情况。

（一）政治治理黏合度指标

本部分首先从政治治理黏合度指标入手，从定量角度印证政治治理黏合度与经济增长之间的相关关系。如图 12.8 所示，1996—2018 年阿根廷政治治理黏合度一直处于 2.3—2.6 的范围内，始终低于全球国家和 G7 国家的平均值水平。从波动上看，1996—2015 年阿根廷政治治理黏合度大致可以分为两个阶段，第一轮为 1996—2002 年经济危机、政治动荡前后的大幅波动期，第二轮为 2003—2015 年政局回稳的小幅波动期，反映出阿根廷在经历动荡后社会共识与稳定的恢复。如图 12.9 所示，阿根廷人均 GDP 增速和政治治理黏合度的比较同样印证了政治治理黏合度和经济增长之间存在的正相关性：政治治理黏合度的上升能够促进经济繁荣，反之则会导致经济出现衰退。

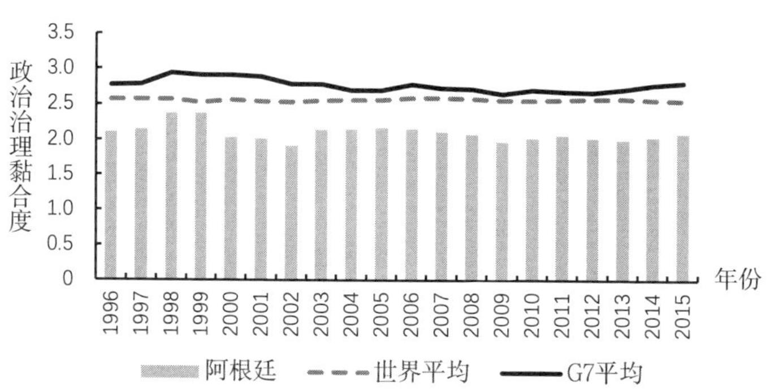

图 12.8 阿根廷政治治理黏合度

数据来源：课题组计算；Maddison Project Database。

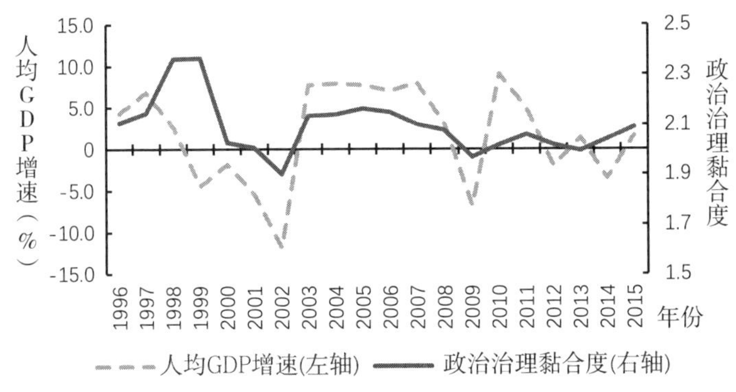

图 12.9 阿根廷人均 GDP 增速与政治治理黏合度

数据来源：课题组计算；Maddison Project Database。

定量指标虽然具有能够更加准确和客观地反映阿根廷政治治理黏合度的优势，但也存在时间序列较短不能反映长期历史的局限。为了弥补这一缺陷，我们进一步从定性的历史视角分析阿根廷政治治理黏合度对经济增长的影响。在历史视角下，多峰和解和单峰无偏代表政治治理黏合度高；多峰冲突和单峰有偏代表政治治理黏合度低。根据麦迪逊数据库数据，有 GDP 统计以来阿根廷各个时期经济总量增长速度从高到低依次是：1880—1930 年的单峰有偏自由主义时期，GDP 年平均增速近似为 4.97%；1943—1975 年追求单峰无偏的庇隆主义时期，GDP 年平均增长率为 3.90%；1820—1880 年的强权考迪罗多峰冲突时期，GDP 年平均增速近似为 3.25%；1983—2016 年的现代民主多峰冲突时期，GDP 年平均增速为 2.33%；1930—1942 年的混乱十年，GDP 年平均增速为 2.15%；1976—1983 年的单峰有偏去庇隆化失败时期，GDP 年平均增速为 0.58%。

由上述统计结果可知，政治治理黏合度与经济增长之间的正相关关系得到数据的支持。这是因为在政治治理黏合度高的时期，政治格局稳定，政府政策与各类团体的利益是激励相容的，能够最大限度地调动全社会从事经济发展的积极性，带来经济的增长与繁荣。反之，政治治理黏合度低的时期，各方利益诉求冲突严重，政策制定与执行中存在诸多障碍，社会内耗程度增加，对经济增长产生了负面影响。

（二）经济可进入性指标

经济可进入性的高低代表了经济体的开放程度与资源配置效率。从图 12.10 可以看出，1996—2015 年阿根廷经济可进入性远低于 G7 国家平均水平，仅略高于世界平均值。这一结果说明阿根廷的经济可进入性在世界上排名不高，与最主要的发达国家存在较大差距。下文从经济的对内可进入性和对外可进入性两个方面分别进行分析。

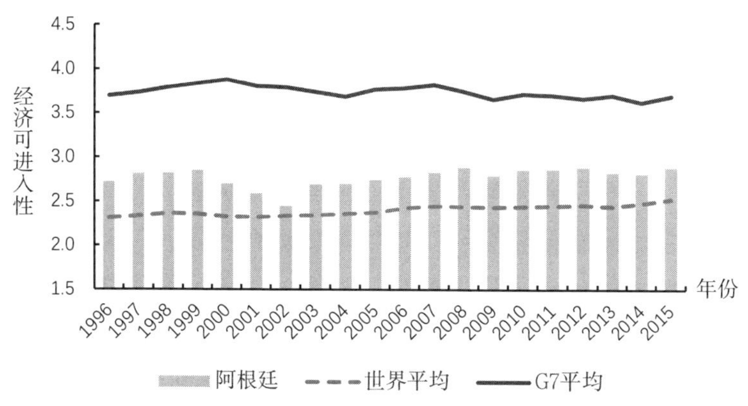

图 12.10　阿根廷经济可进入性

数据来源：课题组计算。

1. 经济对内可进入性指标

经济对内可进入性衡量的是一个经济体在多大程度上能够调动国内的生产要素，使其参与到经济生产活动中来。高经济对内可进入性代表着经济体内部具有统一开放、竞争有序的产品和要素市场，能够很好地发挥市场机制在资源配置中应有的决定性作用，实现有效的产品流通和要素流动，为经济发展创造良好的内部市场环境。如图12.11所示，1996—2015年，阿根廷经济的对内可进入性整体上稳定在3.4—3.5左右的水平，虽然显著高于世界平均值，但远低于G7国家平均水平。经济的低对内可进入性表明阿根廷国内市场存在行业进入壁垒高、产品和要素流动性差的问题，阻碍了资源配置效率的提高。

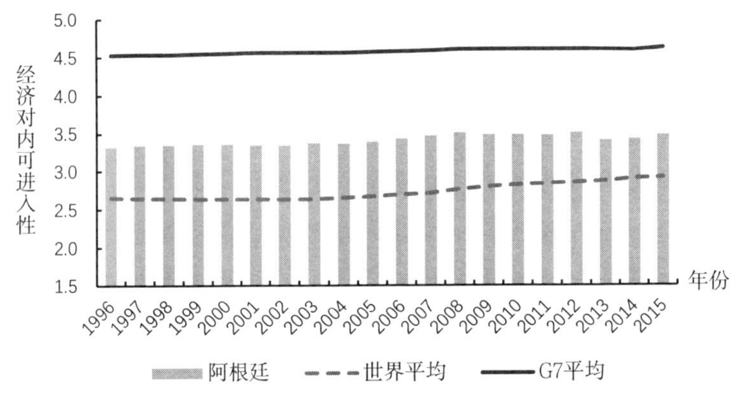

图12.11　阿根廷经济的对内可进入性

数据来源：课题组计算。

2. 经济对外可进入性指标

经济对外可进入性衡量的是一个经济体在多大程度上融入到全球经济活动中，能够利用全球生产要素和产品市场发展自身经济的水平。高的经济对外可进入性反映了经济体在参与全球经济活动时，突破了自身资源禀赋限制和市场容量限制，以最低的成本在全球范围内获取各类生产要素，同时充分发挥自身产业比较优势和生产能力获取全球市场份额。如图12.12所示，与对内经济可进入性高于世界平均水平不同，1996—2015年阿根廷经济的对外可进入性与G7国家平均水平差距较大，与世界平均水平大致相当，表明阿根廷的经济开放程度相对较低。

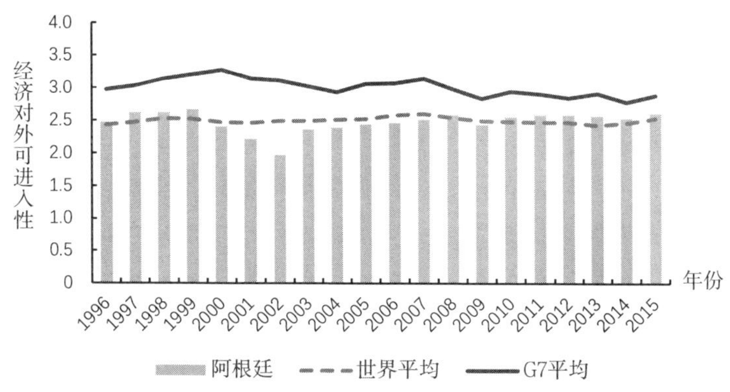

图 12.12 阿根廷经济的对外可进入性

数据来源：课题组计算。

四、本章小结

本章运用我们提出的 A–C 理论框架，分析了阿根廷自殖民时期以来的政治经济简史，从政治治理黏合度和经济可进入性两类指标着手全面分析了阿根廷一百多年的经济现代化发展历程，揭示了阿根廷由曾经的世界上最富裕国家之一转变为陷入中等收入陷阱典型国家的政治经济根源。

首先，阿根廷的政治经济简史清楚地表明了阿根廷的政治治理黏合程度与经济增长之间存在非常强的关联性。政治治理黏合度高的多峰和解与单峰无偏政治治理有助于整个社会形成发展合力，促进经济增长；政治治理黏合度低的多峰冲突与单峰有偏政局导致整个社会内耗严重，抑制经济增长。阿根廷政治治理黏合度较低的原因复杂，包括作为前殖民地历史文化的复杂多元，多种思潮交织碰撞；形式上模仿西方国家的三权分立、民主选举、联邦体制都存在严重缺陷；国内政治党派在组织性、支持基础、独立性上也有所欠缺等。

其次，相对较低的经济可进入性也是制约阿根廷经济增长的重要因素。在经济对内可进入性上，经济寡头依靠对国民经济核心行业的控制进一步把持了整个国家的政治经济，造成国家贫富分化严重，限制了资源的自由配置；基础设施建设不足，铁路的衰败与落后严重阻碍了阿根廷统一商品与要素市场的流动；财政金融环境动荡频繁，使得国家投资水平长期不足；劳动市场配置僵化，高失业率和低生产率部门臃肿并存。在经济对外可进入性上，持续近50年的进口替代战略，不但伤害了阿根廷的对外贸易，而且错失了第二次世界大战后承接国际产业转移的机遇；国际贸易存在进出口产品层次的倒挂，反映出国内产业无法在全球产业价值链中实现攀升和形成竞争力；对外开放政策过于激进，放大了新兴经济体抵抗冲击能力弱的缺点。

正是上述两方面因素的共同作用，造成了阿根廷经济持续多年的动态停滞与频发的政治经济危机。要克服这些阻碍经济社会发展的因素，既要在国内各利益集团之间达成政治和解，提升政策的制定与执行效率，也要进行符合本国国情的经济改革，全面提升经济的内外可进入性。

第十三章　巴西：工业化的发展与停滞

无论是从国土面积还是经济规模，巴西都是拉丁美洲最大的国家。一个世纪以来，巴西经历了漫长而曲折的发展历程。在国家治理层面，巴西经历了被殖民统治、帝制、军政府统治、民主选举制等多种制度变革，与之同时发生的是国内各方力量的斗争、博弈与妥协。在经济层面上，巴西在对外贸易中经历了单一出口、进口替代、出口导向的不断探索，在国内市场中也有一系列基础设施建设、金融改革、劳动力市场改革等作为。自 1930 年热图利奥·瓦加斯掌权，至 1960 年迁都巴西利亚，巴西保持了 30 余年的高速增长，迅速由一个以出口原材料为主要经济支柱的农业殖民国成长为极具潜力的中等收入国家。然而，到了 20 世纪 70 年代，巴西的高速增长进入尾声，经济开始萧条，对内对外债务开始猛增。近半个世纪以来，巴西再也没能重返曾经的增长轨道，高通胀、国际收支失衡、社会冲突严重、经济增长缓慢等一系列问题至今仍然困扰着巴西。2015年，巴西的GDP增速仅为0.9%，人均GDP接近零增长。直到今天，巴西仍然是发展中国家，仍有诸多问题亟待解决。

从A-C理论的视角看，造成巴西经济增长缓慢的主要原因来自以下几个方面。首先，联邦层面的党派利益和州府层面不同集团的利益相互纠缠、难以调和，形成了对行政权力的激烈角逐，在选举制度的催化下政策目标被扭曲，决策质量深受影响。第二，地方政府的高度自治削弱了政府统筹决策的力量，自主财政预算和决算设定制度以及联邦政府的财政兜底使得财政、货币等面临的问题难以得到有效解决。第三，市场机制建设仍然受到劳动力歧视、资本管控等因素的影响，交易成本过高，市场效率徘徊不前。第四，宏观调控的缺位和国际资本的随意进出加剧了国内产业结构发展失衡，进而影响了进出口贸易结构，更深一步地造成了巴西经济发展的结构性问题。

一、巴西的政治治理演变进程

自独立以来，巴西的政权组织形式经历了帝制、军事独裁、共和制等多种形式，虽然在短期内存在着不同政治体制的反复，但从趋势上看一直都在向西方式民主制度演进。1809年之前的巴西一直处于被殖民状态，1815年，随着巴西经济地位和国际地位的提升，从被统治的殖民地转变为王国，初步形成了具有完整政治经济力量的国家形态。1822年，佩德罗王子宣布巴西独立并称帝，从此巴西进入了帝国时代。1889年，丰塞卡将军发动军事政变，废黜佩德罗二世，推翻帝制，建立共和制，并于1891年通过第一部联邦共和宪法，定国名为巴西合众国。[①]后来，

① 译自葡萄牙语：República dos Estados Unidos do Brasil。

在1929年开始的“大萧条”冲击下，巴西的“咖啡经济”受到了沉重的打击，随之而来的频繁政变与独裁统治使该国的政治陷入一片混乱，国内多种势力经历了长期角逐和磨合。直到1985年，军政府还政于民，民主议会制度才得以最终确立，并运行至今。

（一）纵贯巴西政治历程的多峰消长

从历史上看，巴西的政治治理多数时候是在多峰格局下开展的。自16世纪巴西成为葡萄牙的殖民地以来，大种植园主和大地主作为重要经济实体，一直是当地主要的经济力量。随着19世纪初拉美独立运动的兴起和殖民地经济水平的提高，为抵抗殖民盘剥，民众和军队对殖民当局进行了反抗，并于1822年建立巴西帝国，至此巴西才成为现代意义上的国家。

不过在20世纪初的帝国时代，巴西仅仅是一个松散的联邦，皇帝对地方的管辖能力十分弱，这与其建国之前的殖民格局有重要关系。殖民地时期，巴西不同的区域生产不同的经济作物，生产主要面向国际市场，国内经济联系薄弱，位于东南部的圣保罗和位于东北部的各州长期以来保持着较为独立的生产方式，即使推翻了葡萄牙的统治，建立帝国后，这种局面也没有从根本上打破。1889年巴西帝国覆灭，巴西合众国成立，这种松散的政治联盟逐步转变为“州权主义”。当时巴西最重要的两大州——圣保罗州和米纳斯吉拉斯州根据其主要的经济产品分为了不同的派别（圣保罗产咖啡，米纳斯吉拉斯产牛奶等），联邦政府希望各州能够实现经济多元化，进而摆脱当前的单一出口产业局面，但圣保罗的政治精英大多出身咖啡园主，因此强烈要求支持咖啡出口的政策，并拒绝执行联邦的统一决策。与此同时，米纳斯吉拉斯州的畜牧业则对巴西政府的相关政策具有较大的依赖性，为了更好地影响政府政策，虽然本州没有较为强劲的经济实力，但是却积极在国会中活动，并逐渐掌握了众议院的多数席位。利用对政府的控制，米纳斯吉拉斯州大力建设本州基础设施，20 世纪 20 年代末，40% 以上的新建铁路都在米纳斯吉拉斯州落成，同时他们还推动了相关政策出台以保护本州的产品（E. 布拉德福德・伯恩斯，2013）。整个合众国期间，巴西一直笼罩在不同的政治和经济寡头竞争的环境中，“相互竞争的寡头围绕总统继任之争而带来的调整和破坏呈现出新气象”（E. 布拉德福德・伯恩斯，2013）。

州权主义盛行带来的问题受到了社会的关注，此前饱受打压的尉官阶层在 1930 年通过政变取得政权，并在中央集权的基本框架下建立了新的政府。此后，巴西就进入了频繁的政变，一届又一届的政府在军队力量的帮助下被推翻。1964 年，巴西再次发生军事政变，政变军人建立了独裁的专制政权。直到 1985 年军政府下台后，民主进程在巴西得以重启，巴西的政治制度逐步定型，联邦层面实行多党制下的总统负责制，各个州享有较大的自主权，州长官由当地选民选举产生，各州享有自己征税和制定预算的权力，不同利益集团以不同政党的形式在地方和联邦层面进行竞争，多峰格局下的冲突与和解仍在反复。

（二）多峰和解趋势的孕育、成长与瓶颈

在 1822 年独立之前，巴西作为南美重要殖民地承担了大量的经济作物种植任务。分布于不同区域的种植园之间没有过多的经济往来，当巴西帝国于 1822 年成立时，它是一个十分松散的组织。奴隶主对奴隶的剥削和压迫，教会力量和世俗行政权力之间的摩擦，各州的大地主家族利用自己种植园经济体系产生的权力与中央政府对抗等问题长期存在。更为重要的是，随着咖啡在东南部州的广泛种植，巴西帝国内部形成了两大主要利益集团，

其一是以由原来封建种植园主为代表的大地产阶级，另一个是集中于东南州和城市的新兴的咖啡利益集团。“两个截然不同的要素间必然的斗争奠定了未来的基调”（鲍里斯·福斯托、塞尔吉奥·福斯托，2018），两种不同利益集团缺乏有效的协商机制，社会矛盾不断的加剧，皇帝作为封建大地产阶级利益的代表受到越来越多的人的反感。1889 年，皇帝遭到军方罢黜，共和制取代了帝制，巴西合众国由此诞生。

相比巴西帝国，巴西合众国在和解型社会的道路上前进了一大步。这时的巴西早已废除了奴隶制度，而大地产阶级的利益在皇帝统治结束之后再也难以与蒸蒸日上的咖啡集团和城市中产阶级抗衡，“咖啡利益阶层对政治权利的控制成为 1894—1930 年最重要的政治特征”（鲍里斯·福斯托、塞尔吉奥·福斯托，2018），几个主要的咖啡种植州形成了重要的政治联盟，这个联盟通过协商和调解管理巴西事务，同时也牢牢地把持住了巴西最高的行政权力。“在大州的默认和支持下，由现任总统提名下届总统候选人。选定的候选人和主要州长打交道，并承诺回报他们好处”（鲍里斯·福斯托、塞尔吉奥·福斯托，2018），在这种情况下，新的全国性政党尚未出现，在各州之间的和解之下，巴西合众国快速发展起了以咖啡等原材料生产和贸易为主的出口导向型产业。在这种治理模式之下，合众国实际受制于地方，地方各州选举自己的州长，自己征税并在州内使用，地方拥有极大的权力，甚至拥有自己的地方武装。

这种和解的初步形成带来了巴西的第一个高速增长时期。1889 年，整个巴西仅有 626 家企业；而在 1889—1914 年，巴西新增加了 7000 余家；1915—1919 年，巴西又新增了 5940 家。1920 年巴西的工业品总产值为 15306 万美元，大约是 1907 年的 5 倍（U.S. Tariff Commission，1949）。这是巴西历史上从来没有过的高速增长。

从某种程度上看，此时的巴西相比之前的任何一个时期都有更高的和解程度，然而这种社会的和解具有很强的脆弱性。首先，这是少数政治精英之间的和解，而非大众的和解，因为大量普通人民的利益并没有得到同步、同等程度的改善，贫富分化逐渐加大。同时，长期对最高行政权力的垄断使得其政策带有鲜明的利益集团倾向，从长远上影响了政策质量。当然，在州权主义盛行的合众国时期，统一的行动难以达成，全国性的政策是难以实际上彻底推行的。这些遗留的问题成为挡在巴西治理历程中难以绕过去的坎，多峰结构下的巴西看似触及和解边界，但是却始终无法真正跨过和解的门槛。

（三）多峰和解的解体与单峰无偏的迅速诞生

事实上，巴西合众国精英集团的和解局面堵塞了与其他更多的利益集团和解的可能性。首先，合众国期间的巴西政治权利与巴西的普通民众没有关系，即便对那些在对外战争中立下赫赫战功的军官，大种植园主控制的政治体制也不愿意将权力与他们分享。同时，在经历了第一次世界大战期间的出口红利之后，随着西方国家生产的逐渐恢复，大量的咖啡产能过剩，政府大量举债维护咖啡种植园运营，国内经济表现与战时有着鲜明的反差。而此时美国正在大刀阔斧地推动工业化进程，并在经济体量和国际影响力上超过了英国，这都给了巴西人极大的刺激。更多的人开始觉得，出口经济只能够保证大种植园主的利益，而国家的繁荣和强盛需要的是工业化。令人沮丧的是，当权者可能并不站在人民利益这一边。“民族主义者……他们对咖啡寡头政治心存怀疑，这些咖啡寡头似乎和世界市场有很紧密的联系……相应地，他们的利益与民族的利益并不一致。”（E. 布拉德福德·伯恩斯，

2013）咖啡利益集团长期把持政治经济特权，推行保护种植园主利益的政策引起了其他人的不满，多峰和解的政治制度开始向多峰冲突转型。

1930年，作为自由主义者同盟候选人的瓦加斯参加总统竞选失败，遂在军队“尉官派”的支持下发动政变，罢免了合众国总统，掌握了联邦政权。瓦加斯上台以后，加快削弱地方寡头的力量，加强中央集权，单峰治理模式迅速建立起来。他罢免了曾经由地方选举产生的各州州长，而要求各州长均由中央政府任命，同时解散了国会和地方政府议会，独揽行政和立法大权。“新政府初期千方百计施行集权，试图将经济、金融和政治决策掌控在自己手中。基于各州市建立起来的寡头类型的机构失势，政府开始在相互竞争的不同利益集团之间进行裁决。”（E. 布拉德福德·伯恩斯，2013）

1930—1945年，瓦加斯以铁腕手段统治巴西十五年[①]，该国的政治治理开始由多峰向单峰转变。首先，瓦加斯在各个利益集团之间寻求平衡点，在人事安排上对参与政变的新老政客、青年军官和部分群众给予了妥善的安排。与此同时，瓦加斯通过各种方式瓦解了长期存在的左翼和右翼政治势力，使得其能够最终顺利地推行一系列的改革政策。

瓦加斯充分认识到了工业化的重要作用，并且设计了一系列在当时看起来十分必要的工业化方案。首先，通过关税保护扶持民族工业的发展，施行“进口替代”政策；随后，对外国资本进行限制，推动国有化；同时由国家主导大力发展工业和进行基础

① 1945年10月，巴西再次发动军事政变，瓦加斯被迫交出了总统宝座。1951年，瓦加斯复出，参加大选获胜，以68岁高龄当选总统，直至1954年去世。

设施建设。这一系列措施帮助巴西快速构建起了现代化的工业体系。与此同时，瓦加斯并没有忽视之前在巴西占据统治地位的农产品生产，并为了保证咖啡的价格而有计划地进行了咖啡减产，这在之前各自为政的共和国时期是难以想象的。

瓦加斯去世后[①]，库比契克在1955年的总统选举中获胜，并于1956年1月31日就任。在总统任职期间，库比契克在政治上实行开放和开明政策，大赦政治犯，允许多党制，并完成了巴西百年的迁都夙愿；对外同美国保持友好往来，倡导“泛美行动”。在经济上，他提出了“五年相当五十年”的口号，采取迅速实现工业化的措施，制定了包括30个项目在内的发展纲要，加速发展食品、能源、交通、教育以及汽车、造船、钢铁等行业。1961年1月31日，库比契克任满卸职，其工业化目标基本都完成了，但他任职期间出现的高通胀却遭到了广泛的指责。

巴西合众国时期，多峰和解的政治治理解体后迅速进入到单峰无偏的格局，没有发生较大的政治冲突，有效的经济政策得以实施，一扫合众国晚期经济的萎靡，由此开启了工业化时代的“巴西奇迹”。1930年以后的近半个世纪里，巴西经济保持了6.5%的年均增速（莱斯利·贝瑟尔，1992），其中1942—1962年的GDP年均增长率达到7.5%（莱斯利·贝瑟尔，1992）。

① 1954年8月2日，在里约热内卢发生了一起政治谋杀，反对党的一位领袖受伤，一位随员被打死。警方调查显示，瓦加斯总统府的卫队长涉嫌谋杀，反对党借此大做文章。8月24日，瓦加斯写下遗嘱后开枪自杀，不治身亡。

（四）军政府独裁时期单峰无偏治理的退化

自 1960 年库比契克结束任期至 1964 年短暂的动荡之后，巴西开始进一步走向了军政府统治的工业化发展道路，政府全面干预经济以及对外来资本的开放态度带来了令人瞩目的经济成就，无论是基础设施建设还是诸如电信等重要的技术行业都出现了高速增长。其中 1969—1974 年这 5 年时间的年均增长速度达到了 11.2%，同时通货膨胀率保持在较低的水平（鲍里斯·福斯托、塞尔吉奥·福斯托，2018），巴西奇迹引起了全球的瞩目。

军政府的长期执政使得其出现了偏离单峰无偏治理模式的征兆。第一，军政府渐渐放弃了与其他利益集团的妥协融合姿态。军政府进一步削弱了国会的权力，成立了警察和军人调查局（IPMs），并利用其特殊权力疯狂迫害和打压反对者。1964 年开始，巴西政坛上弥漫着恐怖的氛围。第二，长期以来的工业化进程造成了更大的贫富不均，军政府实际上代表的是大资产阶级和大企业家的利益，经济建设的成果没有能够让更多的人分享，政府的代表性更加片面。之所以会出现由这种有偏的倾向，很大程度是因为军方长期掌握权力，在国有化进程中形成了固定的利益集团，这样的利益集团具有排他性竞争的天然特点，从而在经济政策的制定上出现了一定的有偏。

在经济高速增长阶段，部分社会矛盾可以被掩盖，然而当经济增长下行时，国内情况将出现变化。由于国有企业长期效率低下、社会收入分配不均导致的国内消费能力不足、以工业为建设核心带来的产业结构失衡，最终影响了持续增长的步伐。1981—1983 年，经济衰退带来对了严重的后果，最终军政府不得不在各方力量的压力之下交出政权。至此，1930—1984 年，延续了半个多世纪的单峰无偏模式的探索进程在巴西终结了。半个世纪以来巴西创造了无数个经济奇迹，从一个与拉丁美洲其他国家并无本质区别的殖民地国家，一跃成为全球最发达的国家之一。这个局面的形成源于民众对于工业化的渴望，而这个治理模式的终结则根本上是因为其没有能够将已经做大的蛋糕合理地分配，治理上出现了严重的退化。

（五）多峰冲突型治理的再次形成

巴西宪法从根本上断绝了军政府继续在巴西进行统治的可能性。多党制和真正意义上的联邦制在巴西重新得以树立，联邦政府内部、各州府的独立性都有了重大的变化。

不过，从 20 世纪 80 年代开始，巴西经济就已经面临着不可遏制的下滑趋势，工薪阶层的购买力下降了 20%。在 1990 年，工人最低工资只有上个年份的 36%（鲍里斯·福斯托、塞尔吉奥·福斯托，2018）。新政府将这种问题归结于封闭的政治制度和国家推动工业化的低效，因此从卡佐多总统开始，巴西开始了大规模的私有化进程，除了对之前已有的部门进行私有化之外，电力、石油、铁矿等核心部门也开始了私有化进程。私有化重新产生了大量的行业寡头，其中一部分来自于原有的国内资本家，另一部分则来自于海外资本。这两个集团逐渐成为 21 世纪以来巴西最重要的两个利益集团，“巴西的政治最核心的争端来自于两个利益集团，一个是国内利益集团，另一个是国际资本利益集团，两个利益集团在思想上、政治上、架构上和政治代表上的不同诉求直接影响到了巴西政府的政策制定”（Boito and Saad-Filho, 2016），双方的矛盾难以进行调和，这种冲突直接反映在政治上，从而在利益集团上出现了多峰局面。

政权结构上的多峰特征同样明显。在新的民主政治制度框架之下，巴西涌现出了很多政党，截至 2017 年，活跃在巴西政坛上的政党共有 37 个，不同背景的候选人都参与到行政权力的角逐，公众对于由此产生的诸多选举闹剧并不认可，“1994 年，宣布不再支持地方科技创新投入的人最终被当选为科技部部长。2010 年，一位马戏团演员出身的候选人凭借口号‘我也不知道议会能够做什么，但是如果你选我，我会告诉你怎么做’而当上了圣保罗州议会的议长”（POS Vaz de Melo）。其中大量的政党在诉求和宗旨上有很多冲突，因而导致了政治协商的低效。

在多峰的格局下，巴西的政治治理也难以回到 20 世纪 30 年代的黏合程度。首先，各州恢复了地方自治，地区的行政长官和立法机构由地方选举产生，各州仍然享有其征税权并独立制定政府开支预算。这种做法带来了对国内经济完全不利的结果，由于地方债务由联邦财政兜底，因此各州在本地的投资量相互攀比，一方面从全国范围内造成了大量重复建设，同时也进一步加剧了联邦财政的收支失衡。联邦政府对于这种情况并没有提出很好的解决方案，原因在于联邦总统需要各州的支持。以卢拉（2003—2010 年在任）为代表的几任总统在上台后为了笼络各州力量通常会增加联邦政府在各州的基础设施投资开支，即便这样可能进一步加重政府财政赤字和债务压力。同时，20 世纪 90 年代至今的 4 位总统，有 2 位受到司法机构的审判并入狱。来自不同政党的候选人在推行的政策有着不同的侧重点，因此，无论是政策的形成还是执行，巴西都面临着不同层面的阻力。从当前的情况看，巴西仍然处于由多峰冲突的治理模式。

为了更好地从两个维度了解巴西如今的国家治理状况，我们将 2018 年全球 209 个经济体的国家治理表现展示如图 13.1 所示，其中三角形的点为 2018 年巴西的政治集中度与政治治理黏合度表现，菱形点为 1996—2018 年巴西对应指标所在位置。

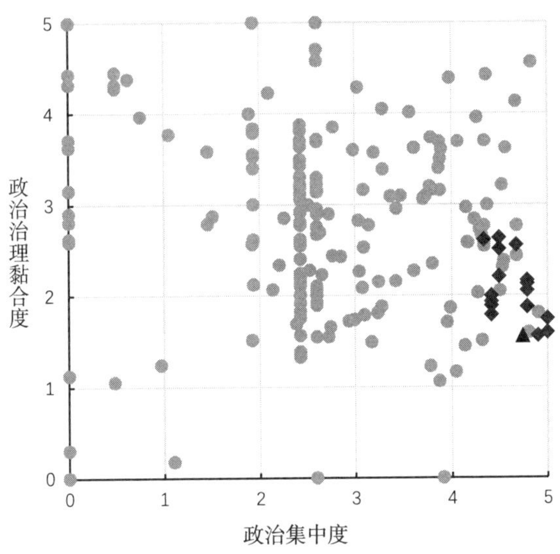

图 13.1　巴西的政治集中度与政治治理黏合度

数据来源：作者整理。

可以看出，整体而言，自 1995 年以来，巴西属于典型的民主政治制度，政治力量具有多元化特征（横坐标接近 5），与此同时，其对应的黏合度却一直表现在平均线之下的水平（政治治理黏合度平均值 2.78），整体而言处在第四象限内部。权力集中度的下降很大程度上是因为军政府的倒台和大量新政党的涌现，政治治理黏合度下降则与州权兴起、利益集团矛盾不可协调息息相关。

政治治理黏合度的下降有两层含义。从政策制定方面看，这意味着政策不能代表多数人的利益，政策的质量、科学性和长远性受到了挑战；从政策执行效果看，政治治理黏合度的下降意味着各级政府政策实施的效率较差，执行力不足。如此一来，经济增长肯定会受到影响，如图 13.2 所示。

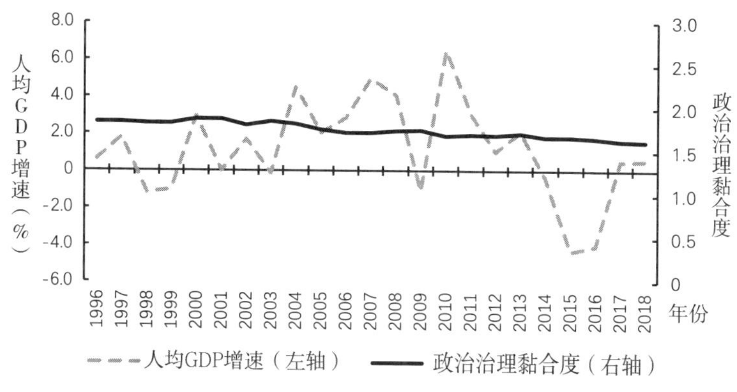

图 13.2　巴西人均 GDP 增速与政治治理黏合度

数据来源：WDI 及作者整理。

二、缓慢的内部开放进程

巴西从一个殖民地国家成长为拉丁美洲第一强国，经历了漫长的内部开放进程。从劳动要素看，1867 年的奴隶解放运动让一大部分劳动者能够以平等的身份进入劳动力市场，20 世纪 30 年代以来的工业化运动将大量的农民吸引到了工业和服务业部门，20 世纪 70 年代以来，越来越多的妇女也走出家门，进入生产部门，更多的人被时代的潮流裹挟着进入国家发展的进程中。在资本层面，大庄园主垄断的经济被打破，州权主义框架下的寡头经济受到了中央集权的严重冲击，传统的本土资本在私有化过程中受到了外来资本的挑战，金融体制建设在波折中不断推进。从市场化建设角度看，基础设施建设在不断进步，市场秩序在不断的培养建立，如今的市场化程度与半个世纪前已不可同日而语。

然而需要指出的是，作为一个曾经经历过连续数十年 5% 以上增长、而现在陷入经济增长停滞的国家，这个经济体内部开放的步伐并不顺利，其中很多问题直到现在依然存在。与其他金砖国家相比，巴西经济的对内可进入性并不高。从具体分指标的相对表现中可以看出，如图 13.3 所示，巴西在对应指标中的任何一项排名都并不靠前。劳动力进入生产环节依然存在隐形屏障，基础设施建设依然存在滞后，资本市场的低效率仍旧存在，商品交易的外部成本居高不下等等。这些问题使得巴西在国际竞争中面临更加不利的局面。

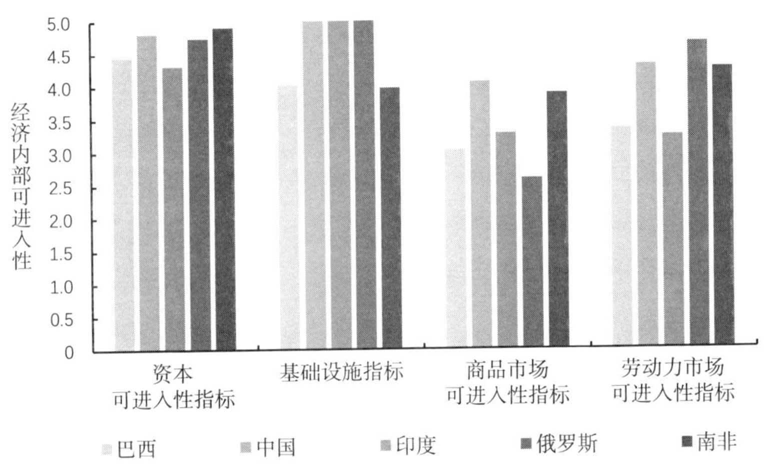

图 13.3 金砖五国经济内部可进入性分指标对比（2015 年）

（一）劳动力市场仍然存在多种隐形屏障

劳动力问题是巴西经济发展的重要问题。在工业化时期，大量劳动力涌入城市，涌入的速度高于城市工业部门吸纳的速度，同时由于劳动力的普遍素质较低，因而降低了其进一步融入产业发展中的可能性。并由此引发了一系列经济社会问题，这些问题至今仍然困扰着巴西，其中有些至今仍是巴西经济发展的阻力。

1. 过剩的劳动力供给

20 世纪 30 年代以来，随着工业化的开始，大量的农民到城市寻找更好的工作。从实际的劳动力涌入情况看，1940 年只有不足 1/3 的巴西人生活在城市，到 20 世纪 70 年代，随着巴西经济高速增长和服务业的迅速崛起，巴西主要城市的人口开始迅速地增多如图 13.4 所示。1980 年这一比例达到了 2/3，与此同时，随着妇女的解放，越来越多的妇女加入生产大军中，更是增加了巴西劳动者的数量。这些劳动者大量聚集在巴西的城市中，构成了重要的产业大军。

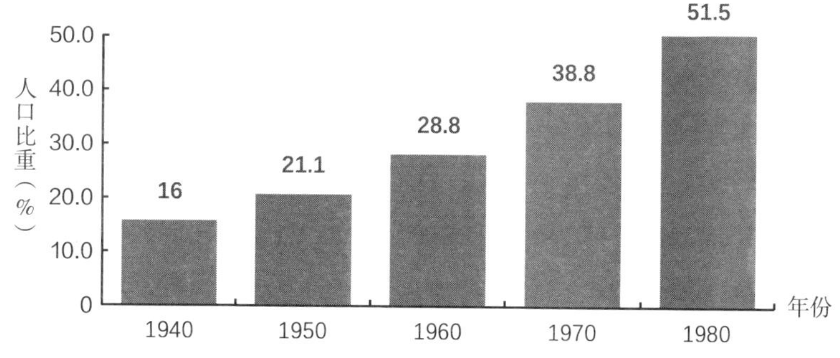

图 13.4　居住在 2 万人以上的都市的人口比重

数据来源：巴哈和克莱因（Bacha and Klein, 1989）。

然而，大量的同质化劳动力涌入城市并不能够形成真正有意义的劳动力供给。劳动力的集中速度明显高过了城市中产业发展所需要的数量，因而造成了大量的剩余劳动力集中于城市，这些劳动力居住在大城市的边缘，形成了巴西特色的贫民窟。与此同时，大量的巴西劳动者受制于严格的劳动准入规定，不得不从事非正规部门的工作。后来，随着产业集中度的不断提高和机器的广泛使用，一大批产业工人被机器替代后丢了工作，虽然他们中的一部分被第三产业吸收了，但大都从事劳动密集型和收入微薄的服务业。

2. 源于劳动素质的歧视

在南美洲国家中，巴西的劳动力质量是相对较低的。从其人均受教育年限看，巴西人均受教育年限处于较低水平，如图 13.5

所示。这种情况造成的一个必然结果是人力资本积累程度较低。

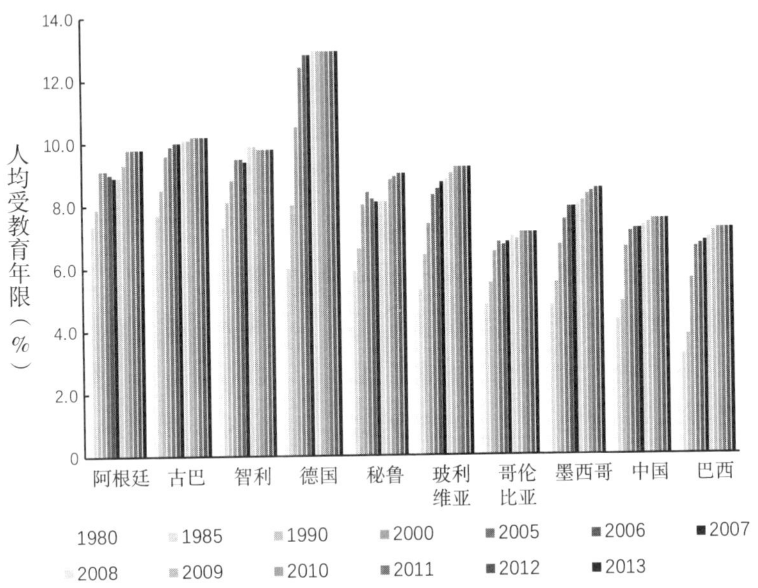

图 13.5 南美洲主要国家以及其他对照国家人均受教育年限

数据来源：World Bank (2014), International Human Development Indicators。

与此同时，在相当长的时期内，巴西成年人文盲率保持在较高的水平，即便是在工业化已经开始起步的20世纪50年代，每两个巴西成年人中，就有一个是文盲。支撑巴西工业化起步和强劲经济增长的劳动力实际上受到的教育非常有限。到20世纪六七十年代，廉价劳动力依然是主要的产业大军，其接受的主要培训都是在工作中完成的。这种状况在当时也许并不是大问题，但是到了20世纪80年代以及之后，当技术密集型产业逐渐成长为重要的经济增长支柱时，仅仅依靠大量仅接受过较低教育的劳动力注定无法胜任产业发展的需求。

3. 实际工资水平持续下降且收入差距不断扩大

在20世纪五六十年代，第二产业对普通劳动力尚有较大的吸收能力，但到了20世纪70年代之后，先进制造业中对劳动力提出了新的要求，而此时的劳动力由于人力资本积累不足等原因无法顺利进入第二产业，这就导致了两个结果。一方面，受教育水平较低的劳动力由于供给过剩、竞争激烈而不得不接受持续下降的实际收入水平，如图13.6所示；另一方面，由于市场对于熟练劳动力的需求不断提升，而熟练劳动的供给在短期内没有大的变化，因而熟练工人与没有接受良好训练工人的收入差距逐渐扩大。

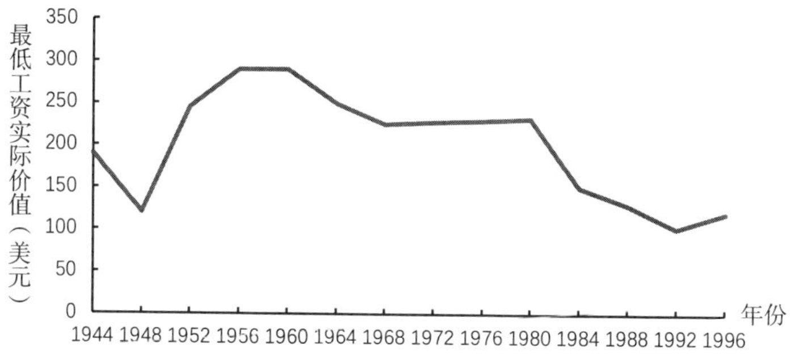

图13.6　巴西最低工资实际价值（1944—1996年）

数据来源：莱斯利·贝瑟尔（2013）。

通过以上分析可以知道，从总额绝对数量看，巴西的劳动力人口是不断增多的，然而这种总量的增长在微观结构上却呈现出了明显的不均衡，大量劳动者进入了普通劳动力的生产大军，涌入了劳动密集型部门，服务业、建筑业是其主要归宿，新涌入的劳动者大量被非正规部门吸纳，在就业限制和产业门槛的影响下没有能够进入先进的产业发展浪潮。

（二）不稳定的国内金融环境和资本环境

1. 进口替代下的国有资本扩张与经济低效

进口替代下的巴西经历了国有资本疯狂扩张的时期。进口替代政策一方面表现在抬高贸易壁垒，另一方面则体现在对国内重要产业的支持和保护上。但从实际结果看，这种保护措施很大程度上是低效率的。在推动进口替代战略过程中，政府通过发展国有企业、提高国有企业占比（如图 13.7 所示）加强对国民经济的控制，并通过价格管制、政府借贷等对生产领域进行调整和管制，这些做法违背了市场规律，扭曲了资本要素配置，并最终造成了资源的浪费和经济的低效。

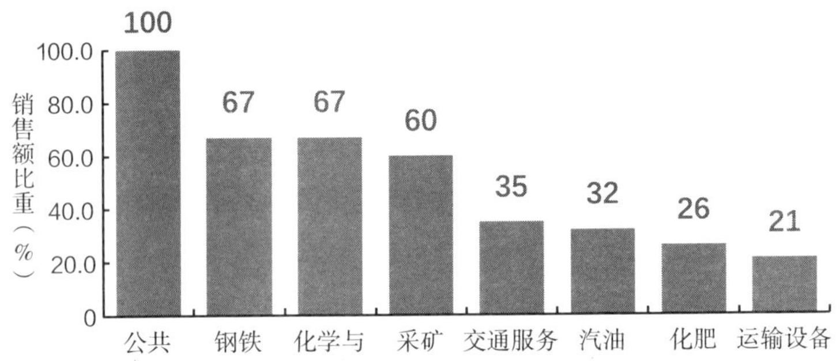

图 13.7　巴西国有企业在各部门销售额比重（1990 年）

数据来源："Melhores e Maiores" (1991)。

1974 年，在对巴西最大的 5 113 家股份有限公司进行的调查表明，39% 属于国有企业，18% 属于跨国公司，56% 属于国内私有企业。1985 年，国有企业的净资产占比上升至 48%，而与之对应的销售额只占了 26%，并且国有企业仅仅雇用了 18.91% 的员工（"Melhores e Maiores", 1982、1986）。与此同时，国有企业的净资产回报率在 20 世纪 80 年代出现了明显的下滑，如图 13.8 所示。到 1990 年，国有企业的净资产回报率仅为 2.7%，最大的 50 家国有企业总计亏损 64 亿美元（Werneck，1986）。

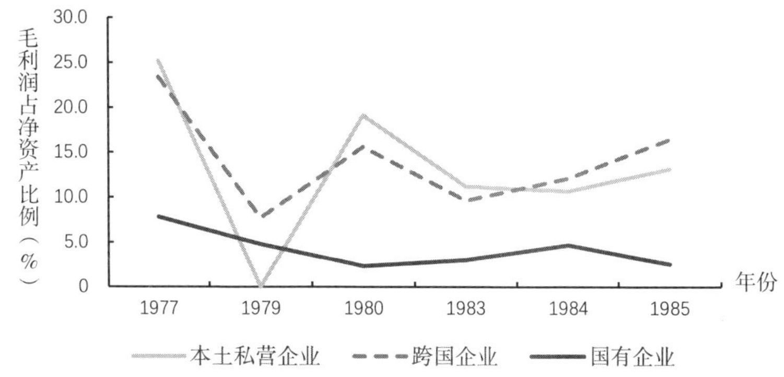

图 13.8　巴西不同所有制类型企业的净资产回报率比较

数据来源："Melhores e Maiores" (1982、1986)。

在相当长一段时间，巴西政府将国有企业当作实施宏观经济政策的工具，国有企业在经营中往往迫于政治压力而违背市场最优目标，盈利能力持续下降，大量国有企业出现了巨额亏损，负债不断提升（如巴西国家电力公司、国有钢铁公司 CSN），国内利率水平不断被抬升，给巴西经济带来了严重的伤害。

2. 通货膨胀的困扰

20 世纪 80 年代，联邦政府和州政府控制下的银行业存款占整个银行业存款的 40%，全国投放的贷款中，来自经济开发银行和地方开发银行的占到了全国放贷的 70%（Baer，1969）。政府通过国家发展银行进行信用借贷，用以推动重要部门的发展，然而，这些借贷用的款项利用效率很低，出现了大量的浪费和低效。在很多借贷合同中，甚至包含了不少"礼品"成分。到 1987 年，相关合同中的礼品支出已经达总支出的 75%（莱斯利 · 贝瑟尔，2013）。当大量国有企业开始出现亏损并无法偿还债务时，银行就不得不面临大量坏账，同时巴西政府作为国有企业出资人也承担了大量债务，尤其是对国外债权人的债务。

与此同时，当经济增长因国有企业的低效而停滞后，巴西政府选择扩大公共支出以刺激经济、提高经济增速，公共部门的大量开支不但进一步推高了政府的债务水平，而且提高了资本市场的利率，挤压了私人部门的投资，进一步压低了经济的效率。以基础设施投资为例，20 世纪 70 年代前后巴西上马了一系列国家主导的大战略，其中相当多的项目“过于荒唐又野心勃勃”（莱斯利·贝瑟尔，2013），其中包括 Ferrovia do Acon 钢铁厂、偏远地区的跨亚马逊地区公路、伊泰普水电站、过度扩张且没有解决实际问题的核工业等等，与此同时还有部分明显高额的国家收购行为也实质上降低了资本的利用效率。

随着债务负担变得愈加沉重，巴西政府就选择了将赤字货币化，于是，货币开始快速贬值，通货膨胀率也飞速飙升，20 世纪六七十代基本稳定的金融秩序遭到严重的破坏，如图 13.9 所示，并进一步引发了一系列的严重后果，最终引发了多轮的危机。

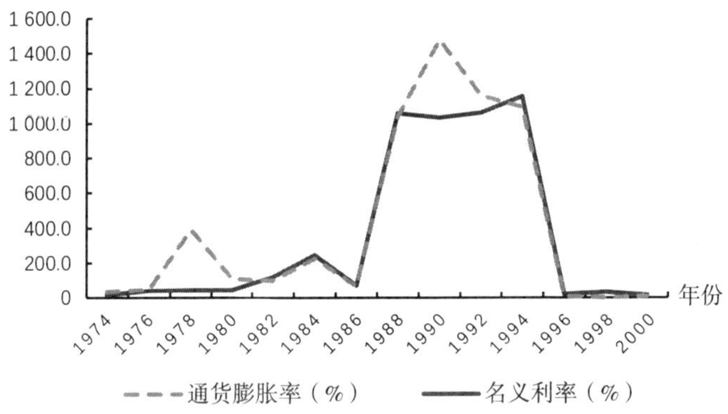

图 13.9　巴西的通货膨胀率与名义利率变化（1974—2000 年）

数据来源：*Conjuntura Econômica*；IBGE，*Sistema de Contas Nacionais*。

3. 资本市场长期存在较高的壁垒

资本壁垒在巴西的金融经济体制内部长期存在。在共和国以及之前的时期，巴西国内尚未建立起完整的金融基础设施，此时的资本流通限于大型的种植园主、大地主等上个时代的利益集团内部。1930年以来，工业化的进程推动了资本市场的发展，然而在国家工业化的主导之下，资本市场的建设更多的是契合国家的需求而非民营企业的需求。1965年，资本市场改革法得到正式批准，短期信贷由商业银行提供，中期信贷将由新建立的金融机构和投资银行提供，而长期贷款则是由公众在股票市场以股份和债券的形式提供，然而此时最大的社会投资仍然来自于政府和国有企业，1961—1963年，政府投资占37.5%，到了1965年，国有企业的投资占46.4%（莱斯利・贝瑟尔，1992）。在私有化进程开启之前，资本市场主要以政府和大型企业为主导。

1985年以来，国家为主导的资本市场因为长期以来的效率低下不得不面临调整和改革。经过一系列的私有化进程，国家和私营企业之间的资本歧视逐渐消弭，但事实上直到今天，巴西资本市场依然存在较高的壁垒。从企业的角度看，企业仍然面临着较高的金融限制。这种金融限制不一定见诸明确的法规，大量的官僚主义留存和金融灰色地带给资本市场的市场化运作带来了障碍。这种障碍可以从巴西企业对于金融资产的敏感性可见一斑，1995—2006年，巴西的企业对于货币资产有着更高的敏感性，暗示了巴西企业实际上面临着更高的金融限制，这种资本的扭曲配置降低了巴西企业的创新能力和绩效水平，对巴西经济的长远发展带来了不利的影响（Crisóstomo，2014）。

（三）基础设施建设的缺位

从客观上讲，受“大峭壁”地理形态的约束，巴西的地理条件并不利于基础设施的建设。直到今天，沿海城市普遍面临着腹地过小、城市间联系松散、交通不便等问题。但从中长期看，巴西基础设施的薄弱有多方面的历史原因。

巴西经济起始于庄园经济，在庄园经济实施以来，几个世纪中巴西并没有进行任何一次彻底的土地改革，而原有的庄园经济依托的是大庄园主土地所有制，少数土地寡头拥有大量的土地，这些土地寡头在近现代社会中向工业寡头和服务业寡头转变，这种财富积累的过程从来没有受到过任何实质性冲击。而巴西特殊的自然地理条件又使得中小工商业者无法独立承担基础设施建设的成本，更无力主导基础设施建设，因而在1930年之前，巴西国内的基础设施建设主要集中于与庄园经济相关的领域，其他领域的基础设施始终没有建设起来。

随着瓦加斯上台，工业化的呼声不断高涨，为了推动工业化进程，形成一个统一的巴西市场就更加重要。此时巴西才经历了第一个阶段的基础设施建设高潮，道路、交通、学校、医院、金融机构等不断建立。然而在1945年军政府倒台之后，各州更加关注当地的基础设施建设，政府对基础设施建设的推动受到很大的阻力，基础设施建设进度迟滞。以杜特拉政府（1945—1950年）为例，为了推动巴西的基础设施建设，杜特拉政府在1948年雄心勃勃地推出了SALTE计划，旨在推动健康、食品、交通和能源四大领域的基础设施建设，然而，在州权主义盛行的联邦政府内部，各州不愿意为造福其他州的项目买单，反而对这项计划百般阻挠。“杜特拉政府的一个致命弱点，在某种程度上其接班人也同样，就是没有能力保证国会中有足够的政治支持者，SALTE计划直到杜特拉政府的最后一年才在国会通过，却又在1951年被新政府抛弃……政治阻挠也使得政府提出的新税收法案无法通过。”（莱斯利·贝瑟尔，1992）

进入20世纪80年代以来，由于受到经济衰退的影响，巴西承担了大量的外债负担，公共部门的开支更加捉襟见肘，而巴西的一系列改革主要将注意力集中在解决外债和抑制通胀，基础设施存在的老旧状况更加普遍。截至今天，巴西的沿海公路仍然不够发达，城市之间的联系受到极大的限制，因而沿海城市不能够顺畅地共享基础设施，基础设施建设的工程量十分庞大。与此同时，港口大城市受到地形因素和成本因素的影响，无法将内陆城市的产品运往国外，港口城市的重要中转和枢纽作用无法体现，因此港口城市对内陆经济的辐射作用减弱。直观上看，巴西的港口城市的发展基本上是各个独立城市的独立发展，难以形成规模效应。

三、外部可进入性的不平衡发展

由于其特殊的历史发展背景，在经济的对外可进入性方面，巴西一直以来都与外部市场有着紧密的联系。殖民地时期的种植园经济主要的市场是国际市场，而巴西共和国的成立被看作是咖啡利益集团对国家利益掌控，并在相当长的一段时期内发展外向型经济。到了“新国家”时期，巴西的进口替代政策则是处理经济对外关系的全新思路，这种思路影响了整个拉丁美洲，成为一时期推动经济增长的重要良方。20 世纪 80 年代以来的私有化进程以及关于外来投资的讨论都涉及巴西的对外开放问题。虽然从总量上看，巴西仍然属于经常活跃在国际贸易中的大国，但是与 20 世纪 70 年代相比，巴西的经济作物和农产品仍然在国际大宗商品贸易中出现，而汽车、飞机等高技术工业产品则不再位于最具竞争力的第一梯队。其中的原因和具体的经济细节与巴西长期以来的经济环境和经济政策有着直接的关系。

（一）进口替代牺牲了巴西经济的对外可进入性

在第二次世界大战之前的相当长一个时期里，巴西经济与国际市场的联系都比较紧密，对外依存度一直处于较高水平。尤其是随着工业革命的不断拓展和消费结构的改变，巴西从国外进口量大量资本品和消费品，同时依靠出口大宗农产品，基本能够实现国际收支的平衡。

第二次世界大战期间，巴西对资本品的进口受到了战争的限制。因此在战后，大量聚集在第二次世界大战期间的进口需求疯狂释放，在战时积累起来的外汇储备迅速减少。与此同时，随着战后国际环境的逐渐稳定，大量发展中国家出现了能够对巴西的原料进行替代的生产基地，同时发达国家在技术水平提高的背景下，对于原料的利用率提高，利用量减少，造成了巴西出口收入和外汇储备的锐减。在这一背景下，巴西政府决定实施进口替代的政策，其核心内容是以政府力量提高贸易壁垒，从而在一定时期内保护区域内的民族工业顺利发展。

如表13.1和图13.10所示，在实行进口替代政策之后，巴西在诸如电气设备、运输设备和机械设备等制造业领域出现了明显的进口替代，同时在纺织品、皮革制造、服装和鞋类等领消费品领域也出现了进口量减少的情况,这与进口替代政策有明显关联。总体看，在实施进口替代战略时期，巴西的对外可进入性出现了显著的下降。

表13.1　巴西进口商品结构的变化（1949—1962年）

商品类别	商品进口所占份额（%，以1949年美元计）		
	1949年	1962年	变化
食品、饮料、烟草	4.58	3.13	−1.45
纺织品	3.99	0.13	−3.86
服装、鞋类	0.05	0	−0.05
木制品	0.18	0.04	−0.14
纸张和纸制品	2.36	2.58	0.22
打印和打印设备	0.31	0.47	0.16

（续表）

商品类别	商品进口所占份额（%，以 1949 年美元计）		
	1949 年	1962 年	变化
皮革制品	0.27	0.01	−0.26
橡胶制品	0.12	0.07	−0.05
化学品、石油、煤炭产品	19.55	18.01	−1.54
非金属矿产品	2.04	1.33	−0.71
碱金属和金属制品	11.48	11.62	0.14
机械设备	14.21	12.99	−1.22
电气设备	6.61	6.27	−0.34
运输设备	14.3	10.17	−4.13
其他制成品	1.92	1.95	0.03
制成品总计	81.97	68.78	−13.19
非加工原材料	18.03	31.22	13.19
总计	100	100	

数据来源：经济和金融统计局、巴西对外贸易部等数据统计。

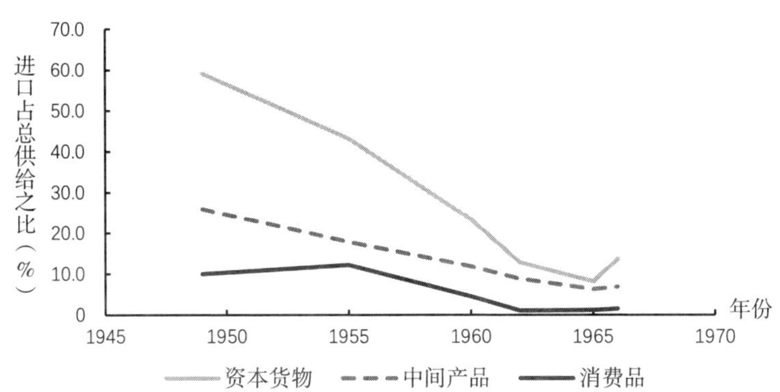

图 13.10　巴西各类产品进口量占总供给之比（1949—1966 年）

数据来源：维尔纳·贝尔（2014）。

（二）进口替代下逐步退化的国内产业结构

通常来讲，实施进口替代战略的合理思路应当是，在民族产业发展初期予以支持和帮助，待到经济规模基本成型，技术积累已经具有竞争力时，则逐步放宽保护政策，使得相关产业参与更为广阔的国际竞争。因此，在进口替代时期内的技术积累和进步就显得十分重要。从相对成功的经验来看，日本、韩国、新加坡、中国台湾地区都在一定的时期内进行了产业保护政策，在核心产业发展壮大之后均转向了出口导向型经济，保持了经济的高位稳定发展。

但从巴西的发展历程看，其进口替代战略并没有有效催生出技术进步，巴西不仅没有发展出资本密集度较高的制造业，没能够提高其自身在全球产业链条的地位，没能够减少国内对国外资本品的需求，相反一直从国外进口大量的机械和设备。如图13.11所示，巴西在进口替代时期对机械和设备的进口一度占全部进口的40%左右。与此同时，由于在进口替代过程中没能够培养出具有核心竞争力的支柱产业，因而在20世纪80年代之后，巴西的工业制品在国际市场上的竞争力开始明显下降，出口份额逐年减少，并逐渐回到了再次依靠出口大宗初级产品的贸易结构，伴随而来的是巴西经济社会的低速徘徊。

综合来看，通过牺牲自身经济的对外可进入性，进口替代战略在一定程度上保护了巴西的民族工业，但巴西并没有充分把握住宝贵的战略机遇窗口，将其具有比较优势的产业培育成具备国际竞争力的支柱性产业，相反，大量低效国有企业的扩张导致其产业结构不断退化，没能在国际产业链条上持续攀升，影响了巴西经济的进一步跨越。

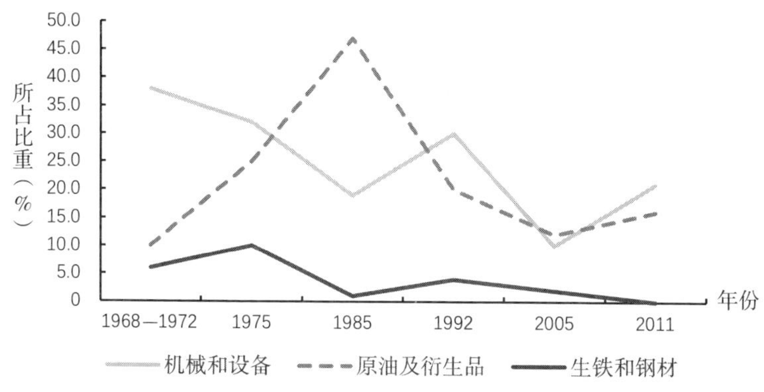

图 13.11　巴西主要进口产品结构

数据来源：维尔纳・贝尔（2014）。

（三）未能提高政治治理黏合度的突围尝试

为了解决巴西经济面临的一系列问题，从 20 世纪 90 年代开始，巴西政府选择了大规模的私有化道路，通过将低效率高负债的国有资产出售给私有资本和国际资本（如图 13.12 所示），减轻经济运行的冗余负担，不但能够缓解政府债务压力，而且能够增强市场活力，从客观上提高了巴西的生产效率。1986—1990 年，受制于国有资产的低效投资，制造业劳动生产率仅增长 0.2%，而这一数字在 1991 年正式大规模开启私有化进程之后提升至 8.7%。

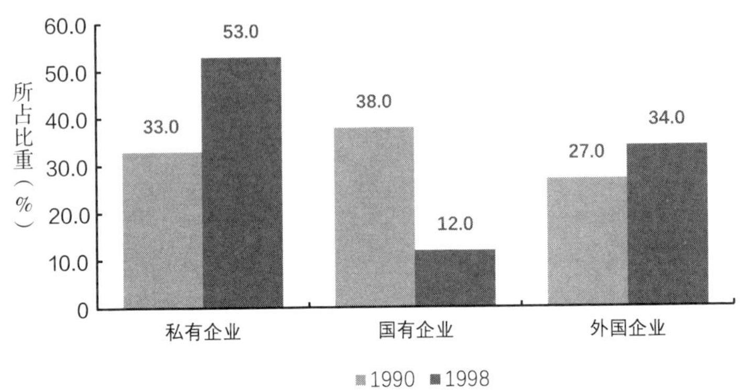

图 13.12 私有化前后巴西不同所有制企业比重对比（1990 年与 1998 年）

数据来源：菲尔霍和席瓦尔（Filho and Silva, 1999）。

私有化过程的确提高了企业的利润，激活了企业的活力，增强了巴西经济的活力，促使制造业产品的质量和服务业服务水平的提升，促进了巴西先进制造业和高附加值产业的发展。但是，由于缺乏充分的论证与顶层设计，加之监管的缺位，巴西在推进国有企业私有化的过程没有对劳动者的福利和全社会的收入分配予以足够的重视，尤其是私有化的过程中出现了大量裁员，而新的就业岗位并没有创造出来，这就导致广大劳动者并没能从中受益，尤其是低收入群体，全社会收入分配差距进一步拉大，结果导致政治治理黏合度出现了下降。

例如，巴西联邦铁路系统在私有化之前拥有 40 000 名员工，在私有化之后，雇员数量缩减到了 11 500 人。钢铁巨头 CSN、COSIPA 以及 USIMINAS 也进行了大量裁员（Castro, 1999）。大量的劳动力离开了改制后的企业，而由于新生的企业远远不能提供足够的岗位吸收这些被裁撤的员工，他们只得流入了附加值更低、收入水平更低的第三产业。就业岗位不足和收入差距持续拉大成为了长期困扰巴西的最主要的社会经济问题。

此外，有批评者认为，外资企业并不愿意将自己的研发部门转移到东道国，其基础研究部门更愿意放在总部或者具有技术集群的地方，即使在海外分部有研究机构，其主要负责的内容也仅限于质量控制等。而核心技术企业的竞争力所在，很少有企业愿意将先进的研发能力和研发成果转移到东道国，许多人认为，巴西之所以长时间对外国技术有强大的需求，这种技术封锁是重要原因之一（维尔纳·贝尔，2014）。

综合来看，1996 年以来巴西经济的对外可进入性持续较低，不仅与 G7 国家平均水平差距较大，而且显著低于世界平均水平，如图 13.13 所示。这说明，巴西在参与全球经济活动时，仍需不断突破自身资源禀赋和市场容量限制，以更低的成本在全球范围内获取各类要素，同时充分发挥自身产业比较优势和生产能力获取全球市场份额。

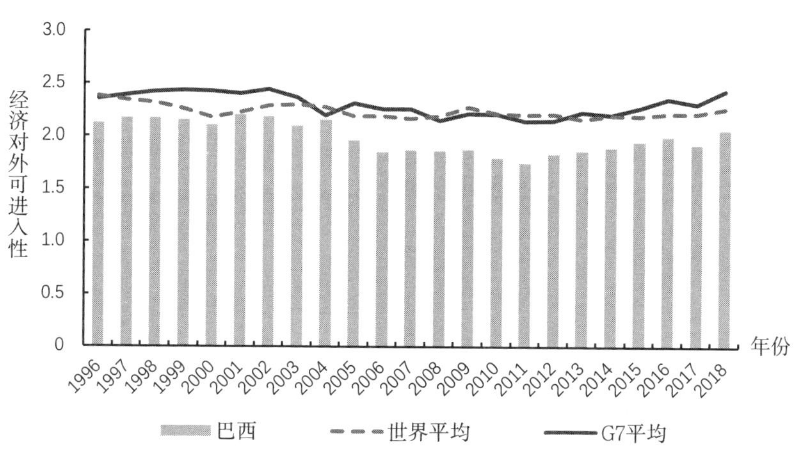

图 13.13　巴西经济的对外可进入性

四、本章小结

本章借助 A-C 理论框架，以巴西为案例，围绕该国经济政治发展的历程，分析了巴西的发展面临的问题。首先，特殊的自然原因从天然上影响了巴西的政治治理黏合度基础，而一直以来的政治经济历程和政治文化框架使得巴西州权主义盛行、半个世纪以来政权稳定性差，国内利益集团林立却始终难以形成良好的协商系统，垄断的经济集团和垄断的政治集团轮番上位，社会政策的持续性不足、执行力不够，整体上，造成巴西政治治理的黏合度不高。其次，从经济可进入性而言，外部经济可进入性低于之前的进口替代政策有重要联系，以贸易壁垒的形式扶植国内产业的发展一方面使得对外贸易的相对规模缩水，同时长期而言也造成了国内产业结构逐步脱离国际市场规律，进一步引致外贸结构的失调和畸形，与此同时，激进的私有化进程使得大量吸引外资的机会被迅速而廉价地释放，以上因素都严重地挫伤了外部经济的可进入性。同时，巴西国内经济的可进入性也存在着问题，通胀频发、金融动荡，资本管制规则混乱严重影响了资本市场市场的健康成长，不加控制的垄断企业和国有企业使得国内产品市场一体化进程缓慢，特殊的自然环境和州权主义下孱弱的中央政府使得大型基础设施建设充满障碍，教育的落后、产业结构的畸形、劳动市场的歧视造成了劳动力市场资源配置的扭曲。巴西在经济发展过程中面临的困境与其政治制度、经济制度有着极其密切的关系，同时也是自然、历史和文化综合影响的结果。

第十四章　避免“中等收入陷阱”的国际经验

一个国家由贫穷到繁荣的过程，并不是一旦启动就会顺利达到终点的。1960 年以来，全球先后有 101 个经济体进入中等收入行列，但只有 13 个成功迈入了高收入行列，而绝大多数国家并没有顺利完成从中等收入行列进一步迈入高收入行列这一过程，在追赶的中途就因种种原因出现了经济增长停滞甚至倒退。很多时候，一个国家经济获得一时的高增长并不困难，难得的是在较长时期内保持持续的较快增长。本章重点通过正反两方面的历史事实，分析那些曾经高速增长并一度跨入中等收入行列的国家或地区，为什么后来落入了“中等收入陷阱”而不能最终走向成功，并梳理了避免落入这种境遇的重要条件。

一、经历高速增长期后会呈现出两类不同性质的回落

纵观工业革命以来各国（经济体）的增长史，经济有起飞，

就有降落，没有一个国家可以永续保持高速增长。增长的速度分布和路径形态大致分为如下几类。

第一类，增长的先行国家。例如英国、美国，它们在较长时期内处于全球技术前沿开拓者的地位，是技术革命的主要策源地，它们的增长往往靠供给（技术）突破带动需求升级增长和新产业的形成，增长形态的典型特点是在较长时期内保持一个较低的且较稳定的速度（图 14.1 中虚线）。当然，美国曾经也是追赶者，尤其是 19 世纪末之前。从某种意义上美国也可以划入下面的第三类国家。

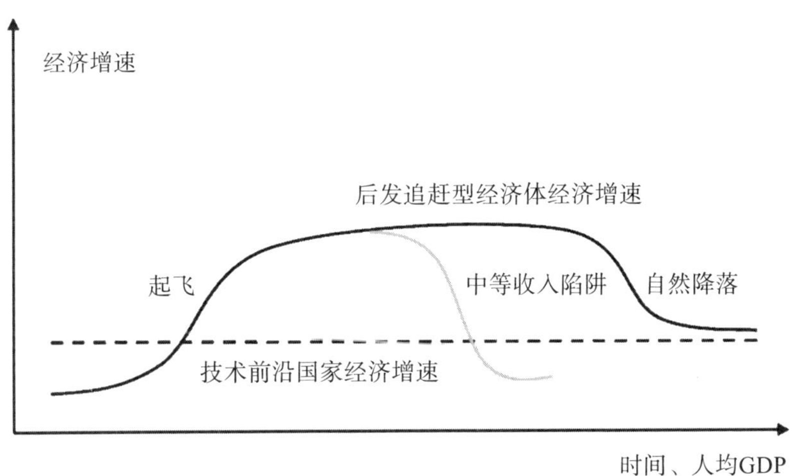

图 14.1　经济增长的路径类型

第二类，增长无法起飞的国家。如撒哈拉沙漠以南的部分非洲国家，这些国家长期没有摆脱“马尔萨斯循环”，没有启动现代意义的工业化进程，经济总体保持在一个低水平、低增长状态。

第三类，追赶-挤压式增长国家。这类国家往往以先行国家为标杆，利用技术、管理、市场和制度等方面的现成经验，充分发挥后发优势和自身资源禀赋优势追赶先行国家，但达到一定发展水平所用的时间却明显缩短。例如人均 GDP 从 1 800 国际元到 11 000 国际元，先行经济体基本都用了上百年的时间，英国用了 141 年，美国 109 年，德国用了 103 年。而后发经济体用时明显缩短，如日本用了 54 年，新加坡用了 37 年，中国香港用了 31 年，韩国和中国台湾仅用了 27 年。这些经济体起飞时人均 GDP 水平越低，随后其追赶进程中经济增速就越高；起飞的时间越靠后，达到特定发展水平所用时间就越短。第二次世界大战以后实现快速增长的经济体中，大多数都属于这一类，中国也属于这类。

以上三类划分，主要关注的是“经济起飞”和“增长速度”两个特征，但没有关注起飞后的降落问题。因为传统主流经济学认为，经济增长一旦起飞，将会自我保持并实现持续增长。但是历史表明，事实并非如此，不是每个能起飞的经济体，都能顺利完成工业化的全部进程，并实现平稳的降落。

如图 14.2 所示，国务院发展研究中心与世界银行合作研究团队的研究显示，1960 年以来，全球有 101 个经济体进入中等收入行列，但直到 2010 年这些经济体中只有 13 个成功迈入高收入行列，完成了基本追赶任务，且在高收入水平上实现成功降落（其经济增速形态如图 14.1 中黑色实线右端部分所示），例如日本、韩国、中国台湾、中国香港、波多黎各、毛里求斯、新加坡和以色列等。而绝大多数国家并没有顺利完成这一个过程，在追赶的中途就因种种原因导致经济增长停滞甚至倒退，跌入“中等收入陷阱”（其经济增速形态如图 14.1 中灰色部分所示），典型的如拉美国家和苏东国家。

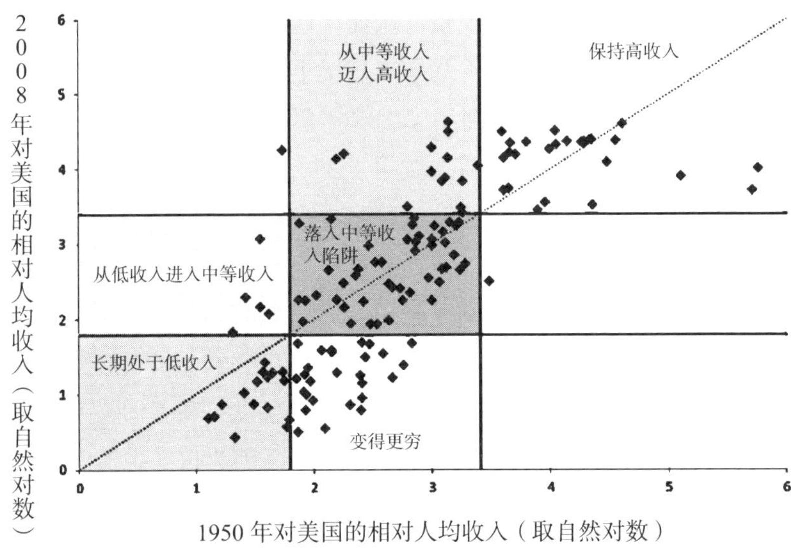

图 14.2 101 个中等收入经济体的发展情况（1960 年以来）

数据来源：世界银行和国务院发展研究中心联合课题组（2013）。

具体什么是“中等收入陷阱”，学术和政策领域都没有确切和公认的界定。它大致描述的是这样一种现象：当一国经济摆脱“马尔萨斯循环”之后，以工业化为特征，启动了现代意义上的经济增长，一段时期内人均收入水平得到相当程度的提升并跻身中等收入国家行列，但在由中等收入向高收入迈进过程中，由于受到某些内外原因的影响或冲击，经济增长在较长时期内出现停滞甚至倒退，长时期不能真正成为高收入国家。

高速增长后可能出现两种前景。如图 14.1 所示，经济追赶进程中高速增长期的结束，存在两种完全不同性质的情况。一种是成功实现工业化，基本完成追赶任务后的增长减速，钢铁、水泥、汽车等工业化的代表性产品产量（或增速）峰值也大致出现在同一时期，属于自然回落。回落发生的时点一般在人均 GDP 达到 11 000—12 000 国际元时。例如，德国、日本和韩国都是第二次世界大战后实现成功追赶的国家，基本都符合这一规律。德国 1947—1969 年 GDP 年均增速为 7.9%，在 1969 年人均 GDP 达到 10440 元后，GDP 增速开始明显下降，1970—1979 年均增长 3.1%。日本 1946—1973 年 GDP 年均增速为 9.4%，在 1973 年人均 GDP 达到 11434 国际元后，经济增速逐步下降，1973—1983 年 GDP 年均增速降至 3.2%。韩国 1953—1995 年 GDP 增长速度年均为 7.9%，在 1995 年人均 GDP 达到 11850 元后，经济增速也明显下降，1996—2008 年经济增长率年均为 4.6%。

另一种则是追赶任务并没有完成，却因经济体制、发展战略、社会分化或其他原因，追赶进程中断，经济长期陷入停滞或倒退，属于非自然回落。回落时点往往发生在人均 GDP 达到 4000 至 6500 国际元时段，此时工业化并没有完成，且经济增速回落幅度更大，多数超过 5 个百分点或降幅超过 50%，经济发展长期落入“中等收入陷阱”。例如巴西、阿根廷和墨西哥在 1981—2000 年经济长期陷入相对停滞期，比其高速增长期（1950—1980 年）的 GDP 年均增速分别降低了 67.6%、50% 和 58.5%。又如，苏联、匈牙利、罗马尼亚、波兰在 1950—1975 年，GDP 年均增速分别为 4.8%、4.1%、6.5% 和 4.6%，而 1976—2000 年，上述国家的年均增速分别降至−0.6%（苏联解体后的数据为各成员国加总数）、0.7%、−0.6% 和 1.5%。

二、避免“中等收入陷阱”的几条国际经验

从历史看，一国落入“中等收入陷阱”的实质是工业化没能顺利推进完成。要防止落入陷阱，需要保持发展战略的动态适应性，而保障战略适应性的关键在于不断提高国民参与率。提高国民参与率的主要途径，对内须打破壁垒、统一市场，对外须按照动态比较优势原则，积极参与全球分工。另外，保持产业体系开

放性、推动农业现代化改造、收入分配差距控制在合理范围、充分发挥政府作用等，也是几个重要条件。

究竟什么国家属于跌入“中等收入陷阱”的国家存在不同的看法和争议。从经济历史上看，拉美国家和原苏东国家，往往被认为具有这方面的典型特征。而工业化的先行国家英国和美国，以及第二次世界大战后快速追赶的德国、日本和韩国等，则没有出现类似情况。为什么有的国家能成功避免“中等收入陷阱”，而有的国家则不能。通过系统比较分析，我们认为有一些重要的事实和国际经验，值得借鉴。

（一）工业化进程能否完成是实质

工业化是现代经济增长的基本特征，“中等收入陷阱”问题的实质是工业化没能顺利完成。从各国经济发展的历史经验看，在人均收入水平由低向高的攀爬进程中，总会遇到各种各样的挑战、制约或者瓶颈，经济增长会在一段时间内相对停滞甚至长时期停滞。虽然各国具体情况差异很大，但是能否成功跨越“中等收入陷阱”，关键看能否顺利推进工业化。如果说“低收入陷阱”“贫困陷阱”讲的是工业化难以启动的问题，则“中等收入陷阱”强调的则是工业化不能持续推进并最终完成的问题。

拉美国家和原苏东国家是陷入“中等收入陷阱”的典型代表，它们最大的共同点在于都出现了明显的工业化进程停滞、倒退，甚至中断的问题。而美日欧等成功进入高收入的国家，与它们最大的区别就在于，除了全球性战争因素外，都顺利完成工业化进程，没有中断过。

（二）需要保持增长战略的动态适应性

非平衡增长战略没有适时向平衡增长战略转变是导致工业化停滞的主因。世界各国发展经验表明，无论是先行国家还是后发国家，工业化往往需要具备一定市场规模，并有新技术突破（或可用）的部门（地区）率先启动。经济快速增长往往由少数部门（地区）推动，具有典型的非平衡增长特征。几乎没有一个国家从一开始就能走平衡发展道路。随着工业化进程的深入，需要率先发展部门（地区）通过市场和产业的前后向联系，逐步带动其他部门（地区）成长，并向平衡增长转变。成功的工业化是一个由非平衡发展到平衡发展的过程。非平衡战略可以在一段时间内（特别是前期）取得明显成功，但一个国家特别是大国经济的发展不可能在全过程一直依赖少数个别部门（地区）的发展。极端单一的非平衡战略将导致严重的结构失衡，影响工业化的顺利推进。

拉美国家过度依赖进口替代战略，长期将国内工业生产与国际市场隔离，受国内市场狭小和国际竞争力下降双重作用，国际收支和国内经济结构持续恶化，最终导致增长停滞。苏东国家同样，利用政府的超强动员能力，采取“重积累、轻消费，重重工业、轻轻工业”的发展战略，使工业化率短期内快速提升，但是扭曲了工业部门与其他部门之间的内在经济联系，随着这种战略实施时间的延长，内部经济结构失衡逐步加重，最终导致经济发展停滞和倒退。

就特定发展阶段，采取进口替代以及重视国家在动员资源的作用，并非拉美和苏东国家独有，在大多数工业化国家都被采用过，英美日等国家也不例外，关键看是否进行了适应性调整。拉美国家的“工业化不足”和苏东国家“工业化过度”现象，实质都是长期僵化依赖非平衡发展的战略，没有根据经济社会发展条件变化，适时推动经济向平衡发展转变的结果，本质是发展战略适应性调整的失败。从不平衡到平衡，再从平衡到新的非平衡，然后是更高水平的平衡，是经济发展过程的基本演进方式，国家经济战略需要根据不同阶段及时做出适应性调整。

（三）能否持续提高国民参与率是关键

不断提高国民对工业化的参与率，是判断发展战略适应性的重要依据，是持续推进工业化的关键性条件。工业化进程也是对传统部门改造的过程。一方面，传统部门的大量劳动力逐渐转移到现代部门，通过更充分的就业和劳动生产率提高实现收入增长；另一方面，通过产业联系扩大对传统部门的需求，以整体生产规模的扩大来促进收入增长；另外，通过技术扩散，使传统部门得以改造，改进要素组合方式，提高整体经济效率。国际经验表明，工业化深入推进的过程，就是一国居民不断融入现代经济体系的过程。成功的工业化具有广泛参与性，工业化战略调整要以提高国民参与率为重要目标。

工业化不断向高级阶段推进，应最大限度调动和吸引各种资源参与工业化，使越来越多的人通过就业直接或间接参与现代产业链，使更多的人从传统部门转移到现代部门，使更广泛的人群分享工业化的成果。如果一国工业化进程只有有限的人参与，而其他人长期游离在工业化之外，则其收入的增长将明显受限，其内外部市场扩大的空间也不可持续，社会稳定性将下降，最终其工业化将后劲不足。

拉美国家是落入“中等收入陷阱”的典型，其最大的症结正是国民参与率不足。由于长期实施进口替代战略，采取与国际市场隔离的办法，保护性发展满足国内市场需求的工业品，但是由于国内市场空间狭小，规模经济优势得不到发挥，工业品价格高，缺乏国际竞争力。受保护的工业因规模难以扩大而对传统部门的吸纳能力不足，大量劳动人口并未融入现代经济体系。同时，由于内部产业体系不配套的限制，实施进口替代仍需要大量进口中间资本品和机器设备，而进口所需的外汇主要由初级产品出口获得，以传统部门的少量贸易盈余来支撑现代部门的发展，使其国际收支具有内在脆弱性。而且在土地高度集中的背景下，大量无地人口涌入城市，但他们与工业化没有直接联系，使得城市化与工业化不相适应，引发一系列社会问题。拉美国家“工业化不足”的问题，其核心就是国民参与率不足。拉美国家发展战略的调整，不但没有提高国民参与率，反而使更多人游离在工业化之外，使他们失去了收入增长的通道，必然导致增长停滞。

苏东国家增长出现重大挫折，一个关键原因也在于人为割裂下的国民参与率不足问题。受斯大林“两个平行的世界市场”理论的影响，苏联经济一直处于半封闭状态。对外经贸合作主要在“经互会成员国”之间进行，且这种合作实际上是苏联国内指令性计划经济体制的延伸。因此，没有真正来自国际市场竞争的激励和压力，企业和产品都缺乏真实竞争力。在这种情形下发展起来的经济基本以国内需求为依托，与整个世界经济的发展、国际大市场的变化和科学技术的进步关系不大。这造成人力资本参与不足，经济结构严重扭曲。大量劳动力在行政限制和集体农庄制度下不能向非农产业正常转移。虽然工业产值在总产值中的比重不断提高，但在军事工业超前发展的战略之下，农业和轻工业部门的资源和有限剩余被强制占用，轻工业发展不足，重工业过度发展，致使就业不平衡的矛盾持续加剧。现代部门的增长强制占有传统部门的剩余，大量劳动力被限制在高增长的工业部门之外，增长动力终究不可持续。

（四）打破国内壁垒与发挥动态比较优势很重要

打破壁垒以统一国内市场，按照动态比较优势原则积极参与全球分工，是提高国民参与率的根本途径。与漫长的农业文明相比，工业化时代的一个重大转变是需求制约并支配供给。低收入国家有效需求约束问题更为突出。因收入低使得有效需求不足，市场空间狭小，大量的资源要素闲置，不能有效组织起来参与生产，并且传统部门有限的剩余也不能被动员利用。工业化一旦启动，要保证人均收入水平不断提升，核心任务就是要突破需求约束，不断拓展市场空间。市场越大，分工越深化，要素吸纳能力越强，越能保障更多的人有效融入现代经济增长，促进收入持续增长，形成“市场扩大、参与率提高、收入增长、市场进一步扩大”的良性循环。

积极拓展市场，对内部市场而言，重点是打破地理边界、区域市场、社会和制度等方面的制约和阻隔，优先发展基础设施等超前社会资本，促进人口、要素自由通畅流动，完善产权制度和契约保护，以缩短距离，拓展边界，促进集中，深化分工，形成有效统一的国内市场。对外部市场而言，重点是按照动态比较优势原则积极参与国际分工，使本国优势资源能够在全球市场范围内发挥作用，参与全球要素组合；在国际分工环节上，尽可能为全球更多人生产和服务（规模扩大），同时不断提升本国在国际分工环节中的地位（价值链提升）。

成功跨越“中等收入陷阱”的国家，无论领先的英美，还是第二次世界大战后快速发展的德国、日本和韩国等国，总体上都符合这一基本规律。而拉美国家从工业起步开始，在打破国内壁垒、统一市场方面，一直存在历史欠账，基础设施等超前社会资本投入明显不足。其在 19 世纪后期和 20 世纪初期取得的快速发展，主要由初级品出口拉动，但受大地主和外部资本严格控制，二元结构特征不但没有打破而是被强化。当 20 世纪 40 年代后转入进口替代战略，又进一步违背了比较优势原则，影响了其参与国际分工的广度和深度，限制了产业竞争力的提高和市场空间的扩大。工业化起点缺陷和人为市场隔离，埋下了后来陷入长期经济停滞的种子。

（五）扩张产业规模和促进技术进入

积极扩张产业规模，完善产业体系并保持开放性，是促进技术进步、产业升级的重要动力，也是推动增长模式从“要素驱动”过渡到“创新驱动”的基础性条件。作为后发国家，由于受到的技术约束不像发达国家那样强，制度也可以模仿学习，有实现超常规压缩式快速增长的条件和迅速追赶先行国的可能。但实践证明，后发国家对已有技术并不能做到任意选择，需求约束和规模不足会限制技术的选择与应用。需求的约束不仅会限制技术的选择，一定程度还会强化或转变为技术的约束。现成技术的应用与需求的成长是相互作用的，当市场规模很小的时候，其实很多现有的技术是不能被采用的，或者在经济上是不可取的。扩展规模是进行标准化生产的基础，有利于先进技术的选择与应用，降低单位成本，提升整体经济效率。

扩大规模，拓展产业前后向联系，促进产业链聚集，形成相对完备的产业系统有利于促进创新。从经济学的视角看，创新与发明存在明显区别，创新是发明创造的商业化过程，创新具有明显的集群性、系统性特征。产业前后联系越广，产业集聚度越高，产业体系越完备，与之配套的制度环境越适宜，形成一个有利于创新的产业系统，并且该系统对外部保持开放性，则出现创新的可能越大，创新对发展的贡献越显著。

拉美国家的问题主要是市场狭小、规模不足、产业体系不完备，严重约束了技术选择空间，限制了技术的应用，阻碍了技术进步。苏东国家的问题则是系统开放性不足，在封闭系统中自我循环，强化了内在结构的缺陷。由于工业化过程中技术进步和产业升级受阻，进而使得市场空间得不到有效拓展，反过来限制了以要素投入型为主的增长模式的发育壮大，更不用说逐步形成创新驱动的增长模式。所以，落入“中等收入陷阱”的国家，往往都表现为要素驱动（投资驱动）增长的阶段没有顺利完成。

（六）利用外资要立足发挥自身优势

立足发挥自身优势利用外资，提升竞争能力，避免形成对外资金及技术的严重依赖，是保障经济增长内在稳定性的重要因素。利用外部资金，不仅可以解决发展初期资金不足的问题，更重要的是，一方面可以实现直接与外部市场连接，拓展外部需求空间，充分发挥自身比较优势的作用；另一方面，通过合作和产业联系，利用外资在技术和管理上的外溢效应，以提升本国相关产业部门和企业的技术水平和管理能力。但在利用外资过程中，要立足发挥自身优势，强调与本地工业化和产业体系发展紧密联系，要有利于促进本国企业发展壮大，不断提升本国产业的竞争力，防止外资对本国经济过度控制，防止本国经济对外部资金和技术的过度依赖，以避免外资转移或外部市场波动对本国发展造成重大冲击。

拉美国家的一个重要教训，正是在于对外部资金和技术的过度依赖。跨国公司投资只是借用拉美廉价的生产要素和劳动力，技术和管理外溢效应明显不足。而且由于不当的引资政策，使外资对其早期的初级产品出口和后来高技术工业品的生产形成了过高的控制力，与本地产业发展和升级没有紧密联系。以大量优惠政策为代价吸引外资的同时，加重了本国企业在竞争中的劣势地位，发展空间受到人为挤压，影响和制约了它们的发展壮大，自主产品在国际市场上缺乏竞争力。

（七）推动农业部门发展和农业现代化改造

工业化的基本特征是农业地位相对下降，制造业地位相对上升，但工业化的推进绝不意味着对农业部门的削弱或者抛弃。农业自身的发展既是工业化的起点，也是工业化持续推进的重要动力。传统部门的剩余是现代部门快速发展的重要基础，绝大多数工业化国家，工业化历程的起点，往往先从农业发展开始，然后逐步推动轻工业发展，再到重工业和高级制造业。农业对工业化的重大贡献，不仅体现在提供了早期的资金投入、充足的劳动力和基本原材料的供给，而且还是重要的工业品消费需求市场。

有两个方面的国际经验要特别注意。第一，相对公平的农村土地制度，不仅有利于促进农业自身发展，为后续工业发展提供有力的支撑，而且是调节初始收入分配差距的重要手段。农村土地改革和农民的独立自由，是推动农业人口向更高生产率部门快速转移的重要条件。19世纪的美国、德国，20世纪日本、韩国、中国台湾都是成功推行土地政策，促进工业化持续发展的典型。第二，工业化进程中，要始终高度重视农业的发展，实施农业现代化改造，这是打破二元结构，缩小城乡差距，推动工业化顺利推进的重要保障。积极采取多种政策支持农业发展，实施工业反哺农业，用现代技术改造传统农业，是成功跨越“中等收入陷阱”的国家的共同特点之一。

长期对农业的忽视导致农村改革严重滞后，是拉美国家后期发展陷入停滞的重要原因。一方面，拉美国家在摆脱殖民统治独立后，对传统的农业和土地制度并没有进行根本性改造，传统部门对工业化缺乏内部的需求和动力。资本主义的发展和现代工业的起步，几乎完全由初级产品出口带动，农业自身发展没有得到基本的重视。另一方面，严重的土地集中，使广大没有土地的农民，并没有在初级产品出口带来的繁荣中获取更多收益。而后期少数部门工业化的发展，二元化特征不但没有改善反而更为突出，贫富差距迅速拉大，大量无就业人口涌入城市，城市化程度虚高，社会问题突出。

（八）保持社会阶层的流动性

调节收入分配差距，提高社会阶层的流动性，是保证工业化顺利推进和经济社会协调发展的重要条件。绝对的结果平等（平均主义）和过大的收入差距，都不利于经济社会的持续稳定发展，合理的收入分配结构总体上更有利于经济长期增长。一方面，公平的收入分配有利于各利益集团的求同存异及其在各类经济政策上达成一致，并及时加以实施；另一方面，收入分配越公平，则具有相同消费能力和偏好的人口越多，对标准化产品的需求规模越大，更利于工业标准化生产和专业化分工的深化。

国际经验表明，在经济快速增长时期，往往伴随着收入分配差距的拉大，但随着经济持续增长，收入分配差距会逐步缩小，基本符合库兹涅茨归纳的“倒 U 型”特征。但应注意到，收入分配这种变化轨迹并不一定能自然发生，而是伴随着不同社会群体的利益冲突和妥协，需要政府进行主动干预。同时还应注意到，收入分配差距并不必然导致严重的社会问题和引发经济增长停滞。一段时间内收入分配差距拉大并不是最可怕的事情，最可怕的是收入分配差距在人群间和代际间被锁定，不合理的收入分配关系被固化。如果人群间和阶层间可以流动，各阶层社会成员就有改变现状的希望和动力，经济社会就会保持活力。反之，则会引发社会动荡，各阶层关系失谐，进而使经济社会发展失去必需的社会凝聚力，发展必然陷入停滞甚至倒退。

（九）政府能力是重要条件

保障工业化顺利推进，避免落入“中等收入陷阱”，政府发挥着不可替代的重要作用。无论是联邦制国家还是单一制国家，无论信奉自由主义还是信奉权威主义，在一国工业化持续推进过程中，虽然程度不同，重点各有侧重，政府都发挥着十分重要且不可替代的作用，集中表现在提供产权保护，保持政治和社会稳定，动员社会资源（通过税收、激励政策或直接参与）进行超前社会资本投资，提供公共服务和调节收入分配差距，打破公共产品供给不足的瓶颈，保持宏观政策的稳定性和连续性等多个重要领域。

随着工业化发展，市场规模越大，分工越细，交易越复杂，公共领域也在快速拓展，会使外部性问题越发突出，社会所需的公共服务不断增加，对政府职能的需求不是弱化了而是强化了。但政府不能替代市场，政府和市场是相互促进、互为补充的关系。20 世纪 30 年代以来，全球经济的一个重要特征是增长的波动性减小、稳定性增加，这与各国政府普遍重视宏观调控密切相关。

在跨越“中等收入陷阱”过程中，成功国家与失败国家的重要区别在于：第一，政府保持强有力的治理，不为利益集团所左右，不被短期利益所迷惑，保持发展战略的动态适应性，坚持长期发展目标不动摇。第二，坚持市场机制对资源配置的基础作用，政府将重点放在克服公共领域障碍和瓶颈上，重点推进制度改革，为市场发育、产业升级、技术创新创造良好环境。第三，处理好经济发展与社会发展的协调性，建立社会公共安全网，促进最广大国民积极参与工业化进程，共享经济社会进步的成果，避免社会阶层严重分化对立，保持社会持续稳定。

三、跨越“中等收入陷阱”的 A-C 理论视角

一个经济体由低收入向中等收入过程的迈进依靠的是工业化进程的开启；在达到中等收入后，若能够保证工业化可持续推进，则可能顺利跨入高收入行列，而如果工业化过早中止则会落入中等收入陷阱。无论是工业化过程的开启，还是“中等收入陷阱”跨越的成功经验与失败教训，都与 A-C 理论的政治治理黏合度和经济可进入性双支柱框架具有内在一致性。

A-C 理论认为，经济持续增长的必要条件是融合稳定的政治社会环境和开放有序的市场环境。稳定的政治社会环境需要实现黏合型政治治理，从而协调各利益集团达成社会共识、形成统一的集体行动，推动高效的政策执行；开放有序的市场环境需要开放包容型经济制度，各类经济主体可以自愿并相对便利地参与各种经济机会。一个经济体能够开启工业化，在工业化过程中稳步发展并最终跨入高收入行列，两个支柱缺一不可。

缺少黏合型政治治理，社会将陷入各类利益集团、阶级之间的撕裂状态。在这种冲突型政治治理模式下，政府为少数利益集团与阶级所裹挟而不具有足够的代表性，导致政治动荡频繁且产生的政策不能很好地平衡各方利益；政府因缺少代表性进而也缺少权威性，政策执行低效迟滞，特别是不能根据社会与经济形势变化做出快速适当的调整。社会的过度内耗导致经济发展缺乏基础的稳定保障，造成经济无法起飞或者在起飞后很快回落。

经济可进入性受限，代表着资源配置效率损失，因为此时生产要素无法在经济体内外部高效畅通地流动。对内可进入性受限的经济，因为经济体制、营商环境、基础设施等因素存在缺陷而不具有统一开放、竞争有序的内部市场，市场机制无法在企业进入、产品交易、资金与劳动定价和流动等资源配置过程中发挥应

有的决定性作用，造成自身资源禀赋浪费或错配。对外可进入性受限的经济，因为发展战略、经济模式、贸易结构等方面的原因而无法深度融入全球经济活动中，从而无法利用国际产业分工提高生产效率。一方面，经济体不能突破自身资源禀赋限制，以最低的成本在全球范围内获取各类生产要素；另一方面，经济体不能突破自身市场容量限制，充分发挥自身产业比较优势和生产能力获得国际市场份额。缺乏基于动态比较优势的国际分工专业化和国际市场需求拉动，同样也会导致经济无法起飞或者起飞后很快就着陆了，不能实现较长时期高增长。

成功跨越“中等收入陷阱”的经济体，普遍表现为通过成功建立政治黏合与经济对内对外开放，从而保证工业化的开启和顺利推进。以第二次世界大战后“亚洲四小龙”中的新加坡与韩国为例，两国均依靠政治强人领导下的威权体制完成了国家共识与强力政府的构建，制定了能够平衡各利益集团与阶级利益的发展战略，建立了专业高效的技术官僚队伍和国民经济动员体制，实现了相对黏合的社会结构，为工业化起飞提供了稳定的政治保障。与此同时，两国都建立了有序开放的经济制度，积极参与全球产业分工，从引进外资建立出口导向型产业入手将国际市场需求作为工业化的初始引擎，再随着经济实力的提升与市场环境的成熟不断扩大产业规模，逐步延伸出资本密集型、技术密集型产业以及最后实现金融体系开放，形成完善的产业体系。相比小型城市国家新加坡，韩国作为一个中型国家，在实现经济对外有序开放的同时，还注重经济的对内开放，通过增加农业农村的基础设施、生产设备、化学肥料投入极大地提高了农业部门生产率，使得农业部门能够产生大量剩余劳动力并且能够有效地流动到需求旺盛的工业部门。此外，两国都通过大规模的港口或（及）高速公路等交通基础设施建设增强了经济的内外联通，打破国内外进出壁垒，融入国际市场和构建统一的国内市场。尤其重要的是，新加坡与韩国在工业化进程中较为平稳地实现了政治经济政策的动态调整，从而保证了政治治理黏合，而非进入单峰有偏或多峰冲突情景，保证了国民的政治经济高参与率。例如，新加坡始终坚持民族融合与政权共同参与政策，持续推行居者有其屋政策保障公民基本住房权利，使得以人民行动党在政治治理上保持单峰无偏。韩国虽然在军事威权体制解体过程中经历了一定波折，但随着社会形势变革最终平稳过渡到多峰和解的政治治理模式，保障了工业化进程的完成与自然回落。

而曾经取得优秀的高速增长成绩，但随后陷入停滞的国家，则往往是没能够延续高速增长时期的单峰无偏或者多峰和解政治治理，政府丧失代表性和国民经济动员能力；经济发展战略也没能实现包容平衡增长的动态调整，收入分配差距过大造成阶级对立和大量经济主体无法平等获得经济机会。以拉丁美洲的阿根廷和巴西为例，两国均属经济在高速增长后停滞的国家，均经历过起飞阶段但至今仍没有迈入高收入国家行列。阿根廷和巴西脱胎于殖民地时期的畜牧业或种植园经济体系，存在势力强大的农产品生产集团、出口贸易垄断集团等重要利益集团；民族构成复杂，各民族间文化传统多有差异，相互之间存在歧视与冲突；同时两国均为联邦制国家，即便是在军事独裁或帝国时期都没能完全解决州权对抗中央的问题。特殊的经济体制和国家构建中的先天不足，导致阿根廷和巴西社会的政治治理缺乏稳定性，政治治理结构很容易陷入混乱，利益集团博弈失控、政府缺乏政策执行能力或者国民政治经济参与率下降。政府动员能力的不足导致国内基础设施投资不足，收入分配差距过大，无法有效联通国内分割破碎的狭小市场；非平衡增长战略没有适时向平衡增长战略转变，长期采用的进口替代战略和华盛顿共识下矫枉过正的经济自由化政策使经济对外可进入性在过度受限与过度开放之间剧烈摇摆，无法实现经济的有序开放和产业的循序升级，导致了工业化的停滞。

第十五章　相对增速与经济持续追赶

国家由穷到富的转变过程，不仅是超越自己，也是超越其他经济体的过程，一定程度上体现的是国家间增速竞争和相互赶超。因此，就一个追赶型经济体而言，讨论相对增长的意义大于讨论增长本身。本文构建了相对增速的概念和指标，在同一框架下识别国家经济起飞和减速的特征，得到了不同于已有研究的特征事实。本章基于180多个国家和地区1900—2018年的人均GDP及其增速数据，并设定世界经济基准增速作为参照系，识别出典型经济体经济高速增长区间，并识别高速增长区间的起飞和降落节点。根据典型经济体高速增长持续时间和降落时人均GDP水平等因素，将41个典型经济体当前经济发展阶段划分为五组，包括起飞后中止、工业化进程、经济转型期、转型停滞、发达国家，并进行了分组实证分析。同时纳入A-C理论，结合政治治理和经济可进入性对各国发展历程的影响，对经济起飞和着陆的原因进行分析讨论。

一、经济赶超：绝对增长还是相对增长

一个国家由穷到富，通常需要经历经济起飞到减速的完整阶段，并经历过足够长时间的高增长期，才能获得相对国力的明显提升。工业革命以来，后发国家通过接受技术扩散、利用全球化红利纷纷走上赶超之路，其中少数成功实现了经济由穷到富的转变，跃居中高收入国家行列，而另外一些赶超型经济体遭遇了失败，甚至陷入政治动荡和经济衰退的泥潭中。

从重商主义以来，经济学家们持续寻找着经济高速增长的驱动力。从哈罗德、多马增长模型到索洛模型，从科尔奈等人的制度增长理论到罗默等人的新增长理论，经济学家对经济增长的理解不断加深，而德索托等人则亲自为后发国家开出各种药方，从政治经济等多种角度理解起飞和减速。经济如何实现高增长是发展经济学当中的核心问题。分析经济赶超首先需要对经济高增长进行合理的识别。在豪斯曼、普里切特和罗德里克（Hausmann, Pritchett, and Rodrik, 2005）的开创性研究以三个标准识别经济起飞：增长迅速、增速上升、增速中轴上移，并赋予了相应的阈值条件。后继者从经济增速加速、减速和持续性等多种因素进行尝试，并用因子模型寻找背后的原因。近年来，越来越多的研究将重点放在高增长区间和增长的持续性上。

研究经济追赶有两个值得注意的事项，其一是关于经济的起飞和降落的时点（Turnpoint, Takeoff Point），其二是高增长区间的持续时间。如能通过设置合适而简单的阈值条件，识别出经济高增长区间的起点和终点，以及高增长的持续时间，将有助于我们更好理解赶超经济体的发展历程。

关于经济起飞和减速，伯格等（Berg et al., 2012）讨论经济

起飞、减速、稳定的条件，发现主要的影响因子有三类，收入分配平等程度及民主机构、出口导向、宏观经济的稳定。艾肯格林、朴东贤、申宽浩（Eichengreen, Park, and Shin, 2012）对世界主要经济体增速减速进行了较为详实的数据描述和原因分析。琼斯和奥尔肯（Jones and Olken, 2008）提出了三点主要结论：经济增长加速和崩溃是不对称的现象，崩塌的典型特征有价格波动加大、投资减少，而增长的起飞主要与国际贸易的扩张有关，持续增长是困难的。一个国家由穷到富，通常需要经历经济起飞到减速的完整阶段，且其增速需要超过同期其他国家。贝克尔、洪农和沃斯曼（Becker, Hornung, and Woessmann, 2011）的研究，主要阐述了工业革命期间法国和德国等国家接受英国技术扩散并快速发展的故事，这一经济起飞的故事在世界经济史中频繁上演。杨汝岱、姚洋（2008）在豪斯曼等（Hausmann et al., 2005）的基础上考察一国经济发展中对外贸易格局与经济发展绩效的关系，文中提出了有限赶超的概念，识别了产业升级对经济发展的影响。

与上述研究不同的是，许多研究认为经济起飞和降落事实上难以预判，也没有稳定的规律。豪斯曼、罗德里格斯和瓦格纳（Hausmann, Rodriguez, and Wagner, 2008）定义了经济大幅下行的条件，对那些遭遇经济危机的经济体进行了分析发现，大部分这些变量不会帮助预测危机发作的持续时间。伊斯特利（Easterly, 2006）研究识别了经济起飞的条件发现，通过特定因素或外部帮助实现起飞的想法，没有得到数据支持，成功案例很少。经济起飞不与援助、投资有关，也不一定和教育支出有关。

一些文章研究政治制度对经济影响。阿西莫格鲁等（Acemoglu et al., 2003）较早研究了政治制度和冲突对经济绩效的影响，认为追求扭曲宏观经济政策的国家，包括高通货膨胀、大量预算赤字和汇率波动，其经济增长会比较缓慢。无效的政治制度会限制国家的经济活力，例如政治腐败、政治不稳定、剥夺财产等，采取攫取型制度的国家更容易发生经济危机，使得国家陷入低收入泥潭。森（Sen, 2013）通过国家案例研究和跨国计量经济学，提出理解经济增长的政治驱动力需要解释从一个增长阶段到另一个阶段过渡的政治动态，早期增长加速的政治驱动因素与增长持续维持不同。非正式机构可能在增长加速中发挥作用，而正式的可靠承诺机构、提供公共物品和克服协调失败在维持增长中将更为重要。

穷国和富国是一个相对的概念，给定足够长的发展时间，大部分国家总能达到特定富裕程度，但是只有经济增速显著高于其他国家，至少是同等发展水平的国家，才能提高国家在世界中的地位和排名，才能改变经济发展水平的相对状况。而且，经济发展和技术进步往往不是匀速的，战争、技术突破或者经济危机都会显著改变世界平均增速水平，使得世界经济在某一时段表现为快速增长或持续低迷。因此采用一个新的相对增长的指标，既能反映了世界技术进步前沿的动态，也能反映出世界重要国家的发展态势，减少全球性经济周期对我们考察经济增速的影响，更好刻画后发国家经济地位赶超和经济绩效变动的过程。

已有文献和结论多基于绝对增速的识别和分析，本文主要分析和结论采用基于相对增速的构建和测算展开，设置了基于相对增长的识别条件，对经济高增长区间进行了识别。并利用世界技术前沿的思路建构了相对增速的概念。使用相对增速有几个重要的考量：第一，相对增速能反映该国比同期其他国家做得更好还是更差，突出“赶超”的含义。第二，基于相对增速的指标体系可以看出国家在多长的时间内优于对照组。第三，相对增速能够很好反映起飞和着陆的自身因素。第四，相对增速的做法能够很好地平滑经济景气周期。基于经济高增长区间的识别，结合政治格局演变对各国发展历程的影响，运用 A-C 理论这一新的分析框架对经济起飞和着陆的原因进行讨论。

二、相对经济增速与参照基准的构建

本文首先梳理了 1900—2018 年 180 多个国家和地区人均 GDP 增速数据。长时序的数据我们采用的是麦迪逊世界千年数据库 2013 版数据。麦迪逊数据库包含了 180 余个国家和地区 1900—2010 年人均 GDP 数据，并计算得到每年的人均 GDP 增速。考虑大多数战后经济增长的研究使用世界银行数据库数据，本文基于世界银行 1960—2018 年人均 GDP 和增速数据库，将世行数据和麦迪逊数据库进行匹配，1960 年以前的人均 GDP 增速来自于麦迪逊数据库计算结果，之后经济增速数据来自于世界银行。

构建相对增速的核心是构建基准增速。指标构建既需要考虑周期的因素，又考虑了世界技术前沿和技术扩散的因素。

我们将 1900—2018 年 G7 国家的平均增速作为基准。这一基准设定是基于世界经济、技术前沿演进的思路。第一次工业革命中，世界的技术前沿是英国，随后从 1860 年开始，世界的增长前沿由美国、英国、法国、德国、日本共同驱动。这几个国家的平均增速代表了世界经济的技术前沿，也是各国主要赶超的参照系。第二次世界大战后，涵盖了加拿大和意大利两国的 G7 开始成为世界经济前沿的领导者，代表了先进国家的发展情况，G7 国家的经济增速能很好反映世界经济第二次世界大战后的主要发展情况。此外，在基准增速中加入日本、加拿大、意大利等国家，能够减轻因世界大战、经济危机、单一国家经济波动等因素造成的数据剧烈波动，使得基准增速有更好的代表性。考虑到不同时期 G7 国家在世界经济中的地位和权重不同，本文采用人均 GDP 加权平均增速，更好地反映 G7 国家平均水平。

图 15.1 展示了 1900 年以来 G7 国家人均 GDP 加权平均增速。基准增速表现出明显的周期性，在大萧条后、第二次世界大战后出现两次大繁荣，而 20 世纪 70 年代后主要发达国家经济增速长期下行，并在世界经济危机期间出现负增长。

图 15.1 G7 国家人均 GDP 加权平均增速（1900—2018 年）

这一指标的构建相对于目前研究常用的增速基准，有几个特点。一是避免了将美国经济增速作为基准。很多研究将美国的经济增速作为世界技术前沿的进步速度,并作为各国增速的参照系。这种做法过于主观，算出来的相对增速没有反映世界当时的经济周期和技术进步周期，且单一国家作为标准波动剧烈。二是不同于将世界平均增速作为基准。世界平均增速很难包含世界技术前沿的概念，也将后发追赶型国家包含其中，难以充分体现追赶效应。三是优于该国和同等收入水平国家的增速对比。赶超是中低收入国家对高收入国家的赶超，如和同等收入水平国家对比很难反映其相对发达国家赶超的过程。

为进一步剔除经济波动的影响，我们对经济增速进行 9 年移动平均处理[①]。这是因为短时序的移动平均会留下过多的经济短期波动。如使用长时序的移动平均结果，会导致经济起飞和减速的起止年份发生较多改变，数据波动会有滞后效应，影响我们对经济拐点的判断。因此移动平均的时间跨度不能太长。研究尝试了 HP 滤波和其他参数的移动平均，结论对参数不敏感。

三、经济高速增长区间的识别条件与结果

通过一国增速和技术前沿的对比，能更好地体现该国所处的位置和状态。只有经济增速相对基准增速要快，才能说明该国处于赶超状态，经济运行和经济绩效才有特别之处，有深入研究的价值。基于数据处理，本部分分析了相对增速与绝对增速的差别，并设置了阈值条件识别经济相对高速增长区间。

（一）相对增速与绝对增速比较

图 15.2 为相对增速和绝对增速的示意，可以看出，战后世界经济增速很高，在 2%—4% 的区内持续了二十余年，但是其相对增速一直到 20 世纪 90 年代中后期才转正，这反映了发达国家的战后的巨大优势，日本、法国、德国等战后重建中保持着二十余年的高速增长，带动基准增速保持着高位，发达国家和后发国家的经济地位差距迅速扩大。

---

① 我们对各种平滑方式都进行了尝试，9 年的阈值期间较为合理。

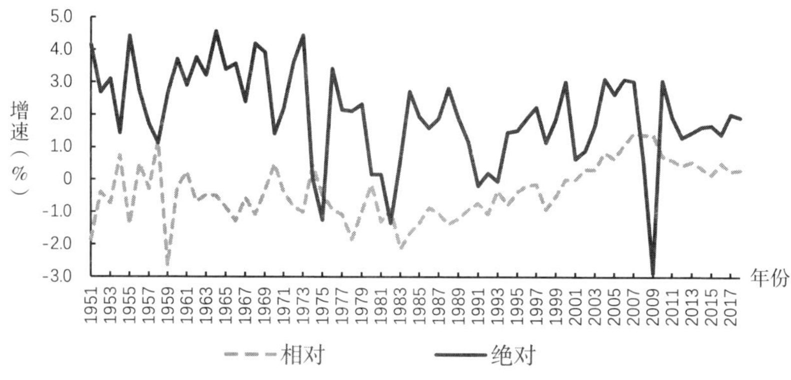

图 15.2　世界经济绝对增速与相比 G7 国家的相对增速

以韩国为例，在对经济高增长的判定上，相对增速的结果明显不同于使用绝对增速分析的结果。图 15.3 显示的是韩国 1900 年至今，绝对增速和相对增速的数据。战后，韩国绝对增速和相对增速的缺口始终存在，以绝对增速为例，如果将增速大于 0 作为标志，韩国从战后开始了持续的增长，1950 年以后经济增速始终保持在 2% 以上，出现了经济持续高增长的繁荣态势。但是从相对增速上可以看出，韩国在 1965 年前后相对基准增速才出现正增长，才出现了相对国力和国际地位的提升。两个标准对经济起飞的判定相差 15 年。这说明，韩国从战后到 1965 年，其经济回暖依托于世界战后繁荣的大背景，并没有过人之处，1965 年以后，其经济绩效才较为突出。

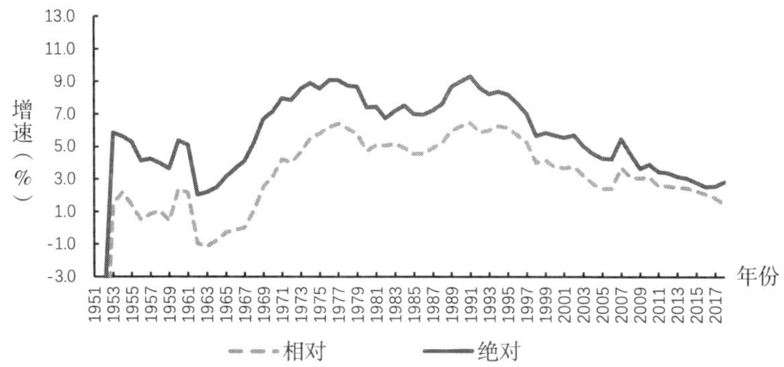

图 15.3　韩国经济绝对增速与相比 G7 国家的相对增速

（二）经济高速增长区间识别条件

通过设置相对增速和识别条件，本文希望在两个原则下刻画经济高增长区间，从而识别出经济起飞到着陆的全过程：

第一，相对其他国家做得更好，而不仅仅是增长的绝对值很高。经济增长绝对值已有很多研究，但是相对增长的研究有限。

第二，经济高增长区间时间要足够长，要能够改变一个国家在世界上的相对位置。我们认为一个经济周期通常是 8 年左右，那么一个国家持续九年增速高于基准增速，则这段区间被认为是高增长区间。时间窗口过短会导致短期波动的噪音过多，时间过长则标准过于苛刻。如果要求窗口更长，则会出现经济已经起飞，但是识别出的结果过少，失去意义。

关于高增长的判断标准，本文不要求经济体的增速要高于基准增速某个阈值，这是因为首先阈值的设置具有主观性，其次基准增速长期处于 2%—3%，已经高于很多文献的高增长阈值，比基准增速高，已经说明了该国经济表现优异。

（三）经济高增长区间的识别结果

基于上述连续九年相对增速大于 0 的标准，识别出 92 个国家或地区出现了高速增长区间。如果主要识别追赶型高速增长区间，那么还需要考虑人均 GDP 水平、人口规模、累计增速等因素。

表 15.1 列出的是人均 GDP 在 1 000 美元以上、人口数量在 1 000 万人以上（除新加坡和毛里求斯外）、高速增长区间累计增幅较基准国家增幅高 20 个百分点以上，41 个国家的最近一次高速增长区间，列出起飞时间和当时的人均 GDP 水平，降落时间和当时的人均 GDP 水平，2018 年的人均 GDP 水平，高速增长的时间跨度和平均相对增速。

其中，起飞时间判断标准为该时点后十年平均相对增速较前十年高 3 个百分点，降落时间判断标准为该时点后十年平均相对增速较前十年低 3 个百分点。

表 15.1 典型高速增长国家起飞降落及其人均 GDP

国家	起飞	降落	起飞人均 GDP（2010 年美元）	降落人均 GDP（2010 年美元）	2018 年人均 GDP（2010 年美元）	跨度（年）	平均相对增速（%）
中国	1977	2013	280.0	5 710.6	7 752.6	37	6.9
毛里求斯	1985	2018	2 762.8	10 578.6	89.5	34	2.6
韩国	1966	1995	1 277.5	12 055.2	26 761.9	30	5.6
越南	1992	2018	478.4	1 964.5	1 964.5	27	4.3
波兰	1993	2018	5 827.6	16 659.3	16 659.3	26	3.0
日本	1946	1969	3 065.7	18 837.2	48 919.8	24	5.0
缅甸	1992	2013	205.9	1 174.1	1 571.9	22	7.4
柬埔寨	1999	2018	398.3	1 205.0	1 205.0	20	5.1
加拿大	1900	1917	5 514.9	9 093.9	51 391.7	18	2.0
土耳其	2002	2018	8 003.5	15 069.0	15 069.0	17	3.1
印度	2003	2018	2 335.6	2 100.8	2 100.8	16	4.6
新加坡	1960	1974	3 503.4	9 440.2	58 247.9	15	7.3

（续表）

国家	起飞	降落	起飞人均 GDP（2010 年美元）	降落人均 GDP（2010 年美元）	2018 年人均 GDP（2010 年美元）	跨度（年）	平均相对增速（%）
法国	1919	1933	5 323.4	8 026.9	43 663.6	15	3.7
西班牙	1961	1975	8 172.6	16 626.4	32 949.6	15	2.3
沙特阿拉伯	1961	1974	12 909.7	39 152.1	20 819.7	14	9.2
伊朗伊斯兰共和国	1957	1970	2 980.6	7 015.0	6 952.4	14	5.1
孟加拉国	2005	2018	617.5	1 203.2	1 203.2	14	4.3
多米尼加共和国	2005	2018	4 472.7	7 697.7	7 697.7	14	3.6
乌兹别克斯坦	2004	2016	1 131.8	2 229.8	2 366.3	13	4.9
德国	1947	1958	4 913.8	13 588.6	47 477.8	12	6.6
秘鲁	2002	2013	3 359.2	5 919.2	6 453.6	12	4.4
印度尼西亚	2007	2018	2 757.9	4 284.7	4 284.7	12	3.4
菲律宾	2007	2018	1 968.8	3 022.0	3 022.0	12	3.3
委内瑞拉玻利瓦尔共和国	1920	1930	1 641.9	4 822.7	14 025.4	11	10.4
古巴	1999	2009	3 298.8	5 596.1	6 816.9	11	4.5
俄罗斯联邦	1999	2008	5 876.2	11 087.8	11 729.1	10	5.8
斯里兰卡	2003	2012	1 933.2	3 286.0	3 936.5	10	5.1
希腊	1963	1972	7 815.9	15 738.3	23 558.1	10	4.6
马来西亚	1988	1997	4 042.1	7 041.7	12 120.1	10	4.4
乌克兰	2000	2008	1 818.0	3 322.0	3 110.2	9	6.4
泰国	1987	1995	1 857.9	3 531.7	6 361.6	9	6.2
巴西	1968	1976	4 147.4	7 296.3	11 026.2	9	4.6
阿根廷	2003	2011	7 380.5	10 883.3	10 043.5	9	4.5
葡萄牙	1965	1973	6 029.6	11 281.3	23 994.7	9	4.3
伊拉克	1992	1999	1 846.0	4 393.8	5 477.7	8	13.8
哈萨克斯坦	2000	2007	4 491.6	8 523.8	11 165.5	8	8.0
罗马尼亚	2001	2008	5 224.6	8 914.0	11 532.1	8	6.6
安哥拉	2002	2009	2 433.8	3 549.6	3 229.6	8	5.6
苏丹	2005	2012	1 206.5	1 787.0	1 855.6	8	5.0
赞比亚	2003	2010	1 033.3	1 489.5	1 672.3	8	4.4
智利	1991	1997	6 291.7	8 932.1	15 130.2	7	4.5

四、处于不同发展阶段的高速增长分组研究

识别出的41个典型国家高速增长阶段具有鲜明特征，分别处于经济发展由穷到富的不同阶段。数据显示，高速增长降落阶段的人均GDP水平差异很大，2018年的人均GDP水平差异也很大，据此可将这些国家按照经济发展阶段划分为五个组：起飞后中止、工业化进程中、高速增长后的转型期、高速增长后的停滞、发达国家。本章节重点分析不同组别经济增长表现出的主要特征、深层原因以及发展态势。

（一）经济起飞后中止的国家分组

基于连续九年相对增速大于0记为高速增长阶段的标准，从中选出截至2018年高速增长阶段已经结束，而且2018年人均GDP不到6000美元（2010年美元）的国家，将这些国家计入经济起飞后中止的国家分组。该组具体包括缅甸、赞比亚、苏丹、乌兹别克斯坦、斯里兰卡、乌克兰、安哥拉、伊拉克等国家，如表15.2所示。

表15.2　起飞后中止的典型国家

国家	起飞	降落	起飞人均GDP（2010年美元）	降落人均GDP（2010年美元）	2018年人均GDP（2010年美元）	跨度（年）	平均相对增速（%）
缅甸	1992	2013	205.9	1174.1	1571.9	22	7.4
赞比亚	2003	2010	1033.3	1489.5	1672.3	8	4.4
苏丹	2005	2012	1206.5	1787.0	1855.6	8	5.0
乌兹别克斯坦	2004	2016	1131.8	2229.8	2366.3	13	4.9
斯里兰卡	2003	2012	1933.2	3286.0	3936.5	10	5.1
乌克兰	2000	2008	1818.0	3322.0	3110.2	9	6.4
安哥拉	2002	2009	2433.8	3549.6	3229.6	8	5.6
伊拉克	1992	1999	1846.0	4393.8	5477.7	8	13.8

该组具有以下主要特征：一是高速增长阶段时间跨度较短，一般在10年左右，或者虽然时间跨度较长，但由于起飞时人均GDP水平较低，降落时人均GDP仍然较低，例如缅甸。二是高速增长结束时人均GDP水平相对较低，除伊拉克外，该组其他国家人均GDP水平均低于4000美元。三是后期经济增长较为缓慢，高速增长结束后这些国家经济增长乏力，甚至有些国家人均GDP还有所下降。四是工业化水平普遍较低。如图15.4所示，除伊拉克和安哥拉外，该组其他国家工业化水平长期处于30%左右。

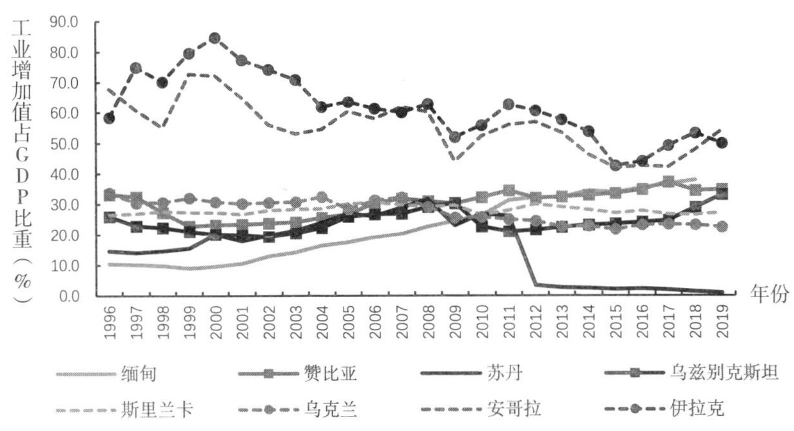

图15.4　起飞后中止典型国家的工业增加值占GDP比重

实证分析结果显示，显著变量主要有对内开放度、政治治理黏合度、人均GDP水平等指标。

政治治理黏合度显著为正。基于A–C理论，政治治理黏合度对经济增长具有正向影响，政治治理越黏合，越有利于经济的可持续增长。实证分析结果表明，政治治理黏合度对于经济起飞非常重要，只有达成社会共识才能推动经济社会改革。这些国家经济起飞后中止，也是因为政治治理黏合度遭到破坏而明显下降。

经济可进入性影响为负向。基于 A–C 理论，经济可进入性有助于推动经济增长。但是，该组对外开放度不显著，说明其对外开放政策对经济发展并未产生实质作用，对内开放度显著为负，也在一定程度上说明国内经济政策存在较为突出的问题，这些问题导致该组国家经济高速增长持续时间较短。

人均 GDP 水平影响为正。在经济起飞阶段，随着人均 GDP 水平升高，经济增速也有所加快，说明前期积累对于促进进一步增长十分必要。

（二）经济处在工业化进程中的国家分组

基于连续九年相对增速大于 0 记为高速增长阶段的标准，从中选出截至 2018 年仍处在高速增长阶段的国家，将这些国家计入工业化进程中的国家分组。该组具体包括孟加拉国、柬埔寨、越南、印度、菲律宾、印度尼西亚、泰国、多米尼加共和国、毛里求斯等国家，如表 15.3 所示。

表 15.3　工业化进程中的典型国家

国家	起飞	降落	起飞人均 GDP（2010 年美元）	降落人均 GDP（2010 年美元）	2018 年人均 GDP（2010 年美元）	跨度（年）	平均相对增速（%）
孟加拉国	2005	2018	617.5	1 203.2	1 203.2	14	4.3
柬埔寨	1999	2018	398.3	1 205.0	1 205.0	20	5.1
越南	1992	2018	478.4	1 964.5	1 964.5	27	4.3
印度	2003	2018	2 335.6	2 100.8	2 100.8	16	4.6
菲律宾	2007	2018	1 968.8	3 022.0	3 022.0	12	3.3
印度尼西亚	2007	2018	2 757.9	4 284.7	4 284.7	12	3.4
泰国	2002	2018	3 731.3	6 361.6	6 361.6	17	2.5
多米尼加共和国	2005	2018	4 472.7	7 697.7	7 697.7	14	3.6
毛里求斯	1985	2018	2 762.8	10 578.6	10 578.6	34	2.6

该组具有以下主要特征：一是高速增长阶段时间跨度较长，一般在20年左右，有些国家高速增长仅10余年，但仍处于快速增长进程中，而越南已保持27年高速增长，平均相对增速4.3%，毛里求斯持续增长时间更长，但其平均相对增速仅为2.6%。二是人均GDP水平快速提高，2018年泰国人均GDP上升至6361.6美元，多米尼加共和国人均GDP上升至7697.7美元，毛里求斯人均GDP上升至10578.6美元。三是工业化水平明显提升，如图15.5所示，特别是柬埔寨、越南、印尼等亚洲国家，工业增加值占GDP比重仍处在上升期。

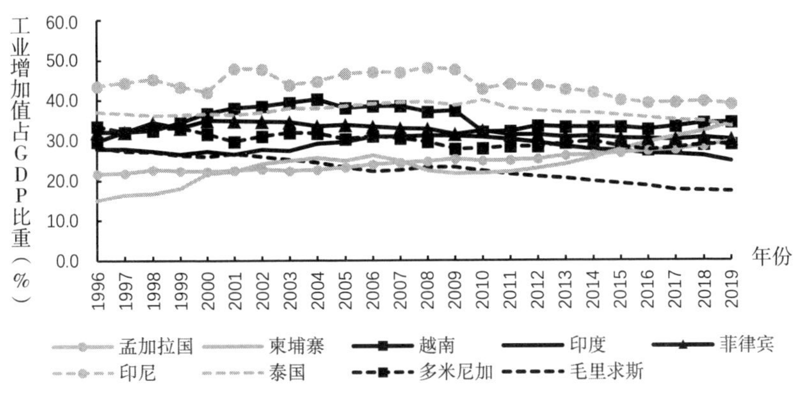

图15.5　工业化进程中典型国家的工业增加值占GDP比重

实证分析结果显示，显著变量主要有对外开放度、对内开放度、政治形态、全要素生产率、人均GDP水平等指标。

对外开放度和对内开放度均显著为正。经济开放度有助于推动经济增长，实现经济起飞和快速推进工业化进程需要加大经济对外和对内开放程度，更好地建立国内国外统一市场。这些国家能够持续推进工业化进程，一个重要原因就是扩大并保持较高水平的经济对外和对内开放度。

政治治理状况显著为正。基于A–C理论，多峰与单峰指数所对应的系数并不显著，但该组的政治形态系数显著为正，说明这一阶段政治稳定对于有效把握经济发展方向具有一定帮助。

全要素生产率影响为正向。技术进步是经济增长的重要动力，全要素生产率提高越高，经济增速越快，后发经济体从技术前沿经济体获取了明显的技术追赶效应。

人均 GDP 水平影响为负。伴随工业化进程逐步深入，随着人均 GDP 水平升高，经济增速将由加速增长向边际增速放缓过渡，人均 GDP 水平越高，其潜在经济增速将会随之下降。

（三）经济处在高速增长后转型期的国家分组

基于连续九年相对增速大于 0 记为高速增长阶段的标准，从中选出截至 2018 年高速增长阶段已经结束，而且 2018 年人均 GDP 超过 6000 美元（2010 年美元）的国家，将这些国家计入高速增长后转型期的国家分组。该组具体包括古巴、中国、秘鲁、马来西亚、哈萨克斯坦、罗马尼亚、智利、土耳其、波兰等国家，如表 15.4 所示。

表 15.4　高速增长后转型期的典型国家

国家	起飞	降落	起飞人均 GDP（2010 年美元）	降落人均 GDP（2010 年美元）	2018 年人均 GDP（2010 年美元）	跨度（年）	平均相对增速（%）
古巴	1999	2009	3298.8	5596.1	6816.9	11	4.5
中国	1977	2013	280.0	5710.6	7752.6	37	6.9
秘鲁	2002	2013	3359.2	5919.2	6453.6	12	4.4
马来西亚	1988	1997	4042.1	7041.7	12120.1	10	4.4
哈萨克斯坦	2000	2007	4491.6	8523.8	11165.5	8	8.0
罗马尼亚	2001	2008	5224.6	8914.0	11532.1	8	6.6
智利	1991	1997	6291.7	8932.1	15130.2	7	4.5
土耳其	2002	2018	8003.5	15069.0	15069.0	17	3.1
波兰	1993	2018	5827.6	16659.3	16659.3	26	3.0

该组具有以下主要特征：一是部分国家表现出二次高速增长的特征，平均增速较高，但持续时间较短。例如，秘鲁早在20世纪早期1900—1938年经济增速持续高于基准增速，虽然平均相对增速仅为1.9%，但为其奠定了较好积累。二是部分国家保持平稳转型，平均增速不高但持续时间较长。例如，波兰1993年人均GDP已达到5 827.6美元，在此基础上持续26年平均相对增速3.0%。实际上，中国等处在转型期的国家，只是结束了高速增长阶段，目前仍处于中高速增长阶段，进入了类似于波兰的平稳转型过渡阶段。三是高速增长结束时人均GDP水平相对较高，一般人均GDP水平都会达到6 000美元，甚至9 000美元。四是高速增长结束后经济增长进入中高速增长阶段，这是决定经济转型成功与否的关键时期。五是工业化进程进入中后期或基本完成，如图15.6所示，中国和马来西亚工业增加值占GDP比重最高接近50%，哈萨克斯坦、秘鲁、罗马尼亚、智利等国家也出现了明显的工业化水平的波峰。

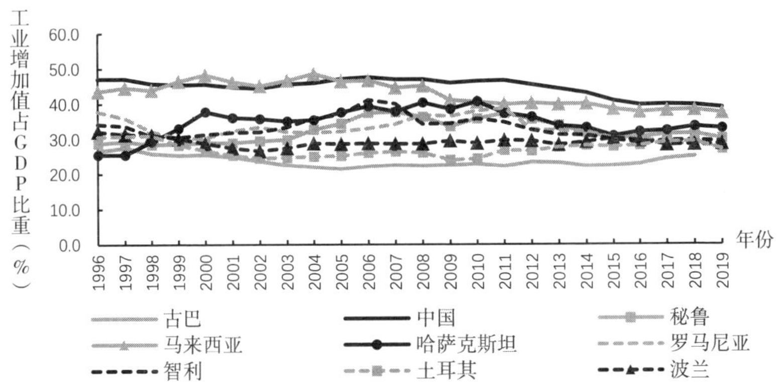

图15.6　高速增长后转型期典型国家的工业增加值占GDP比重

实证分析结果显示，显著变量主要有对外开放度、对内开放度、政治形态、全要素生产率、人均GDP水平等指标。

对外开放度和对内开放度依然显著为正。经济处在高速增长后转型期，经济对外和对内开放程度依然十分重要，持续扩大经济对外和对内开放程度，不断完善国内国外统一市场，有助于经济转型升级。

多峰政治治理显著为负。与经济起飞阶段不同，经济转型期多峰形态可能对经济发展产生一定负向作用，可能因为经济转型期对经济发展方向以及相应政策取向存在较大分歧，形成共识难度加大，进而影响经济增长步伐。

全要素生产率影响依然为正。技术进步也是经济转型的重要动力，全要素生产率提高越快，经济转型进程越快，此时后发经济体从技术前沿经济体获取的技术追赶效应越来越小，对自主创新的要求越来越高。

人均 GDP 水平影响为负。人均 GDP 水平越高，经济增速相应有所放缓，特别是经济转型期，往往伴随着经济从高速增长进入中速或中高速增长阶段。

（四）经济在高速增长后停滞的国家分组

基于连续九年相对增速大于 0 记为高速增长阶段的标准，从中选出截至 2018 年高速增长阶段已经结束，而且高速增长结束至 2018 年人均 GDP 增长缓慢甚至衰退的国家，将这些国家计入高速增长后停滞的国家分组。该组具体包括伊朗、巴西、阿根廷、俄罗斯、沙特、委内瑞拉等国家，如表 15.5 所示。

表 15.5　高速增长后停滞的典型国家

国家	起飞	降落	起飞人均 GDP（2010 年美元）	降落人均 GDP（2010 年美元）	2018 年人均 GDP（2010 年美元）	跨度（年）	平均相对增速（%）
伊朗伊斯兰共和国	1957	1970	2980.6	7015.0	6952.4	14	5.1
巴西	1968	1976	4147.4	7296.3	11026.2	9	4.6
阿根廷	2003	2011	7380.5	10883.3	10043.5	9	4.5
俄罗斯联邦	1999	2008	5876.2	11087.8	11729.1	10	5.8
沙特阿拉伯	1961	1974		39152.1	20819.7	14	9.2
委内瑞拉玻利瓦尔共和国	1920	1930			14025.4	11	10.4

该组具有以下主要特征：一是高速增长结束时人均 GDP 水平相对较高，经过高速增长，伊朗 1970 年人均 GDP 达到 7015.0 美元，巴西 1976 年人均 GDP 达到 7296.3 美元，阿根廷 2011 年人均 GDP 达到 10883.3 美元，俄罗斯 2008 年人均 GDP 达到 11087.8 美元，沙特 1974 年人均 GDP 达到 39152.1 美元。二是转型不成功经济增长长期停滞，伊朗 2018 年人均 GDP 与 1970 年相当，巴西 1976—2018 年平均增速仅为 1.3%，阿根廷 2011—2018 年平均增速为−1.1%，俄罗斯 2008—2018 年平均增速为 0.6%，沙特 2018 年人均 GDP 仅为 1974 年的 53.2%。三是工业化水平不高，如图 15.7 所示，沙特、委内瑞拉、伊朗等虽然经历较高水平的工业化阶段，但产业过度依赖石油等单一产业，经济增长后续动力不足，俄罗斯、阿根廷、巴西等工业化水平较低，2019 年工业增加值占 GDP 比重分别为 32.2%、23.4%、17.9%，难以支撑更高水平的经济增长。

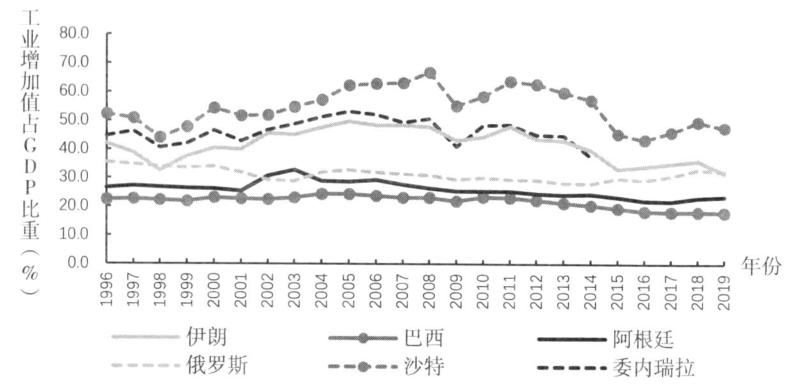

图 15.7 高速增长后停滞典型国家的工业增加值占 GDP 比重

实证分析结果显示，显著变量主要有对外开放度、对内开放度、政治治理黏合度、政治形态、全要素生产率等指标。

保持经济开放度依然重要。其中，对外开放度显著为正，说明对外开放对这些国家的经济增长发挥了重要作用，但对内开放度显著为负，表明这些国家内部经济政策出现了较大问题，从而导致经济增长停滞。

政治治理黏合度显著为正。这一时期，保持较高的政治治理黏合度十分重要，无法或难以达成社会共识也是这些国家经济增长停滞的重要原因。

多峰政治形态与政治治理黏合度的交叉项显著为负。由于政治治理黏合度显著为正，而其与政治形态的交叉项系数为负，说明这一阶段多峰形态对于达成社会共识存在一定制约。

全要素生产率影响依然为正。在实现经济高速增长后，人口和资本要素对经济增长拉动作用下降，技术进步的难度也在加大，技术进步缓慢也是这些国家经济增长停滞的重要原因。

（五）已迈入发达国家行列的国家分组

基于连续九年相对增速大于 0 记为高速增长阶段的标准，从中选出截至 2018 年高速增长阶段已经结束，而且高速增长结束至 2018 年人均 GDP 持续稳定增长的国家，将这些国家计入迈入发达国家行列的国家分组。该组具体包括新加坡、葡萄牙、韩国、希腊、西班牙、日本、德国、加拿大、法国等国家，如表 15.6 所示。

表 15.6　迈入发达国家行列的典型国家

国家	起飞	降落	起飞人均 GDP（2010 年美元）	降落人均 GDP（2010 年美元）	2018 年人均 GDP（2010 年美元）	跨度（年）	平均相对增速（%）
新加坡	1960	1974	3503.4	9440.2	58247.9	15	7.3
葡萄牙	1965	1973	6029.6	11281.3	23994.7	9	4.3
韩国	1966	1995	1277.5	12055.2	26761.9	30	5.6
希腊	1963	1972	7815.9	15738.3	23558.1	10	4.6
西班牙	1961	1975	8172.6	16626.4	32949.6	15	2.3
日本	1946	1969		18837.2	48919.8	24	5.0
德国	1947	1958			47477.8	12	6.6
加拿大	1900	1917			51391.7	18	2.0
法国	1919	1933			43663.6	15	3.7

该组具有以下主要特征：一是经济转型期可持续 10—20 年，这一阶段经济可维持中高速增长，例如，西班牙 1961—1975 年人均 GDP 由 8172.6 美元上升至 16626.4 美元，历时 15 年平均相对增速 2.3%。二是经济转型成功后仍能维持平稳增长，例如，日本 1969—2018 年人均 GDP 平均增速为 2%。三是经济转型结束时人均 GDP 水平相对较高，一般人均 GDP 水平都会超过 1 万美元，甚至超过 15000 美元。四是工业化进程基本完成，如图

15.8所示，根据自身产业结构特点工业增加值占比保持相对稳定，韩国、日本、德国等继续保持在较高水平，2019年分别为32.8%、29.1%、26.7%。

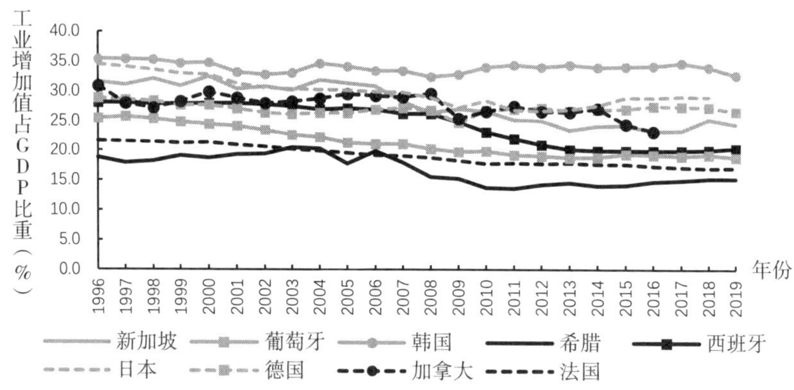

图15.8 迈入发达国家行列典型国家的工业增加值占GDP比重

实证分析结果显示，显著变量主要有对外开放度、对内开放度、政治治理黏合度、政治形态、全要素生产率等指标。

对外开放度和对内开放度均显著为正。经济迈入发达国家行列后继续对外开放和建设国内统一市场依然十分重要，是保持经济持续发展的重要原因。

政治治理黏合度显著为正。这一时期，保持较高的政治治理黏合度依然重要，维持社会共识是保障经济持续发展的重要因素。

全要素生产率影响持续为正。全要素生产率是发达国家经济增长内在驱动因素。

五、本章小结

从前后文的研究可以看出，无论是要实现自身经济的高速增长，还是要实现向发达经济体的追赶，都离不开政治稳定和经济对内对外开放，特别要实现经济赶超，对经济增速的要求就更高，也就需要更高的政治治理黏合度和经济可进入性。

（一）经济起飞并持续增长需要实现政治治理黏合

分析结果表明，政治治理黏合度对于经济起飞非常重要，只有达成社会共识才能启动经济社会改革。目前，仍然有许多国家尚未实现经济起飞，一些国家经济起飞后再次中止，也有一些国家经历高速增长后陷入长期停滞，其中一个重要原因就是政治治理黏合度遭到破坏，无法或难以达成社会共识。在国别分析中，大部分赶超失败的国家都经历了政治动荡，从而影响了经济绩效。因此，保持政治治理黏合对于经济起飞、保持高速增长并实现赶超至关重要。

（二）经济起飞并持续追赶需要不断提高经济可进入性

国家由穷到富是一个国家间竞争和赶超的过程。一个国家由穷到富，通常需要经历经济起飞到减速的完整阶段，经历过足够长时间的高增长阶段。工业革命以来，后发国家通过接受技术扩散、利用全球化红利纷纷走上赶超之路，其中少数成功实现了经济由穷到富，跃居中高收入国家行列，而也有一些赶超型经济体遭遇了失败，甚至陷入政治动荡和经济衰退的泥潭中。能否实现成功追赶，关键要看在经济发展的各个阶段能否保持较高的经济可进入性。不断提高经济对外对内开放度，有助于充分利用国际国内大市场，优化资源配置，汇聚优势要素，持续提升生产效率，不断提高本国经济在全球产业分工的位势。

（三）单峰和多峰的政治形态总体上对经济增长影响不显著但存在阶段性差异

单峰和多峰的政治形态总体上对经济增长影响不显著，但在经济起飞初期有一定正向影响，而在经济转型期以及进入发达国家行列后都有一定负向影响。分阶段看，在经济起飞阶段，政治形态系数显著为正，说明这一阶段多峰形态对于有效把握经济发展方向具有一定帮助作用。与经济起飞阶段不同，经济转型期政治形态显著为负，此阶段多峰形态可能对经济发展产生一定负向作用，可能因为经济转型期对经济发展方向以及相应政策取向存在较大分歧，形成共识难度加大，进而影响经济增长步伐。经济进入发达国家行列，政治形态与经济开放度和政治治理黏合度的交叉项均显著为负，过度的多峰形态也会对经济发展产生一定负向影响。

（四）提高全要素生产率是推动经济增长的持续动力

在不同的经济发展阶段，全要素生产率始终是经济增长的重要动力源。在经济发展初期，通过融入全球经济，从发达国家获得技术扩散红利，本国全要素生产率可以得到快速提升。随着经济发展水平和技术水平接近世界前沿国家，全要素生产率的提高将逐步放缓。经济进入转型期，后发经济体从技术前沿经济体获取的技术追赶效应越来越小，对自主创新的要求越来越高，经济增长主要依赖于技术进步的速度。

（五）经济增速与人均 GDP 呈现倒 U 型相关关系

在经济起飞阶段，人均 GDP 水平对经济增速影响为正，此时人均 GDP 水平较低时，经济增速随着人均 GDP 水平提高而加速，当人均 GDP 水平达到一定水平后，人均 GDP 水平对经济增速影响减弱。当经济经历长期高速增长后，特别是经济转型期经济从高速增长进入中速或中高速增长阶段，人均 GDP 水平对经济增速影响为负，人均 GDP 水平越高，经济增速相应有所放缓。总体看，经济增速与人均 GDP 水平呈现倒 U 型相关关系。

附　　录

附录1　关于关键指标的构建及数据说明

在本书中，我们不仅提出了A-C理论这一核心理论框架，即基于经济可进入性与政治治理黏合度两个维度解释经济发展的政治经济学理论框架，而且基于多个案例分析和一系列统计计量分析对A-C理论的主要结论及其普适性进行检验和论证，这里面的大量分析讨论都有赖于对经济可进入性和政治治理黏合度这两个关键指标的构建。在此附录中，我们将详细介绍这两个关键指标是如何构建的。

（一）政治治理指标的构建

正如上文所言，A-C理论中“政治治理”主要衡量的是一个经济体内部的政治权力分配的结构。接下来，我们将从两个维度来刻画一国政治治理的整体特征，即政治治理黏合度和政治集中度。

政治治理黏合度考量的是政府在政策制定过程中是否能够代表大多数人的利益而非部分集团的利益，以及政策是否能够得到高效率的落实和执行。基于此，我们主要用以下三个子指标来构建黏合度指标。第一个子指标是衡量政府效率的指标，即政策的质量和执行力度，用于刻画一个国家的政策是否能够很好地推行，一个政策的服务群体是否具有广阔的代表性，以及一项政策是否能够得到顺畅的贯彻落实。第二个子指标是政策推行时的社会阻力，重点是制定一项政策时是否会受舆论讨论的影响以及政策的可问责性。我们认为，一项政策受到的舆论讨论越复杂，其受到的制约就会越大，对政策的快速贯彻落实产生的影响也就越大。第三个子指标是政府的社会动员能力和执行力。这里我们用政府的税收能力来衡量——通常情况下，一个政府的税收能力越强，从某种程度上而言说明这个政府就有更高的社会动员能力和执行力。通过对这三个子指标在［0, 5］的范围内进行标准化，并将标准化的结果加权平均，即可得到各国政治治理黏合度指标。

相比而言，政治集中度指标的构建则相对简单，因为它考察的主要是公共权力是否集中于某个特定的经济社会利益集团或政治团体。在本书中，我们基于世界银行对一个国家选举制度的分类标准及量化指标（如表 A.1）和党派的赫芬达尔指数来构建权力集中度指标。之所以选取选举制度指标作为一个子指标，是因为选举制度从机制上能够代表一国社会力量的分布状况，从而很好地刻画前文提出的单峰与多峰形态指标。根据世界银行对一国政府及首脑产生制度的赋分，分值越高，说明该国政治治理中的多极化程度越高。另一个子指标是党派的赫芬达尔指数，衡量的是一国政党在议会中所占席位的集中度。我们对这两个分别位于

［1, 7］和［0, 1］区间的子指标在［0, 5］区间内进行标准化处理，加权平均后即可得到政治集中度指标。

表 A.1　世界银行标准对不同选举制度赋分

条件	级别
无任何规则	1
无选举规则	2
选举方式，有一个候选人	3
一个政党，多个候选人	4
多个政党，赢得选举的政党得到所有议会席位	5
多个政党，赢得选举的最大的政党得到超过 75% 的席位	6
多个政党，赢得选举的最大的政党得到的席位不足 75%	7

（二）经济可进入性指标的构建

经济可进入性衡量的是一个经济体的开放性、包容性和多元性，包括一个经济体是否能够非歧视性地允许各类生产要素参与到生产活动中，以及该经济体是否能够深入、全面、多元地参与到国际经济分工中去。据此，我们将从两个方面构建经济可进入性的指标，即内部可进入性和外部可进入性。

内部可进入性主要指的是国内的经济制度安排是否给经济要素参与社会生产和经济发展提供便利，主要包括劳动力是否可以自由迁徙并不受歧视地在劳动力市场上就业、资本在进入某个领域的时候是否顺畅、交通物流状况是否良好以将交易成本保持在合理的范围等。具体而言，我们主要选取了资本、劳动力和商品市场三个维度的子指标——用创业企业的成本（如创业成本与人均 GNI 的比率）来衡量资本可进入性，用定期领取薪金的劳动力数量占总就业人口的百分比以及每公里铁路一年所载的乘客人数衡量劳动力市场的可进入性，用物流绩效指数衡量商品市场的可进入性，通过对这四个子指标进行标准化处理并取加权平均，即可得到内部可进入性指标。

外部可进入性衡量一个国家是否很好地融入全球经济体系中，我们从一个国家外部市场的规模、外来资本进入国内投资或者国内资本走出的规模以及一个国家贸易结构的丰富程度三个维度来衡量一个国家的外部可进入性水平。关于外部市场规模，我们基于本国出口产品总值 / 国内 GDP 与全球出口产品总值 / 全球 GDP 总值之比来衡量从全球范围内看一个国家的外部市场规模；该指标越大，说明该国的外部市场规模越大。类似地，我们基于本国对外的 FDI/ 国内 GDP 与全球对外 FDI/ 全球 GDP 之比、本国接受的 FDI/ 国内 GDP 与全球接受的 FDI/ 全球 GDP 之比两个指标的平均值构造一个国家资本市场的开放规模；该指标越大，说明该国资本市场有着更高的活跃度和开放水平。与此同时，对外开放不仅仅体现在规模上，是否形成多样化、成体系的开放格局也是衡量一个国家开放程度的重要标准。

基于贸易的外部可进入性：同上文描述，该指标由两部分构成，其一为当年该国商品出口总额占本国当年 GDP 之比，除以进入全球各国对外出口总额与全球当年 GDP 总额之比，将比值开三次方根，之后将最大的 2.5% 的样本和最小的 2.5% 的样本分别设定为 5 和 0，将位于中间的 95% 的样本进行 0—5 的标准化。其二为当年该国对外的商品进出口总额占本国当年 GDP 之比，除以进入全球各国对外进出口总额与全球当年 GDP 总额之比，将比值开三次方根，之后将最大的 2.5% 的样本和最小的 2.5% 的样本分别设定为 5 和 0，将位于中间的 95% 的样本进行 0—5 的标准化。两者加权平均得到基于贸易的外部可进入性指标。

基于 FDI 的外部可进入性指标：该指标由两部分构成，其一为当年进入该国的 FDI 总额占本国当年 GDP 之比，除以进入全球各国流入 FDI 总额与全球当年 GDP 总额之比。将比值开三次方根，之后将最大的 2.5% 的样本和最小的 2.5% 的样本分别设定为 5 和 0，将位于中间的 95% 的样本进行 0—5 的标准化。其二为当年该国对外的 FDI 总额占本国当年 GDP 之比，除以进入全球各国对外 FDI 总额与全球当年 GDP 总额之比，将比值开三次方根，之后将最大的 2.5% 的样本和最小的 2.5% 的样本分别设定为 5 和 0，将位于中间的 95% 的样本进行 0—5 的标准化。将两者平均得到基于 FDI 的外部可进入性指标。

基于出口结构的外部可进入性指标：该指标表示一国在某年国际贸易中，农产品、矿石、燃料出口额占出口总额的百分比之和，将其进行 0—5 的标准化之后用 5 减去该值，得到了用贸易结构衡量的开放度：5－[（待标准化样本－总样本最小值）/（总样本最大值－总样本最小值）×5]。

通过对以上三个子指标进行标准化处理并取加权平均，即可得到外部可进入性的指标。将内部可进入性指标和外部可进入性指标进行加权平均，通过标准化，即可得到每个国家每年的经济可进入性指标。

（三）与数据有关的其他说明

除少数案例分析需要较长时间跨度外，本书计量分析所用的数据为 1996—2018 年 209 个国家的相关数据。

如上所述，有关政治治理的指标主要有三个子指标，为衡量这三个子指标我们分别选取了世界银行世界发展指数（World Development Index，WDI）中的政府执行力（Government Effectiveness）指标、政策可问责性（Voice and Accountability）

指标和各国税收收入在当年 GDP 中的占比。

有关经济方面的数据，除了上述指标构建过程中用到的指标外，我们还从世界银行数据库中整理了如下数据：

- 人均 GDP（以 2010 年不变美元价格计）
- 人均 GDP（以 2011 年美元国际购买力平价计）
- 人均 GDP（以当地货币的当前价格计）
- 人均 GDP 增速（当地货币不变价格计）

在此基础上，以人均国内生产总值（2010 年不变价格，美元）为依据，我们将国家发展阶段进行分类。如果人均 GDP 在[0, 4000)（美元）之内，则为第 1 阶段；在[4000, 8000)，为第 2 阶段；在[8000, 12000)，为第 3 阶段；在[12000, 16000)，为第 4 阶段；人均国内生产总值超过 16000 美元，属于第 5 阶段。

此关于数据的其他问题，欢迎与作者联系。

附录 2　有关书中所用中国历史数据的说明

在本书第二章，我们基于 A-C 理论回顾了辛亥革命以来中国的政治治理与经济制度变迁，其中用到了大量相关数据。考虑到所用数据涉及多个来源，除了附录 1 已经对相关指标构建做了说明之外，我们在本附录中再做一些补充说明。

正如我们在附录 1 中说明的，除少数特例外，本书所用的数据时间跨度多为 1996—2018 年。但在分析讨论辛亥革命以来中国的政治治理与经济制度变迁时所引用的数据跨度为 1911—2019 年。所有货币单位均为 1990 年国际元。

实证中所涉及相关变量：

国土面积：从世界银行数据库及中国历史记载获取并交叉验证。

购买力平价（PPP）GDP（1990 年国际元，百万）：数据源自世界银行数据库及麦迪逊《世界经济千年统计》。

人口：数据源自世界银行数据库及麦迪逊《世界经济千年统计》。

人均购买力平价 GDP：用购买力平价 GDP 除以人口数据得到。

人均 GDP 增长率：基于人均购买力平价 GDP 计算得到。

中国对外直接投资：1950 年以来中国对外直接投资数据来自世界银行。根据 Xu Yi et al.（2017）的研究，1950 年之前中国对外直接投资额非常小，可以忽略不计，这种情况在同期诸多发展中国家十分普遍。

外国在华直接投资：1936 年之前的数据参考剑桥中华民国史（上卷）117 页，根据侯继明《1840—1937 年中国的外国投资和经济发展》第 13、17 页数据整理。其中，中国投资占全球投资比重通过两步进行测算。首先，测算 1914 和 1931 年英国在华投资占英国总投资的比重，然后，测算英国当年在华投资总额在全球各国在华投资总额中的比重，并以此为基础进行估算。1949 年后，苏联对中国进行了大批援助，具体的直接投资额和全球直接投资总额均无法详尽计算，因此在此将 1949 年中国的 FDI 对应指数作为 1949—1960 年苏联撤走专家之前的指标。

出口占 GDP 比重以及进出口占 GDP 的比重：数据来源，萧梁琳：《中国的对外贸易统计，1864—1949 年》第 23—24、274—275 页；郑有揆《中国的对外贸易与工业发展》，第 259 页；世界银行 WDI 数据库。但是，三个数据来源拼接后中间仍有缺失数据。考虑到解放战争三大战役前后，中国重要的出口区域东北、京津、江淮经济活动基本停滞，外贸活动惨淡，我们将该阶段中国出口占 GDP 的比重以及进出口占 GDP 的比重均假定为 0。同时，假设出口和进出口总额占 GDP 比重在一定时间范围内是匀速变化的，以此将缺失年份补齐。

初级农产品、燃料、初级金属占出口的比重：1962 年以来数据来自世界银行 WDI 相关出口结构数据，1962 年之前的数据来自郑有揆：《中国的对外贸易与工业发展》，第 32、34 页，其中将茶和原棉归置于初等农产品一类，其余口径相同。对于未统计的年份，假设其变化率平稳，对数据进行了估计和补充。

铁路客运周转量（百万人 / 公里）：1912—1947 年数据来自严中平《中国近代经济史统计资料选辑》；1996—2019 年数据来自世界银行 WDI 铁路客运能力指标，期间数据通过等速度变换推算。参考马千里《中国铁路建设史略》，整理期间铁路建设过程作为参照。

市场物流水平：1912—1947 年数据来自严中平《中国近代经济史统计资料选辑》；1996—2019 年数据来自世界银行 WDI 铁路货运能力指标。

有月薪和周薪的劳动力占总劳动者的比重：1912 年数据来自《民国元年第一次农工商统计表》，选取器械制造业、船舶车辆制造业、器具制造业、制药业、电气业、金属精炼等行业作为有固定工资的行业，得到其劳动力数量占总劳动力数量的比重。1933 年数据来源于刘大钧《1933 年国民经济统计》，其中属于该类别的行业为：船舶、内燃机、电力、铁路、冶金、机械等重工业。值得注意的是，纺织业虽然从业人数较多，但是其很大程度上为基本的临时工人，并且根据行业的好坏随时进行人数调整，其他诸多低门槛轻工业都有这样的特征，因此不算在其中。总劳动人数为 58 148 360，其中归为有固定月薪和周薪的人员数量为 807 875。为了补齐 1912—1933 年的数据，我们假定这 22 年间有固定月薪和周薪的人员数量时逐年匀速上升的。1949 年至“三大改造”之前这段时间，有关国营企业和集体企业从业人数在总人口中的比重也是按照这一逻辑补齐的。此外，在改革开放之前，私营企业发展受到限制，规模相对有限，因此有固定收入的劳动力主要来自于政府部门、国有企业和集体企业，我们用政府部门、国有企业和集体企业的就业人数作为有固定收入的劳动力人数。相关数据来自人力资源和社会保障部。

政策可问责程度及政策执行度：数据源自世界银行 WGI 数据库。

税收占 GDP 的比重：通过孔祥熙编《财政年鉴》、《财政年鉴续编》第四篇得到民国 2 年至 24 年相关税种和税收信息，将货币转化为 1990 年国际元。在 Xu Yi et al.（2017）一文根据同样的数据估计出 1911 年工业产值为 210.95 亿国际元（1990 年价格）。

政府首脑选举制度：根据中国具体的国家元首和政府首脑产生的机制，以世界银行的具体标准进行匹配。

议会席位赫芬达尔指数：根据中国从辛亥革命以来的具体情况进行推算，其中主要的时间的考虑的时间节点包括南北议和、宋教仁遇刺、国会多次选举、北伐战争、宁汉河流、蒋介石独裁统治的几个阶段。在这里没有考虑党内斗争，但是若是不同军阀控制和影响议会，则议会席位情况将反映至指标中（《中华民国史》《剑桥中华民国史》（上下卷））。

参考文献

蔡跃洲、付一夫："全要素生产率增长中的技术效应与结构效应——基于中国宏观和产业数据的测算及分解"，《经济研究》，2017 年第 1 期。

陈共和、宋兴义：《日本财政政策》，中国财政经济出版社 2007 年版。

陈希琳：《国际金融机构瞄准 一带一路投资机会》，《经济》，2019 年第 7 期。

邓小平：《邓小平文选》第 2 卷，人民出版社 1994 年版。

邓小平：《邓小平文选》第 3 卷，人民出版社 1993 年版。

董国辉："1880—1914 年阿根廷经济增长的要素分析"，《历史教学（下半月刊）》，2013[a] 年第 6 期。

董国辉：《阿根廷现代化道路研究》，世界图书出版公司北京公司 2013[b] 年版。

冯其予："三问公路建设大投资"，《经济日报》，2013 年 6 月 27 日。

龚克瑜：《演进与超越：当代韩国政治》，知识产权出版社 2014 年版。

管汉晖、刘冲、辛星："中国的工业化：过去与现在（1887—2017）"，《经济学报》，2020 年第 3 期。

国务院发展研究中心宏观经济研究部:《从贫穷走向繁荣——基于A-C理论对中国经济增长的解释》，纪念新中国成立70周年理论研究报告，2019年3月。

国务院新闻办公室:《全面建成小康社会：中国人权事业发展的光辉篇章》，2021年8月。

华国锋:《1978年国务院政府工作报告》，1978年2月26日。

黄少安:“关于制度变迁的三个假设及其验证”,《中国社会科学》，2000年第4期。

姜涵:《制度选择与钟摆式发展：新经济史视角下的阿根廷发展悖论》，中国社会科学出版社2018版。

金光熙:《大韩民国史》，社会科学文献出版社2014年版。

李剑:《制度变迁中的地方政府自主性》，中国社会科学出版社2016年版。

李杰、孙群燕:“从啤酒市场整合程度看WTO对消除地方保护的影响”,《世界经济》，2004年第6期。

李先念1979年12月20日在全国计划会议上的讲话，载《三中全会以来重要文件选编》(上)，人民出版社1982年版。

林伯强:“中国的经济增长、贫困减少与政策选择”,《经济研究》，2003年第12期。

林毅夫:“发展与转型：思潮、战略和自生能力”,《财经界》，2008年第1期。

林毅夫:“后发优势与后发劣势——与杨小凯教授商榷”,《经济学(季刊)》，2003年第4期。

林毅夫:《新结构经济学》，苏剑译，北京大学出版社2012版。

刘冲、周黎安:“高速公路建设与区域经济发展：来自中国县级水平的证据”,《经济科学》，2014年第2期。

柳红:《八〇年代：中国经济学人的光荣与梦想》，广西师范大学出版社2010年版。

蚂蚁集团:《蚂蚁科技集团股份有限公司首次公开发行股票并在科创板上市招股说明书(申报稿)》，上海证券交易所，2020年。

毛泽东:“论十大关系”,《文史哲》，1976年第4期。

苗力田主编:《亚里士多德全集》第九卷，苗力田等译，中国人民大学出版社1994年版。

钱春祺：“贵州金融事业概述”，《贵州企业季刊》，1944 年第 2 期。

钱穆：《中国文化精神》，九州出版社 2011 年版。

人创咨询：《2016 中国众筹行业发展年报》，2017 年 3 月。

人创咨询：《中国众筹行业发展报告 2018：众筹的过去、现在和将来》，2018 年 5 月。

世界银行和国务院发展研究中心联合课题组：《2030 年的中国：建设现代、和谐、有创造力的社会》，中国财政经济出版社 2013 年版。

孙应帅：“中国共产党党员数量与结构变化及发展趋势”，《北京行政学院学报》，2009 年第 5 期。

唐君毅：《中国文化之精神价值》，广西师范大学出版社 2005 年版。

同济大学发展研究院：《中国产业园区持续发展蓝皮书（2014）》，同济大学出版社 2014 年版。

同济大学发展研究院：《中国产业园区持续发展蓝皮书（2017）》，同济大学出版社 2017 年版。

王萍：“独立以来 50 年阿根廷土地政策的变动”，《拉丁美洲研究》，2011 年第 1 期。

王一鸣等：《关于扩大中等收入者比重问题研究》，2017 年 3 月 30 日。

王一年：《大动乱的年代》，人民出版社 2009 年版。

王肇嘉：《中国高新技术产业园区发展研究》，中国地质大学出版社 2014 年版。

魏晓：“支付宝拆分往事”，蓝媒汇，2019 年 3 月 29 日。

吴敬琏：“计划与市场关系的讨论和我国经济体制的取向”，《改革》，1991 年第 1 期。

吴敬琏：“农村剩余劳动力转移与‘三农’问题”，《宏观经济研究》，2002 年第 6 期。

谢平、邹传伟主编：《Fintech：解码金融与科技的融合》，中国金融出版社 2017 年版。

徐义生编：《中国近代外债史统计资料 1853—1927》，中华书局 1962 年版。

杨汝岱，姚洋：“有限赶超与经济增长”，《经济研究》，2008 年第 8 期。

姚洋：“中性政府：对转型期中国经济成功的一个解释”，《经济评论》，2009 年第 3 期。

叶江峰、任浩、甄杰："中国国家级产业园区30年发展政策的主题与演变"，《科学学研究》，2015年第11期。

张琼斯、潘功胜："互联网金融或金融科技应接受更严格的监管"，《上海证券报》，2018年12月10日。

张卫中："中企承建贝尔格拉诺货运铁路改造工程顺利推进——阿根廷铁路大动脉正重获生机"，《人民日报》，2018年6月24日。

张学良："中国交通基础设施促进了区域经济增长吗——兼论交通基础设施的空间溢出效应"，《中国社会科学》，2012年第3期。

张一凡："民元来我国之地方财政"，朱斯煌主编《民国经济史：银行周报三十周年纪念刊》，银行周报社1948年版。

张卓元："中国国价格改革三十年：成效，历史与展望"，《经济纵横》，2008年第12期。

赵德馨："1949 ~ 2002年：走向共同富裕的两条思路及其实践经验"，《当代中国史研究》，2007年第2期。

赵鼎新："国家合法性和国家社会关系"，《学术月刊》，2016年第8期。

赵炜编著：《现代韩国政治论》，东方出版社1995年版。

《〈中共中央关于制定国民经济和社会发展第十三个五年规划的建议〉辅导读本》，人民出版社2015年版。

中共中央组织部：《2019年中国共产党党内统计公报》，2020年。

中国开发区协会编：《中国开发区年鉴2016》，首都经济贸易大学出版社2017年版。

中国史学会、中国社会科学院近代史研究所编：《北洋军阀（1912—1928）》第1卷，武汉出版社1990年版。

周黎安："中国地方官员的晋升锦标赛模式研究"，《经济研究》，2007年第7期。

周应恒、巩世广："互联网金融的后发优势：国际经验与引申"，《改革》，2016年第2期。

〔阿根廷〕吉列尔莫·奥唐奈：《现代化和官僚威权主义》，王欢、申明民译，北京大学出版社2008版。

〔巴〕鲍里斯·福斯托、〔巴〕塞尔吉奥·福斯托：《巴西史》，郭存海译，东方出版中心2018年版。

〔德〕马克斯·韦伯:《新教伦理与资本主义精神》，马奇炎等译，北京大学出版社 2012 版。

〔法〕卢梭:《社会契约论》，何兆武译，商务印书馆 2003 年版。

〔法〕托克维尔:《旧制度与大革命》，邢晓宇译，国家行政学院出版社 2013 年版。

〔法〕托克维尔:《论美国的民主（全二卷）》，董果良译，商务印书馆 2009 年版。

〔韩〕韩国农林部:《粮谷统计年报（1964）》〔곡물통계연보（1964）〕。

〔韩〕韩国日报政治部:《被抢走的汉城之春》(강탈당한 서울의 봄)，韩国文苑 1994 年版。

〔韩〕金正濂:《韩国经济政策 30 年史》(한국 경제정책 30 년)，中央日报社 1990 年版。

〔韩〕经济开发计划评价教授团:《第一次经济开发五年计划评价报告书》(제 1 차 경제발전 5 개년 계획평가보고서)，内阁企划调整室 1967 年版。

〔韩〕具本湖编:《韩国经济史考》(한국경제사)，韩国开发研究院 1991 年版。

〔韩〕申光荣:《东亚的工业化和民主化》(동아시아의 산업화와 민주화)0，文学和知性社 2002 年版。

〔韩〕徐仲锡:《李承晚和第一共和国》(이승만과 제 1 공화국)，历史批评社 2007 年版。

〔韩〕张矢远:“近现代农业的成长和结构变动”(현대 농업의 성장과 구조적 변화)，载《韩国经济新发展史》，罗南 2005 年版。

〔韩〕张夏成:《韩国式资本主义》，刑丽菊、许萌译，中信出版社 2018 年版。

〔韩〕郑宽勇:“1988 年国会选举: 韩国最初的朝小野大”(1988 년 국회의원 선거 : 한국 최초의 차오오노다이)，《历史批评》(역사적 비판) 第 16 号。

〔美〕C. 莱特·米尔斯:《白领: 美国的中产阶级》，周晓虹译，南京大学出版社 2006 年版。

〔美〕E. 布拉德福德·伯恩斯:《巴西史》，王龙晓译，商务印书馆 2013 年版。

〔美〕埃尔赫南·赫尔普曼:《经济增长的秘密》，王世华等译，中国人民大学出版社 2007 年版。

〔美〕艾肯格林、〔美〕铂金斯、〔韩〕申宽浩:《从奇迹到成熟: 韩国转型经验》，任泽平、张彩婷译，人民出版社 2015 年版。

〔美〕查默斯·约翰逊:《通产省与日本奇迹——产业政策的成长(1925—1975)》,金毅等译,吉林出版集团有限责任公司 2010 年版。

〔美〕大卫·斯坦伯格、王宇:“为什么韩国选择汇率低估政策?(下)”,《金融发展研究》,2018 年第 4 期。

〔美〕道格拉斯·C. 诺斯等著:《暴力与社会秩序:诠释有文字记载的人类历史的一个概念性框架》,杭行、王亮译,格致出版社 2013 年版。

〔美〕道格拉斯·C. 诺斯、〔美〕罗伯特·托马斯:《西方世界的兴起》,厉以平、蔡磊译,华夏出版社 1989 年版。

〔美〕弗朗西斯·福山:《历史的终结及最后之人》,黄胜强等译,中国社会科学出版社 2003 年版。

〔美〕罗伯特·达尔:《论民主》,李柏光等译,商务印书馆 1999 年版。

〔美〕梅森、〔韩〕金满堤:《韩国经济、社会的现代化》(한국의 경제사회적 근대화),韩国开发研究院 1981 年版。

〔美〕乔纳森·C. 布朗:《阿根廷史》,左晓园译,东方出版中心 2010 年版。

〔美〕塞缪尔·P. 亨廷顿:《变化社会中的政治秩序》,王冠华等译,上海人民出版社 2008 年版。

〔美〕塞缪尔·P. 亨廷顿:《第三波:20 世纪后期民主化浪潮》,刘军宁译,上海三联书店 1998 年版。

〔美〕塔尔科特·帕森斯:《社会行动的结构》,张明德等译,译林出版社 2003 年版。

〔美〕维尔纳·贝尔:《巴西经济增长与发展》,罗飞飞译,石油工业出版社 2014 年版。

〔美〕西摩·马丁·李普塞特:《政治人:政治的社会基础(最新增订版)》,张绍宗译,上海人民出版社 1997 年版。

〔美〕小科布尔:《上海资本家与国民政府》,杨希孟、武莲珍译,中国社会科学出版社 1988 年版。

〔美〕亚历山大·格申克龙:《经济落后的历史透视:论文集》,张凤林译,商务印书馆 2009 年版。

〔美〕约瑟夫·S. 奈、〔美〕菲利普·D. 泽利科、〔美〕戴维·C. 金编:《人们为什么不信任政府》,朱芳芳译,商务印书馆 2015 年版。

〔日〕浜野洁等著:《日本经济史：1600—2000》，彭曦等译，南京大学出版社 2010 年版。

〔日〕吉川弘之主编:《日本制造：日本制造业变革的方针》，王慧炯等译校，上海远东出版社 1998 年版。

〔日〕日本《通商产业省通商产业政策史》编纂委员会:《日本通商产业政策史》第 1 卷，中国《日本通商产业政策史》编译委员会译，中国青年出版社 1997 年版。

〔乌拉圭〕爱德华多· 加利亚诺:《拉丁美洲被切开的血管》，王玫等译，人民文学出版社 2001 年版。

〔新加坡〕李光耀:《李光耀回忆录》，译林出版社 2013 年版。

〔印度〕阿马蒂亚·森等著:《印度：经济发展与社会机会》，黄飞君译，社会科学文献出版社 2006 年版。

〔英〕莱斯利·贝瑟尔主编:《剑桥拉丁美洲史》第 3 卷，中国社会科学院拉丁美洲研究所组译，社会科学文献出版社 1994 版。

〔英〕莱斯利·贝瑟尔主编:《剑桥拉丁美洲史》第 5 卷，胡毓鼎等译，社会科学文献出版社 1992 年版。

〔英〕莱斯利·贝瑟尔主编:《剑桥拉丁美洲史》第 6 卷（下），中国社会科学院拉丁美洲研究所组译，当代世界出版社 2001 年版。

〔英〕莱斯利·贝瑟尔主编《剑桥拉丁美洲史》第 9 卷，吴洪英等译，当代中国出版社 2013 年版。

〔英〕罗纳德·哈里·科斯、王宁:《变革中国：市场经济的中国之路》，徐尧、李哲民译，中信出版社 2013 年版。

Acemoglu, D., J. Robinson (2000), “Political Losers as a Barrier to Economic,” *American Economic Review*, 90(2):126-130.

Acemoglu, D., J. Robinson (2006), “Economic Backwardness in Political Perspective,” *American Political Science Review*, 100(1):115-131.

Acemoglu, D., J. Robinson (2012), *Why Nations Fail: The Origins of Power, Prosperity and Poverty*, Crown Publishing Group.

Acemoglu, D., S. Johnson, and J. Robinson (2001), “The Colonial Origins of Comparative Development: An Empirical Investigation,” *American Economic Review*, 91(5):1369-1401.

Acemoglu, D., S. Johnson, and J. Robinson (2002), "Reversal of Fortune: Geography and Institutions in the Making of the Modern World Income Distribution," *Quarterly Journal of Economics*, 117(4):1231-1294.

Acemoglu, D., S. Johnson, and J. Robinson (2005), "The Rise of Europe: Atlantic Trade, Institutional Change and Economic Growth," *American Economic Review*, 95(3):546- 579.

Acemoglu, D., S. Johnson, and J. Robinson et al. (2003), "Institutional Causes, Macroeconomic Symptoms: Volatility, Crises and Growth," *Journal of Monetary Economics*, 50(1):49-123.

Bacha, Edmart L., Herbert S. Klein (1989), *Social Change in Brazil, 1945–1985: The Incomplete Transition*, University of New Mexico Press.

Baer, Werner (1969), *The Development of the Brazilian Steel Industry*, Vanderbilt University Press.

Barro, Robert J. (2000), "Inequality and Growth in a Panel of Countries," *Journal of Economic Growth*, 5(1):1-31.

Becker, S. O., E. Hornung, and L. Woessmann (2011), "Education and Catch-Up in the Industrial Revolution," *American Economic Journal: Macroeconomics*, 3(3):92-126.

Bendix, Reinhard, Max Weber (1962), *An Intellectual Portrait*, Doubleday and Company.

Berg, A., J. D. Ostry, and J. Zettelmeyer (2012), "What Makes Growth Sustained," *Journal of Development Economics*, 98(2):149-166.

Berlinski, J. (2003), "International Trade and Commercial Policy," in G. Paolera and A. M. Taylor (eds.), *A New Economic History of Argentina*, Cambridge University Press.

Besley, T., T. Persson (2009), "The Origins of State Capacity: Property Rights, Taxation, and Politics," *The American Economic Review*, 99(4):1218-1244.

Besley, T., T. Persson (2010), "State Capacity, Conflict, and Development," *Econometrica*, 78(1):1-34.

Besley, T., T. Persson (2011), "The Logic of political violence," *The Quarterly Journal of Economics*, 126(3):1411-1445.

Boduszyski, M. P., D. Pickard (2013), "Libya starts from scratch," *Journal of Democracy,* 24(4):86-96.

Boito, Armando, Alfredo Saad-Filho (2016), "State, State Institutions, and Political Power in Brazil," *Latin American Perspectives*, Vol.43, Issue 2:190-206.

Brezis, E. S., P. R. Krugman, and D. Tsiddon (1993), "Leapfrogging in International Competition: A Theory of Cycles in National Technological Leadership," *American Economic Review*, 83(5):1211-1219.

Burgin, Miron (1946), *The Economic Aspects of Argentine Federalism, 1820–1852*, Harvard University Press.

Caselli, Francesco, Wilbur Coleman (2000), "The World Technology Frontier," NBER Working Paper No.7904.

Castro, Newton de (1999), "Privatization of the Transportation Sector in Brazil," in Armando Castelar Pinheiro and Kiichiro Fukasaku (eds.), *Privatization in Brazil*, Department of Institutional Relations, BNDES.

Changsheng, Chen, Yang Guangpu, Li Chengjian, and Xin Xing (2018), "From Poverty to Prosperity: Explaining China's Growth," IDS Working Paper 514, Institute of Development Studies.

Coelli, T. J., D.S.P. Rao, and C.J. O'Donnell et al. (2005), "The Calculation and Decomposition of Productivity Change Using Frontier Methods," *An Introduction to Efficiency and Productivity Analysis*, Springer U.S.

Comin, Diego, Bart Hobijn, and Emilie Rovito (2008), "A New Approach to Measuring Technology with an Application to the Shape of the Diffusion Curves," *The Journal of Technology Transfer*, 33(2):187-207.

Crisóstomo, Vicente Lima(2014),"Financial Constraints for Investment in Brazil," *International Journal of Managerial Finance*, 10(1):73-92.

Dahl, Robert A. (1999), *On Democracy*, Yale University Press.

Diewert, W. E., D. Lawrence (1999), "Measuring New Zealand's Productivity," No.99/05, http://econpapers.repec.org/paper/nztnztwps/99_2f05.htm.

Djankov, S., E. Glaeser, and R. La Porta et al. (2003), "The New Comparative Economics," *Journal of Comparative Economics*, 31(4):595-619.

Dollar, D., A. Kraay (2002), "Growth is Good for the Poor," *Journal of Economic Growth*, 7(3):195-225.

Easterly, W. (2006), "Reliving the 1950s: The Big Push, Poverty Traps, and Takeoffs in Economic Development," *Journal of Economic Growth*, 11(4):289-318.

Eichengreen, B., D. Park, and K. Shin (2012), "When Fast-Growing Economies Slow Down: International Evidence and Implications for China," *Asian Economic Papers*, 11(1):42-87.

Feenstra, Robert C., Robert Inklaar, and Marcel P. Timmer (2015), "The Next Generation of the Penn World Table, " *American Economic Review*, 105(10):3150-3182.

Feuerwerker, A. (1983), "Economic Trends, 1912–49," in J. Fairbank (ed.), *The Cambridge History of China*, Cambridge University Press.

Filho, Nelson Siffert, Carla Souza e Silva (1999), in Fabio Giambiagi and Maurício Mesquita Moreira (eds.), *A Economic Brasileira nos Anos 90*, Rio de Janeiro, BNDES.

FSB (2016), "Fintech: Describing the Landscape and a Framework for Analysis," Unpublished Working Paper.

Fukuyama, F. (2011), *The Origins of Political Order: From Prehuman Times to the French Revolution*, Farrar, Straus and Giroux.

Glaeser, E., R. La Porta, F. Lopez-de-Silanes, and A. Schleifer (2004), "Do institutions cause growth?" *Journal of Economic Growth*, 9(3):271-303.

"Growth Collapses," *Money, Crises and Transition*, 2008.

Hall, B. H. (2004),"Exploring the Patent Explosion," *Journal of Technology Transfer*, 30(1-2):35-48.

Hausmann, R., F. R. Rodriguez, and R. A. Wagner (2008), "Growth Collapses," CID Working Papers 136, Center for International Development at Harvard University.

Hausmann, R., L. Pritchett, and D. Rodrik (2005), "Growth accelerations," *Journal of Economic Growth*, 10(4):303-329.

Helpman, E., (2004), "Trade, FDI, and the International Organization of Production," Conference Paper.

Helpman, E., M. J. Melitz, and S. R. Yeaple (2004), "Export versus FDI with Heterogeneous Firms," *American Economic Review*, 94(1):300-316.

Hetherington, M. J. (2005), *Why Trust Matters: Declining Political Trust and the Demise of American Liberalism*, Princeton University Press.

Huang, Y. (2008), *Capitalism with Chinese Characteristics, Entrepreneurship and the State*, Cambridge University Press.

Hulten, Charles R. (2000), "Total Factor Productivity: A Short Biography, " NBER Working Paper No.W7471, http://papers.ssrn.com/sol3/papers.cfm?abstract_id=213430.

Huntington, S. P. (1991), *The Third Wave: Democratisation in the Late Twentieth Century*, University of Oklahoma Press.

Jones, B. F., B. A. Olken (2008), "The Anatomy of Start-Stop Growth," *The Review of Economics and Statistics*, 90(3):582-587.

Kaplan, Robert D. (2000), *The Nothing That Is : A Natural History of Zero*, Oxford University Press.

Knight, J. B. (2014), "China as a Development State," *The World Economy*, 37(10):1335-1347.

Kuznets, S. (1966), *Modern Economic Growth: Rate, Structure, and Spread*, Yale University Press.

Lall, Sanjaya (2000),"The Technological Structure and Performance of Developing Country Manufactured Exports, 1985–98," *Oxford Development Studies*, 28(3): 337-369.

Lipset et al. (1993), "A Comparative Analysis of the Social Requisites of Democracy," *International Social Science Journal*, 45(2):155–175.

Massell, Benton F. (1961),"A Disaggregated View of Technical Change," *Journal of Political Economy*, 69(6):547-557.

"Melhores e Maiores," *Exame*, August, 1991.

"Melhores e Maiores," *Exame*, September, 1982.

"Melhores e Maiores," *Exame*, September, 1986.

Mokyr, J. (1990), "Punctuated Equilibria and Technological Progress," *American Economic Review*, 80(2):350-354.

Newton, K., P. Norris (1997), "Confidence in Public Institutions: Faith, Culture, or Performance?" in Susan J. Rharr and Robert D. Putnam, *Disaffected Democracies, Princeton*, Princeton University Press.

North, D. (1981), *Structure and Change in Economic History*, Norton.

North, D. (1989), "Institutions and Economic Growth: An Historical Introduction," *World Development*, 17(9):1319-1332.

North, D., R. P. Thomas (1976), *The Rise of the Western World*, Cambridge University Press.

Naughton, B. (2007), *The Chinese Economy: Transitions and Growth*, MIT Press.

OECD (2001), "Measuring Productivity-OECD Manual Measurement of Aggregate and Industry-level Productivity Growth 2001," https://www.oecd-ilibrary.org/industry-and-services/measuring-productivity-oecd-manual_9789264194519-en.

OECD (2009), "Measuring Capital—OECD Manual 2009 Second edition," https://www.oecd-ilibrary.org/economics/measuring-capital-oecd-manual-2009_9789264068476-en.

OECD (2015), "The Future of Productivity," https://www.oecd.org/economy/growth/OECD-2015-The-future-of-productivity-book.pdf.

Parsons et al. (1953), *Working Papers in the Theory of Action*, Free Press.

POS Vaz de Melo, "How Many Political Parties Should Brazil Have? A Data-driven Method to Assess and Reduce Fragmentation in Multi-Party Political System," PLoS ONE 10(10):e0140217.

Rodrik, D. (2008), "The Real Exchange Rate and Economic Growth," *Brookings Papers on Economic Activity*, 39(2):365-412.

Rodrik, D. (2016), "Premature Deindustrialization," *Journal of Economic Growth*, 21(1):1-33.

Rodick, D., A. Subramanian, and F. Trebbi (2004), "Institutions Rule: The Primacy of Institutions over Geography and Integration in Economic Development," *Economic Growth*, 9(2):131-165.

Rodrik, D., R. Wacziarg, (2005), "Do Democratic Transitions Produce Bad Economic Outcomes?" *American Economic Review*, 95(2):50-55.

Romer, P. M. (1986), "Increasing Returns and Long-Run Growth," *Journal of Political Economy*, 94(5):1002-1037.

Romer, P. M. (1990), "Endogenous Technological Change," *Journal of Political Economy*, 98(5):71-102.

Rosa, Renato de (1985), *Der Neubeginn der Universität 1945, Karl Heinrich Bauer und Karl Jaspers*, Springer Berlin Heidelberg.

Rosenberg, N. (1982), *Inside the Black Box: Technology and Economics*, Cambridge University Press.

Rozelle, S., L. Zhang, and J. Huang (2000), "China's War on Poverty," Working Paper No.60, Center for Economic Research on Economic Development and Policy Reform, Stanford Institute for Economic Policy Research, Stanford University.

Schurmann, F. (1966), *Ideology and Organization in Communist China*, University of California Press.

Sen, Kunal (2013), "The Political Dynamics of Economic Growth," *World Development*, 47:71-86.

Solow, R. M. (1956), "A Contribution to the Theory of Economic Growth," *Quarterly Journal of Economics*, 70(1):65-94.

Solow, R. M. (1957),"Technical Change and the Aggregate Production Function," *Review of Economics and Statistics*, 39(3):312-320.

Syverson, C. (2011), "What Determines Productivity?" *Journal of Economic Literature*, 49(2):326-365.

Szuchman, Mark D., Jonathan C. Brown (1994), *Revolution and Restoration: The Rearrangement of Power in Argentina*, 1776–1860, University of Nebraska Press.

Taylor, Alan M. (2018), "The Argentina Paradox: Microexplanations and Macropuzzles," *Latin American Economic Review*, 27(1):3.

Timmer, Marcel, Gaaitzen J. de Vries, and Klaas de Vries (2015), "Patterns of Structural Change in Developing Countries, " in J. Weiss, and M. Tribe (eds.), *Routledge Handbook of Industry and Development*, Routledge.

U.S. Tariff Commission (1949), *Mininy and Manufacturing Industries in Brazil*, GPO.

Vogel, E. F. (2011), *Deng Xiaoping and the Transformation of China*, Bernhard Publications.

Werneck, Rogério (1986), "Poupança Estatal, Dívida Externa e Crise Financeira do Setor Público," *Pesquisa e Planejamento Econômico*, 16(3):566-567.

Yi, Xu, Shi Zhihong, Bas Van Leeuwen, Ni Yuping, Zhang Zipeng, and Ye Ma (2017), "Chinese National Income, ca. 1661–1933," *Australian Economic History Review*, 57(3):368-393.

YiFu, Lin, Yao Yang (2001), "Chinese Rural Industrialization in the Context of the East Asian Miracle," in J. Stiglitz and S. Yusuf (eds.), *Rethinking the East Asian Miracle*, The World Bank and Oxford University Press.

致　　谢

面对中国今天的繁荣，有时会让人产生一种“错觉”，认为我们的生活从来就这样，尤其是一些出生在21世纪的年轻人。其实，中国摆脱贫穷的时间真的很短，那些缺衣少食的日子仍是不少人的童年记忆。对大多数中国人来说，从贫穷走向繁荣的进程，何尝不是一段新长征，历经千山万水。

围绕中国增长奇迹背后的逻辑开展深入研究，对从事经济研究工作的中国本土学者而言，既是一种莫大的幸运，也是一份应有的责任，更是一次艰难的修行。中国为什么能取得持续的高速增长和长期的社会稳定？成功的实践只有一个，可能的解释却有很多。我们满怀热情和勇气，加入这个“讲好中国故事”的行列。但豪情万丈的开始后，接下来的却是困难重重的煎熬。从着手研究，到本书与读者最终见面，竟然一不小心用了整整12年。

之所以耗时这么长，客观上，我们的研究主题涉及的时间跨度偏长，既要梳理我国自辛亥革命以来的政治经济发展史实，还要整理全球代表性国家的政治经济发展史，最早的一直追溯到15世纪，此其一。其二，数据整理十分艰难，仅把1911年以来我国的经济增长数据整理为可用序列就大费周折，而我们整理了全球209个国家或地区的数据，其中41个国家的数据尽可能追溯到1900年。主观上，我们的研究能力尚嫌不足，看似只讨论了经济增长问题，但由于我们尝试建立的理论框架在政治治理和经济制度上都要展开，特别是政治治理领域，并非我们所熟悉的，处理和把握起来十分困难。写作时，一个兴奋点后面往往藏着无数“令人沮丧之处”，多次想过中途放弃。还好，在这一个艰难的过程中，得到了很多领导、朋友和同事的帮助和鼓励，使得我们坚持下来了。

在此，我们首先要衷心感谢国务院发展研究中心领导层，感谢刘鹤、王梦奎、张玉台、李伟、马建堂、王安顺、韩俊、李剑阁、刘世锦、张军扩、张来明、隆国强、王一鸣、余斌等领导在不同研究阶段给予的大力支持。我们还要特别感谢 Adrian Wood，Richard Jolly，Ngaire Woods，Thomas Sargent，Minsoo Lee，Soohong Chew，Jonathan Wolff，Thomas Hale，Craig Holmes，海闻、廖岷、林至人、黄靖、张俊森、张帆、林双林、王勇、高世楫、贡森、刘怡、郭万达、肖耿、黄亚生、任颋、张晓朴、刘培林、范保群、刘芍佳、谷靖、史本叶、曾婷、石玉坤、张宁、邢璐、张安文等专家学者对本书的点评和讨论。感谢黄靖、黄国平、蔡跃洲、于树一、辛星、陈啸、罗霄、余航等在有关背景报告研究上的付出和贡献。我们在此要感谢2017年国务院发展研究中心-哈佛论坛的参与者针对本书提出的宝贵意见，感谢牛津大学布拉瓦尼克政府学院、萨塞克斯大学发展研究院、格拉斯哥大学亚当·斯密商学院、北京大学国家发展研究院、北京大学汇丰商学院（深圳）、北京大学汇丰商学院（牛津）、北京大学经济学院、吉林大学经济学院、西南财经大学经济与管理研究院先后为本书举办专题研讨会。感谢访问日本、老挝、柬埔寨、埃塞俄比亚和坦桑尼亚期间，有关学者和政策制定者反馈的意见。我们还要感谢中国国际发展知识中心（CIKD），DFID 的新兴国家和全球发展中心（CRPD）的大力支持。感谢中宣部“四个一批”人才研究资金支持。

在此，还要特别感谢我们的父母，感谢我们的家人，对我们的包容和支持。感谢商务印书馆的大力支持和编辑的精心工作。感谢周心怡女士的认真校对。还有很多人为我们这项研究提供了支持和帮助，恕不能一一点名，谨向所有给予过我们帮助的人表示衷心的感谢。当然，本书中的所有观点由作者自己负责，与作者所在单位无关。

我们知道，这项研究尚有很多不足和缺憾，需要进一步推敲和完善，需要继续“磨”下去，敬请各位专家和读者批评指正。但我们坚信，坚持单峰无偏政治治理和进入开放型经济的结合，中国一定会走向更大的成功，更强大富足的繁荣，其他发展中国家也能从中找到值得借鉴的经验。